核家族の解体と単家族の誕生

匠雅音
TAKUMI Masane

論創社

はじめに

二〇一五年（平成二七）の国勢調査によると、全世帯の三四・五パーセントが一人暮らしである。[1]つまり三軒に一軒が一人で暮らしている。一九六〇年（昭和三五）には五パーセントしかなかった単独世帯が、五五年間で約七倍に増えた。そして、今も複数の成人が同居する家族を圧倒して年々増え続けている。

一九七〇年（昭和四五）には男性の生涯未婚率は一・七パーセント、女性の生涯未婚率は三・三三パーセントで、既婚者が圧倒的多数だった。しかし、二〇一五年（平成二七）には男性で二三・三七パーセント、女性で一四・〇六パーセントが生涯未婚者となった。二〇一四年（平成二六）に結婚したカップルは、六四万九千組となり戦後の最少を記録した。[2]二〇年後には、三人に一人が生涯未婚ですごすだろうと予測されている。

いまや一人者が日本中にあふれている。単身生活者が激増している。結婚しない者が、大手を振って歩いている。女性が子供を産まなくなった。離婚が増えている。こうした現実をとらえて、家族が崩壊しているなどと識者たちはいう。[3]しかし、家族は崩壊しているのではなく、家族の形が変わっているにすぎない。

一人世帯が多くなった現実を称して、家族の形態が多様化しているという人がいる。念のために言っておくが、江戸や明治の大家族が主流だった時代にも、いくらかの割合で一人世帯はいた。たとえば、一八六五年（慶応元）江戸の麹町一・二丁目には、全部で一四三世帯が住んでいた。

歴史学者の南和男の調査によると、そのうち夫婦と子供からなる世帯は四一軒と最も多かったが、シングル・ファザーと子供の世帯が七軒、シングル・マザーと子供の世帯が八軒、夫婦だけの世帯は九軒、一人世帯も二一軒あった。また、三世代同居の世帯も二八軒あった。残りの二九世帯は、老親との同居や親族との同居など様々だった(4)。いつの時代でも家族の形は多様であった。だから、家族の形が多様化すると言っただけでは、何も言っていないに等しいのである。

最初に家族の形を確認しておこう。本書でいう大家族とは、一軒の家に祖父・祖母から子供まで、数世代にもわたる人が一緒に暮らす形である。また場合によっては、叔父・叔母そして奉公人まで、血縁のない人が同居していることもある。こうした大家族を拡大家族とか共同体家族とも呼ぶ。それに対して一組の夫婦とその子供たちだけが同居する家族を核家族というのは周知であろう。

農業が主な産業だった時代、たとえば江戸時代や明治時代にも夫婦だけの核家族もあったし、一人世帯で暮らす人もいた。しかし、大家族も核家族そして一人生活者も、どんな形であれ家族の全員が、土地そして農業と結びついて生活していた。

江戸時代や明治時代には人力とわずかな牛馬だけが労働力だったから、田や畑で働く人がたくさん必要だった。そのため、大人数の大家族こそ望ましい家族の形であり、大家族があるべき家族の理念型であった。一人世帯や夫婦単位の核家族のような小型の家族があっても、小型の家族は労働力が少ない＝貧しいとして好まれなかったし、夫婦単位の核家族があるべき家族の理念型になることはなかった。

明治も中頃以降になって物つくりが主流の工業社会になると、それまでの大家族では時代に対応できなくなった。土地との関係が切れたままで大家族を続けると、人々は貧しくなり不幸になった。働いても働いても暮らしは楽にならず、食料が都市に奪われて農村部では餓死者すらでた。

困窮した農村部から、多くの人が都市へと流入した。都市部では、貧困者たちが集住して各地にスラムを形成した。我が国におけるスラムの存在はすでに忘れられているが、上野駅近くの下谷万年町、浜松町駅付近の芝新網町、赤坂離宮近くの四谷鮫ケ橋などが有名だった。[5] 困窮した農家から娘が身売りされて、女郎となって苦界に身を落としたことも周知であろう。

敗戦からの復興を目指した戦後になると、農業従事者の急激な減少と平行して、大家族から工業社会に適した〈核家族〉へと転じた。ここで誕生した〈核家族〉は、それまでの核家族とは趣が異なった。以前の核家族は大家族と同じように、土地と結びついた生産組織であり、違いは人数の多寡でしかなかった。しかし、〈核家族〉では土地との結びつきが切れ、生産組織ではなくなった。〈核家族〉では、夫たる男性が工場や会社などの職場で働いて、給料生活者として一家の生計を支え、妻たる女性は専業主婦として家事に従事するようになった。夫婦で家の内外で分業するこの〈核家族〉は、工業社会に最適だったので社会の主流になり、工業社会の家族の理念型になった。

一般には夫婦とその子供だけの家族を核家族と呼ぶのだが、本書では一般的な核家族との区別のために、夫婦とその子供を構成員とし、かつ性別役割分業を旨とする核家族を、〈　〉をつけて〈核家族〉と呼ぶことにする。

様々な家族の形がある中から、その時代の家族理念を探して、時代や産業に適した家族の形を見極める。そして、時代に適した新たな家族制度を提示することが、本書の役割だと考えている。

今、工業社会から情報社会へと転じつつある。今後の情報社会では、性別役割分業を旨とする〈核家族〉では対応できない。だから結婚を忌避し、少子化が進行している。性別役割分業を旨とする夫婦単位の〈核家族〉が、機能不全になった原因を明らかにしたい。そして、今後にあるべき家族の形として、一九九七年（平成九）に上梓した『核家族から単家族へ』（丸善）で提出した「単家族」という家族の理念形を使っていく。

産業と家族の形には、次の関係があると考えている。

一、農業社会＝大家族＝群の生活
二、工業社会＝〈核家族〉＝対の生活
三、情報社会＝単家族＝個の生活

家族は憩いの場であると同時に、子孫をのこす制度でもある。だから、いつの時代にも家族は存在する。家族は崩壊しているのではない。時代の変化とともに家族の形が、〈核家族〉から単家族へと変わっているのである。単家族は新しい家族理念であるため、いまだ人々に認知されていないにすぎない。

二〇〇〇年（平成十二）頃以前には、夫婦と子供二人の〈核家族〉を標準世帯と称したが、当時の標準世帯は全世帯の半数ほどだった。今後、〈核家族〉はどんどん減っていく。〈核家族〉という不公平になってしまった社会制度は息苦しく、多くの人々に幸福をもたらさない。すべての人を公平に社会の構成員として扱うためには、単家族を標準世帯とする必要がある。

脱性別化した単家族こそ、今後の情報時代に適合的である。単家族制度の実現をはかり、単家族が充分に機能するような制度に、社会の仕組みを変えてこそ人々は幸せになれる。これが本書の考えである。

著者

核家族の解体と単家族の誕生

目次

第Ⅵ章　真摯で冷静な若者たち

序章

第1節　家族の形をさがして

今日では、家族とは結婚や血縁で結ばれた、近親者だけをさすのが普通である。たとえ一軒の家で寝食を共にしていても、血縁のない人たちに対しては、家族とは呼ばないことが多い。

しかし、大家族だった戦前までの日本人たちは、女中さんや住みこみの奉公人たちをも家族と呼んでいた。つまり一緒に住んで同じ仕事に従事してその家を支える者は、たとえ血縁がなくても、全員を家族とみなしていた。一九世紀のアメリカでも事情は同じで、住みこみで働く人たちを家族と呼んでいたと、マサチューセッツ州野外歴史博物館の学芸部長ジャック・ラーキンはいう(1)。

現代でも大家族で暮らす人はいる。しかし、現代の大家族は、お祖父さんやお婆さんと孫たちが一緒に住んでいても、戦前の大家族とは暮らしを立てる中身が違う。老夫婦が同居していても、彼（女）らは若夫婦と同じ仕事をしているわけではない。老世代には年金など別口の収入があって、夫婦ごとに家計が別になっている。

別家計の夫婦が、同じ一軒の家に住むことを二世帯同居というのは周知であろう。たとえ大人数で暮らしていても、農業が主な産業だった時代の単一家計の大家族とは、その中身が違う。現代の大家族は、老夫婦と若夫婦という二つの〈核家族〉が、たまたま一緒に住んでいる、と見なしているのである。

日本の物つくりが世界を席巻していた三〇年くらい前までは、家族といえば、家の外で稼ぐお父さんと家事に専従するお母さん、それに子供が二人という組み合わせだ、と思われてきた。その理由は

家族類型別の世帯数　（単位は 1,000 世帯）

		家族総数	夫婦のみ	夫婦と子供	単親と子供	単独世帯
1990 年	平成　2 年	40,670	6,294	15,172	2,813	9,390
1995 年	平成　7 年	43,900	7,619	15,032	3,109	11,239
2000 年	平成 12 年	46,782	8,835	14,919	3,577	12,911
2005 年	平成 17 年	49,063	9,637	14,646	4,112	14,457
2010 年	平成 22 年	51,842	10,244	14,440	4,523	16,785
2015 年	平成 27 年	53,332	10,758	14,342	4,770	18,418

2015 年（平成 27）の国勢調査から

当時、お父さんとお母さん、それに子供が二人という組み合わせが、工業社会に適しており、結果としてもっとも多かったからだ。そのため、こうした性別役割分業を旨とする〈核家族〉を標準世帯と呼んだ。[2]

一九六四年（昭和三九）には標準世帯は、四五・四パーセントあり、一一年たった一九七五年（昭和五〇）になっても四二・五パーセントあった。夫婦と子供が二人という世帯は、一度も過半数を超えたことはなかったが、それでも標準世帯と呼ばれた。その理由は、単に数の問題だけからではなく、夫婦と子供だけの〈核家族〉が、工業社会の発展に好都合だったから標準世帯と呼ばれたのである。

一九九〇年（平成二）頃、お父さんとお母さん、それに子供が二人という四人世帯は、一人世帯に追いこされた。二〇一六年（平成二八）の国民生活基礎調査計局の発表によれば、夫婦と子供の家族は二九・五パーセントであるが、うち親子四人で暮らす標準世帯は、一〇パーセントくらいしかおらず少数派になってしまった。

いまの我が国で、一番多いのは一人暮らしの単独世帯である。[3] 最近二五年の伸びは上の表でもわかるだろう。冒頭で述べたように二〇一五年（平成二七）の国勢調査によると、全世帯の三四・五パーセントが一人で暮らしている。都市部に限れば、五〇パーセントが一人暮らしである。[4] 一人暮らしが多いのは、都市部だけではない。地方でも、一人暮らしが多い事情は変わらない。都市と地方では、一人暮らしの中身に、少しの違いがある。地方で一人暮らしをしているのは、伴侶を失った年寄りが多い。二〇〇四年度の厚生労働省の国民生活基礎調査では、全世帯数の約八パーセントが六五歳以上の独居者で占められている、という。一人暮らしの絶対数は都市部の方が多いが、一人暮らしの増加率は、都市部より地方のほうが高いくらいである。

地方では広い敷地の大きな家に、老人が一人で住んでいる風景をよくみる。一人暮らしの老人たちは、家が広すぎて持てあますとこぼしている。一人暮らしの老人は、もちろん都市にもいる。五〜六十年前の高度経済成長期に大量に造られた大都市周辺の団地には、伴侶を失った老人が一人で住んでいることが多い(5)。都市近郊のベッドタウンでも過疎化がすすんでいる。

終戦直後には五人を超えた家族数の平均は、全国的にみると二〇一六年（平成二八）現在で二・三三人となってしまった。東京都に限ってみれば、二〇一六年現在、一世帯の人数は二人を切って一・九九人となってしまった。一人暮らしなどの小型家族が主流になるなか、私たちはどう生きればいいのだろうか。

子供を作らない一人暮らしは無責任で、ゴミ屋敷を作ったり老後破産に陥りやすい。老後は社会のお荷物になる可能性が高いからと、独居老人に社会的な批判の目が向けられている。だから、私たちは結婚して、〈核家族〉というライフ・スタイルを選択すべきなのだろうか。

筆者はそうは考えない。我が国でもますます情報社会化は進むだろう。そのため、他の先進国と同じように、今後は既存の結婚制度が意味を失う。男性が家の外で稼ぎ女性が家事に専念する〈核家族〉は、もはや幸せを保証しない。

〈核家族〉は社会的な格差を拡大させるばかりだ。だから、もし子供が欲しくても、〈核家族〉を作る必要はない。結論を先取っていうと、現在の結婚制度とは無縁のままで子供をもつ単家族が、今後あるべき家族形態となる。

家族とは複数の人々で構成されるもので、一人暮らしは個人でしかないとか、一人暮らしは家族とは呼ばない、という人もいる。(6) しかし、一人暮らしも子供をもてば家族であり、子供のいない〈核家族〉があるように、子供のいない単家族が一人暮らしであるにすぎない。また単家族が二組または三組以上同居することもあるので、単家族は必ずしも一人生活者とは限らない。以上のことを確認して話を進めよう。

第2節　家族の原点にせまる

単家族の話に入る前に、家族とは何かについて考えておこう。若い男女二人が結婚し子供をもって、新たな家族が形成されていく。そういった説明を受けることが多かった。男女の出会いが新婚家庭をへて、新たな家族の誕生となる、というわけだ。しかし、この説明は間違いだろう。

大家族という家族のなかへ婿や嫁を迎えれば、家族の構成員が一人増えるだけだ。だから戦前までの大家族が多かった時代には、男女の出会いは決して新たな家族を生みだしてはいない。この時代は新住まいの面から見ても、男女の出会いは新たな家族を生むことはできなかった。なぜなら、当時は新婚向けのアパートなどなかったので、結婚しても新たな家族を作って二人で暮らす場所がなかったからである。

農業が主な産業だった時代には、それなりの広さの農地がなければ生計を立てることができない。つまり新婚の二人が暮らすに足る農地がなければ、新たな家族を作ることはできなかった。だから、男女が出会っても農地がないかぎり、新たな家族を作ることは不可能だった。

今は精子の提供者である男性と、子供を産んだ母親が一緒に住んで家族を作り、その子供を育てるのが正しい家族なのだ、と考えがちである。そう考えるのは、子供の誕生する生理的なメカニズムと、男女をカップルとした家族の作られ方が似ているので、両者を混同してしまうからである。

子供の誕生には、男女の作る家族が不可欠とはかぎらない。男女が結婚していなくても、女性が妊娠しさえすれば子供は生まれる。妊娠後に父親がいなくなっても、また父親が死んでしまっても、女性が順調に産み月を迎えれば子供は生まれてくる。子供の誕生には、精子と卵子、それに健康な母体が必要不可欠なのであって、核家族が必要なわけではない。

昔は生命誕生の原理がわからなかったから、子供の誕生は男性の力によるといわれた。いやそれどころか、ある時代には女性は借り腹といわれ、男性が子作りの主導権を握っているとみなされた。また、不妊の原因はもっぱら女性にあり、男性のほうは不問に付されたことが多かった[7]。

しかし、最近の生命科学は、反対の事実を証明しつつある。筆者は男性だから哀しい話だが、生物学者の福岡伸一によれば男性はできそこないであり、子供の誕生には女性が不可欠なのであって、男性はおまけだという[8]。

二〇〇五年（平成一七）に、アメリカでは精子の販売・管理に関して新しいガイドラインができた。今ではアメリカ食品医薬品局が精子銀行の指導・管理をしている[9]。そのため、平凡な男性の得体の知れない精子で妊娠するより、精子銀行で素性のわかった精子を買ったほうが、優秀な子供が生まれて良いという声も聞く。

二〇一七年（平成二九）には、デンマーク皇太子と一緒にクリオス・インターナショナルスクールのオーレ・ショウ代表が来日した。クリオスは世界最大の精子銀行で、冷凍保存した精子を医療機関や個人に対して販売している。また、世界一〇〇ヶ国以上にも精子を輸出している。

文春オンラインによると、クリオスは二〇一五年（平成二七）にはデンマークとアメリカの二社体制を整え、インターネットで注文された精子を液体窒素でマイナス一九六度に冷凍保存して、海外へでも四日程度で届けている。精子の価格は一〇〇ユーロ（約一万三〇〇〇円）から一六四〇ユーロ（約二一万八〇〇〇円）まで幅があり、値段は「ドナー」の地位などによって決まるのではなく、精子のクオリティつまり解凍後の精子の「運動率」＝元気さで決まるという[10]。

子供の欲しい女性は、結婚する必要も男性に頼る必要もない。ノーベル賞受賞者の精子でも、サッカーのワールドカップ出場者の精子でも、精子銀行で入手が可能である。冷凍宅急便で保証付きの精子を届けてもらい、自分で体内に注入すれば妊娠できる。精子銀行で検査済みの精子を使って、女性だけで人工授精したほうが安心だと言う声もある。我が国からでも利用可能で、付属の人工授精キットを使って、実際に妊娠した日本人女性もいる[11]。

我が国でも非配偶者間の人工授精は、すでに六〇年も前から行われているが、国などの公的機関による精子の管理がなされているという話はきいたことがない。にもかかわらず、毎年一〇〇〜二〇〇人の非配偶者間人工授精児が誕生しており、親と血縁のない赤ちゃんが累計で一万五〇〇〇人以上も誕生している。

現在、アメリカだけで一〇〇万人以上の子供が、精子銀行からの精子提供によって誕生しているらしい。子孫繁栄には男性は不要。そんな恐ろしい声も聞くが、いままで男女の両性がいてこそ人類は繁栄してきた。子供の誕生には、精子だけかもしれないが男性と女性が不可欠である。

ところで、橋本秀雄が『男でも女でもない性[12]』で述べるように、男女間の違いは絶対的なものではなく、男女の中間には半陰陽者＝インター・セックスもいる。そのため単純に男性・女性だけで論じることはできないが、半陰陽者は圧倒的な少数者である。

自己は他者を鏡として自分であることを認識するから、半陰陽者として自己の性別意識を形成できず、男性か女性の性別をまとわざるを得ない。それは性同一性障害者でも同じである。そのため、本書では性別・性差ともに男性・女性の二組を前提として論じていく。性的少数者については、『ゲイの誕生』（彩流社刊）を参照して欲しい。

本書は様々な家族があるなかで、独身が良いとか、非婚とかシングルを選択せよといっているのではない。個人が結婚を選ぶか否かを、本書は論じようというのではない。家族についての個人的な選択の問題ではなく、その社会が標準とする家族制度を問題にしている。

その社会があるべき家族の形として、どんな家族制度をもっているかを考える。しかも、事実としての家族の人数ではなく、あるべき理念として標準、もしくは理想とされる家族制度を問題にする。なぜなら事実ではなく、家族理念が人間の行動を決めるのだから。それでは、子供の誕生には男女が必要だ、という前提にして家族の話を進めよう。

第Ⅰ章　大家族だった頃

第1節　家族の形は変わる

地球上には、様々な家族の形がある。我が国の歴史を見れば、つい最近まで三世代から四世代にわたる人たちが、田や畑で共に働き一つの家で一緒に暮らす大家族がふつうであった。また世界を見回してみれば、一夫多妻もあれば一妻多夫もある。縄文時代は一夫多妻だったと推察されているし、意外に感じるかもしれないが、地球上では決して一夫一婦制が普遍的であるわけではない。

我が国の古い結婚制度である妻問婚では、夫婦は別居したまま男性が女性のもとへ通った。妻問婚では男女は同居していなかったので、夫婦であっても手軽にセックスができなかった。妻問婚とははっきり言うと、性欲に燃えた男性がセックスをするために、妻という女性の住んでいるところへ行く制度であった。つまり妻問婚とは夜這いを前提とする結婚制度だった。しかも妻問婚では、産まれた子供は母方の一族が養育し、夫方は子育てに口出しできなかった。

我が国で夫婦と子供が同居する家族が普及するのは、武士の台頭に伴ってであり、一七世紀頃つまり江戸時代初期からであるといわれている。この頃以前の家族は男女の結びつきが弱く、別居が半年も続くと別れたとみなされた。離縁（江戸時代には離婚ではなく離縁といった）や再婚も多かったので、男女が必ずしも一生にわたって同居するとは限らなかった。

民俗学者の柳田国男にしたがえば、(1)江戸時代になっても農民のあいだでは、夜這い形式の妻問婚が残っていたという。同じ一組の男女が、一生にわたって同居することを標準とする家族の形は、我が国では最近の一五〇年くらいのあいだに定着した。終生の一夫一婦制という核家族は、決して普遍的ではない。ましてや男性が稼ぎ女性が家庭を守るという、性別によって異なった役割を分担する〈核家族〉は、一九六〇年（昭和三五）以降に普及した。我が国の〈核家族〉の歴史は、たかだか六〇年ほどしかないのである。

いまでも地球上では、結婚しても同居しない人々がいる。(2) 女子サッカーの澤穂希は最近結婚したが、仕事の関係からだろうか、互いに神戸と仙台に住み別居婚をするという。それでも子供が産まれ、幸せな生活を送っているように見える。また反対に、事実婚というのだろうか、同居はするが法的な結婚をしない人もいる。

一九九二年（平成四）に経済企画庁（現内閣府）が作製した国民生活白書は次のように言う。

明治以降、家を存続させることを重視する武士階級の思想が政府により採用され一般庶民にまで広がったこと、近代化の結果、都市などで家業を離れて自活することが可能になったため経済的に余裕のある中産階級が出現したことなどにより「国民皆婚制」とまでいわれるほど、ほとんどの人が結婚するようになったが、その歴史は考えられているより浅いといえよう。(3)

家族の最小単位を核家族だといいたがるが、ほんとうの話では様々な家族の形があった。戦後から今日まで、我々は夫婦単位の〈核家族〉を正当だと考える社会に住んでいたから、〈核家族〉を当たり前の家族とみなしている。そして、結婚が子供をつくるライセンスであると勘違いしている。しかし、世界を見回せば結婚していない女性も、普通に子供を産んでいることに気づくだろう。

子供が生まれるメカニズムは生理的で不変なものだが、家族は社会的な産物であり人間社会の約束事である。家族の形は、その地域や産業の特性にあわせて、大人数から小人数までどのようにも変化する。

第2節　食料生産と家族の形

人類は狩猟採集生活からはじまった、と歴史の教科書はいう。当時は、食料になるものが自然からの産物に限られており、人々は食料を蓄えることを知らなかったので、狩猟採集社会の人口密度はとても低い。この時代には、広大な土地にわずか数人が、食いつなぐことができただけだった。一説によれば、一平方キロメートル当たり〇・〇四～一・〇人くらいの人口密度だった、という[4]。ちなみに現在は三三五人である。

彼（女）らは食料を求めて、広大な土地を移動しなければならなかった。当時は乳幼児死亡率が高く平均寿命が短かったこと[5]も手伝って、体力の衰えた老人はたちまち死んでしまった。そのため、家族の人数は大きくなることができなかった。移動の激しい社会では、移動に都合の良い小さな家族こそ理想の形だったに違いない。

その後、大地を耕作することを知って農業革命がおき、狩猟採集生活から農業を主な産業とする時代へと転じた。農耕時代には、土地の属性と農業の特性が家族の形を決めた。機械などない時代に、広い土地を人力で耕すには、大勢の人間が必要だった。そのため、数世代が同居する大家族が、望ましい家族の理念型となった。

人口統計学に従えば、一八世紀から幕末にかけては、平均世帯規模は縮小して四～五人だったらしい。そのため、一軒の家には一世帯が住んでいたと考えがちである。お寺に保存されている過去帳や宗門改帳は、世帯ごとに夫婦単位で書かれているから、江戸時代にも核家族が支配的だったように見える。

短かった平均寿命を考えれば、少人数の小型家族が多かったことは、歴史的には事実だったろう。しかし、当時の望ましいとされる家族観は、小型の家族とは違っていた。夫婦単位の核家族を望ましい家族の形だと見るのは、農業という産業の特性を無視したものである。

一八七八年（明治一一）に、我が国の東北地方と北海道を訪れたイギリス女性の旅行家イザベラ・バードは、次のような観察をしている。

日本では、戸数から人口を推定するには、戸数を五倍するのがふつうである。ところが私は、好奇心から、沼の部落を歩きまわり、すべての日本の家屋の入口にかけてある名札を伊藤（同伴した通訳）に訳させた。そして、家に住む人の名前と数、性別を調べたところが、二四軒の家に三〇七人も住んでいたのである。ある家には四家族も同居していた。(6)

現実は紙に書かれたことと必ずしも一致しない。働き手がたくさん必要だった時代、庄屋などと呼ばれた大きな家のことを考えれば、一軒の家に何人もの家族が住んでいたことは、簡単に想像がつくだろう。農業機械がない時代、裕福であるためには働き手がたくさん必要だった。だから大家族が望ましい家族の形だったのである。

農業に従事する者がきわめて少なく、商人と職人の町であった江戸では土地からの縛りがなかった。

江戸庶民の平均的な家族人数は四〜五人で、配偶者を欠く者つまりシングル・ファザーやシングル・マザー、また独身者つまり独り者も多かった。南和男は『幕末江戸社会の研究』で次のようにいう。

一八六五年（慶応元）の麹町一・二丁目の一世帯平均家族数は四・〇人である。（渋谷）宮益町でも四・〇人であったし、道玄坂町四・一人、東福寺門前で四・五人であった。麹町一・二丁目の一世帯平均の子供数は一・三八人で、宮益町の一・四七人とほぼ同じである。道玄坂町では一・七人、東福寺門前では一・九人であった。

戸主の配偶者を欠くものが少なくない。その率は三三・六パーセントある。(7)

海外に目を転じてみよう。山岳地帯であるチベットでは、一妻多夫制度があった。これは土地の生産力が、大勢の家族を養えないほど低かったので、男性が出稼ぎに出ざるを得なかったために発達したものだ。狭い耕地では一夫一婦では生きていけないから、彼（女）らは一妻多夫を採用して、一人の女性が何人かの男性を夫とした。相続によって家や土地など財産が、分割されて小さくなるのを一妻多夫で防いだ。

チベット修行僧だった河口慧海(8)によれば、長男の結婚後、その長男が出稼ぎなどで不在になると、長男の弟がその女性のもう一人の夫になったという。その女性から産まれた子供は、すべて長男を父とし他の兄弟たちを叔父とした。それでも彼（女）らは、仲良く暮らした。一妻多夫制度は、耕地が狭く出稼ぎが不可避だった地方で、自分たちの生命と子孫を絶やさぬための必死の工夫だった。

アフリカの勇者マサイ人は、一夫多妻制をとることで有名である。砂漠という厳しい生活環境では、女性より男性のほうがたくさん死ぬ。男性が少なくなることから、あの悪名高い一夫多妻制度が生じたのであろう。マサイ人の男性と結婚し、第二夫人となった永松真紀は次のように言う。

彼女（第一夫人）の言葉から「一夫多妻制は家族が増えること、だから嬉しい」といったマサイの人々の素朴で純粋な広い心が読み取れ、一瞬で、その制度の意味を理解することができたのです。ひとりの尊敬する男性を複数の女性が支えていく。そんな家族の姿は素晴らしく、ごく自然の形に思えました。

しかも彼女は、「尊敬する夫が選んだ人なら間違いない」と自信を持って、日本人である私を第二夫人として認めてくれるのです。(9)

最近の歴史人口学は、西ヨーロッパにおける近代の産業化と、核家族化の結びつきを否定している。北西ヨーロッパでは、産業革命以前から核家族がふつうだったという。それは北西ヨーロッパの土地制度が、少人数の核家族に適していたからである。(10)

ここでいう核家族とは単に夫婦と子供たちという意味であり、この核家族は夫婦二人と子供たちも農業に従事していた。本書が使う性別役割分業を旨とする〈核家族〉とは、意味が違うことに注意して欲しい。もちろん前述した江戸の核家族も、本書が使う限定付きの〈核家族〉とは意味が違うことは自明だろう。

世界の家族をみてくると、家族の形は特定の決まったものではないことに気づく。それぞれの地域や気候風土に合わせて、人間が生き延びるのに都合の良いように、多くの人が集まって住んだり離れて住んだりしている。つまり家族の形は生物学的事実に基づく生得・不変のものではなく、人間が生き延びるために、その土地や産業に合わせてつくった組織だった。

最初に核家族という家族の基本形があって、その形に従って人間が生きているのではない。ある地方では小型の核家族が生存に適していたから、核家族という家族の形を選んだ。核家族が家族の原器だといった社会学者のマードック[11]は、家族の形を子供のできる原理に結びつけたにすぎない。夫婦単位の〈核家族〉という家族理念が、工業社会では最適だったからマードックの論が普及した。

地域や時代の産業特性を無視して、家族の形だけを論じることは、生きている人間を見ていないとしか言いようがない。家族の形は変わるものである。いくら一夫多妻が悪名高くても、砂漠の生活を無視して一夫多妻という家族の形を否定すると、砂漠の民に死ねということになりかねない。

一対の男女の営みによって子供ができるという生物学的事実が、あまりにも真実であるため、家族の形も生物学的な事実によって決定される、と考えがちである。しかし、人間の誕生と家族の形には直接の関係はない。そして、どんな家族の形をとっても、そのなかで人間は思いやりをもって平穏に、時には喧嘩をしながらも一緒に暮らしてきたのである。

第3節　大家族は生産組織だった

農業が主な産業の時代では、貴族・僧侶や武士を除けば、人々の多くは農業に従事した。もちろん、少数ながら漁業や林業に従事する人もいたし、わずかながら商業や手工業に従事した人もいた。

我が国では働く者の九〇パーセント近くが農業に従事していたという。そのため、本書では農業に従事した農家と、人口の一〇パーセントを占めた武士たちの家族について考えていくことにする。ただし本書の文脈でいえば、漁業・林業や商業に従事した少数派の家族も、農家や武家の家族と同じように考えて良い。

農家では、その構成員たち全員が田や畑に出て働き、大地の恵みを収穫していた。そして、翌年には収穫した一部を、田や畑にまいて作物へと育てた。その繰り返しが人々の生活を支えた。当時の大家族は、労働と材料を投入することによって物を生産し続ける工場と同じように生産組織だった。

農家といい武家といい大家族は、家という組織が収穫もしくは家禄という形で収入を得た。大きな農家はたくさんの収穫を上げ、高位の武士の家は高い家禄を得ていた。しかし、収入の多寡は、家にいる人数によって決定されたのではない。農家の場合は、所有する土地の広さ、つまり耕作面積が収入の多寡を決定したのであり、武家であれば当主の地位が禄高を決定した。

耕地の広さは自動的に増えるものではない。長い時間をかけた開墾作業や、何らかの理由で他の農家から譲り受けたりして徐々に広がっていく。耕地が広がれば家族は豊かになるが、同時により多くの人手が必要になり、家の構成員もより多くなっていく。酒田の豪農だった本間家のような大きな農家では、何人もの人間が生活を共にしていたが、それは広い土地を耕す労力がたくさん必要となったからである。

反対に収入が少なくなると、つまり耕地が小さくなったり武士の禄高が減ると、それまでの人数を養うことはできなくなる。少しくらいの減少であれば、皆で節約して生活を続けることはできるだろう。しかし、戦さに負けて耕地をすべて失ってしまったり、お家が断絶されてしまえば、生活の道が途絶されることは自明であろう。

家が農地と結びつき、もしくは家禄と結びついている以上、家の存続はそこに住むすべての人間の希望であった。家以外には生産組織はなかったのだから、家がなくなったら、戸主はもちろん妻を初めとして子供や作男まで路頭に迷うことになる。会社が倒産すると、経営者だけではなく従業員も困るのと同じである。

現代なら他の会社に就職すれば良いかもしれないが、大家族の時代には食う場所は家しかなかった。つまり家が耕地を失ったら、他家に働きにいってわずかな手間賃を稼ぐ水飲み百姓に転落することになった。土地を持たない水飲み百姓の生活は惨めなものだった。そのため、代々にわたって家を存続させることは、きわめて重要なことだった。後述するように戸主は家の管理人にすぎなかったとしても、大家族を維持していく任務は社長である戸主の双肩にかかっていた。

農家という大家族は、生産組織としてその構成員たちを養うと同時に、構成員たちは子供をつくることによって家の存続に貢献した。つまり、親から子へ、子から孫へと次の世代を生み続けることによって、家は生産組織として存続し続けることができた。大家族は子供という跡継ぎを自律的に生み育て続けた。ここが現代の生産組織である会社とは違うところであった。

人間は自分の命が維持できなければ、異性への欲望など持ちようがない。性欲よりも食欲の方が、根源的な欲求である。自分が生き延びてこそ、異性への関心も湧く。食欲を満たすことは何にもまして優先する。しかし、体力の衰えた老後には、自分の食い扶持を自分でまかなうことはできない。

福祉や年金などない時代、家族が生産組織であり続けようとすれば、言いかえると現在の構成員の命を維持しようとすれば、どうしても次世代の労働力を生み出さなければならない。大家族という家が継続しない限り、老後の生活が立ち行かなくなるのは自明のことだった。

次世代の労働力とは子供のことだから、大家族は子供（未成年養子を含む）を生まなければ存続できなかった。子供は不可欠の存在だった。現実の話は誰に強制されることもなく、大家族は子供を生んだ。つまり生産組織だった大家族には、家職もしくは家業と言った形で、代々続く連続性がシステムとして内包されていた。

現在の自分の生活が維持できれば、結果として家が維持され、性への欲望は本能だから子供も生まれて種も保存された。大家族は後述する夫婦単位の〈核家族〉と違って、親から子へ、子から孫へと家族の構成員を維持するという自立的な連続性を内蔵したものが、農業社会の大家族という制度でありシステムだった。

親から子へと資産を承継する大家族では、世代という縦に流れる時間が、中心的な根幹として貫通していた。そして、図の太線で示した世代を継ぐという縦の時間軸が、家として田や畑を受け継ぎ伝統や家風をつくり、家業をつないで生活技術を伝承させてきた。ここでは高齢者が上位という年齢秩序が支配していた。年齢秩序については、「年齢秩序の崩壊」で詳述する。

大家族を世代的に貫く縦軸を守ることが、家族構成員の生活を守ることと同義であった。そのため、親と子（養子を含む）という縦の関係が重要視され、夫婦という横の関係は第二義的なものとして扱われた。家の外から嫁いできた嫁や婿は、家の根幹である縦軸を若返らせるものであり、けっして根幹そのものではな

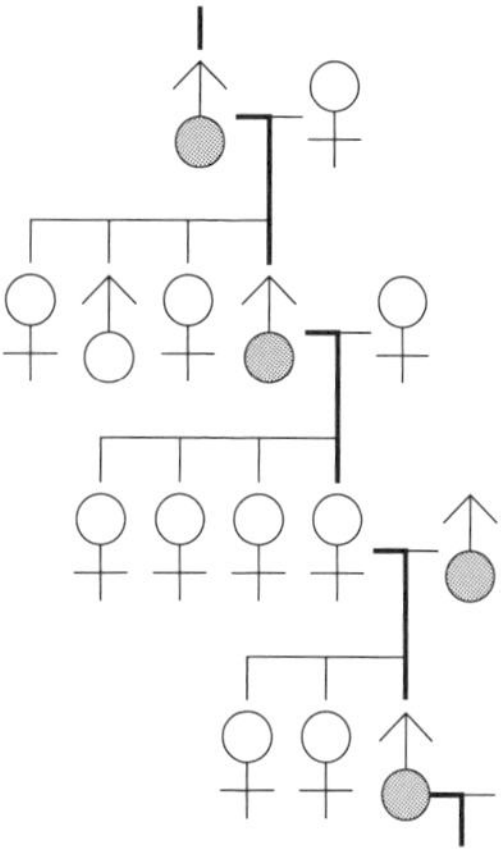

●は、家族の代表者を表す

かったからである。

今日の会社にも会社ごとに異なった社風があるように、各家にはそれぞれの家風があり、家の構成員が家風を代々受け継いでいった。嫁や婿は新しい家風を持ち込んだが、明治になる前には大家族の通婚圏は狭く、同じ村内かせいぜい隣村から嫁や婿を迎えた。そのため、嫁や婿たちも似たような価値観や生活習慣を身につけていた。新たな家族の構成員を迎えると、家は彼（女）をたやすくその家の家風に染め直していった。

結婚すると夫婦が同じ姓を名乗る現代からは想像するのは難しいが、大家族の時代には家の外から嫁いできた嫁や婿は、結婚しても生家の姓を名乗り続ける夫婦別姓が原則だった。一八七六年（明治九）の太政官指令は、「婦女夫に嫁するも、なお所生の氏を用ゆべきこと」として、生家の姓を名乗るように言っている。

今日のように嫁いできた者が家の氏を称するのは、我が国の古来からの習慣と大いに異なった制度であった。つまり、大家族にあっては同じ氏を名乗った縦軸は、夫婦という横の関係とは区別されていた。驚くかもしれないが夫婦同氏が法文化されるのは、一八九〇年（明治二三）に制定された旧民法人事編第二四三条に「戸主及ひ家族は其家の氏を称す」と定められて以降である[12]。

どんな組織といえども、組織内のメンバーで純粋培養を続けていくと劣化する。大家族も同じだった。外から来た嫁や婿は、新たな血をもたらす者だったので、家の若返りをはかるためには不可欠ではあった。しかし、家の第一番目の存在意義は、今を生きる者たちの生活を確保することだったことを忘れてはならない。

夫婦の営みの結果である子供が、家の存続に貢献するのは次の世代においてである。しかも、生まれたばかりの子供の養育には手間がかかる。子供は負担になりこそすれ、成人たちの生活にはすぐには役に立たない。

家にとって子供は跡継ぎとして不可欠ではあったが、働き盛りである今の自分たちの命を長らえるためには役に立たなかった。言いかえると、夫婦関係とりわけ子供を産む妻の地位は、種族保存という第二番目の役目を負うものだったので、現存する家の根幹である親子関係に従属するものとみなされた。

明治になると大家族はやがて〈核家族〉へと分裂していくが、両者のあいだには決定的な違いがあった。その決定的な違いとは、大家族が生産組織であり〈核家族〉は生産組織ではないことである。家族が生産組織か否かという違いはどんなに強調しても、強調しすぎと言うことはない。

生産組織だった大家族は、村内の他の大家族や地域とのつながりが不可欠だった。それは会社という生産組織が、顧客や取引先といった外部組織とのつながりなしには存立できないのと同様である。家も生産組織である以上は単独では成り立たないから、大家族は否応なしに他の大家族とつきあわざるを得なかった。

田や畑といった生産設備には水が不可欠で、水利権は村が管理していたから、水を一軒の大家族だけが独自に入手することは不可能だった。また燃料とする薪は山から採ってくるため、地域の承認を得なければ入手できなかった。それ以外にも家それ自体の維持にも、屋根の葺き替えなどには地域の協力が不可欠だった。

大家族は会社よりは自立性が高かったとはいえ、地域を無視したり没交渉になれば、生産設備は不完全になるし材料は入ってこなくなった。生産組織が規定してくる組織の属性、つまり地域との結びつきから大家族は逃れることができず、大家族で暮らす人たちは地域＝村落共同体に包摂されざるを得なかった。

大家族は世代承継のシステムを内包していたが、後述するサラリーマンの〈核家族〉は生産組織ではなくなったがゆえに、世代承継の内部システムを失った。〈核家族〉については次章において詳しく論じる。

第4節　大家族の土地所有

大家族の生産を支えた土地の所有について考えてみよう。今日では、土地以外に工場や会社などの生産手段ができたので、食の恵みをもたらしてくれる土地の有難みが忘れられている。休耕田などといって、収穫を放棄し耕さずに放置されてさえいる。

今や田舎の農地は誰も買おうとしない。しかし、農業が主な産業だった時代には、農地を持っている家だけが本百姓だった。主食の米は農地からしか取れない。だから、農地は大事にされていたし、本百姓は高いプライドを持っていた。

土地は無限にあるように見えるが、どこでも耕作できるわけではない。開墾可能な農業用の土地は有限である。開墾された農業用の土地には、かならず所有者がいた。戦前の満州開拓団はいうに及ばず、土地の所有を巡って戦争さえおきた。ちなみにアメリカの西部開拓史は、西洋からの移民たちが先住民の土地を武力で強奪する歴史だった、と言っても過言ではない。

『二一世紀の資本』を書いたトマ・ピケティの言葉に従えば、工業化が始まる前には、農業はすべての経済活動と雇用の七五パーセントを占めていたという。[13]そのため、かつての土地はきわめて貴重品だった。土地の所有権をめぐって、どこでも争いが絶えなかった。

農業を主な産業とした時代は、大地主＝お金持ちの家はどこも大人数だった。農業経済の研究者である友部謙一によれば、徳川家光の治世、一六六五年（寛文五）頃の奥能登の時国家には、一三六人の人が一家として住んでいたという。[14]また江戸時代末の話では、日本一の大地主だった酒田の本間家では、一〇〇人を超える人が何棟かの家に共同生活をしていた。

大きな家の下男・下女だった奉公人や、年貢を払っていなかった下層農民は別として、土地を持った本百姓の家族は規模が大きいことが多かった。「本間様には及びもつかぬが、せめてなりたや殿様に……」といわれたように、人数の多い大家族は憧れの象徴だった。書かれた歴史を見る限り、世帯の構成員の平均的な人数は五〜七人だったかも知れないが、望ましい家族理念は大勢が同居する大家族だったのである。

明治になってからの話である。大地主だった太宰治の生家には、つねに三〇人もの人が寝起きしていたという。また石川県白山麓の村では、親方と称される大きな家には一家三〇人が同居していた、と民俗学者の宮本常一はいう。[15]つまり、大きな農家であれば、数十人が共同生活をしていたのは珍しくなかった。

大家族が憧れだった記録は、戦後になっても見ることができる。一九二六年（大正一五）に侯爵・前田利為の長女として生まれ、雅楽頭系酒井家二二代当主・酒井忠元の妻となった酒井美意子は、『元華族たちの戦後史』に次のように書いている。

敗戦直後（中略）、当時いちばん切実に「おカネがなくなったのだ」と実感したのは、四十人ほどいた酒井の使用人が一挙に四人になってしまったときだ。[16]

酒井家といえば徳川氏の譜代大名で、明治になると華族になった。一九四六年（昭和二一）に制定された「財産税法」（税率は二五～九〇パーセント）によって、たくさんあった各地の土地や建物を処分したので生活に窮したという。その酒井家では、戦争の直前まで使用人が四〇人もいた。多くの使用人がいたことに酒井美意子はプライドを感じているようだが、反対に土地を持てない水飲み百姓からみれば、大家族が憧れの対象だったことがわかるだろう。

現在は土地や建物の不動産登記簿には、個人の名前が書かれている。[17]所有者の欄に、名前の書かれた人間だけが、土地や建物を処分できる。[18]たとえ、親であっても子供名義の土地や建物は勝手に処分できないし、夫であっても妻名義の所有物には手が出せない。だから個人ではなく、家が土地を所有するという考え方は想像しにくい。

現在のお墓（墓地）を想像して欲しい。お墓は今生きている人間が管理しているが、今を生きている人間だけの所有物ではない。野辺にある墓地は、その土地の所有者が代々にわたって管理していた。お寺や霊園などの墓石には〇〇家の墓と書かれているように、お墓は代々続いている家の所有物である。[19]しかも、墓石は所有権の対象になるが、墓地は所有権の対象とはならずに、永代使用権を手に入れることができるだけである。そのため、お墓を売ることは不可能ではないが、きわめて複雑で難しい手続きを経なければ、所有権を移転することはできない。

お墓は今を生きる人に管理されながら、今を通りすぎて世代を超えて受けつがれていく。ただし、

○○家の墓と彫られるようになったのは、〈核家族〉が普及し始めた大正時代の頃からである。それ以前は個人の名前や戒名、または南無阿弥陀仏、南無妙法蓮華経といった仏語を彫っていた。また、江戸時代までは庶民には姓がなかったから、墓石に○○家の墓といった文字を彫り込みようがなかった。そして、より古くなると庶民には埋め墓はあっても墓地や墓石はなかった。

土地の所有形態も、江戸時代までは現在のお墓と同じだった。土地は個人の所有ではなかった。先祖から代々と続く家が土地を所有した。古い記録には、土地は先祖からの預かりものという記述があるように、土地は戸主が自由に処分できる個人的な所有物ではなかった[20]。歴史学者の渡辺尚志は『百姓の力』で次のようにいう。

家はそのときどきの家長によって統括されましたが、家長は所持地を自由に分割したり、売却・譲渡したりすることはできませんでした。家長は先祖から伝わった家の土地を、少しも減らすことなく子孫に伝える責任がある、とされていたからです。百姓の所持地は先祖からの預かりものたる家産であって、家長個人や家族が勝手に処分してはなりませんでした。江戸時代の百姓の土地所持は、基本的に個人ではなく家を単位としていたのです[21]。

成人男性である戸主は家父長[22]とも呼ばれるが、彼は土地を所有する個人ではない。彼は家を代表して、土地という財産を管理する人であり、土地は家全体の所有物だった。そのうえ江戸時代には、相互扶助かつ相互監視の五人組という隣保組織が各家を縛っていた。年貢を払うのも五人組を通したから、土地の増減はたちまち村人たちに露見してしまった。そのため戸主の一存で土地を売ることはできなかった。

土地は代々にわたって受けつがれるものだったから、戸主は家の承継者であり管理人にすぎなかった。そのため、何代目○○衛門という名前があるように、戸主は代々同じ名前を継いだりした。

宮本常一は家の承継に関して、家職という言葉を使って次のように言う。

　三井家は代々八郎右衛門を襲名し、住友家は吉左衛門を継承した。商人ばかりではなく、農家にも近畿地方にはかなり濃厚に見られている。（中略）家職を継ぐ意識は農民の間にも強い。(23)

江戸時代に入る頃には、新たな耕地を切り開く余地がなくなってきた。分家しても土地を手に入れることが難しくなった。我が国の時代を通してみると、人口はこの頃から二五〇〇〜三〇〇〇万人で頭打ちとなっており、江戸時代の二六五年間でほとんど増加しなくなってしまう。

家が土地を所有しており、家が生産組織である以上、家の財産を分割して土地を小さくしては暮らせなくなる。そのため、家を継ぐ者が全財産を相続し、ほかの子供たちは何も相続しないという、家督相続制度になるのは仕方なかった。土地という生産手段を相続しなかった子供は他家へでた。男性なら養子や婿となり、女性なら嫁となった。そして、他家に出なかった子供は、未婚のまま生家の農業を手伝った。

武士たちも事情は変わらなかった。大名たちは幕府から領地を預かっていた。武士は大名に仕えたが、武士個人に対して禄が支払われたのではなく、武士の属する家に対して俸給が支払われた。

武家は農家の家と同じように、武士の家そのものが生活のための器であった。武士個人ではなく家に対して支払われる家禄によって、全員が口を糊していたことは農家と変わらない。そのため、家督を継がなかった者は、嫁や婿養子として家を出て他の家で口を糊した。また、他家が受け入れてくれなければ、部屋住み＝小姑として一生を独身で送らざるを得なかった。

武士たちも上級になれば、何人もの側室をおき、大勢の子供たちを養っていた。そして、家来たちを従えて、大きな一家を営んでいた。ここでも人数の多い大家族が、権勢を誇り羨望を集めていた。武士の家は、米を作るといった生産組織でこそなかったが、農業社会である以上やはり大家族を良しとする家族理念が貫徹していた。

赤穂四七士の話でもわかるように、武士は〈お家〉が断絶になれば生活ができなくなった。そのため、農家はもちろん武士にあっても、家が収入の基盤だったことは簡単に了解できるだろう。二〇人以上の子供をもった織田信長や、一六人の子供をつくった徳川家康のように、側室や腹違いの子供たちを大勢かかえた武士の大家族は、いわば究極の大家族といっても良い。

明治になって制定された民法は、会社などの法人を経済行為の主体とみとめ、法人に土地といった財産の所有をゆるした。(24) しかし、多くの人が暮らす〈家〉といった疑似血縁的な組織が、財産を所有することを許さなかった。

明治になって土地や建物の所有者は、自然人とよばれる個人と会社などの法人になった。法人は死亡しないので、法人に相続はあり得ない。しかし、自然人はかならず死亡する。自然人が所有する財産は、死亡によって相続され所有権が移転する。余談ながら我が国の相続税は、日露戦争の戦費を集めるために、一九〇五年（明治三八）になって初めて導入された。

江戸時代のように家が土地を所有していれば、戸主が死亡すると管理人が代わるだけである。代表取締役が替わる法人の所有と同じで、死亡による所有権の移転つまり相続はあり得ない。しかし、現代では個人という自然人が所有しているので、所有者の死亡によって、土地という財産は相続人たちへと所有権が移っていく(25)。

ここでもう一度確認しよう。大家族は子供を残すという種を保存する場でもあったが、大家族はそれ以前に自分たちが食べていくための生産組織だった。土地所有という制度に基づく生産組織は、機械的な動力のなかった当時は、とりわけ人数の多い大規模なほうが有利である。だから、人々は大家族にあこがれたのであり、大家族を望ましい家族理念としたのである。

現代では零細企業や中小企業より、大企業のほうが財政も豊かにみえるだろう。事実、大企業のほうが給料も高いことは多いし、福利厚生も充実し、経営も安定し倒産も少ないことが多い。だから多くの人は大企業の正社員にあこがれ、大企業に属する人は高いプライドをもっている。

大規模であるほうが有利だというのは、生産組織がもつ属性である。生産組織としての農家も、武士の家も、人数の多いほうが豊かで安定していた。そのため、小型の家族は好まれず、大家族があるべき家族の標準的な形だった。

ちなみに一八九六年（明治二九）になって制定された所有権に関する民法の根幹は、家族法の部分をのぞいて、現在まで変わることなく生き続けている。いまでは当然となっているが、土地の個人所有という考え方は昔からあるのではない。一八九六年（明治二九）になって成立したものである。

第5節　大家族時代の男女関係

田や畑での農作業とは、土地の上で肉体を動かすことである。大家族では女性も男性と同様に、時には男性以上に田や畑で働いた。だから、男女関係も〈核家族〉のそれとは違った。女性も田や畑で働いたから、労働力として正当な評価を受けた。その結果、農家の主婦といえども戸主の男性に拮抗する地位があった。

悪名高き足入れ婚だって、女性が気に入らなければ、女性のほうから飛びでることさえできた。一五六二年（永禄五）に来日したポルトガルの宣教師ルイス・フロイスは、日本ではしばしば妻が夫を離別するとさえ言っている(26)。

男女関係は今よりはるかに自由だった。ルイス・フロイスは、安土桃山時代の日本女性は処女の純潔を少しも重んじないし、それを欠いても名誉も失わなければ、結婚もできると、『日欧文化比較』に驚きをもって記している(27)。

時代は下って江戸時代は男性天国で、嫁を気に入らなければ三行半一枚を書くだけで、簡単に離縁できたようにいう人がいる。しかし、現実はそんなことはなかった。三行半という離縁の証書が残っているから、紙を根拠にそう言うだけである。離縁は男性だけでは完遂できなかった。男性が三行半を書いただけでは離縁は成立せず、女性の方から「返り一札」、つまり承諾書を書かないと完結しなかった。

三行半とは重婚を防ぐための証書だったから、三行半がないと女性は再婚できなかった。同様に返り一札がないと男性も再婚できなかった。三行半は男性が書くものではあったが、離縁を望む女性のほうから三行半を書くように要求することもできた。つまり女性が再婚の自由を得るために、三行半を要求できた。

法制史学者である高木侃の『三くだり半と縁切寺』によれば、江戸時代の離縁は現代の離婚よりも女性に有利だったという。明治初期の話だが、NHKの『歴史ヒストリア』では、一八七一年（明治四）にでた断髪令にしたがって、夫がチョンマゲを切ったところ妻に大不評で、日本各地で断髪離婚なるものが多発したと伝えている。つまり夫の容貌の変化が不満で、妻のほうから離婚したという。夫の髪型が変わったのが不満で離婚してしまうとは、女性が強くなった現在でも想像できない。これは明治初めの話だが、おそらく江戸時代でも女性が強かった事情は変わらなかっただろう。

結論めかして言うと、江戸時代には妻が夫を気に入らなければ、妻からの離縁も充分に可能だった。そして、女性が離縁しても嫁ぎ先はいくらでもあった。現代風にいえば、女性という労働力の流動性が高かったからである。

江戸時代は乳幼児や子供の死亡率が高かった(28)。そのため当時、成人となった人間の労働力は、非力な女性であってもきわめて重要だった。自ら労働力であり、かつ次世代の労働力、つまり子供を産んでくれる健康な女性は引く手あまただった。女性が無権利で虐げられたという紙上の記録と現実は大きく違った。女性が虐げられて男女格差がひどくなるのは、〈核家族〉が普及した明治以降であることは後述する。

命令に従うだけの労働は苦役である。人間は自分の意見を尊重してくれれば、積極的になり主体的に労働に参加する。女性と女性の意見を大切にしたほうが、女性の労働意欲が高まるのは簡単に想像できる。家を維持して男女が豊かな生活を続けるためには、妻である女性の発言を尊重したほうが生産性は上がった。

労働は人間を平等に厳しく鍛える。労働から得られる自己認識の内容は個人差があっただろうが、自己認識の構造は男女ともに変わることはなかった。つまり男性も女性も農業労働に鍛えられているがゆえに、田や畑で一生懸命に働くことを是とする考えにおいて男女で同じだった。

農業という同じ労働に従事すれば、労働から生まれる達成感、つまり豊作の喜びも不作や凶作の悲しみも共有できた。そして、収穫を増やすことは、男女に共通した願望だった。その結果、農業家族の構成員たちには、仕事の目的とその達成を共有することから生じる親和力が生まれた。

親和力とは血縁や夫婦関係から生じるものではなく、同じ仕事に従事することから発生することに注意して欲しい。現代の職場でも、同僚との間には一種の連帯感＝仲間意識があるだろう。この仲間意識がないと、どんな仕事もうまくいかない。

大家族では、住み込みの奉公人たちと血縁のある家の人たちも、同じ仕事に従事しているがゆえに、彼（女）等のあいだにも親和力が働いていた。大家族は二四時間にわたって生活を共にすると同時に働く同僚でもあった。そして、同じ仕事を体験することから、共感や充実感だけではなく、他者の心持ちなども容易に想像しえた。だから、親和力がより大きかったことは理解されるだろう。

農業を主な産業とする社会は、圧倒的な肉体労働の社会でもある。しばしば戦もあった。また村の境界争いや水騒動などなど、腕力がものをいう時代でもあった。優雅さが大切にされる貴族社会とは違った。そのため、肉体的に屈強な男性が家の代表になり、非力な女性である妻は家の代理人にはなれない制度だった。

相続に適した長男がいない場合に、長姉が相続人になる姉家督相続[29]があった。姉家督で女性が相続しても、戸主となるのは夫となった男性だった。しかし、家が土地を所有していたので、戸主といえども先祖や子孫の手前、自分勝手なことはできなかったことは前述した。

肉体労働がむき出しで行使された大家族の時代、女性は結婚してその生家を出ても、また結婚によって他の家に属し直すだけである。そして、次男・三男は、養子となって他家に入った。これが明治までの大家族だった。言いかえると、生きていくためには誰もが家に属さざるを得なかった。大家族の下では男女間での差別以前に、自然からの拘束のほうがはるかに大きかった。

世界中の家族を調査しているエマニュエル・トッドは、『家族システムの起源』で次のように言う。

日本の北東部で観察されるのは、中国風の父系制の度合の強い父方居住共同体家族ではない。日本では、北東部でも南西部でも、家族モデルは、必要に応じて女性による財産の相続を許している。実際、いくつかの指標によると、女性の地位は、主要な島である本州の中心部よりも、狭い意味での北東を意味する「東北」で、時としてより高いことがあるように見える。それは日本における絶対長子制、すなわち、女子が最年長なら相続するというあの規則の地域である。彼女の夫は、婿として家族の一員となる[30]（姉家督）

明治民法は土地という生産的財産を、家の所有から個人所有へと変えた。しかし、相続制度は家を継ぐ者だけが、すべての財産を独り占めにする家督相続＝長子相続を採用し続けた[31]。財産所有と家制度に断絶がおきたことで、戸主個人の自由裁量の範囲がグッと広がった。

明治の民法が施行されると、永続する家を重要視して、結婚する男女は同氏（＝同姓）を名乗るように強制したとは前述した。そして、財産を戸主の個人所有とした。そのため、財産を所有できない妻や長男以外の子供が、戸主に養われるだけの無権利状態になった。しかし、工業生産はその途上についたばかりだったので、会社など今風の職場はなかった。女性は田や畑で働き続けなければ、生活するすべがなかった。

重要な点なので繰り返すが、江戸時代までは家が生産組織であり、かつ財産の所有者であった。家父長という戸主なる人間といえども、個人として財産の所有者ではない。家に収入があったのであり、戸主に収入があったのではない。この時代には相続税という概念はなかったことを思い出してほしい。

武士たちの家督も同じである。家督は先祖の働きによって決まったものだったから、今を生きている武士個人に付くものではなく家に付いた。八代将軍徳川吉宗の採用した足高の制によって若干の変更をうけて、個人の能力も勘案されるようにはなった。しかし、そうは言っても家督相続が原則であった。武士といえども、戸主という立場をはずれて隠居すれば、無収入となって若い世代に養われる身となった。

定年退職で年賀状が激減することを想像すれば、個人ではなく会社の地位や立場に価値があったことがわかるだろう。株主たちの意向に逆らうと、社長の首もとぶ。先祖や子孫、また五人組などに監視されていた戸主も、身勝手な行動ができないことはまったく同じだった。

第6節　女性が強かった時代

農業を主な産業とする時代には、女性が男性に虐げられたように言われるが、決してそんなことはない。女性が虐げられるようになったのは、土地が家所有から個人の所有になり、女性から農業収入が奪われて、職業労働に従事しない専業主婦の誕生した明治以降である。それまでの女性たちは、実にしたたかで強かった。

明治期に来日した外国人たちも、離婚を繰り返す日本女性の性的な奔放さに、一様に驚嘆している。

今でも日本人は、結婚生活を必ずしも一生のものと考えていない。夫と妻の双方から結婚を解消することができる。庶民は離婚に対して強い抵抗感もないので、結婚と離婚を幾度も繰り返す男性は珍しくない。女性だって、一度や二度離縁されても、再婚や再々婚することはしょっちゅうある。上流階級では、男と女の問題はスキャンダルとして噂の種になるので、勝手気ままに離婚するというわけにはいかないが、それでも離婚は珍しくないので、離婚経験のある上品で立派な人に会うことがよくある。(32)

と、一八八四年（明治一六）に来日したアメリカの教育者アリス・ベーコンは、『明治日本の女たち』で書いている。女性が夫を嫌っていれば、女性のほうから離婚できた。これでは大家族が、女性を抑圧したとは言えないだろう。女性の離婚が困難になるのは、明治民法ができてからであることは後述する。

日本の農村研究のために、熊本県の須恵村に滞在したジョン・エンブリーとエラ・エンブリー夫妻は、一九三五年（昭和一〇）になっても、女性が気軽に離婚する様子を『須恵村の女たち』で次のように記している。

何人かの女たちがしばしば、みずから進んでおこなった離婚と再婚の驚くべき数については、さらに詳しく検討する必要がある。なぜ、男たちは不貞の妻を我慢したのか。どのようにして、離婚した女性は、別の夫をそんなにかんたんに見つけられたのか。その回答は、少なくとも部分的には、当時の小さな小売商の家や農民の家が要求していた労働力の性格のなかにある。（中略）そこでは、なされなければならない多くの仕事があり、その絶対最小限の労働力は二人の壮健な大人であった。(33)

農業を主な産業とする社会では、すべての労働が肉体によって行われたから、〈力自慢〉に大きな価値があったように、何よりも肉体的な屈強さが重視された。その結果、肉体的な労働力の多寡から、男性優位の社会制度が多かったのは事実である。そのため、男性支配の社会だと思われがちである。

農業社会では、泥だらけになりながらの重労働に、男女ともに従事せざるを得なかった。働くことを骨を折るといったほど、田や畑での労働は厳しいものだった。休みを取ることを骨休めといったほど、男性も女性も自然に縛られていた。誰もが家から逃れることはできなかったから、男女ともに農業と家に縛られてはいた。

しかし、女性の行動が男性に縛られていたことはない。重要な労働力である女性の自発性を封じたら、家の生産力が落ちるのは誰でもわかる。より多くの収穫こそ全員の望みだった。女性は男性より非力だとはいえ、同じ農業に従事している。男女は協力したほうが、はるかに能率がいいし収穫も多い。常識的また論理的に考えても、男性が女性の行動を縛れるはずはなかった。

上州名物はかかあ天下に空っ風と言われるほど、群馬の女性は強いと言われた。それは養蚕という大きな現金収入を生む仕事が、主として女性の手によっており、その収入が家の経済の大きな支えになっていたからだ。大きな稼ぎをもたらしてくれる女性を、どうして無下にできようか。群馬の男性たちは女性たちをかかあ天下として扱ったのである。

江戸時代には女性も自分のことをオレといい、庶民の使う男言葉と女言葉には、ほとんど差がなかった。そのうえ当時の女性は、酒も飲んだし煙草もすった。庶民階級の働く女性たちは元気だった。昭和になっての話だが、キセルをたしなむ農家の老女たちの姿を筆者も覚えている。

　ヨーロッパでは女性が葡萄酒を飲むことは礼を失するものと考えられている。日本ではごく普通のことで、祭りの時にはしばしば酔払うまで飲む(34)。

と、ルイス・フロイスは『日欧文化比較』に記す。

大地で働く男女の行動には、性別による違いが少なかった。野良で働けば、農繁期の食事も田や畑の近くでとった。そして、排泄も大地の上で行った。男女ともに着物を着ていたし、パンツなどなかった時代だった。そのため、女性たちも男性と同じように立ち小便をした(35)。

はるかに時代は下って昭和になっても、農業時代の習慣が残っている地方があった。そこでは戦後になっても、農家の女性たちは立ち小便をしたと、野村雅一は『身ぶりとしぐさの人類学』に書いている。[36] ちなみに宮本常一によれば、志摩の海女が腰巻きの下に、サルマタをはくようになったのは、一九一九年（大正八）からだったという。[37]

紙の上に書かれた記録では、女性は男性より劣位にあったように見える。しかし、日常生活では事情は違った。働く女性たちはあけすけに猥談もしたし、男性たちを性的にからかった。日常生活では家庭の内外ともに、女性は男性に拮抗する地位にいた。農業が主な産業だった時代の真実は、女性たちが現代よりもはるかに強かったのである。ただし、武家の妻にあっては事情が違ったことは後述する。

大家族の時代、豊かな実りは誰でもが望むところだった。そして子宝という言葉があったように、セックスの結果生まれる子供は宝だった。だから、交合仏をご神体とする神社も多かったし、セックスは豊穣の象徴だった。凸形をオス、凹形をメスという言い方が残っているように、男女の性器になぞらえた名前を付けたものも多かった。金山神社のかなまら祭が物語るように、性は隠すものではなかった。

男神と女神のセックスから、我が国の歴史が始まっているのを見てもわかるように、かつては男女がつきあうことはそのままセックスすることを意味していた。娯楽の少なかった時代には、セックスは憎からず思う男女にとって楽しい行為であった。日本文学の研究者だった暉峻康隆は『日本人の愛と性』のなかで次のように言う。

だいたい日本民族は、古代から近代まで多少の曲折はあっても、〈愛することは寝ることだ〉という単純明快な性愛意識を持って生きて来た。(38)

若者に対する見方も、現在とは大きく違っていた。精通や生理を経験し、一五歳を過ぎて生殖能力ができれば、社会的にも一人前として扱われた。若者宿などを通して、セックスを始めるのも、この頃からであった。

大人への儀式つまり元服は数えの一五歳頃だった。徳川家康は数えの一六歳で初陣にのぞみ、大勢の兵を率いて戦っている。男色の相手をした若衆も、元服後の若者たちだった。そのため、今なら未成年者に対する性的虐待と言われそうなことも、犯罪視されずにまかりとおっていた。

戦後一五年くらいたった頃だろうか、若かった筆者は、農業に従事していた祖母の女仲間たちから性的なからかいを受けて、一言も返答できなかった記憶がある。大勢の前で女性が性的なことを口にするなんて、今では想像もつかない。しかし、大家族時代の女性たちは、ウブな若い男性たちより大胆でワイセツだった。

大家族の時代には、働く庶民たちのあいだでは、現代より男女差がはるかに少なかった。現在では女性が長寿で男性のほうが短命だが、当時は男女の寿命も一〜二歳しか違わず、ともに人生五〇年でほとんど同じだった。大家族の時代には、夫が暴力を振るったりしたら、妻のほうも暴力で応戦して、決して泣き寝入りなどしなかっただろう。男女の取っ組み合いの喧嘩シーンは、浮世絵のよく描くところである。

男女の寿命に大きな差が生じるのは、戦後になって以降である。従順で慎み深く、受け身的で淑やかな女性というイメージは、明治の〈核家族〉の時代になって、もっといえば戦後の〈核家族〉が主流になった時代になって、男女の労働に質的な違いが生じて以降に生まれた。

第7節　子供の教育は男性の仕事

農家という大家族は生産組織だったから、組織を継続させなければ自分たちが食えなくなってしまう。そのため、現代の中小企業と同じように、後継者の育成は重大問題だった。大家族の後継者と言えば子供である。親たちは自分たちのために、跡継ぎの子供を産み育てた。

後継者問題は武士にとっても切実だった。封土替えのあった武士たちは、土地との結びつきが薄かった。そのうえ殿様の宮仕えという給与生活者でもあったので、家柄とともに個人的な事務能力の多寡も問われた。時代が下るにしたがって、武士たちは有能な行政官僚になるように、子供たちを教育しようとした。

江戸時代には戦も終わり、世の中は平和になっていた。もはや武術を売る時代ではない。どんな組織も運営スタッフが必要である。武術よりも行政官として、組織や財政を運営する能力のほうが有用になった。

お殿様たちも武力に秀でた武士よりも、読み書き算盤といった能力に秀でた者を取り立てるようになっていた。そのため、幕府に限らず全国の各藩では、授業料が無料の藩校を設置したりして、武士の子弟の教育に意を用いた。武士の跡継ぎは男性が原則だったから、藩校が相手にしたのは男子に限られた。

武士は藩からの禄を食んで生活していた。生まれがものを言う身分制の時代である。今のサラリーマンと違って、子供に自分の地位を引き継がせる、それが武士の老後を生きる道だった。だから、武士たちは自分の子供を藩校に通わせるなど、子供の教育に熱心にならざるを得なかった。

武士たちは家においても、子供の躾や教育に意を用いた。武士の家では一家をあげて教育に取り組んだが、子供の教育は男性つまり父親が責任者であり主導権を握っていた。武士はサラリーマンのように職場であるお城に出かけたから、子供の教育は家に残された妻の役割だったように思うかも知れない。

しかし、女性つまり母親は戦闘の体験がない。合戦を戦ったこともなかったし、登城した経験もなかった。女性が男性に代わって武家の家禄を支えることはなかった。腕力と身分制の支配する社会では、女性は男の子の教育担当者になれなかった。そのため、女性は子供を藩校に送り出すことはしただろうが、男子の教育内容に口出しすることは難しかった。また、武士階級における女子教育は、妻になるためのもので一種の良妻賢母教育だったから、女子が藩校に通うことはなかった。

それに対して、人口の大多数を占めていた庶民層は、子供の教育には決して熱心ではなかった。しかし、子供が不要だったわけではない。乳幼児死亡率が高く「子供は七歳までは神のうち」といわれ、必ずしも全員が成人するとは限らなかった。そのため、跡継ぎの子供を何人か産む必要があった。小さいうちは厳しい躾をほどこすより、溺愛の対象とした子育て観が根づいていた。

豪農・豪商にあっても、乳幼児のうちは子守りや年長の子供たちに預けることが多かった。そのうえ学校などなかったので、小さな子供は田や畑で遊び回っていた。また、寺子屋こそあったが、農業に従事するかぎり読み書き算盤ができなくても、健康でありさえすれば充分に生活はできたからである。

今日と違って子供も立派な労働力だった。小さな子供でもできる作業はたくさんあったし、今日のように学校に通わせて子供の労働力を放置できるほど豊かな社会ではなかった。乳幼児期をすぎ、自分のことができるような年齢になると、大人たちに混じって田や畑で働き始めた。

今日では子供の教育は、学校の教員が行うのが当然とされて、親が自ら教育することはほとんどない。しかし、大家族の時代には学校はなかった。田や畑で親たち大人と一緒に働くことが、そのまま教育であった。今日のように子供の教育に特別の配慮をしなくても、親たちの働く姿を見せることが教育になっていた。

家業としての農業に、老若男女のすべてが従事するなかで、知らず知らずのうちに子供の教育が行われていた。子供はやがて百姓になるのである。村の大人たち全員が子供たちの規範となり、働くロールモデルの役割を果たしていた。

世代を承継する大家族の根幹は、世代という縦に流れる時間が家の中心を貫通していた。そのため、子供の教育の中心になるのは、家の外から嫁いできた女性ではなく、戸主と呼ばれる男性だった。それは大家族において、親と子（養子を含む）という縦の関係が重要視された結果であった。

庶民である農民にあっては、女性も働いていたがゆえに、武士の妻以上に子供の教育に関わっていたと言えるだろう。しかし、生産組織である大家族が、男性を中心とするシステムとして世代の継承を内包している以上、戸主たる男性が子供の教育の責任者にならざるを得なかった。

子供を放っておいては跡継ぎには育たない。子育ては自分の老後への備えでもあった。男性たちは明確な目的意識をもって、家業の跡継ぎを育てていった。

第8節　大家族の住まい

今日のサラリーマンの住まいは、団欒や寝食といった消費機能を担っているだけだ。住まいは生産組織たる家族を入れるものではなく、家族たちの消費の場である。

生産活動が、住宅の形を規定してくることはない。かつての農家のように、家畜である牛馬と一緒に住む必要はない。室内に蚕棚をしつらえる必要もない。今では住む人たちが自分たちの好みに合わせて、各人がそれぞれ趣味をいかした自由な家作りができる。

昔の家作りと最近のそれとのあいだには、材料や工法の違いを別にしても大きな違いがあった。ここでは農家が生産工場だったことをいっているのではない。畳が一部にしか敷かれていなかったとか、トイレや風呂が別棟で、下足をはかなければ行けなかった、といった使い勝手のことをいっているのでもない。

農業では家が生産組織だったから、住まいでもあった家が工場のようになっただけである。また、電気や水道の設備がなかったから、トイレや風呂が別棟になっただけである。大きな違いとは、民家の間取りが、そこに住んでいる人間たちの数と、ほとんど関係がなかったことである。

大家族制のもとでは、一住戸に一世帯が住むとは限らない。イザバラ・バラードが驚いたように、子供に限らず大人たちもたくさん同居していた。一軒の大きな茅葺きの家に、世代の違う何組かの夫婦が一緒に生活していた。

図は、関東地方に典型的な民家の間取りである。大きく十文字に区切られて、内部には四部屋しか

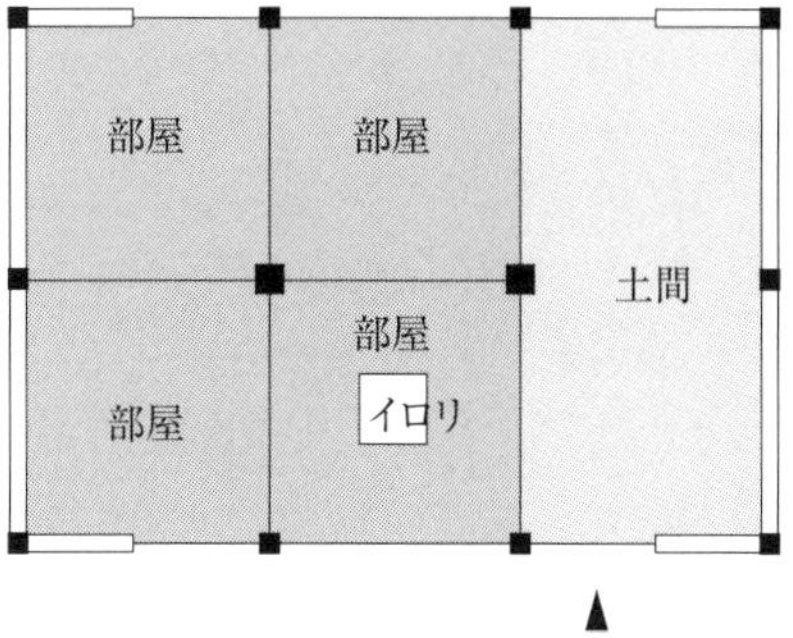

ない。ここで人々はどう暮らしたのだろうか。デイと呼ばれるイロリのある部屋には、人々が集まって団欒をしただろうとか、土間にあるヘッツイ（＝かまど）では炊事をしただろうとか、いわゆる設備に関係する部分はよくわかる。しかし、もし自分がこの家で生活するとしたら、どこに寝るのだろうかと考えると、もうわからない。

民家の部屋には、現在のように○○ちゃんの部屋といったごとく、各人の名前は付いてはいない。現在では就寝する部屋を寝室と呼んで、食事をする部屋とは別だと考えることが多い。しかし、明治になるまでは綿（わた）が高価で、庶民は布団や夜着という寝具を使えなかった。貧しい農家ではイロリに背を向けて暖をとりながら寝たという。そんな事情もあって、単純な間取りのなかで、誰がどの部屋を占めていたか想像できない。間取りからだけでは、その家が何人家族だったか全然わからない。

民家の耐久性は長い。民家は一代限りで解体して、次の世代がまた建築するものではない。茅葺きの大きな民家は、代々にわたって何百年も住み続けられた。その間には嫁を迎えもしただろう。家族の人数が増減もしたことだろう。そのため、個室をもつなどと個人別に対応するどころか、住まいに個性など持ち込みようがなかったのである。

現在建築される住宅は、家族の人数分の個室を用意するのが原則である。また、現在だと子供が大きくなったから、勉強部屋が必要になったからと増築する話になったりする。[39] しかし、当時は子供が大きくなるどころか、嫁がきて人数が増えても増築やリフォームはしなかった。

農業時代を主な産業とする時代には、家族を入れる器である農家も、◯ＤＫとか◯ＬＤＫといった現代の個室が中心の住宅とは違った。かつての民家は個人別の部屋に区切られてはいない。頼りない襖や板戸などによって、仕切られた田の字形などの単純な間取りに、住む人間のほうで合わせていた。

住宅の形も、そこに入る家族の形も、時代や産業の産物であり変わるものである。にもかかわらず、現在いわれる多くの家族論は、個人のプライバシーを保つための個室が必要だと考えている。プライバシーという概念は、〈核家族〉の時代になって発生したものであり、大家族の時代にはそんなものはなかった。

現代の〈核家族〉的な常識に縛られて、家族の話を男女の出会いから始めてしまった。家族とは一対の男女を核とする人間集団である、と考えてしまった。しかし、こうした民家の間取りを見れば、男女の出会いが新たな家族を作れないことがわかるだろう。

人間は自分の生命を長らえてこそ、子供をつくるという種の保存に奉仕できるのであって、決してその逆ではない。飽食の時代だから、食べ物がないことを想像できない。しかし、農作物は人間の労働の結果であり、自然に自生する物ではない。歴史上、飢饉は何度もあった。飢餓に瀕したら、男性は勃起しなくなり女性は生理が止まる。家族の基礎は、まず個人の生命の維持である。

いつの時代も自分の命を長らえるのが第一だった。だから自分の命を守るために、プライバシーや個人的な自由を求めることなく、生きるために誰でも生産組織である家に属した。

家を永続させるためには、子供を産まなければならない。そのため出産も季節という自然に服し、農業労働の繁閑と関連していた。晩春から初夏に少なく、冬から初春にかけて、二倍近い新生児が誕生している。農事暦に合わせて産児制限をして、産後が比較的楽な農閑期に出産を合わせようとしたのである。

大家族の時代には長男が結婚して子供が産まれたり、親世代が高齢になって田や畑で働くことが難しくなると、若夫婦に家の運営権を譲って隠居するしきたりがあった。隠居の仕方は日本各地で様々な方式があった。

主屋の中で隠居する例もあったが、主屋とは別に隠居家をもうける地方もあった。このとき、未婚の子供つまり若夫婦の兄弟姉妹が、隠居する親と一緒に隠居家に移る場合もあった。親世代が隠居すると、大家族が分裂したようにみえるが、隠居家は主屋と同じ敷地に建築されていた。隠居しても食事は全員で一緒にとるように、家族としての一体感は持続していた。

隠居によって夫婦単位の家族になるが、土地が分割されることはない。この夫婦単位の家族は次に述べる〈核家族〉とは違って、両世代が同じ農業に従事しており、収入は一家全体のものだった。そのため両者は大家族の理念に貫かれていた。

男女の出会いは必ずしも新たな家族の誕生を意味しないと前述したが、隠居をする時期は長男の結婚ではなく子供の誕生だった。長男が結婚しただけでは、新たな家族が誕生したと認めなかった。子供が生まれて初めて、新たな家族の誕生を認める契機となった。言いかえると、子供（＝隠居する者から見たら孫）が生まれたことをもって、大家族の中に新たな家族ができたと認めたのである。我が国の隠居に関しては、比較民俗学者の竹田旦『民俗慣行としての隠居の研究』が詳しく述べている[40]。

子供の誕生によって新たな家族ができたから、老人は老後への心配なく、働き手としての現役を退くことができるようになった。大家族の時代には、土地所有が家族の更新を制約したから、男女の出会いは新たな家族を作ることはできなかった。生まれた者の半分しか成人できなかった時代には、継続性の象徴だった子供の出産こそ、新たな家族の誕生だったのである。

再び確認しておこう。家族の役割とは、日々を暮らす自分の肉体維持＝個体維持と、子孫を残すという種族保存である。そして、自分の生命を保つ場が、家族の第一番目の存在意義であり、種族の保存は第二番目である。家族の役割のこの順番は、どんな形の家であっても、変わることのない大原則である。

第Ⅱ章　〈核家族〉の誕生

第1節 〈核家族〉の始まり

農業では土地の属性に縛られて、生産力の伸びには限界があった。土地の生産力以上の人間は、その土地に住むことはできない。たとえば、一人の人間が一年間に一俵（約六〇キロ）の米を食べるとすると、一俵の米を生産できる田が一人を養う。一俵の米を生産するには、五〇坪（約一六五㎡）の土地が必要だとすれば、五〇坪の土地には一人しか生活できない。

農業社会では食料の生産高によって、生活できる人数が決まってしまう。耕作地を広げるためには労力と時間がかかる。だから、人口の伸びは緩慢だった。人口はマルサスの法則に縛られていた。産業革命以前の社会は、別名を静的社会とも言われる。

一八世紀になると、土地を耕す以外の産業が芽生えてきた。それは工業である。西ヨーロッパで始まった産業革命は、一九世紀になって我が国にも渡来した。工業では原料と労働力を投入すれば、生産量は際限なく向上した。工場は休むことなく昼夜にわたって生産を続けた。ここで人口が急増する契機が生まれた。

我が国でも工業化がはじまった明治以降になると、人口は爆発的に増え始めた。我が国の人口を奈良時代からグラフで表すと、明治以前が緩い右上がりであるのに対して、明治以降のグラフがほぼ垂直になっている。明治以降の人口の増加は、とにかく驚異的だった。

工場労働には工夫の余地が大きく、土地の縛りから切り離されて、働くことにおいて人間の自由度が大きく広がった。そして、家族との関係でいえば、農業収入は家のものだったのに対して、工場労働の対価は工場へと働きにいった個人に対して支払われた。

農業を主な産業とする社会では、収入は個人に帰属したのではなく、家に収穫があったのであり収入はすべて家に帰属したと前述した。これは会社と同じように考えるとわかりやすい。

日本の人口の推移

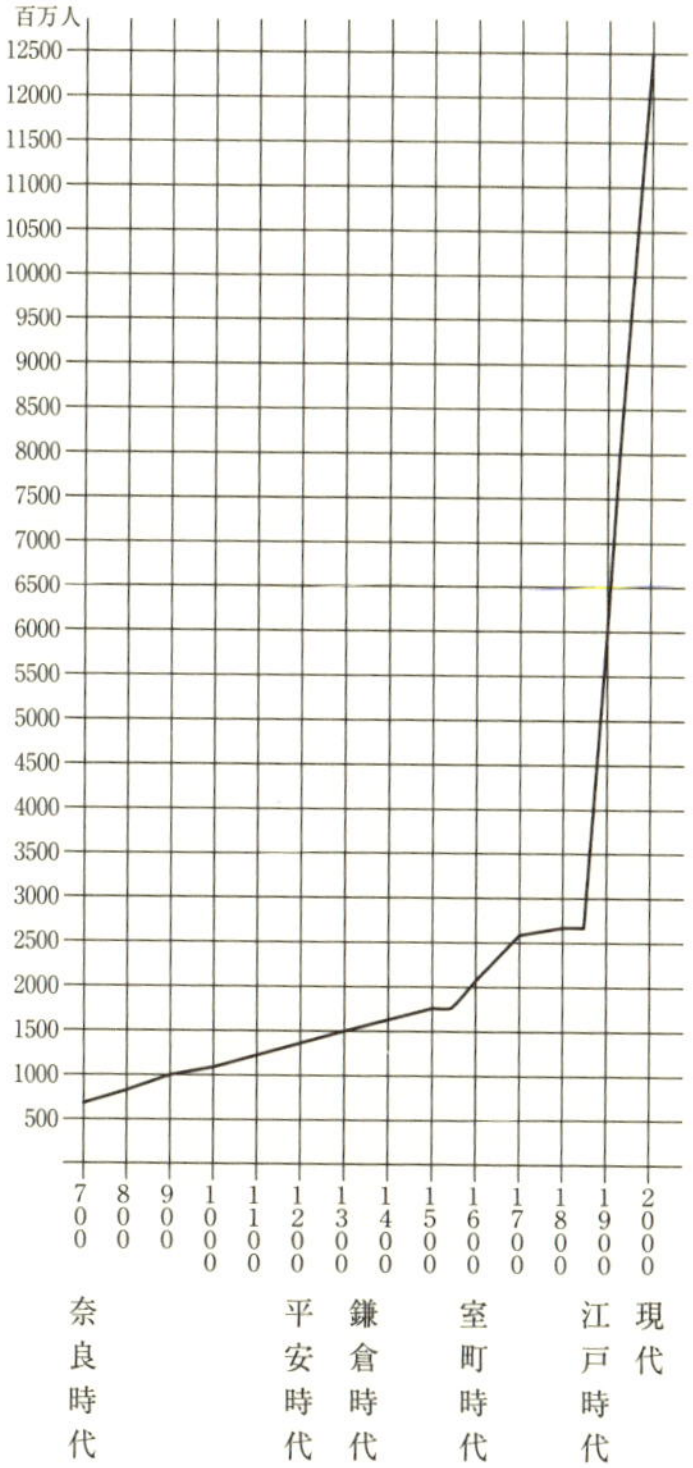

売上げや儲けは法人という会社のものであり、社長個人のものではない。強大な支配権をもつ大企業の代表取締役・社長といえども、サラリーマンと同じように一介の給料取りである。彼等も会社から役員報酬をもらっているにすぎない。農家の収穫も会社と同じように家族全体のものであり、家長個人のものではなかった。

農業時代は家が生産組織だったから家に収入があり、個人に収入がなかったことは、何度でも確認しておこう。反対にいうと工業社会になって、はじめて収入が個人単位になった。ここで人間が家や農地という自然から切り離されて、個人としての輪郭がはっきりした。そして、現在いうところの〈個人〉という考え方が生まれた。

収入が個人化する以前は、人間の意識は家や大地と一体化しており、固有の人格をもった近代的な個人はいなかった。そして、個人に対応したプライバシーという観念もなかった。そのため、しっかりとした間仕切り壁のない田の字型の民家でも、何の抵抗もなく生活できた。また、当時は生まれや身分によって人間の価値が異なっており、人間は平等ではなく不平等な扱いが当たり前だった。個人に基づいた基本的人権という考えもなかった。

大家族では一人一人の働きが、家の収穫＝収入に大きな影響があった。会社は働かない社員を雇用し続けることはできないように、どんな生産組織もすべての構成員の労働力を結集していく。肉体的には非力な女性も間違いなく労働力だった。女性がサボれば家の収穫が減ったから、女性の労働力を尊重せざるを得なかった。

しかし、給料生活者であるサラリーマンの家では、一家の収入は男性の労働にのみ負っていた。給料は職場での働きの多寡に従って支払われた。大きな成果を上げれば、地位も上がり、それにつれて給料も上がった。給料の多寡は、家族の人数の多寡には関係ない。配偶者や子供分などとして支払われるのは、手当であって労働への報酬ではない。

配偶者たる女性の行う家事は大切ではあっても、女性の労働力は一家の収入の多寡には無関係である。いくら女性が張り切って、家事にいそしんでも一家の収入は増えない。つまり女性の労働力を重視しなくても、男性の稼いでくる収入は変わらない。先取って言うと工業社会の家からは、家の収入を確保・増加させるために、家の各自が力を合わせることから生じる親和力が失われていった。

大家族の時代には、農業が人々を厳しい肉体労働に追いやった。そのため今日からみると女性には厳しい時代だったと思いがちである。しかし、大家族の時代とは、男女ともに厳しい肉体労働を強いられた時代だった。家制度のなかで女性が虐げられたという話は、じつは我が国に工業がもたらされてから起きた話である。この事情を説明するには、工業社会になって家族の形が変わっていくことから、話をはじめる必要がある。

第2節　収入の個人化

工業が誕生した頃の話である。次男・三男といった若者は工場に働きにいった。工場労働者となった若者は、日中のもっとも活力ある時間を工場ですごす。そして、勤めが終わると、生家である農家に帰ってくる。ここで彼が生家で食事をとれば、家に対して生産的な貢献を何もせずに、寄生するだけの存在になってしまう。

若者が生家の農業に従事すれば、若者の労働力は家を支える力になる。しかし、サラリーマンとなった若者は労働力を家に提供しないで、つまり家の収穫＝収入に貢献しないで、衣食住を生家に頼ることになった。

家の農業に従事せずに家で寝食している以上、彼の食い扶持をどこからか捻出せざるをえない。彼は工場労働と田や畑での労働の両方を行うことはできない。工場が休みの日には、彼も家の農業を手伝ったが、それでは不充分である。そこで彼が工場で稼いだ給料のいくらかを、家に入れるという形で折りあいをつけた。

工業が生まれたばかりの時代には、まだ農業が大きくて主な産業だった。そのため、工場労働者は少数派だった。しかし、ここで農業従事者には家の収入、工場労働者には個人の収入という、異なった給料体系をもつ産業が併存しはじめた。

やがて工場や会社は、大量の労働者を欲するようになった。農家の次男・三男は競って工場労働者となった。いわゆる勤め人＝サラリーマンが大量に誕生した。初めのうちはサラリーマンも休日には農業を手伝ったかもしれない。しかし、時代が下るにしたがって、会社勤務が主になって家業であった農業には手を出さなくなった。そして、勤続年数を重ねるにしたがって、会社での給料生活が主流になった。

ここで確認しておきたいことがある。工場へ働きに出て給料を稼ぐようになったのは、当初は男性だけだったことである。女工などのごく少数の例外を除くと、当時の職場は女性を求めていなかった。そのため、収入を手に入れたのは男性だけであり、女性は無収入のまま取り残された。言いかえると、男性だけが近代的な「個人」という理念への裏付けを獲得することになった。

このときには国民の大部分が農業従事者だった。そのため、個人とか近代的な自我といったものは、文学上の主題として高等遊民のあいだに止まって、庶民へと普及することはなかった。戦前は農家という家の存在は大きく、農業社会の倫理が主流であり、庶民レベルでは近代的な「個人」は浸透しなかった。

先のグラフでもわかるように、明治になって我が国の人口は急激に増え始めた。西洋諸国に対抗して、近代化を進めたかった我が国の政府は、官営工場などをつくって勤め人を増やしていった。農業はその性質上、急激に増える人口を吸収できない。時代とともに、人口は驚くべき速さで増加し続けたが、増える人口は農業従事者とはならず、工場が吸収して工業従事者になっていった。

しかし、政府の努力にもかかわらず、給料生活者は思ったほど増えなかった。戦前は農業生産が大きな割合を占め、給料生活者より農民のほうがはるかに多く、就業人口の約半分が農業従事者であった。近代的な戦争をするほどの工業力をつけながら、勃興しつつあった工業人口はまだまだ少数派だったのである。[1]農業従事者が大きく減少を始めるのは、戦後になってからである。

戦前の政府は農家に支えられていたと言っても過言ではない。戦前の税金は、農地の所有者が支払った地租が圧倒的で、酒税などの物品税が次を占めた。地租は一九五〇年（昭和二五）のシャウプ勧告で、地方税の固定資産税となったが、それまでは国税だった。江戸時代の年貢は、米などの物納であったのに対して、地租は金銭で納税するようになったが、農産物を金銭に換算して納税していたにすぎない。つまり取れた米が明治政府の財政を支えていた。

一八八七年（明治二〇）に所得税が導入されるが、このとき所得税を支払うのは個人ではなく世帯単位であった。納税義務者は当時の人口の約〇・三パーセントしかいなかったので、別名を名誉税とも呼ばれたくらいに、上がる税額も少額であった。

大正末期には所得税の納税者が一八〇万人に達するが、それでも国税収入の二〇パーセントに届かなかった。法人税が所得税から独立して、別区分となるのは一九四〇年（昭和一五）からである。

一九一四年（大正三）から一九一八年（大正七）にかけて第一次世界大戦が行われた。その影響で、工業製品の輸出が伸びて、我が国の工業は発展した。しかし、それでも工業の担税力は脆弱で、農業を基盤とする地租が大きな割合を占めていた。つまり、戦前は工業生産から上がる税収では、社会をまかなうにはまだまだ充分ではなかった。そのため、土地・財産を個人所有制度へと変えながら、工業社会の〈核家族〉という家族理念は、社会の主流となることができなかった。

戦前まで社会の常識は、農業社会に適した大家族が好ましいとされた。人々の意識は産業の変化につれて変化するものである。大家族を是とする家族理念が、工業化への転換に先行して変化することはあり得ない。明治になって夫婦単位の戸籍制度が導入されたが、農業が主な産業だったので世代的縦の根幹を旨とする大家族は、あるべき家族理念として残ったままだった。

第3節 〈核家族〉の誕生

家と会社は生産組織という意味では同じだが、会社は家とは違って労働力の再生産ができない。会社は個人が生活費を稼ぐ場であり、子孫を残すといった種族保存の場ではない。会社は子供を産めないし、会社には子供はいない。

会社や工場は、勤労者に労働力の提供だけを求めた。今でこそ少子化で次世代の労働者がいなくなると、企業も慌てている。しかし元来、会社はその従業員に、次世代の労働力である子供を産むことを期待していない。

利益の追求をめざす工場にとっては、従業員の子供を産む能力は何の利益も生まず、むしろ生理や妊娠などといった不利益のほうが多い。しかも、鉄工所、醸造所、鉱業・採石業、建設、製造業、セメント工場や陸海軍の軍事工場など、初期の工場生産はコンピュータなど内蔵されていなかったから、屈強な肉体の男性に有利で非力な女性には不利だった。そのため当時の会社は、繊維工場などで働く女工などを除くと男性だけを採用した。

収入が家ではなく、個人の懐に入るようになったと前述したが、この表現は正確ではない。初期の工業社会は、男性にのみ一人前の職場を用意した。そして、男性個人には一人前の給料を支払った。しかし、自活できる給料を支払う職場を、腕力に劣る女性には用意しなかった。用意できなかったと言ったほうが正確かも知れない。機械化の未発達だった工場が、肉体的に非力な女性を雇用できなかったと言うべきだろう。

農業社会なら女性も男性と同様に、非力ではあっても一人前の労働力として田や畑で働いた。しかし、工業社会では女性は一人前の労働力ではなくなった。初期の工業社会では、女性が夫や子を養うことは想定されていなかったから、女性にはきわめて低賃金の仕事しか与えられなかった。看護婦や助産婦などの少数の例外を除いて、女性が生涯にわたって働ける職場はなかった。

繊維産業などが女工として若い女性を採用はしたが、繊維産業などの軽工業は非力な女性でも従事でき、しかも、若い女性は低賃金だから女工として雇用された。しかし、それは若い時期だけの職場であり、一人前の給料が支払われた職場とは、とても言えなかった。稼ぐ場を与えられなかった女性たちも、生きていかなければならない。

女性たちの多くは、農家の嫁、女工や女中などになるほかはなかった。女工も女中も同じように数年で勤めをやめ、最終的には結婚せざるを得なかった。こうした状況について、文芸評論家の斎藤美奈子は『モダンガール論』のなかで次のようにいっている。

女工も女中も、たいていは三〜五年で勤めをやめ、最終的にはどこかのだれかと結婚した。だが、問題は結婚相手だ。戦前の結婚は個人ではなく家どうしの結びつき。当然相手も似たりよったりの境遇、家柄、階級の男になる。したがって、あなたの選択は二つしかない。都市の貧乏人と結婚するか、故郷に帰って「農家の嫁」になるかである。(2)

斎藤美奈子に従えば、一九二〇年（大正九）頃の労働女性を三六〇万人とすると、農業労働者が一三一万六〇〇〇人、工場労働者（女工）が八七万二〇〇〇人、家事使用人（女中）が六八万五〇〇〇人で、女子事務員（職業婦人）は一六万八〇〇〇人だった、という。職業婦人は五パーセントしかなかった。

女性に稼ぐ場を与えないまま、大家族を解体して収入を完全に個人化してしまうと、女性に収入がなくなってしまう。女性だって無収入では生活できない。女性が生活できなければ、子供を産む人間がいなくなってしまう。それでは人間という種が滅んでしまう。明治になって人口が急増したことを思いだして欲しい。

女性が働ける職場がない以上、人間という種を維持するために、女性を誰かが養う必要が生じた。土地には限界があるから、増大する人口に応じて、農耕地を拡大することは難しい。土地と結びついた大家族には、種を保存する機能を期待できない。もはや農家の人口収容力は伸びることが期待できなかった。

女性の職業がないとすれば、工場に就業した男性に女性を養わせるほかはなかった。稼ぎのある一人の男性に、稼ぎのない一人の女性を組み合わせて、種族保存のための〈核家族〉をつくらせる。家族を男女の対とさせ、女性を男性に稼がせて家事担当者とする。工業社会では、収入のある男性が収入のない女性を養うことになった。ここで性別によって役割が分化された〈核家族〉が誕生する。

核家族という家族の形は、工業社会とは関係ないという論(3)がある。確かに一対の男女とその子供という核家族は、地球上のどこにでもあった。そこから家族の原点は核家族だという説が登場する。しかし、家族の形は社会的な産物である。一対の男女から子供が生まれる生理的な事実と、家族の形は別次元の話である。
男女の営みによって子供が誕生する以上、いつの時代でも、一対の男女とその子供だけが同居する例はあった。しかし、有職の男性と無職の女性の組み合わせという、性別による役割分業という形での〈核家族〉は、勤め人＝給料生活者が誕生して以降のものである。それ以前は、たとえ一対の男女とその子供だけの家族であっても、家族の全員が田や畑の農作業に精をだしていた。男性と女性の働きには質的な違いがなかった。
明治の中頃までは江戸の名残を受けて、結婚は一生添い遂げるものという意識が低く、離婚・再婚・再再婚がきわめて多かった。社会学者の湯沢雍彦は『明治の結婚、明治の離婚』のなかで、次のように言う(4)。

注目すべきは、東京は別として、当時大人口を抱えていた愛知・京都・大阪・兵庫などの府県の率が低く、農業県と目される青森・岩手・秋田・山形・栃木・群馬・新潟・山梨・静岡などの諸県の離婚率が高いことである。つまり、明治一〇年代・二〇年代の離婚は、（東京は例外として）都市住民によって行われたのは比較的少なく、農山漁村の住民によって多く行われていたと言える。

一八八三年（明治一六）の離婚率（当該年の人口千人当たりの離婚届出件数の比）は約三・三九である。離婚率が急増した二〇〇四年（平成一六）の二・一と比べても、約一・五倍も高いと、湯沢雍彦はいう。これは半数が離婚に至るという現在のアメリカ並みの離婚率である。

大家族は安定した家族の形であり、結婚生活の破綻つまり離婚は少なかったと思いがちである。しかし、大家族を主な家族理念とする農業社会では、女性も男性と同質の労働力だったので、夫婦の関係は安定したものではなかった。

俳人の小林一茶の三度目の再婚相手も子持ちの女性だったように、離婚・再婚はまったく珍しくなかった。「女性が強かった時代」でも詳述したように、工業社会と違って、女性も一人前の労働力とみなされていたから、離婚してもたやすく再婚できた。

しかし、工業社会では女性に職業がないのだから、簡単に離婚されては女性が暮らせなくなる。そこで政府は結婚を破綻させないように、終生の一夫一婦制の定着をめざした。一八九八年（明治三一）に、様々な抵抗を排して明治民法を施行し、一夫一婦制を原則とする〈核家族〉を基本とする家族制度を定めた。その結果、離婚が難しくなり、一八九九年（明治三二）には離婚率は一・五へと急落する[5]。それと同時に、明治政府は工業社会を普及させるため、農地から上がった税収の大部分を農業ではなく工業に投入した。

大家族の時代には、武士などの支配階級は生産活動をしなかった。武士は戦うこと、もしくは主君に仕えることが、家禄という収入＝生活費に結びついていた。武士にも妻はいた。妻という女性は戦場に行かないし登城もしないから、女性が収入をもたらすことはない。つまり農家と違って、妻である女性の労働力を重視しなくても、武士にとって家禄の多寡に影響はなかった。

武士たちは妻である女性の役割を、家を継がせるための子供を産むことだとみていた。しかも、世継ぎは妻が産まなくても良かった。誰かが武士の子を産みさえすれば、武士の家は安泰だった。妻となって子供を産むのではなく、子供を産んだ女性がお方様として実質的な妻となればすんだ。また妻に子供が生まれなければ、養子をとっても良かった。以上のような背景があったので、農家と違って武士の家では、女性の地位がきわめて低かったのは当然のことであった。

サラリーマンがつくる〈核家族〉も生産組織ではない。サラリーマン家庭での女性の主な役割は、男性が外で気持ちよく働けるように、家事をこなして夫の子供を産むことだった。〈核家族〉では、合戦に参加できなかった武士の妻の地位が低かったように、会社に出社できない妻の地位が低いのは論理必然だった。

〈核家族〉では男性は外交的でたくましくあることが求められ、女性は慎ましく淑やかであり、夫を主人と呼んで立てることが求められた。良妻賢母がこの時代の女性の理想像になった。いまでは評判の悪い良妻賢母だが、当時は進歩的と称された女性たち、羽仁もと子や市川房枝から高群逸枝、平塚らいてうまで、良妻賢母を賛美した。

新しい工業社会には、大家族ではなく終生の一夫一婦である〈核家族〉が適していた。だから平塚らいてう等が、新しい社会つまり工業社会を志向する限り、〈核家族〉と良妻賢母を良しとするのは当然だった(6)。

女性の生活維持を担保に、性別による役割分担によって、工業社会は人間という種の保存をはかった。全員が結婚して〈核家族〉をつくれば、個人的な不妊のため〈核家族〉の一つや二つが消滅しても、〈核家族〉制度は充分に機能する。〈核家族〉制度を維持できれば、子供は生まれるので会社や社会全体にとっては支障がない。

一八七一年(明治三)制定の「新律綱領」にしたがえば、妻と妾の産んだ子供はともに公生子であり、妾と妾の子供は夫の家に入籍できた。しかも、妾は夫と第二親等となり、江戸時代よりも妾の地位は高まった。[7] 後述するように、明治期には妾を持つ男性は少なくなかった。

しかし、サラリーマンの家庭は生産組織ではない。所得税は本来稼いだ個人が負担するものであり、地租のように家が負担するものではない。だから大家族と違って、家系として〈核家族〉を永続させる必要はない。

武士が家督や家名を相続しなければならなかった家と違い、サラリーマンは側室をおいてまで〈核家族〉を継続させる必要はなかった。そのため、一度は「新律綱領」が制定されたが、一八八〇年（明治一三）刑法の施行により「新律綱領」は廃止されて、たった一〇年で側室＝妾をおくことは認められなくなった。[8]

第4節　初期の〈核家族〉

豊作は誰にとっても喜ばしいし、不作や凶作は誰も歓迎しない。皆、豊作を念願して働いている。そのため、自然のうちに男女には連帯感や充実感が共有されて、家族の間には親和力が生まれた。農業に従事する大家族や核家族では、親和力が支配していたので、男女の感受性と思考回路はそれほど違わなかった。

しかし、〈核家族〉では夫婦で働く場所と内容が違った。職場での労働と家事労働とは、まったく違う場所で別々に行われる。職場労働は有償だが、家事労働は無償である。別の場所での労働は、男女のあいだに異なった感受性と思考回路をもたらした。

職場での労働と家庭での労働では、それぞれに違う心性が形成された。夫婦間には仕事を通しての共感や連帯感など生まれようがなくなった。その結果、他方配偶者の心持ちなどを、互いに共感したり想像することが難しくなった。

戦後になっても子供の数は多く、家事労働は山のようにあったので、女性が家事仕事を消化するのも大変だった。そのため、男女の役割分担は量においてつり合っているようにも思えた。しかし、男女で仕事の質が異なっていた。

職人仕事が頑固な職人気質を作るように、仕事が人格形成に大きな影響を与える。〈核家族〉では、男女がそろって自然の恵みに頭をたれることはなくなった。そのため、もはやミレーが描く「晩鐘」のような風景は見ることができなくなった。

男女で自己認識の内容はおろか、認識の構造までが異なり、相互に了解不能性が発生してきた。そうしたこともあってか、一八九一年（明治三一）の男女の平均寿命は一・五歳しか違わなかったが、二〇一七年（平成二九）の平均寿命は、男八一・〇九歳、女八七・二六歳となって、男女間で六・二歳の差ができた。

料理やクリーニングなどの家事は外注できても、子産みと子育てだけは外注できない。家電製品などの普及により家事労働が減少すれば、〈核家族〉での女性の役割は子産みと子育てしか残らない。労働が自己存在を支えるとすれば、〈核家族〉での女性の最後によるべき自己の存在価値は、子産みと子育てになっていく宿命にあった。

〈核家族〉の女性たちは良妻賢母を実践して、家事労働に励み子育てに忙殺された。しかし、女性がどんなに家事に精をだそうとも、一家の収入は変わらなかった。反対に職場での男性の努力は、個人的な収入＝一家の収入の増加につながった。必死に働けば出世でき、収入も増えた。そして、男性は男性だけで職業社会をつくり、女性を排除した会社内の出世街道を驀進していった。

個人的な収入の発生が、男性に近代的な「個人」という理念の裏付けを与えたと前述した。では無収入に留め置かれた女性はどうだったのだろうか。

敗戦により男女平等をうたう戦後憲法が制定され、女性には選挙権も与えられた。憲法第二四条では、「婚姻は、両性の合意のみに基いて成立し、夫婦が同等の権利を有することを基本として、相互の協力により、維持されなければならない」と規定された。

法律上は女性も男性と同等の人格になった。また、戦後は農業従事者が急速に減少し、工業という第二次産業の従事者が激増していった。しかし、男女が平等の〈核家族〉は、武士の社会と同様に、女性に個人的な収入を与えないシステムであった。そのため夫の呼称は武士と同様に主人となり、妻は家内と呼ばれるようになった。農業社会の庶民の夫婦関係とは変質し、女性の地位が著しく低下したのである。

第二次産業の従事者の増加や法制度の改正によって、家と個人は切り離された。そのため、女性も近代的な「個人」という理念の支配下に置かれたが、女性には近代的な「個人」という理念に対しての経済的な裏付けがなかった。専業主婦を生みだした〈核家族〉は、女性に「個人」を支える収入という裏付けを与えなかった。

〈核家族〉の誕生は、食事の仕方にも影響を与えた。大家族の時代には、各人が個別的に食卓を持つ、つまり箱膳などの銘々膳を使っていた。各自が自分専用の食器を入れた箱をもち、食事の時は箱の蓋をひっくり返して、蓋の上に食器をのせ自分専用の食卓とした。今から見ると不思議に思えるが、きわめて個人的な食事の風景だった。

大正時代の末になると〈核家族〉の普及とともに、箱膳や銘々膳は一家が向かい合う卓袱台へと変化していく。ここで男性が床の間を背にして座り、女性が給仕係という風景が現出した。そして、戦後になると、卓袱台は椅子式のダイニング・テーブルへと変化して、現在に至っているのは周知の通りである。

〈核家族〉は親和力を持たない。労働が与える共感や達成感を、〈核家族〉の男女は共有できない。

そこで、職場労働と家事労働に従事する男女を、精神的につなぐ仕組みが必要になった。〈核家族〉が生まれたときに、ロマンティックな恋愛結婚がうたわれたことは偶然ではない。

明治中期から戦前には、天皇制にもとづいた一夫一婦の家族主義が、家督相続制度を伴って強固に確立していた。そのため、ロマンティックな恋愛結婚や夫婦愛を、普及させる必要性は薄かった。また江戸時代から続く家制度の残存があったので、女性が男性の家に入るという見合い結婚が多かった。庶民のあいだでは、親や周りの人の決めた相手と、生活のために結婚するのがほとんどだった。

農業社会ではロマンティック・ラブは存在しなかった。〈核家族〉が普及するうえで、恋愛が結婚と結びついた恋愛結婚イデオロギーが、本当に機能しはじめるのは戦後になってからである。もっと正確に言えば、一九五八年（昭和三三）に行われた、平成天皇と正田美智子の結婚式以降である。つまり、ロマンティックな恋愛結婚がひろく普及するのは、戦後の工業生産が開花した高度経済成長期からである。

この頃から生産は工場に集中し、人々は農地から離れ始めた。そのため、人口は都市に集中した。産めよ増やせよと、鳴り物入りで宣伝した戦前のほうが、人口の伸び率は大きいように思いがちである。しかし、グラフを見ればわかるように、人口の伸びは戦後のほうが大きい。戦争で一時停滞した

明治以降の人口の変化

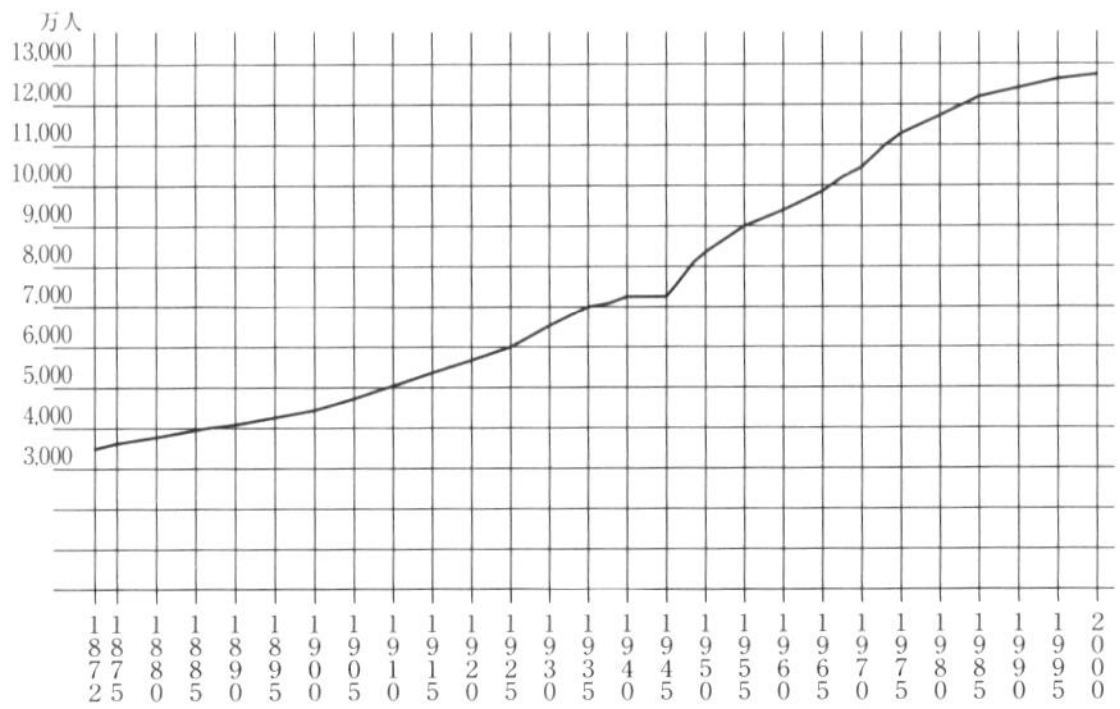

人口は、戦後になると戦前の人口増加率をこえて、大きく伸びていった。[9]

都市周辺の住宅公団、ベッド・タウンやニュー・タウンといった建築群は、こうした都市で生まれた〈核家族〉を対象に供給されていった。戦前から敗戦後までは、勤め人の住まいは借家が中心だった。しかし、多くの借家は戦災で焼失した。そのため、一九六〇年（昭和三五）頃からは、住宅金融公庫や住宅公団などが整備されて持ち家へと転じていく。[10]

一九七五年（昭和五〇）の厚生省の統計によれば、当時の結婚時年齢は男性が二七・八歳、女性が二五・二歳だった。この頃は、ニュー・ファミリーと呼ばれた団塊の世代たちが結婚した時代である。別名、友達夫婦とか呼ばれた団塊の世代ですら、男女間で二・六歳の年齢差があった。

二〇一六年（平成二八）、厚生労働省の統計では、初婚年齢こそ上がったが、男女の年齢差は二・六歳から一・七歳に縮まっただけである。[11] つまり、収入のある年上の男性が収入のない、もしくは少ない年下の女性を養うという組み合わせは変わっていない。そのうえ、男性のほうが高学歴で、しかも既婚者の九五パーセント以上が、男性側の姓を名のることも変わっていない。

稼ぎのある年上男性が、無収入の年下女性をリードする。これが工業社会の結婚であり、今に続く

〈核家族〉のはじまりだった。しかも、〈核家族〉の結婚は、建前として男女平等である。そのため、男性が職場で安心して稼げるのは内妻の功による。つまり、家庭での専業主婦のアンペイド・ワークと呼ばれる無報酬の家事労働が、男性の職場労働を支えているという前提になった。

家事労働が職業労働を支えるという前提によって、男性による〈核家族〉支配が隠蔽された。内妻の功が男性の職場労働を支える前提は擬制だったが、この擬制を前提にしないと〈核家族〉は成り立たなかった。その結果、結婚後に形成された夫婦の財産は、男女に均等に属することとなった。

生産組織ではなくなった〈核家族〉では、女性の家事労働が男性の職場労働を支えるという論理は一面では事実であるが、この擬制はやがて破綻する運命にあった。というのは、男性の出世は女性の家事労働の多寡と、ほとんど関係ないからである。

男性が出世したり高給を稼ぐのは、男性本人の才能と努力によるのであって、妻の応援との相関関係はゼロではないにしても、ほとんどないと言わざるを得ない。そう考えないと、内妻の功が少ない男性でも出世していることがあるし、反対に良妻賢母を持った男性が出世しなかった例を説明できない。職場労働と家事労働の関係は後述する。

第5節　〈核家族〉は性管理の場

大家族の時代には、農村から漁村、また漁村から農村への通婚がきわめて稀だったように、結婚は同種の労働に従事する村内、または近隣の村々で取り結ばれた。肉体労働が主な時代には、結婚は女性労働力の家から家への移動だった。

誰でも子供のときから田や畑で働いてきたから、年頃の女性は、すでに農作業に熟練した労働力であった。優れた労働力となった女性は一家にとっても、また村にとっても貴重な存在だった。そのため、女性がどこの家に属するかは大きな問題だった。

熟練労働力を家＝村から引き離すには、多くの人々の同意が必要だった。だから好きなだけ、愛しているだけでは、簡単に結婚はできなかった。若者の恋は許されても、若者の自由な結婚は許されなかった。恋は農業社会にもあったが、持参金や家の格式そして労働力の移動の問題が立ちはだかり、農業社会の恋は恋で終わった。

大家族の時代には、結婚によって大家族の根幹に別の血が入って、次世代の労働力を生み出し大家族という組織を再生した。家が途絶えては当人も生きていけなくなる。つまり結婚は生産組織たる家の継続という問題でもあった。そのため、個人的な願望だけでは結婚できなかった。

若者に恋しい人がいるのは、いつの時代も変わらない。若者たちは若者だけが寝泊まりする若者宿を楽しんだり、夜這いをかけたりして恋の冒険をした。しかし、若者に限らず、誰でもが恋と結婚は別物であることを知っていた。

若者は恋を楽しんだが、それを結婚へと結びつけはしなかった。熱い恋の季節が終われば、若者たちは哀しみと寂しさをもって別れた。そして、家の存続のために、言いかえると自分自身が生きていくために、男女ともに自分の家の格式にあった結婚相手と結ばれた。

〈核家族〉の時代になると、家が生産組織ではなくなり、田や畑での労働は不要になった。そのため、結婚するうえで労働力の移動が障害ではなくなった。また新興のサラリーマンには、家の格式を云々する必要もなかった。ここで結婚は家の維持から離れ、個人的なできごとになり、恋愛を結婚に直結することが可能になった。

サラリーマンは耕作地の所有とは無関係だったため、ロマンティックな恋と結婚をつなげても支障がなかった。恋愛結婚を謳歌しても良くなった。ここで初めて男女の出会いが、新しい家族を作れるようになった。戦後も高度経済成長期以降になると、若い男女が恋に落ちて、新たな一家をなすことが望ましいあり方となった。

男女の出会いが新しい家族を作れるようにはなったが、男女で結婚に対する事情は違った。男性サラリーマン＝給与生活者は恋の期間が過ぎても、給与生活者であることは変わらなかった。しかし、女性は結婚によって生家を離れて専業主婦となって、〈核家族〉に入って無給の家事労働に従事するようになった。

〈核家族〉は終生にわたって共に暮らすことを誓っていたので、企業は男性だけではなく家族上げての献身が期待できた。女性には職場がない。そのため、企業は会社で働いていない配偶者にも、家族手当や社宅などを用意して、性別役割分業の〈核家族〉を歓迎し後押しした。そして、政府も配偶者控除や年金などを制定し、専業主婦のいる〈核家族〉を優遇した。

終生の〈核家族〉に対応して、高度経済成長期を通じて終身雇用制が広まっていく。男性の一生にわたる雇用が確保されれば、終生にわたって同じ配偶者のほうが女性にも有利である。大家族の時代には多かった離婚が減ってきた。そして、離婚する女性は蔑視され、顰蹙の目で見られるようになった。終身雇用制は終生の〈核家族〉制度とぴったり適合していた。

元来、恋愛とはセックスを含んだ濃密な精神活動だった。結婚してから配偶者とは別の恋人と、恋愛を楽しんだヨーロッパの宮廷貴族を見てもわかるように、恋愛と結婚は直結的な関係にはない。それは我が国の古い文学作品をみてもわかる。しかし、〈核家族〉の普及をめざした工業社会は、恋愛と結婚を連結した。恋愛から精神性や性的快楽をとりのぞき、経済的な意味の結婚へと導いた。〈核家族〉の結婚は、恋愛の正しい終着点となった。そして、結婚をめざさない恋愛を、不純異性交遊と呼んで否定した。正しく結婚した既婚者は法的に守られなければならない。武士の妻は夫の子供を産むのが使命であるから、不倫したら夫に殺されても文句が言えなかった。同じように〈核家族〉の妻の不倫には、重いペナルティーが科された。姦通は女性だけが罰せられた。

姦通罪が廃止された戦後は、不貞をした者や姦通の相手からは、慰謝料という名の損害賠償を要求できるようにした(12)。そして、配偶者に不貞な行為、つまり異性と性的行為があったときには離婚できるようになったが、収入のない女性からはなかなか離婚できなかった。

恋は甘美な味がする。恋は盲目である。恋する人間は幸せである。いつの時代でも、人間は恋をしてきた。しかし、結婚は人生の墓場だ、という言葉もある。恋の結果、子供が誕生することもあるが、結婚に至らないこともある。反対に、恋愛をへずに結婚する例もある。恋愛と結婚は近くにあるが、同じものではない。

工業化に伴う村落共同体の崩壊は、性愛を〈核家族〉の中へと押し込めた。婚外のセックスを否定的に見るようになった。男性が主導するセックスこそ、〈核家族〉の作法だった。そのため、若者宿とか夜這いとかいった、若者に性愛の技巧を教えたり、恋の手ほどきをしていた場所は完全に消し去られてしまった。

村落共同体は村人たちを縛るものでもあったが、人々を教育する場でもあった。村落共同体が崩壊したので、セックスのノウハウを学ぶ場所がなくなり、それらに代わるものが必要になった。一九六〇年（昭和三五）に医学博士の謝国権による『性生活の知恵』というセックスのマニュアル本が出版され、ミリオンセラーを記録したのは偶然ではない。

本論からは少し外れるが、東京女子医大学長、日赤産院副院長、それに厚生省（現厚生労働省）人口問題課長の三人が推薦者になっている『性生活の知恵』は、きわめて分析的で論理的な仕立てである。後年、おびただしく出版されるセックスのマニュアル本のなかでも、その論理性や詳細さは図抜けている。

不思議に感じるかもしれないが、この本には正常位という言葉は登場しない。男女が向かい合う態位を対向位、男性が女性の後方に位置する態位を後向位と分けたうえで、男性が女性の上になる態位は女性仰臥位と記され、反対に女性が上になる態位は男性仰臥位と記されている。

戦前から戦後を引きずる一九六〇年（昭和三五）頃には、セックスにおいて男性が上になるのが正常であるという観念がなかったので、正常位という言葉がなかったのだろう。もしくは当時は、残存していた非科学的な旧来の意識を打ち破りたいために、あえて科学的に正確な表現が求められていたのかもしれない。正常位という言葉を採用しなかった謝国権は、『性生活の知恵』で次のように書く。

> 性交運動の主動権は、態位のいかんによつて男性または女性のいずれかにゆだねられるが、常に男性が主動権を握る態位のみがノーマルなものと考えてしまうのは誤りである。(13)

高度経済成長は一九五四年（昭和二九）に始まったばかりであり、一九六〇年（昭和三五）には〈核家族〉化も後年ほどはすすんでおらず、稼ぎのない専業主婦の大量発生もいまだ見ることはなかった。

一九六〇年（昭和三五）頃は農業就業人口が三〇パーセントもあって、まだまだ大家族的な理念が残っていた。つまり女性も男性とともに田や畑で働いたから、女性は重要な労働力だった。男女は平等に近かった。そのためセックスにおいて女性が下になることが、正常であるなどとは誰も考えもしなかったのであろう。

謝国権が「男性が主動権を握る態位のみがノーマルなものと考えてしまうのは誤りである」と言っていたが、その後、〈核家族〉化の進行や専業主婦の大量発生に伴って、男性が女性の上になる態位を正常位と呼ぶ風潮が広まっていく。現代では婚前交渉を肯定する人が多いにもかかわらず、正常位がセックスの基本であるといった観念とともに、正常位という言葉はすっかり知れ渡った言葉となっている。

本論に戻ると、結婚と関係なしに恋愛やセックスができてしまえば、男性の性欲は婚外で発散され、〈核家族〉をつくらなくてもすんでしまう。稼ぎのない女性を救済するのが〈核家族〉だとすれば、〈核家族〉を普及させるためには、結婚外のセックスを許すわけにはいかなかった。男性は妻をめとって一人前と言われ、妻子を養うことが男性のあるべき姿となった。男性による終生の独身生活は許されなくなった。

男女が結婚を目的としないで、性的な関係を結ぶことが否定的な目で見られるようになった。そこで女性の性欲を否定し、女性には性欲がないと言われはじめた。一九七三年（昭和四八）頃になると、婚前交渉を否定する人は女性で六五パーセントに上り、男性でも五〇パーセントもいた。(14) 農村共同体にあった婚前・婚外の大らかなセックスは許されなくなった。

第6節　下履きの普及と性的羞恥心

羞恥心は人間の行動を制御する。しかし、何に恥ずかしさを感じるかは、時代やその社会に特有のものである。人前でオナラやゲップすることを恥とする社会もあるし、恥としない社会もある。かつて男性たちは街頭で立ち小便をして恥じなかった。しかし、最近では立ち小便は恥ずかしい行為になった。そのため、男性たちは道端で立ち小便をしなくなった。

恥ずかしさを感じる、つまり羞恥心を感じると、人間は自己の行動を内心から抑制し、誰から言われなくても恥ずかしい行為をしなくなる。たとえば女性に自分の身体の一部に羞恥心をもたせると、女性はその部分を見せまいとして、行動が抑制されるようになる。その羞恥心がなかったときには、男性と同じように自由に行動していたのが、羞恥心を感じたとたんに女性だけがおとなしい動作をするようになる。

昭和になると洋服の普及と同時に、女性にパンツの着用がすすめられた。パンツの着用は、女性に対して局部への羞恥心を生じさせた。井上章一は『パンツが見える。』で次のように言っている。

陰部をのぞかれた時にいだくたえがたい羞恥心。これは、パンツをはく習慣が女たちにうえつけた心性である。パンツによって、洗脳されていった気持ちのありようなのだ。

彼女たちは、陰部の露出がはずかしくて、パンツをはきだしたのではない。はきだしたその後に、より強い羞恥心をいだきだした。陰部をかくすパンツが、それまでにはないはずかしさを、

学習させたのである。(15)

着物を着たそれまでの女性はパンツをはいてなかったので、男性と並んで屋外で立ち小便ができた。排泄は生理的に自然な行為であり、男性の排泄と同じように女性の排泄も羞恥の対象ではなかった。しかし、洋装によってパンツをはいた女性は、陰部に羞恥心が芽生えた。そして、パンツを脱ぐつまりしゃがんでしか小便ができなくなった。

パンツをはいた女性には、陰部に対して性的な羞恥心がより強く作用するようになった。そして、同時に女性が性的なことを口にするのにも、心理的なブレーキが働くようになった。これ以降、スカートが女性用の服装となったことと相まって、男性と女性の行動が別のものとみなされ、女性は淑やかに行動するのが望ましい姿となった。

陰部や乳房を晒していた時代には、陰部や乳房を晒すことに性的な羞恥心がわかなかったか、たとえわいても薄かった。そのため、女性が行動するうえで、陰部や乳房が見えることが妨げにならなかった。今日のように女性が大胆になって、極小の布地しかないビキニの水着を着るようになると、性的な羞恥心が薄くなるかと言えばそうではない。

Tバック型のパンツやビキニ型のショーツを身につけた女性でも、スカートの中を見られることには激しい羞恥心を示す。局部を隠す布きれが小さければ小さいほど、男性の視線を局部に集中させるのだろう。女性の恥部をのぞく行為や羞恥心を破る行為は、のぞきと呼ばれて犯罪扱いとなっていった。

筆者は一九九九年(平成一一)にベトナムのサパへ旅行をした。サパはハノイから夜汽車で約七時間ほど離れた鄙びた避暑地である。そして、サパからさらにジープで三時間ばかり走った山奥のソンラーの市へと遊びに出かけた。山の中の開けた場所には、近くの村々から多くの人々が、賑やかに集まって市場を開いていた。市場では乾電池、釘、粉石鹸など並べて売る人や、刃物屋や燃料屋などがあった。また、ジョという酒が振る舞われたりして、華やいだ空気に満ちていた。

道端に花モン人の老女が、中腰のような妙な格好で立っている。見るとはなしに見ていると、彼女の足下に水たまりができた。彼女は立ち小便をしていた。彼女はまったく平然と、また歩き出した。誰もそれに注目する者はいない。

トイレなどない山の中である。気がついてみると、男性だけではない。衣服を腰までたくし上げて、立ち小便をする女性はあちこちにいた。市場の脇で大勢の人に背を向けて、女性が立ち小便すること に誰も何の羞恥心も感じない。

洋装は女性を解放したように見えるが、そうではない。女性にパンツとスカートをはかせることによって、性的な羞恥心を喚起させて女性の行動を抑制していった。洋服は女性の性的魅力を強調し、男性とは異なった女性性へと内面的な縛りを強めていった。近代的な装いが普及するにつれて、男女差はかえって拡大した。

陰部を見せないズボンを男性用とし、下部が解放されているスカートを女性用の服装とした。男女に対して異なった基準を適用するのを、ダブル・スタンダードとか二重規範と言うが、男女別の行動が期待されている現在はダブル・スタンダードが適用されているといえる。その発端は男女別の下履きの普及にもあった。

裸体を露出することに規制をかけ、女性が裸体に羞恥心を感じさせるようにしたことが、女性の行動を内心から拘束するようになった。しかも、この拘束は女性自身が、自ら無意識のうちに望むように仕向けた点で、きわめて強力な規制になった。

西洋でも女性がパンツをはくようになったのはずいぶんと遅く、一八〇〇年代も中頃以降のことと思われる。それまではスカートの下には何もつけていなかったのだろう。我が国と同じような腰巻き式の陰部隠しは、古代ギリシャまで遡れるようだが、男女ではデザインこそ違えともに下が解放された形式だったらしい。

ルネッサンス期には上流階級の女性に、乗馬の時に使うズロース型の下履きが登場している。しかし、公衆トイレのなかった一八世紀のパリでは、陶製の携帯用溲瓶(16)が広く普及していたことを考えると、現在のようなズロース型のパンツが広く使われていたとは考えにくい。

バーナード・ルドルフスキーの『さあ横になって食べよう　忘れられた生活様式』の挿絵によると、女性は下履きを下ろさずに着衣のまま裾をまくって便器にまたがっている(17)。これを見ると、一八〇〇年頃の女性は、ズロース型のパンツは身につけていなかったと考えられる。

我が国にパンツが普及しはじめるのは、昭和元年つまり一九二六年以降のことだから、西洋ではそれより一〇〇年くらい前から女性たちはパンツをはいたと考えるべきなのだろうか。とすると西洋の女性たちは、我が国の女性たちよりも一〇〇年早く、陰部への羞恥を感じるようになったに違いない。言いかえると、西洋の女性たちは男性から差別的な対応を受けるようになったのも、我が国よりも一〇〇年早いと言うべきだろうか。

第7節　裸体と西洋人の視線

現在では陰部に限らず、女性の乳房も性的な羞恥の対象になっている。だから公衆の面前で乳房を露出することは少ない。しかしながら、明治末に来日した英国人リチャード・ゴードン・スミスは、大勢の老若の海女たちが乳房をおおらかに露出して、音楽を聴きながら笑っている写真を撮影している。(18)また浮世絵にも授乳する女性がたくさん描かれている。こうした事実を見ると、かつての日本女性は乳房に性的な羞恥を感じなかったと言っても良いだろう。

陰部や乳房だけではない。元来我が国では、男女ともに裸体に対する羞恥の意識がうすく、江戸期の浮世絵が示すように明治までは混浴が普通だった。しかも、銭湯帰りなどにはしばしば半裸であったし、女性も庭先で裸になって行水などをした。裸体をさらすことに抵抗感がなかったから、平気で肌を露出していたのである。(19)

一八六五年（元治二）幕末の江戸に滞在したドイツの考古学者H・シュリーマンは、『シュリーマン旅行記　清国・日本』で次のように記している。

> 公衆浴場は大きな部屋で、（中略）夜明けから日暮れまで、禁断の林檎を囓る前のわれわれの先祖と同じ姿になった老若男女が、一緒に湯をつかっている。彼らはそれぞれの手桶で湯を汲み、ていねいに体を洗い、また着物を身につけて出て行く。

「なんと清らかな素朴さだろう！」初めて公衆浴場の前を通り、三、四十人の全裸の男女を目にしたとき、私はこう叫んだものである。私の時計の鎖についている大きな、奇妙な形の紅珊瑚の飾りを間近に見ようと、彼らが浴場を飛び出してきた。誰かにとやかく言われる心配もせず、しかもどんな礼儀作法にもふれることなく、彼らは衣服を身につけていないことに何の恥じらいも感じていない。その清らかな素朴さよ！

オールコック卿の言うとおり、日本人は礼儀に関してヨーロッパ的観念をもっていないが、かといって、それがヨーロッパにおけると同様の結果を引き起こすとは考えられない。なぜなら、人間というものは、自国の習慣に従って生きているかぎり、間違った行為をしているとは感じないものだからだ。そこでは淫らな意識が生まれようがない。父母、夫婦、兄妹―すべてのものが男女混浴を容認しており、幼いころからこうした浴場に通うことが習慣になっている人々にとって、男女混浴は恥ずかしいことでも、いけないことでもないのである。(20)

H・シュリーマンは他国の習慣をそのまま認めた。しかし、キリスト教に凝り固まり、自国の文化しか理解できなかった多くの西洋人は、日本人の裸体や混浴に淫らさを感じた。彼等は他国の習慣に対して狭量だった。

江戸末期から明治に来日した西洋人たちの性的な視線にさらされて、一八七三年（明治六）に明治政府は「違式詿違条例」を定めた。この太政官布告によって、入れ墨を禁止し、裸体・肩脱ぎ・股（もも）の露出を禁止し、立ち小便などを取り締まるようになった。とはいえ、取り締まりくらいで、人々の習慣が簡単に変わるものではない。

条例が制定されても、おおらかな古い習慣は残っていた。一八八二年（明治一五）に来日したフランスの画家ビゴーは、混浴のシーンをたくさん描いている。また、暑い季節に裸体で働く姿は、条例でも取り締まられなかった。とりわけ肉体労働に従事する男性たちは、高度経済成長の頃までは赤銅色に日焼けした裸体を炎天下にさらして働いていた。最近では裸体で働く姿はほとんど見なくなったが、これは男性の羞恥心に働きかけた結果からだろうか。

「違式詿違条例」による取り締まりは、都市部では厳しかったらしいが、地方ではほとんど無に等しかった。大正時代になっても、地方では混浴は残っていた。たとえば川端康成は『伊豆の踊子』で、井上靖は『しろばんば』で、伊豆の湯ヶ島温泉での混浴を描いている。そして、都心から離れるに従って、長閑な混浴は生き延びた。場所によっては戦後になっても、混浴だった温泉もあった。

戦前はもちろん高度経済成長期の頃までは、着物姿の女性も多かった。当時はブラジャーは未婚者のもので、結婚すると授乳の便のためかブラジャーをしなくなったという。そのため、女性の乳房が性的な対象になったのは戦後であり、乳房が差恥の対象になったのは、広くブラジャーが普及しはじめた高度経済成長期以降であると言っても過言ではない。

電車の中などで乳房を見せながら授乳する女性の姿は、戦後になっても普通に見られた。浮世絵では乳房は身体の単なる一部として描かれており、性的な対象とはなっておらず、乳房を見せることに差恥心は生じていない。だから、乳房が差恥心の対象になったのも、洋装つまりブラジャーという乳隠しの下着が普及した影響だろう。乳房と差恥心の関係も、前述したパンツの着用と同じ構造が見てとれる。つまり、ブラジャーの着用を強いることにより、女性に性的な差恥心を喚起させている。

一九六九年（昭和四四）から一九八五年（昭和六〇）まで放送された「8時だよ!全員集合」というテレビ番組があった。一時は五〇パーセント以上の視聴率を取ったという国民的番組だったが、銭湯の脱衣場や医院の診察室におけるコント・シーンなどでは、女性の乳房や乳首が堂々と放映されていた。しかし、今日のテレビでは、女性の乳房はチラッと見えることもない。そして、男性お笑い芸人の裸コントはテレビで見ることはできるが、女性芸人が男性芸人と同じように裸になることは、男女平等の現代でもできない。

陰部や乳房が見られても、身体に危害が及ぶわけではない。また見せてはいけないと、個々の女性たちは命令されるわけではない。にもかかわらず、女性たちは陰部や乳房が見られないように、自分自身の行動を自己規制する。その結果、女性の行動は男性より非活動的になり、狭い範囲へと制限されていく。

ダブル・スタンダードを支えるメンタリティは、身体に関する羞恥心を媒介にして女性の内心に忍び込むことに成功した。今ではパンツをはかないことや立ったまま小便することを、女性が拒否するだろうくらいに羞恥心は女性に深く染みこんでいる。

人間の性的な成熟は、男性であれば精通、女性であれば生理を経験する頃である。高度経済成長期以降になると、性的には成熟しながら、女性は結婚までは処女でいるようにしむけられた。女性の行動は、羞恥心とともに〈核家族〉のなかへと制限されていった。既婚の女性には、二夫にまみえぬ貞操が要求されるようになった。

しかし、男性には、女郎さん相手の筆おろしがすすめられたり、英雄色を好むなどといって、色街における婚外のセックスは奨励された。ロマンティック・ラブに基づく〈核家族〉の普及とは、お転婆娘をたしなめ女性に夫以外とのセックスを禁じ、男性には婚外のセックスを認めるという、性の二重規範が確立していった過程だった。

〈核家族〉の普及は、同時に男性の性的行動をも規制し、管理するようになるのだが、それについては「〈核家族〉のセックス」で触れることにする。

第8節 〈核家族〉の住まい

〈核家族〉のなかでは物つくりといった生産活動は行わないから、農家のように家での仕事は考える必要はない。〈核家族〉の家作りは仕事のためではなく、住む人間の利便性だけを考えればよかった。戦後になって供給された公団住宅は、その住人として一組の男女と子供たちを想定して設計されていた。

〈核家族〉の住まいは、住宅公団から民間のマンションまで、○ＤＫとか○ＬＤＫといった特有の間取りになって表れた。建築家の黒沢隆が『個室群住居』でいうように、〈核家族〉の住まいとは、居間と台所、それにいくつかの個室から成り立っている。(21) 個室をもっと正確にいえば、主寝室つまり夫婦のためのやや大きな個室と、いくつかの小さな個室つまり人数分の子供部屋である。

〈核家族〉は恋愛結婚から始まったはずである。親和力のない〈核家族〉をつなぐものは、妻子への扶養の義務と愛情にもとづいた夫婦・親子の結合力である。夫婦の強い結合力が確立すれば、理想の〈核家族〉を現出させることができた。しかし、親和力を失った〈核家族〉では、構成員がつねに自分の役割を演じて、信頼と愛情を確認しあっていなければ、各々がバラバラになる可能性を秘めていた。

親和力という内部の力を持たない〈核家族〉は、家族全員を等しく結びつける労働力に基づいた力がなかった。そのため、愛情に基づく夫婦の結合力が強くなれば、強くなった夫婦の関係は、他の家族関係を押しのけてしまうことになった。

生産組織だった大家族では、親から子への縦の関係が優先されたが、消費に特化した〈核家族〉では夫婦という横の関係が優先した。理想の〈核家族〉とは、初めから夫婦関係とそれ以外の人間関係とが矛盾をはらんだものとなった。

過去を引きずる老人が、まず〈核家族〉から排除された。労働の現役を退いた老人は、若い夫婦たちとのつながりを失っていった。後述するようにセックスは原則として否定されていたのだが、夫婦間のセックスだけは例外だった。何人も夫婦の男女関係に立ち入ることを拒まれ、子供はいやが応にも自立を求められるようになった。

夫婦の寝室は主寝室[22]と呼ばれ、特別の独立性が要求された。寝室とは睡眠をとるための部屋である。寝室が独立していなくても睡眠はとれる。大家族の夫婦たちは間仕切りの不確かな、ほとんど独立性のない部屋で寝ていた。しかし、〈核家族〉の住まいにおいては、夫婦関係が中心である。夫婦の寝室を別質のものとして扱い、他の関係から独立させる必要があった。

○DKとか○LDKは、大家族から弾き出された新婚の〈核家族〉たち専用の住まいだった。言いかえると、居間＋複数の個室という住宅は、現役労働者である男性とその妻、そして、その子供たちだけのための住まいづくりであった。ここには稼ぎ終わった老人の住む場所がなかった。

工業社会になっても老人は存在する。生きている老人をすてるわけにはいかない。この頃には、二世帯住宅という考えはまだなかった。そこで民間で建設される一戸建ての住宅では、伴侶に先立たれた老人を個人として扱い、老人の聖域として老人室[23]なる個室が生みだされた。

老人室を作ったからといって、その家族が老人を虐待しているわけではない。特別にしつらえられた老人室は、寂しい姥捨て部屋ではなかった。まだ高齢者が大切だという年齢秩序を引きずっていた。そのため、老人室は家中でもっとも条件の良い、つまり、静かで陽当たりの良い場所に、設けられている例が多かったかもしれない。しかし、〈核家族〉のなかでは、老人室とは人生の役割を終えた人間の収容所だった。

〈核家族〉化がはじまった当初は、家族の人数も平均五〜七人くらいだったから、まだまだ老人が同居する例も多かった。当時はしばしば登場した老人室も、家族の小型化にしたがって、最近では見かけることが少なくなってきた。

第9節　愛による一夫一婦制

農業に従事する人たちは誰もが豊穣を望んでいる。豊穣とは動物にせよ植物にせよ繁殖行為の結果である。動物たちもセックスをするから、子供を産むことができる。大家族の時代には、牛や馬などの大型動物のセックスも身の回りにあった。性的な世界が隠されてはいなかった。跡継ぎが欲しい大家族では、人間も自然の本能を肯定しながら生きていた。だから、本能が促すセックスは恥ずべきものとして隠すものではなく、互いの生の喜びを確認するものだった。熱いセックスは豊穣の象徴でもあった。人間の男女の営みも例外ではなく、生命力の発露として肯定されていた。

農業が主な産業だった時代には、インドの性交彫刻、ギリシャの壺絵、我が国の浮世絵春画と、世界中でセックス・シーンが描かれてきた。春画は〈勝ち絵〉と呼ばれて、武士たちが出陣するときの兜の中に入れられさえした。つまり大家族制度は家の存続が前提だったため、家族制度自体がセックスを必要とした。大家族制度下ではセックスが肯定されるのは当然だった。

工業社会になると事情が変わりはじめた。〈核家族〉は生産手段としての土地をもっていない。稼ぎの場は会社である。だから家族は豊穣とは無縁である。耕すべき土地がないのだから、子供の労力はいらないし、家の跡継ぎとしての子供は不要である。家業を失った〈核家族〉には子供を生みだす内的な必然性や必要性がなくなった。

〈核家族〉の男女もセックスはする。若い男女は、セックスを止めることはできない。本能の発露である男女の営みは、女性を妊娠させ子供を誕生させてしまう。しかし、〈核家族〉では跡継ぎつまり子供は不要である。

〈核家族〉が主流となった社会では、不要なものを生みだしてしまうセックスを、無条件に賛美するわけにはいかなくなった。そこでセックスの選別が行われた。まず最初に、本能に従った行為を下品なものとみなすようになった。愛の賛歌からセックスが取り除かれて、非肉体的な純愛なる概念が登場した。

子供のいらない〈核家族〉制度下では、セックスは原則として否定された。早婚をたしなめ晩婚化をうながした。もう一五歳で嫁に行くことはなくなった。しかし、社会や国家は子供という後継者を必要とする。そのため、すべてのセックスを否定することはできなかった。そこで子作りを目的とする夫婦のセックスだけが、必要悪として許容されるようになった。

マリアの処女懐胎に象徴されるように、キリスト教はセックスを否定したかった。しかし、マリアと違って、ふつうの女性はセックスをしないと子供ができない。そこでキリスト教は子作りを目的とする夫婦のセックスだけを許容し、それ以外のセックスを認めなくなった。カソリックは今でも避妊を認めず、受胎調節に反対している。工業化が進むに従って、キリスト教のセックス観が、我が国でも徐々に普及しはじめた。

マスターベーションは有害だから、健康を損ねると宣伝されたのは我が国だけではない。未婚者にはマスターベーションが禁止され禁欲が求められた。夫ある女性が婚外で行うセックスは、姦通罪の対象として犯罪となった。

〈核家族〉理念の浸透に伴って、セックスは悪いことになっていった。ロマンチックな恋愛結婚を賛美する〈核家族〉制度のもとでは、セックスが隠蔽されるという皮肉な現象がおきた。

おおらかな扱いだったセックスが否定された。男女七歳にして席を同じにしてはいけないと、男女が引きはなされた。一九〇九年（明治四二）には、男女教員からなる女子教育家懇談会が、女子が男子と面接するときには同席者をおけとか、一人で住む男子を訪問してはいけないとか、文通してはいけない、贈り物を交換してはいけないなどなど、一〇ヶ条を決議している(24)。

青少年に悪影響を与えるという理由で、〈核家族〉はセックスを隠していった。すべての人間はセックスによって生まれたにもかかわらず、成人たちはセックスをしないかのように装った。笑いとともに語られていた猥談が廃れていった。農村部でも夜這いが否定されていった。それと同時に、性を連想させるものは、下品なものとみなされ隠すべきものとされていった。

〈核家族〉の時代にあっては、おおらかにセックスを楽しんではいけない。田縣神社や金山神社といった、性を祭る神様は隠されていった。セックスをするには正当性が要求されるようになった。ただ一つの正当性は、夫の子供を産むことだけだったから、夫婦のセックスだけが正当な行為だった。〈核家族〉でのセックスは、快楽を伴った生命賛歌ではない。人間という種を保存するため、息をひそめて隠れて行う正義の行為だった。隠れて行う行為であっても、正義の行為だったから、妻はそれを拒むことはできなかった。

理由なきセックスの拒否は離婚原因ともなった。そして、夫が妻の意志に反してセックスを強要しても、家庭内では強姦という犯罪とはならなかった。[25] ただし、二〇一七年（平成二九）に強姦罪が強制性交等罪に変更されたことにより、現在では夫婦間でも強姦が成立すると解されている。

教会の赤いカーペットは、処女の花嫁がその上を歩くので、ヴァージン・ロードと呼ばれる。そして、婚外のセックスが不貞とか不倫と否定的に呼ばれるのも、夫婦のセックスだけが正しいからである。戦後になって、姦通罪こそ廃止されたが、いまでも〈核家族〉が正しいとされるので、婚外のセックスは不倫と呼ばれて否定的に見られている。

第10節　〈核家族〉のセックス

種の保存にはげむ夫婦は、性の快楽を謳歌できたかといえば決してそうではない。〈核家族〉が主流の社会では、セックスは原則的に否定されている。人間という種の保存を目的、言いかえれば繁殖を目的とした義務としてのセックスが行われた。

性の喜びをうたうことは禁止され、女性からセックスを求めることは否定されていった。女性には性欲がないとみなされ、女性の性的快感は男性によって開発されることになった。〈核家族〉は夫の子供をつくることを目的とする、密室化した寝室での夫婦の結びつきだけを例外的に許容する。〈核家族〉制度はロマンティック・ラブをうたいながら、夫婦間以外のセックスを禁止していった。

工業社会では、セックスは恋愛に伴う、親愛な男女関係の確認ではなくなった。セックスは夫の子供をつくるためにだけ、寝室でひそかに隠れて行うものとなった。夫婦の寝室でひそかに行われるセックスの欺瞞性を、手厳しく告発した女性がいたことは、女性の名誉のために特記しておきたい。

多くの女性たちが社会的労働につかず、競って〈核家族〉の専業主婦になっていった一九七二年（昭和四七）に、岡田秀子は『反結婚論』のなかで、次のように書いている。

精神的性愛によるエロス的結合にとって、セックスはコミュニケーションであるが、家庭づくりのホーム・セックスは「生活技術」に過ぎない。結婚への適応、家庭の維持、生殖などを含めた生活技術として行なわれるセックスは快楽ではなくて生理であり、精神性のなさにおいてワイセツである。[26]

江戸時代から女性たちは、放埒な性的関係に生きてきた。不貞もした。離縁も多かったし、婚外の出産も少なくなかった。しかし、一八九八年（明治三一）に民法が施行されると、女性への制限が強まり離婚率は急激に下がっていく。[27]

〈核家族〉の普及とともに、女性から性的自由が剥奪された。良家の子女は、性的なことを口にできなくなった。大家族の時代には肉体的に成熟すれば、大人とみなされてセックスも体験した。しかし、〈核家族〉の時代になると肉体的には成熟しながら、セックスを禁止された少女という非性的な時代が誕生した。そして、結婚前に処女を失った女性は傷物と呼ばれ、あたかも欠陥のある商品とみなされるようになった。

それに対して男性には婚外のセックスを認めた。未婚者がそして既婚者でも、男性が売春婦のもとへ通うのは許されたし、稼ぎのある男性が二号さんをもつことにも寛大だった。戦後の新憲法と抵触するとして、一九四七年（昭和二二）に廃止された我が国の姦通罪は、夫ある女性と男性が不貞したときだけを罰則の対象としていた。

我が国の姦通罪では、夫が妻とその姦通者を訴えることはできたが、夫の不貞を女性から訴えることはできなかった。男性に対してと女性に対してでは、性に関して異なった基準が適用された。いわゆる性の二重規範＝ダブル・スタンダードが、我が国の〈核家族〉制度を支えた。

余談ながら、二〇一五年（平成二七）に廃止された韓国の姦通罪は、我が国と違って配偶者のある者には男女を問わず適用された。セックスを夫婦間に限ることこそ、〈核家族〉制度を普及させる鍵であることをよく知っていた。そして、姦通罪が廃止された理由は、姦通は倫理的非難の対象ではあるが、国家が介入する犯罪ではないというものだった。

戦後の我が国での話では、〈核家族〉を広く普及させるために、売春や猥褻物の取り締まりが厳しくなったのは決して偶然ではない。一九五六年（昭和三一）には売春防止法が制定されて、建前として売春が否定された。売春防止法は第一条で、「売春が人としての尊厳を害し、性道徳に反し、社会の善良の風俗をみだす」とうたっているとおり、セックスを〈核家族〉へと集約させていこうとした。〈核家族〉という夫婦間のセックスを正義とすることは、婚外のいかなるセックスも許さないはずである。しかし、売春防止法が処罰対象にしたのは、売春を助長する行為であり売春そのものではなかった。しかも、取り締まりの対象にしたのは、売春をする女性だけで、買うほうの男性は対象になっていなかった。また、男娼つまり売春をする男性も取り締まりの対象ではなかった。

売春防止法の制定には、女性の人権擁護の立場から始まった廃娼運動の力があったことや、市川房枝や神近市子など女性運動家から立法化への働きかけもあった。そのため、女性の人権を守るための法律だと思いがちであるが、前記の事情をみると、売春防止法の制定は決して女性の人権を守るためだけのものではなかったのがわかるだろう。

セックスの否定に伴って、セックス・シーンの描写は猥褻だと否定されはじめた。セックスを家庭に閉じこめなければ、家庭外でセックスができてしまうから、男性たちを〈核家族〉へと追いこむことができなくなってしまう。

セックスを連想させるものは男性の性本能を刺激し、〈核家族〉を破壊しかねない。PTAや「日本子どもを守る会」や「母の会連合会」などが悪書追放運動をおこした。家庭にポルノなどを持ちこんだりして、〈核家族〉を壊すようなふるまいをする男性は、社会的な指弾にあうようになった。

カミール・パーリア(28)やシャノン・ベル(29)などのように現代のフェミニストは、ポルノを否定するとは限らない。今や先進国では売春が次々に合法化されている。しかし、当時の我が国に普及しつつあった女性運動は、ポルノは女性の尊厳をおかすものだと言って、悪書追放運動や家族擁護の保守派に足並みをそろえていた。

高度経済成長の始まった一九六〇年（昭和三五）代には、ポルノ書籍や雑誌などを投入する白いポストが駅前に設置された。専業主婦にしかなれない女性たちが、自分たちの生活の糧を守るため、婚外のセックスを摘発しようとした。もちろん警察や裁判所は〈核家族〉制度を推進する側だから、猥褻文書の発行を取り締まり、D・H・ローレンスの書いた小説『チャタレイ夫人の恋人』をはじめ悪書を発行した者に有罪を宣告して、〈核家族〉の性道徳を徹底しようとしていった。(30)

第11節　美人が生きる術になった

農業時代の話である。男性と一緒に田や畑で働く女性は、頑丈な肉体が好ましい。可愛らしさや美しさより、何よりも健康であることが求められた。また、家の存続をはかるためには、女性が子供を産んでくれなければ困る。当時の女性の理想像は、身体が強くて、お尻が大きく円やかな安産タイプの女性だった。(31)

女性の売り物が可愛らしさや美しさよりも、頑健な肉体だったのは西洋でも同じだった。十九世紀以前のフランスの農夫は、美貌や愛情を理由に妻を選んだりすることはナンセンスだと思っただろう、と『女になりたがる男たち』を書いたフランスのジャーナリストのエリック・ゼムールは言っている。結婚にロマンティック・ラブはいらないし、農家に必要なのは「働き者の妻」だからだ。

大家族の時代、生産活動に従事しない武士や貴族などの結婚では、美人女性がもてはやされたかと言えば、そうではなかった。一番大切なのは出自や家柄である。次にお家断絶の憂き目にあわないよう、世継ぎを産んでくれる頑健な身体だった。

武士や貴族などのあいだでは政略結婚が多かったので、まず身分や持参金などが考慮され、美人かどうかは問題にならなかった。(32)武士の結婚は家と家の結びつきだったから、現代の時代劇が描く夫婦関係と違って、二人の間にロマンティックな恋愛感情が介在する余地はなかった。

我が国では明治から大正になると、農地とは切り離された工場や金融といった産業から、新たな金持ち階級が生まれた。彼等のつくる〈核家族〉には、農地での労働はないし、現在のサラリーマンと同様に家では何も生産していない。金持ちたちの妻たちは、厳しい肉体労働に従事することはなかった。

〈核家族〉の専業主婦は、田や畑で働く必要がない。また女中さんが家事労働を取り仕切ったから、身体が頑健でなくともよい。肉体労働に従事しない専業主婦は、金持ちのお飾りだった。そのため、身体が頑健か否かより、美人かどうかといった、容姿が重視されるようになった。

建築史家であり風俗史研究家である井上章一は一九一六年（大正五）の資料をひもときながら、『美人論』で次のように書いている。

ここで注目すべきは、彼女たちの容姿と就学についての因果関係である。在学中に結婚をしてしまうのは、どちらかといえば美人ともくされる女学生であった。そして、卒業をするものは、そうではないほうの生徒が多かった。すなわち、不美人である。

じじつ、当時は、彼女たちのことを、卒業面（そつぎょうづら）とよんでいた。女学校教育を最後までやりとげる不美人を、卒業面と評していたのである。(33)

農業が主な産業だった時代は、ふつうの女性が結婚するにあたって、美人であることなど要求されなかった。美人がいなかったわけではない。この時代にも、多くの美人画が残るように、もちろん美人の基準はあった。しかし、美人であることは接客業の女性、つまり吉原などの廓で働く遊女だけに

求められた。(34)

田や畑で働く庶民には、美人かどうかは無縁だった。連れ合いを選ぶ基準に、頑健な身体よりロマンティックな愛や美人であることを優先したら、自分たちの生活が立ち行かなくなる。いくらスケベな男性たちでも、そのくらいはわかる。だから、結婚の条件は、農業が主な産業だった時代と、工業社会とではまったく違った。

一八三九年（天保一〇）に、フランス人のダゲールによって発明された写真と、一八九五年（明治二八）に、ルイ・オーギュスト兄弟によって創られた映画は、まさに工業社会の申し子だった。両者はともに、美を視覚化することに大きな力があった。一九世紀後半には、ポスターやグラビアなどといった形で、まず写真が美人を知らしめた。

二〇世紀に入ると、映画は工業社会の宣伝媒体として、その能力を遺憾なく発揮し、スクリーンにたくさんの美女たちを登場させた。人々はスクリーンから、美人が正しい、美人がよいというメッセージをあびた。美人であれば早く結婚できるし、幸福な生活が待っている。(35)美人は玉の輿に乗ることができる。

給与生活者＝サラリーマンであれば、妻を専業主婦とすることができる。男性も美人を伴侶に選んでも、生活していくうえで何の支障もなくなった。映画の主人公は、百姓や職人ではなく、サラリーマンだった。美人こそ素晴らしい、映画はそう伝えた。大衆に対する洗脳が始まった。

泥の中で這い回る農業労働は厳しく過酷である。大家族の時代には、厳しい肉体労働から逃げることはできなかった。しかし、農家の嫁にならなくても、生活できる可能性が見えてきた。サラリーマンと結婚できる時代になって、専業主婦の可能性が見えてくると、女性たちは農家の重労働から逃げることができるようになった。農家の主婦たちですら、自分の娘を農家に嫁がせようとはしなくなった。〈核家族〉のもとでは女性の価値基準が変わった。稼がずにすむ専業主婦は女性たちの憧れとなった。[36]

専業主婦には美人が好まれるようになった。専業主婦が接客業化したといってもいい。専業主婦になることは無給の家事従事者になることでもあったが、名実ともに夫という男性の接客業となったのである。そして、ロマンティック・ラブの普及が、〈核家族〉の真実を見えにくくした。

『モダンガール論』から、もう一つ、斎藤美奈子の言葉を引用しよう。

戦前戦後を通じて女の子たちをとらえた出世の夢は、「男は外／女は内」という性別役割分業社会の上に成立したものである。である以上、職業人と家庭人という二つの道は、好きなほうを自由に選べる「選択肢」ではなかったのだ。若い間は職業婦人→適齢期をすぎたら家庭婦人というように、仕事と家庭は年齢で棲み分けられてきた。あるいは、無産階級は労働婦人／中産階級は家庭婦人というように、それはもともと階級（階層）で棲み分けられてきた。

仕事と家庭が抵触しないように作られたシステムである以上、両方をとろうとすれば必ず壁にぶちあたる。でも、誤解してはいけない。彼女たちは性別役割分業イデオロギーに屈して、いやいやＯＬや主婦になったのではない。望んでそのコースに乗り、行けるところまで行ったのだ。[37]

美人は必ずしも多くはない。貧乏な男性と結婚して、男性と同じような肉体労働に従事せざるを得ない女性が大多数だった。しかし、美人は金持ちと結婚して優雅な専業主婦に到達できた。そこで女性であれば金持ちとの結婚のために、自分を男性好みに装うのは、環境への適応として当然の行動となった。

余談ながら、途上国では今でも女性のお尻に魅力が集まるという。ミャンマーの商業都市ヤンゴンで靴磨きをしている人からの話として、ノンフィクション作家である石井光太は『世界「比較貧困学」入門』で次のように書く。

ミャンマーの男性は女性のお尻が好きなんだよ。ちゃんと安全に子どもを産むことのできる女性がモテるんだ。その代わり、胸にはあんまり興味がないかな。胸が大きくたって、出産には役に立たないからね。(38)

我が国の男性は、胸、胴体、お尻の順に性的魅力を感じるらしいが、妊産婦死亡率が高い途上国では、性的魅力にも先進国とは違った文化がある。石井光太の話は二〇一〇年(平成二二)頃のものだから、今後何年かしてミャンマーが近代化すれば、女性の魅力はお尻だけではなく、豊かな胸でも主張されるようになるだろうか。

本題に戻って、〈核家族〉が正しいとされる社会では、結婚以外に女性が生涯にわたって就業可能な職業はなかった。結婚して〈核家族〉を守ろうとする女性は良妻賢母と賛美されたが、男性を誘惑して〈核家族〉を壊そうとするような女性は悪女と呼ばれるようになった。

元来悪女とは、強い女性とか醜女という意味しかなかった。しかし、〈核家族〉の普及に伴って、〈核家族〉を壊すことは悪いこととなり、男性を性的に惑わせて〈核家族〉を破壊する女性が悪女になった。悪女は専業主婦の敵になり、女性の分断が進んだ。

第12節　血縁幻想の誕生

農業が主な産業だった時代の大家族では、年金や老後に備えての預金がないのだから、子供がいないと大人たちの老後の生活が成り立たない。だから、大家族では血縁の子供か否かより、跡継ぎとしての子供自体が欲しかった。働き者の夫婦でも子供ができないこともある。血縁の子供がいなければ、大家族では未成年の養子をとった。

一八～一九世紀の江戸時代後半、武家社会では全相続の約四〇パーセントが養子によるものだったという。血縁がつながっていれば望ましいが、血縁のない子供でも家という生産組織さえ存続できれば、大家族の親たちには充分だった。

女性にとって自分が産んだ子は、自分の血縁であることは間違いない。卵子の提供でも受けない限り、出産した女性と子供のあいだには、絶対的な血縁のつながりがある。女性は子供との血縁が確実だから、女性に血縁にかんして幻想が生じる余地はない。しかし、男性は子供とのあいだに、自分の血縁を確認できない。

大家族なら血のつながりがない子供を、養子と言う形で跡継ぎとして受け入れることができた。しかし、跡継ぎが不要な〈核家族〉では、夫とのセックスだけが正しい。夫以外の男性とのセックスは否定されており、夫以外の男性の子供を認めることはできない。その結果、夫の子供しか受け入れることができなくなった。

子供を産む女性の勝手な性行動を許したら、男性は知らないあいだに他人の子供を養育する羽目になる。オスは自分の遺伝子を残したがる。他人の子供が紛れ込むのを防ぐために、血縁こそ大切なのだという血縁幻想が強化された。

〈核家族〉制度下では、男性は離婚しても翌日には再婚できる。しかし、胎児の血縁を特定するという理由で、女性は離婚後の六ヶ月間は再婚できなかった。今日ではこの規定が男女差別だと言われる。ところで、女性に稼ぎを与えなければ、女性が不貞をすることはないと考えたのだろうか。

結婚している妻が出産した子は、夫の子(嫡出子)だと推定すると民法は規定している。つまり、既婚女性は浮気をして他の男性の子供を妊娠しても、夫の子供だと言い張れば、法律上は夫の子供との推定を受ける。

二〇一四年(平成二六)に最高裁判所は、父子間の血縁関係がDNA鑑定で否定されても、妻が結婚中に妊娠した子は夫の子とする民法の「嫡出推定」規定は、DNA鑑定の結果より優先される、と判示した。[40] 嫡出否認権を夫にしか与えないことで、男性の胎児への支配権を確保したつもりなのであろうか。同居している既婚女性が出産すると、自動的に夫の子供になるとは、女性の恋愛欲や性欲をずいぶんと低く見たものである。

法は嫡出否認権を男性にだけ与えたが、妻の貞操を管理するのも夫の仕事であると言っているようだ。妻の貞操を管理できない夫は、もし夫が知らない間に妻が妊娠しても、出産を知ってから一年以内に気がつかなければ、他人の子供を養育することを甘受せよと言っているらしい。

二〇一五年(平成二七)になって最高裁判所は、女性の再婚禁止期間につき一〇〇日を超える部分については憲法違反だと判示したが、女性に再婚禁止期間があることは変わらない。そして、非婚の男女間に生まれた子供には、男性が認知しない限り、男性からの血縁の正当性が保証されない。

大家族では子供は跡継ぎだったから、血縁のない養子でも子宝として大切にされた。しかし、〈核家族〉では稼ぎのある男性が、一人の女性と血縁の子供を養っている。〈核家族〉では血縁の子供だけが大切にされた。

女性が再婚しても、血縁のない連れ子には再婚した父親への相続権がない。養子縁組以前に生まれた子供にも、同じように相続権がない。〈核家族〉の男性にとって、血縁のない子供は不要だろうと法律はいっている。しかし、夫に知られずに他の男性の子供を妊娠した場合は例外として、嫡出児として扱うのである。

大家族の時代には、家を存続させるために、養子を迎える家も多かった。跡継ぎとは、自分たちの老後を見てくれる者だから、養子であっても大切にせざるを得ない。継子いじめという昔話はあっても、親が養子をいじめたという話はほとんど聞かない。戦後の宰相である吉田茂は竹内家に生まれ、子供の時に吉田家の養子となって乳母日傘で育てられている。

しかし、〈核家族〉の時代になると、未成年の養子縁組が激減した。遺伝子のつながらない子供を、〈核家族〉の男性たちは受け入れはしない。家存続のための養子から、子供ための養子制度へと変わったせいもあるが、現代の〈核家族〉は未成年養子を受け入れない。

養子縁組を研究している社会学者の野辺陽子の調査によると、一九五〇年（昭和二五）には約四万四〇〇〇件あった未成年との養子縁組が、一九九〇年（平成二）以降は一〇〇〇件を切っている。しかも、その内実は再婚にあたっての連れ子を、他方配偶者が養子にするものが多く、かつてのように他夫婦からの未成年養子は壊滅的に減ってしまったという。ただし、いろいろと問題が多いとされる

成人を養子とする成年養子は、二〇一二年（平成二四）現在で約八万件と多い。(41)

大家族の時代こそ、血縁が重視されたと思いがちである。しかし、実はそうではない。そのうえ血縁の重視と、血縁幻想の重視はまったく違うものである。血縁幻想は大家族の時代に生まれたのではない。終生の一夫一婦という〈核家族〉とは、子供との生物的なつながりを自覚できない男性が、自分の血縁の子供を確保する制度だった。

大家族制度下では家族関係の事実がそのまま家族になった。しかし、〈核家族〉制度が血縁幻想を生んだ。初期工業社会では、〈核家族〉という制度を維持するために、様々な擬制を作らなければならなくなった。自宅での出産から病院での出産に変わるなかで、女性も血縁幻想にとらわれていくことは後述する。

第Ⅲ章　〈核家族〉の分裂

第1節　役割を果たす家族たち

ロマンティックな恋愛結婚で始まったはずの〈核家族〉だったが、男女には別々の役割が割り振られた。父親は生活費を稼いでくる役割、母親は家事労働をして子供を育てる役割、子供は勉強をする役割だった。父親は高給を稼ぐことに充実感があった。また、稼ぎの多い夫をもつ女性は鼻が高かった。

反対も真実だった。働いていても稼ぎにつながらなければ、男性は評価されなかった。歴史上の偉人が裕福だったとは限らない。本来経済力と人格は関係ない。にもかかわらず、どんなに立派な男性でも、収入がなければ評価されにくかった。結婚後、時間の経過とともに夫婦間にロマンティックな恋愛感情が薄れてくると、二人のあいだで生活を維持する役割が大きな位置を占めるようになった。

大家族時代の農業では、収入の多寡は個人の労働とは必ずしも関係がない。土地からの収穫は、耕作面積が広がらない限り大きくは増加しなかったからである。そして、収穫の多寡も天候と言った自然の掟に左右されたからである。しかし当時は、毎日、毎年、同じ仕事を繰り返してきたので、各地方ごとにこれが一人前の仕事量だという基準をもっていた。

一人前の仕事量の基準について、民俗学者の瀬川清子は次のように言っている。

まず東北からいうと、山形県小国村では、男一日の仕事は、田一反を耕すこと、物を負う力は四斗俵つまり一六貫、それ以上働く男はほめられたが、力持ちになると四〇貫も担うので、こういう強い男をアライ男といった。(中略)関東では、栃木県野上村は、男子は一五歳で一五貫、女子は一三歳で一〇貫負うべきで、(中略)それができればいずれも村の講や集まりに出席できたそうである。

中国地方の鳥取県小鹿村は、青年一人前の仕事は、草なら一五、六貫、米俵なら四斗俵一七貫担ぐことが必要、女は朝草一〇貫くらい刈ることを標準にしている。広島県の中野村は、男子は町まで三斗俵の米を負うて売りに出るようになると、一人前として親が煙草をのむことを許してくれた。

これらの標準は、今のように器械力の助けを借りない時代の人力、すなわち働きの力といったような時代の力量であったのだが、以前の村の生活では、農作業に必要なこうした労働力は、個人の生活はもとより、家の生活を立ててゆく上に必要であるばかりでなく、村人相互のため、村全体の生活を維持してゆくためにももっていなくてはならぬ労働力であった。[1]

今日では一人前の仕事量が明確にできないがゆえに、働く者の能力は他者との比較でしか判断されない。生まれによる人格の違いはなくなったし、身分制も消滅していた。人間を価値づける基準がなくなっていた。会社で出世するか否かが、収入に大きな影響を与える。〈核家族〉では収入の多寡が人格と関連付けられた。

家族に理解ある優しい父親より、稼ぎの多い父親に世間は高い評価を下した。課長より部長のほうが偉いし、役員や取締役のほうがもっと偉かった。反対に失業して無収入になって、生活保護など受けてしまえば、父親の権威などないも同然にまで失墜した。

〈核家族〉では男性が酒飲みで周囲に迷惑をかけても、また妻や子供を殴っても、稼いでさえいれば黙認されてきた。不仲の夫婦であっても、男性がたくさん稼いでさえいれば、男性は不仲の原因追及から免責された。そして、女性のほうに不仲の原因を探られて、夫の行動に耐えよといわれた。最近はいくらか改善されたらしいが、離婚調停は女性に忍従を強いるものとして、離婚に直面した女性には長いあいだ評判が悪かった。

工業社会の〈核家族〉は、愛する男女によって始まったはずである。二人の愛情こそが〈核家族〉を成り立たせている建前だった。しかし、愛情は建前に過ぎなかった。定年退職して無収入となった男性が、見るも無惨な扱いを受けることがあるように、男性のための家事・家庭生活の確保・安定、ならびに妻子の扶養が隠れた真実だった。

経済的な必要性と各自の役割が、〈核家族〉の構成員たちをつないでいた。だから、夫婦の愛情が冷めても、セックスレスになっても〈核家族〉は成り立ち続けた。〈核家族〉の男性は金を稼ぐという役割さえ果たせば、常識からよほど逸脱しない限り一人前と評価された。

経済的な扶養をしない男性や、家事を担当しない女性には、社会的な叱責がとんだ。もちろん、逸脱する子供には、子供役を果たせという社会的な圧力がかかり、子供は家庭内にとどまるように強制された。

独身者を半人前とみると同時に、離婚は出戻りと呼ばれて白眼視された。配偶者への愛が冷めても、子供のためにと離婚を制限された。愛情を大切にするよりも〈核家族〉を維持することが優先されたのである。

新婚夫婦の甘い愛情表現は微笑ましくみられた。しかし、長年にわたって夫婦である男女が、特別な愛情表現をしなくても、社会は不思議とは思わなかった。中高年男女の過剰な愛情表現は、我が国では冷やかされ、むしろ怪訝な目で見られさえした。中高年夫婦は愛情でつながっているより、慣れと役割分担で共同生活を続けることが自然だ、と考えられていた。

大家族では成人した子供が家を出るとは限らず、少なくとも一人は跡継ぎとして残る。しかし、〈核家族〉では子供が成人すると、両親の作る〈核家族〉を出て一戸を構えるのが原則である。こども未来財団の調査によれば、仲の良い両親に育てられた若者は結婚意欲が強く、不仲の両親に育てられた若者は結婚意欲が低いという。[2]

大家族なら働くことに裏付けられた親和力があったから、ことさらの愛情表現をしなくても親和力が家族の全員を結びつける。しかし、〈核家族〉は男女のロマンティックな恋愛から始まったのであり、男女の愛情こそが結びつきの基盤だった。つまり、男女間の愛情という精神的なつながりがあってこその〈核家族〉だった。

セックスは二人でしかできない。性的な男女関係には、子供であろうと他者が入ることはできない。子供は対の男女がつくる〈核家族〉からの自立を促される。子供を前にして両親が男女としての愛情表現をみせれば、子供は成長に従って両親から自然に親離れしていく。

夫婦の愛情を欠いた〈核家族〉には、各自の役割が残った。そして、愛情がなくなったまま、各自が役割を果たすことによって、我が国の〈核家族〉は維持された。言いかえると、役割を果たす〈核家族〉は、ロマンティック・ラブで始まった家族としては、原理的に内部崩壊していた。

第2節　戸籍制度が差別を生む

大家族では子供は子宝ではあったが、子供固有の人権は存在せず、小さな大人にすぎなかった。[3] だから子供も立派な労働力と期待された。しかし、〈核家族〉の時代になると、子供は純白であり無垢で汚れなき生き物だという子供観が普及しはじめた。そして、女性は純白で汚れなき天使を産み育てる存在となった。

〈核家族〉には子供が不要でも、国家や社会にとっては、労働力＝子供は必要である。だから子供の管理を、子供が不要な〈核家族〉という家族制度に任せるわけにはいかない。家族の外から圧力をかけなければ、本当に子供がいなくなってしまう。

性別役割分業が支配する〈核家族〉制度のもとでは、無垢の子供を産むことこそ女性の仕事であり、天使のような子供を育てることが、女性の天職だと宣伝された。良妻賢母観と相まって母性が賛美された。女性たちは出産にもとづく母性は尊いものだと思い、美しくパッケージされた母性愛を信じて子供を産んだ。そして、子供を産めば〈核家族〉は女性の保護区になった。

病院出産が当たり前になった現在、まれに赤ちゃん取り違え事件がおきる。小学校に入る時の血液型検査で、出生時の取り違えがわかった二人の少女たちは、血縁のない両親に育てられてきた。しかし、血縁のない両親たちは、それまで子供に充分に愛情をそそぎ、また子供たちも両親たちに愛情を感じていた。生物学的な両親に引き合わされても、他人としか感じられなかったという。[4]

赤ちゃん取り違え事件を見ると、女親であっても自分の子供の血縁を感知できないとわかる。そして親子間の愛情は、血縁ではなく子供を育てる環境によって育まれるものだと知る。多くの場合、血縁の親と育ての親が一致している。だから、育つ過程で育まれた愛情が、血縁にも広げられているだけだ。

血縁という生物的な事実と、愛情のあり方の間には直結した関係はない。出産直後に赤ちゃんを取り違えられてしまっても、出産した母親ですら血縁のない赤ちゃんを自分の子供だと思って育てる。それでも愛情は充分にわく。親子間の愛情にとって、血縁は根拠にならない。ここで女性も血縁幻想に絡めとられていった。

妊娠できない夫婦にとっては、人工授精が妊娠への道を切り開いた。夫婦間での人工授精だけではなく、やがて非配偶者間での人工授精も頻繁に行われるようになった。たとえ、非配偶者間の人工授精で誕生した子供であっても、戸籍は夫婦の血縁の子供とみなすようになった。

非配偶者間の人工授精では、夫の精子を使っていないのだから、夫つまり父と子供のあいだには血縁関係はない。しかし、男性優位の〈核家族〉制度を維持しようとするかぎり、そして、出産した女性を母親と規定している以上、非配偶者間の人工授精児も嫡出児と扱わざるを得ない。妻が出産すれば、自動的に夫の子供と推認されるのだから。

アメリカの精子バンクの話を前述したが、非配偶者間の人工授精、つまり匿名の提供者の精子を使う人工授精は、我が国では一九四八年（昭和二三）から慶應大学病院において始まっていた(5)。非配偶者の人工授精に対して戸籍法は特別の定めをおいていない。無法状態にもかかわらず、すでに一万五〇〇〇人以上が非配偶者の人工授精で誕生して、夫婦の嫡出児として成長している。

非配偶者の人工授精だけではなく、二〇〇一年（平成一三）他人から卵子の提供を受けた人工授精も認められた。ここでは母親との血縁関係はない。にもかかわらず、夫婦の血縁の子供と扱われた。〈核家族〉における血縁は擬制である。だから、卵子や受精卵の提供を受けても、建前上は血縁の親子と扱わざるを得ない。

生殖医療で生まれた子供は、東京新聞によれば、二〇一六年（平成二八）には五万四一一〇人が体外受精児で生まれている。約一八人に一人の割合だったという。ちなみに累計出生者数は約五三万人となった。(6)

我が国では代理出産が禁じられている。そのため、海外に出かけて、代理出産をしてくる夫婦が後を絶たない。民法では出産した女性を母親とする。だから、代理出産では母親になれないにもかかわらず、子供を得た彼（女）らは帰国後、自分たちの嫡出児として虚偽を記載した出生届を出している。〈核家族〉制度では、子供は戸籍上の父親と血縁があるというのが建前である。代理出産で産まれた子供であっても、戸籍係はＤＮＡ検査をするわけではないので、夫たちが自分たちの子供だといえば、嫡出児として受け入れざるを得ない。しかし、本人たちが代理出産だったと公言すれば、たとえ両親と血縁があっても事情は異なる。

代理出産であっても精子の提供を受けても、その事実を隠して、嫡出児としての出生届を出せば受理される。しかし、代理出産であることを公言してしまえば、血縁の擬制を破ったとみなされる。代理出産を公言した夫婦には、たとえ親子間に血縁関係があったとしても、法はその子供を嫡出児とは認めない。

二〇〇三年（平成一五）、代理出産という事実を公表して、嫡出児として戸籍申請した向井亜紀と高田伸彦夫妻の出生届は受理されなかった。(7)〈核家族〉を支える戸籍制度は、血縁を大事にしているように見える。しかし、戸籍が求めている血縁は、擬制であり、時とすると虚偽ですらある。戸籍制度については、第Ⅳ章で「破綻している戸籍制度」として再考する。

第3節　密室での子育て

夫婦がともに家庭の外へと稼ぎに出るのを、共稼ぎというのは周知であろう。共稼ぎの家庭では、子育てに専従する女性はいない。共稼ぎ家庭の女性は、家事だけをする専業主婦ではなく、稼ぐという生産労働も行う兼業主婦である。

稼ぎに出ない専業主婦は、職業から切り離されており、日中の時間が自由になる。そのため、子育てに充分な時間をもてるはずである。彼女たちは充実感をもって、子育てに従事して満足感を得ているのだろうか。どうもそうではないらしい。専業主婦が行う子育ては、きわめて強い抑圧となって当人を襲っているようだ。

子育てに専従する女性のほうが時間がたくさんあって、兼業主婦より子育てが楽しめそうに思えるが、事実は反対らしい。二〇〇四年（平成一六）に行われた政府の調査によれば、専業主婦のほうが子育ての負担感が強いという。六歳未満の子供がいる場合、約六五パーセントの女性が専業主婦として、子育てに専念し、残りの三五パーセントが共稼ぎの主婦である。

（財）こども未来財団の調査によれば。共稼ぎの兼業主婦たちは、約三〇パーセントが子育てを負担だと感じているのに対して、専業主婦たちは子育てそのものの負担感が強く、約四五パーセントが負担だと感じているという。(8)

職場で働いている兼業主婦にとっては、子育てだけが彼女の仕事ではない。子育ては彼女の仕事の一部である。兼業主婦たちは職業によって、自分の時間が拘束されている。そのため、子育てと職業労働のあいだでの、時間の配分が大変だろうと思うが、この調査結果は反対のことをいっている。不思議なことに専業主婦の子育て負担感で、もっとも大きな理由は自分の時間がもてないことであるという。

性別による役割分業は、子産み機能をもった女性の身体に即しており、一見すると、女性にとってきわめて好都合のように感じる。専業主婦は子育てを専業にしており、他に仕事はしていないのだから、自分の時間だって充分にあるように思える。しかし、家事と子育てを専業にしてしまうと、女性は閉塞感に襲われ、かえって家事や子育てへの負担感が増してしまうらしい。

夫の帰宅は遅く、彼も長時間の勤務に疲れて子育てに協力するどころではない。結局、専業主婦は閉じ込められた空間で、たった一人で子供に立ち向かうことになる。これはワンオペ育児と称される。子育ては他の職業と違って、小さな人格を相手にする。しかも、〈核家族〉の子育てには、大家族のように家業の跡継ぎを育てるといった明確な目的がない。どんな子供に育てたら良いか、育て上げる子供の将来像は見えない。

子供は小さな人格であっても意志を持っており、子供であるがゆえに勝手気ままな欲求に従って行動する。その結果、子供に振りまわされて疲労困憊する。家の中という仕事場で、他の大人に接触することない専業主婦は、子育ての負担感が増して閉塞感に襲われる。それが抑圧感となって襲いかかるのだろう。

小さな子供は、専業主婦の気持ちを忖度してはくれない。専業主婦は一人で子供に相対している。

子育ての楽しさや苦労を、共感してくれる人間がいない。まさに孤立の中での子育てと言って良い。それでいて、労働対象である子供は人間だから、自己の感情移入が可能だと思えてくる。

職業という仕事の場合は、物やサービスという労働対象に感情移入しても、感情的な反応を返してくることは少ない。しかし、小さな子供は感情的な反応を返すことがある。そのため、専業主婦として一人で子育てに専念すると、負担感が強いためだろうか、かえって子供に思い入れが強くなってしまう。この思い入れは子供の感情との協調から生じるのではなく、子供のためという専業主婦の自己陶酔として表れてしまう。

子供を育てることが自己の生きがいになり、子供の関心を自己に引きつけようとする。専業主婦の関心は、夫より子供に向いていくことになる。夫婦間の愛情が薄れれば、なおさら子供へと関心が向かう。自分がこんなに苦労しているのに、夫は子育てに協力してくれない、と不満を感じる。専業主婦は受け身の生き方が習い性になり、それを称して「くれない族」と言われた。

若い頃に優秀だった母親ほど、子供の個性を吸い取ってしまった、と一九六五年（昭和四〇）に『新しい女性の創造』を書いたアメリカのフェミニズム運動家であるベティ・フリーダンはいう(9)。

第4節　息詰まる専業主婦の子育て

男性も子育てを手伝えば、専業主婦の閉塞感は解消する、という声が聞こえてきそうである。少子化対策のためか男性も子育てをするべきである、とイクメン・キャンペーンがさかんである。男性も子供の誕生には責任がある。

女性は職場労働を中断して、家事育児に専念しているのだから、男性が家事を手伝うのは当然だと、とある女性は稼ぐ男性に家事を強制しようとする。確かに専業主婦が夫に、子育ての助力を仰ぐことはできる。しかし、専業主婦は夫を職場で援助することはできない。専業主婦が夫の代わりに、職場で稼ぐことはきわめて難しい。

大家族では夫婦で野良仕事に従事して、夫婦で稼いでいた。野良仕事は肉体労働だったので、男性が主で女性が従だったかもしれない。しかし、男女で同質の労働に従事していた。女性の不足分は家事労働や出産で補ったのは言うまでもない。今ふうにいえば、夫が社長で、妻が専務といったところだろうか。

〈核家族〉に暮らす勤め人は、極小の零細企業でもなければ、夫婦で会社を経営することは難しい。夫が興した会社であっても、妻が専務として会社にいることは、従業員たちには公私混同と受け取られやすい。中小企業も一定規模以上になれば、社内には妻の居場所がなくなっていくだろう。

創業者の場合には、夫婦で経営に当たる例がないわけではない。事業を創業するのは生産組織を作ることだから、個人的な組織能力さえあれば良く、男女の違いは問題にならない。こうした場合は、創業当初から女性が経営に参画しており、女性が会社を経営する戦力になっている。しかし、勤め人の男性が社長に就任したあとで、専業主婦だった社長の妻が専務などとして、その企業活動に参画することはありえない。

フェミニストが言うアンペイド・ワーク＝無償労働に従事するのが、専業主婦を選んだ女性の人生である。専業主婦の仕事がアンペイドであることは、〈核家族〉という組織の中では自明である。専業主婦を選んだ女性に、自己責任だと言うつもりは毛頭ない。男性に勝るとも劣らないほど優秀な女性に、まったく収入がないという〈核家族〉の原則自体が、専業主婦の閉塞感を生みだしている。

男性にとっても女性にとっても、生産労働に従事することは、自分を管理することでもある。稼ぐという仕事に従事することは、自己認識や自己実現を繰り返すことであり、職業が厳しい訓練を強いてくる。○○してくれないと受け身でいることは許されない。同時に稼ぐ厳しさは、生きる手応えという自己の存在証明をも与えてくれる。

大家族は田畑への水や燃料を入手する必要性から、地域との結びつきが不可欠だった。しかし、〈核家族〉の家事労働は、生産活動ではなく消費だけである。そのため〈核家族〉は、地域との結びつきが内部化されていない。よって近所付き合いをしなくても、〈核家族〉は生活可能である。

食料は地域の商店で買ったかも知れないが、取引先との付き合いとは違って、商品の購入だけでは相互依存性が薄い。そして〈核家族〉の収入は、〈核家族〉が生活する地域とは離れた場所から得ている。〈核家族〉は、決まった住所地に住む必然性はない。生産＝収入と消費が切り離されているから、簡単に引っ越しできる。

消費は一時的な楽しみを与えてくれるが、生きる手応えを与え続けてはくれない。消費しかしない行動を続けることでは、長い期間にわたる充実感を得ることはできない。だから、専業主婦の個人的な心構えを変えることで、閉塞感や徒労感を打開することはできない。これは専業主婦を生みだす〈核家族〉という制度の問題である。

女性が専業主婦のままで夫が子育てを担うと、専業主婦の仕事が減って彼女の存在意義は狭まってしまう。それでなくとも家電製品などが家事労働を軽減している。男性の手助けは、専業主婦の閉塞感や虚無感を増すばかりだろう。主婦の閉塞感を打破するためには、性別役割分担の〈核家族〉それ自体を解体して、成人の全員に収入のある家族制度とするべきである。

大家族の昔から、子育てとは生産労働の片手間に行うものだった。しかも、子供もまた親たちと同じ農業という仕事についた。だから、田や畑での仕事の合間に、誰かが子供の面倒を見れば子供は育った。子育ては産みの母親が行うものとは限らず、子守りのためには他の家の子供たちが手伝ったりもした。また、裕福な家では乳母が子育てを担当した。

一九〇一年（明治三四）に産まれた昭和天皇は、産まれるとすぐに川村純義のもとに里子に出されている。血縁の父母が子供を育てないことは、武士たちも同じだったし、それが大家族時代の子育ての習慣だった。それでも親子の関係は切れなかった。

大家族では女性も生産労働に従事していたから、男女ともに自己の存在意義は、子育てではなく生産労働に従事することが支えていた。しかも働く場所は家の近くにあった。身近で働く母親の姿は、子供に大きな安心感を与えただろう。

専業主婦は乳母と違って交替もできないし、途中で子育てから降りるわけにもいかない。家庭内に閉じこめられ、たった一人で行う専業主婦の子育ては、閉塞感にさいなまれ破綻する運命にあった。そのうえ悪いことに、労働の対象である子供が自己の存在証明になってしまう。そのため、無垢の子供が非行に走ったり、優秀なはずの子供が受験に失敗すれば、自分の育て方が悪かったのかもしれないと落ちこみやすい。

各種の調査では、子育てへの負担感は専業主婦のほうが強いし、子供への虐待は専業主婦のほうが多いといっている。にもかかわらずダイバーシティ流行の昨今、専業主婦を生き方の一つとして認めようという声がある。稼がない成人の生き方を普及させたいのだろうか。専業主婦は多様にある生き方の一つではなく、男性に寄生して生きる性的寄生虫にすぎない。一人前の成人が、経済的に寄生して生きることは許されることではない。専業主婦という生き方を消滅させなければならない。にもかかわらず、政府や自治体は子供への虐待防止や少子化を克服するために、専業主婦を保護して彼女たちの子育てを援助しなければならないと結論づけている。[10]

専業主婦の子育てを援助すべきなのだろうか。むしろ専業主婦の子育てそのものが、無理だと考えるべきなのではないだろうか。専業主婦という立場と、子育ては二律背反だと思う。工業社会化が要求した密室の〈核家族〉のなかで、専業主婦の息詰まるワンオペ的子育てが進行してしまったと言うべきである。

専業主婦は職業から刺激を受けることができない。学生時代に優秀だった専業主婦ほど、虚しさに襲われるのは当然である。専業主婦にも職業を与えて、専業主婦をなくすことこそ緊要である。にもかかわらず、政府は美しい家族制度として〈核家族〉を守り、大学フェミニストは専業主婦を女性の生き方の一つとして守ろうとしている。専業主婦を守ろうとする発想は、女性が家庭で保護されているサウジアラビアを思わせる。

大学の教員でつくられた福岡女性学研究会というグループが、二〇一一年（平成二三）に『性別役割分業は暴力である』[11]という本を上梓している。その本の帯巻きには「女性も男性も不幸にし、日本を滅ぼす性別役割」と記されている。性別役割分業が暴力と言えるかは定かではないが、より多くの人の幸福追求にとって障害であることは間違いない。

情報社会になろうとする今、女性にとって性別役割分業を原則とする〈核家族〉とは、真綿で首を絞めるような非人間的な収容所である。専業主婦の子育てはワンオペだからと同情を集め、男性の手助けを求めるのではなく、ワンオペというシステムをなくすべきある。

第5節　職場労働と家事労働

ほとんどの男性は働いてお金を稼ぐことを、子供の頃からすり込まれている。誰しも学生が終わったら、職場に出て働き稼ぐことは当たり前だと思っている。しかし、学校を卒業した女性は職場に出はするが、必ずしも稼ぎ続けるわけではない。

独身のまま働き続ける女性を除くと、何年かすると結婚して専業主婦になる道と、既婚の職業人として生きる道の二つが用意されている。結婚しても子供ができても職場労働を続ける人も増えてきたが、まだまだ〈核家族〉の専業主婦を選ぶ女性は多い。

独身者が職場で働くのは、自分のためであることが多く、収入はすべて自分の自由になる。独身者は経済的な自由度において男女で違いはない。しかし、既婚者となると事情は違う。専業主婦を選んだ既婚女性は家事労働に従事し、家族のためにアンペイド・ワークを提供する。そして、既婚男性は職場労働に従事し、家族のために稼ぎを持ち帰る。夫と妻は協力して〈核家族〉を運営する建前になっている。

男女の協力によって〈核家族〉が運営されるといわれると、美しく聞こえて思考が止まりそうになる。女性が行う家事労働のおかげで、男性の職場労働が可能になっている。無償の家事労働がないと、あたかも男性は職場労働ができないかのように聞こえてくる。しかし、前述したように職場労働と家事労働のあいだには、ほとんど相関関係はない。両者を関係づける詐術が働いているようにさえ見える。

確かに専業主婦の家事労働のおかげで、既婚男性は洗濯・掃除・食事・育児など身のまわりの仕事から解放されて、職場労働に専念できる。専念すれば稼ぎも多くなり、出世もできるように感じるだろう。まさに良妻賢母による内妻の功である。そう考えると、職場労働は家事労働に支えられているように感じる。

農家や魚屋・八百屋といった生産的な職業なら、男女ともに同じ仕事をしており、女性の働きが収穫や売り上げに直結している。商売上手な女性が働けば働くほど、収穫や売り上げが上がる。だから、時とすると内妻の功どころか、女性のほうが重要な地位を占めていることすらある。家族が生産組織だから、女性の働きが大きな役割を果たしている。生産組織における女性の働きは、余人に代えることが難しいほど重要であった。

しかし、〈核家族〉では大家族でのような関係は成り立っていない。専業主婦がどんなに働いても、それは家庭内の消費に止まり、収穫や売り上げ増にはつながらない。男性にとって家事をやってもらうことは嬉しいには違いないだろうが、家事労働の頑張りが男性の稼ぎや出世につながることはほとんどない。

穴のあいた靴下を履いたり、靴下の右左を間違えて別々のものを履いて出社しても、稼ぎや出世には影響がない。趣味の悪いネクタイを締めたり、アイロンのかかっていないワイシャツを着ていても、仕事に差し支えることは少ない。また、駅のスタンドで朝食をすませても、仕事には差し支えがない。コンビニで買ってきた夕食でも明日への英気は養える。掃除の行き届かない部屋でも、男性は暮らしていける。

〈核家族〉では男女が別の仕事をやっている以上、両者の仕事が影響を与え合う割合はきわめて低い。家庭内での男女の協力というと心地よく聞こえてくるが、より大きな仕事の成果を上げるには、むしろ職場の同僚や部下との協力関係のほうが、はるかに大きな影響がある。出世した人間の仕事は、職場の部下に支えられこそすれ、専業主婦の働きが支えたことはないといっても過言ではない。

家事労働に従事する女性が、職場の男性を遠隔操作で働かせているわけではなく、男性は自分の判断で仕事をしている。出世や昇給と言った職場での動向は、専業主婦のアンペイド・ワークの多寡のせいではなく、本人の才能・努力それに運、それに加えて職場関係者の協力である。出世できたのも出世できなかったのも、妻の家事労働のせいだとはどんな男性も言わない。それは自分の責任だと男性たちは考えている。そう考えないと、大きな稼ぎをあげたり出世した男性の才能や努力の評価ができない。

誰も離婚は望んでいないだろうが、残念ながら時とすると離婚もおきる。では離婚により〈核家族〉が破綻したら、男性の職場労働も破綻するかと言えば、必ずしもそんなことはない。離婚しても出世したり、多大な財産を築く人もいる。専業主婦が家事労働に専念しているから、男性が働けるというのは一面の事実でしかなく、専業主婦が家事労働を手抜きしても男性は職場労働に邁進できるのである。

ハウス・クリーニングやコンビニなどのテイクアウト食品などなど、家事労働への代替物はたくさんある。子育てをアウトソーシングすることは難しそうだが、実家に預けたりすればそれも不可能ではない。中国人たちは親元に子供を残して、我が国へと出稼ぎにきている。

中高年の独身生活が成り立つのを見てもわかるように、現代では専業主婦のアンペイド・ワークがなくても、何とか生活することは可能である。コンビニなどが一人生活をバックアップしている。稼いでいれば、決して男やもめにウジがわくことはない。しかし、職業労働を止めることはできない。収入がなくなれば、男性のみならず専業主婦も暮らしていけない。〈核家族〉における男女の協力関係はきわめて片務的である。

男性の働きは給料という成果につながるが、専業主婦の働きは家族からの感謝以外には何の報酬もない。しかし、専業主婦が大きな成果を手に入れるときがある。それは〈核家族〉の破綻、つまり離婚のときである。理論物理学者で作家の藤沢数希は『損する結婚 儲かる離婚』で次のように言う。

まともな企業からそれなりの給与を得ている場合、専業主婦と離婚しようと思えば、財産の半分で済むことは非常に稀である。なぜならば、婚姻費用という月々の支払い義務が発生するからである。（中略）日本は慰謝料自体は非常に安い。離婚で大きな金が動くのは、財産分与と婚姻費用であり、これらの支払いは、どちらが浮気などで離婚の原因を作ったかとは、全く関係ないのである。(12)

離婚時に発生する費用は、大雑把に言って、慰謝料、財産分与、婚姻費用、それに子供の養育費である。慰謝料は不倫など、どちらかに非がある場合に支払われるが、満額認められても三〇〇万円くらいである。財産分与は結婚後に形成された共有財産を二分割する。子供がいなければ養育費の支払いはない。

問題は婚姻費用だと藤沢数希はいう。婚姻費用とは結婚後の日常の生活費のことで、具体的には衣食住の費用、医療費、子供の教育費や養育費、交際費等が含まれる。夫婦は別居しても、相手の生活レベルを自分と同程度に保つ法的な義務があり、よりたくさん稼いでいるほうが、相手方に生活の費用を負担しなければならない。

男性が高給を稼いでいれば、支払う婚姻費用も高額となる。婚姻費用は離婚が決まるまで、毎月支払い続けなければならない。しかも、結婚生活が破綻してすでに別居していても、この婚姻費用は支払わなければならない。そのために離婚裁判が長引くと、慰謝料や財産分与を超えた金額になる。

「婚姻費用算定表に基づいた計算機」によると、次のようになる。

1　年収一〇〇〇万円（税込み）を稼いでいるサラリーマンに、専業主婦の場合。子供はいないとすると、婚姻費用は月に一四〜一六万円。

2　年収一〇〇〇万円（税込み）を稼いでいる自営業者に、専業主婦の場合。子供はいないとすると、婚姻費用は月に二〇〜二二万円[13]。

たとえば、離婚まで五年かかったとすると、1の例では一五万円×一二月×五年で婚姻費用は九〇〇万円となる。サラリーマンが二〇〇〇万円の財産を持っていれば、離婚成立の時にその半分が専業主婦のほうにいく。その結果、専業主婦は合計一九〇〇万円を手にする。そして、サラリーマンには一〇〇〇万が残ることになる。

アンペイド・ワークの家事労働に従事してきた専業主婦は、結婚期間中は一銭の金銭評価もないが、離婚するときになって初めて収入を手にすることができる。しかも、自分に収入のないほうが、貰える婚姻費用は大きくなる。そのうえ、離婚裁判を長引かせれば長引かせるほど、自分の取り分は増えていく。自分に稼ぎ＝収入がないとは、何と哀しい存在だろうか。

現代の家族はロマンチックな愛情から始まったはずである。しかも、男女は平等で、ともに生活を支える建前である。だから、現代の家族たちは癒やしあったり、精神的に支え合ったりしている。しかし、専業主婦のいる〈核家族〉とは、空虚な協力のうえに成り立っている。

第6節　専業主婦は犠牲者　その一

本書は専業主婦を批判している。しかし、誤解しないで欲しい。性別による役割分担を原則とする〈核家族〉が、必然的に生みだす専業主婦という立場を批判しているのであって、専業主婦である個人の女性を批判しているのではない。

専業主婦を批判すると、女性を分断することになるという人がいる。しかし、性別と性差を別次元でとらえたから、女性の自立が始まった。性別と性差の間には違いがある。だから、性別に基づいた女性一般という問題設定が無理なのである。

序章でもいったように、本書は個人の生き方や個人の意識を問題にしてはいない。あくまでも家族制度と、その制度が生みだす影響を問題にしている。制度と個人の意識は互いに関係しあっているので、制度と個人をきっちりと分けるのは難しいかも知れない。しかし、両者は別次元の話である。

専業主婦を選んでしまった女性は、〈核家族〉制度の犠牲者である、と本書は考えている。二〇世紀のはじめ、フェミニストであるオリーブ・シュライナーは、『女性と労働』で次のようにいう。

近代文明は女性から伝統的な仕事をほとんど奪ってしまった。社会は男性には怠惰になることを許さないが、女性には「性的寄生虫」となることを奨励している。(14)

彼女がいう近代文明とは、〈核家族〉理念の支配する工業社会である。もっとも早く工業社会に入ったのはイギリスである。オリーブ・シュライナーはアフリカ生まれのイギリス人だから、当時のイギリス人女性の状況がよく見えたのだろう。

農業が主な産業だった時代のように、女性に稼ぐ場所があれば、女性も男性とともに社会的な労働に従事し、自己の食い扶持を稼いでいただろう。女性も直接的に社会の生産に貢献し、納税者となったはずである。そして、働く片手間に子育てをしただろう。その時には、男性も女性とともに子育てを担っていたであろう。大家族の時代はそうだった。しかし、〈核家族〉制度は女性に職業を与えず、男性に経済的に寄生するように仕向けた。

明治になって始まった現在の義務教育は、〈核家族〉が標準家族だとして始まった。そのため、無職の専業主婦が在宅している前提で成り立っている。家庭には子育てに専従している女性がいると想定しているから、学校行事は勤労者の出席できない時間帯に設定される。しかも、母親は子供のために食事を手作りするのが、当然だという前提をとっている。

現在の学校は、PTAを初めとして専業主婦の存在をあてにしている。児童の女親はフルタイムで働いてはおらず、共稼ぎの家庭は例外だとみなしている。様々な家庭があると教えながら、現在の学校が前提にしている母親像は、子育てに専従する専業主婦から少しもでていない。だから保護者会は平日の日中に開かれている。これでは仕事を休まなければ、保護者会に出席できないではないか。最近、モンスター・マザーなどといって、若い主婦たちの言動を非難する動きがある。たとえば、お節料理を作らずに実家に頼っているとか、小学校の運動会に出前ピザをとったとか、彼女たちへの非難は絶えない(15)。

〈核家族〉が普及しはじめたときのことを考えてみよ。かつては魚をおろすのも、鶏を殺してさばくのも、すべて家庭で行われていた。そして、漬け物だって各家庭で漬けていた。それが今では出刃包丁も砥石もなくなり、専業主婦たちはすでに殺されて部位別に処理された鶏肉を買ってくる。大家族から続く家事労働は、〈核家族〉に至って大きく変わった。昔風に言えば、家事労働の手抜きが大々的に普及した。

〈核家族〉が崩壊しはじめ、〈核家族〉の生活習慣は崩れつつある。中高年女性たちも、既成のお節料理を買っている。手作りが良いとは限らない。にもかかわらず、旧来の〈核家族〉の生活習慣で、新しい母親たちを訝ろうとする。だから、ヤンキーな母親などが顰蹙の目で見られたり、新規な行動をする女性たちをモンスター・マザーと感じる。

新しい母親を非難する人たちは、母親像は出産によって形成されるのではなく、社会性の結果だということが理解できない。母親の手作りだけが愛情表現とは限らない。アジアの女性たちは、テイクアウトの食品を買って夕食にしているが、母子のつながりは極めて強い。アメリカだってランチボックスの中は、パンにピーナツバターを塗っただけといった具合に、すこぶる簡単である。しかし、母親は子供を充分に愛しており、母子のつながりは我が国に勝るとも劣らない。

かつては自家製だった漬け物だって、今やほとんどの人が買う時代である。筆者は、運動会に出前をとる母親たちに、むしろ共感するし、コンビニ弁当をもたせる母親に親近感を感じる。なぜキャラ弁を作って持たせることが、母親の愛情表現なのかまったく不可解なのである。そんな時間があるなら、キャラ弁の商品化を考えたらどうだろうか。

テイク・アウトの食品を買っても、愛情を疑われることはない。市販の食品には、何が入っているかわからないというのは、安全な食品監視の問題であって母親の愛情とは別問題である。情報社会という新たな時代には、新たな母親像があるだろう。

明治以降、国民を教化するために、教員は庶民たちより高い教育を受けてきた。庶民は教員に対して先生といって頭を下げてきた。教師と親たちとの間には、上下の関係すらあった。そのため、教員からの指示は、無条件かつ無批判に受け入れられやすかった。しかし、現代では女性も高等教育を受けている。大家族時代の主婦たちより、現代の女性たちのほうがはるかに自己認識のレベルも高いし誠実に生きようとしている。

現代社会は人間を平等化した。身分制はないし夫婦も対等である。そして、現代の主婦は教員とも対等である。女性も大学院まで進む現代では、ひょっとすると学校の教師より、専業主婦のほうが高い教育を受けているかも知れない。

しかし、二〇一三年（平成二五）現在で、我が国の大卒女性の就業率は、先進ＯＥＣＤ三四ヶ国中で最低クラスに位置している。高等教育を受けた女性が、何の職業にもつかずに無為に専業主婦として家庭にいる。そして、子供のためにと思って、教員の一挙手一投足を見守っている。まさに専業主婦という人間の労働力が死蔵されている。

第7節　専業主婦は犠牲者　その二

専業主婦を選んだ女性であっても、子供が無事に、より良く育つように誰よりも心をくだいているはずである。そうであれば、子育ての最中には、子供の成長を生き甲斐にせざるを得ない。そのため、専業主婦は自分の希望を子供に託し、あたかも自分の分身のように育てていくだろう。

子供は別の生き物である。子供は思春期をむかえ親から巣立とうとする。子供の巣立ちは、生き物として自然なことだ。いまの大人たちも、親たちから巣立ってきた。子供の巣立ちをむかえると、専業主婦だった女性は子供という生き甲斐を失う。ここで子供にこだわれば、臨床心理学者の信田さよ子が『母が重くてたまらない』で言うようなことになる。

彼女たちは、口では娘に結婚を望むといいながら、本当に気に入った人が現れなければ、無理に結婚する必要はないと考えている。これは冷静に醒めた目で娘の結婚を見つめているからではなく、単に娘との関係を悪くしたくないからではないだろうか。無理やり結婚を強いて仲たがいするより、娘の選択に任せる態度をとったはうが、仲良くできるからだろう。(16)

子育てを終えた専業主婦は、子供が結婚して家を出てしまうと、子供という生き甲斐を失う。子供を生き甲斐にし続けたいから、子供の巣立ちをのぞまずに同居したり、近場に住まわせて子供を飼い殺しにする道を選んでしまう、と信田さよ子は言う。また、現代の子供は優しいので、母親の本心を察知して寄り添ってくれる。

近年の大学生の就職活動を見ればわかるように、母子一体となった就活が多くなった。その結果、子供だけではなく母親が精神的に子供に寄生することになる。しかも、信田さよ子に言わせれば、母親たちは無邪気を装った無神経であり、都合の良いときだけ老人ぶった身体的衰えをつかって、無自覚のうちに子供を支配する。

今までは報恩思想の名残があって、子供のほうから親を冷静に見ることが難しかった。そのため、親を重荷に感じても、批判的にいうことは少なかった。しかし、最近では事情が変わってきた。

女優の渡辺えりは毎日新聞の人生相談で、「娘を自分の持ち物のように思い、いつまでも自立させずに縛ってしまう母親は誘拐犯と同じ、もう母親とは言えません。嫌っていいと私は思います」と答えている。(17) 親不孝ならぬ子供不幸の親の生態がつまびらかにされ始めた。『母という病』や『毒になる親』といった書物が、子離れできない親の事情を詳細に論じている。

専業主婦だった母親が、子育てが終わった時期に、自分の人生を再出発させるのは非常に困難である。中年にさしかかった専業主婦には、職業人になる準備がない。性別役割分業の〈核家族〉は、男性には職業人という一貫した人生行路を用意した。しかし、女性には子育てが終わると、空になった巣で暮らさなければならないという人生を与えた。子育てが終わった専業主婦には、孫以外に何の生き甲斐もなくなっている。

親和力のなくなった〈核家族〉では、妻である女性の関心は配偶者ではなく、日々身近にいる子供に集中するのは自然なことだろう。恋愛結婚で始まった〈核家族〉だが、夫婦が別種の労働に従事しているうちに、認識の構造が変わってしまい、大切な人は配偶者から子供や孫になっていく。子供は成長とともに母親から分離していく事実を認めずに、いつまでも母子一体感を抱くようになる。〈核家族〉には親和力がないのだから、夫婦が互いに共感を持てなくなるのも当然である。

子供を持つ女性三三五〇人を対象にしたアンケートによると、夫か子供のどちらかしか手に入らないとしたらという質問に、夫を選んだ女性は三五パーセントだったのに対して、子供を選んだ女性は六五パーセントだった。(18) 子供は自己の分身だからという理由で、配偶者よりも子供が大切だという女性たちから、子供が巣立っていく状況を想像すると言葉がない。

専業主婦になってしまった女性は、〈核家族〉制度の犠牲者である。しかも、専業主婦は自分が犠牲者だと、認めることができない立場に追いやられている。専業主婦は〇〇の妻、もしくは〇〇ちゃんのママでしかない。女性に職業が開かれた時代なら、彼女たちは自分の人生を自力で生きただろう。そして、仕事を通した自分自身の存在証明を持っていたはずである。

〈核家族〉という結婚制度の犠牲者を生みだすべきではない。大家族の男性たちが子供の教育を担ったのとは異なり、〈核家族〉の男性たちが子育てから免除されてきた理由は後述する。

第8節　アメリカの家族は

アメリカでは二〇世紀になると、フォードのテーラー・システムなどが普及しはじめて、工業社会化が全土に浸透した。第二次世界大戦が終わると、戦争の被害を受けなかったアメリカは空前の好況を謳歌した。

一九五〇年（昭和二五）代、普及しつつあったテレビをとおして、我が国でもお馴染みだった「アイ・ラブ・ルーシー」や「パパは何でも知っている」など、〈核家族〉のイデオロギーが国中、いや世界中にばらまかれた。一九六〇年（昭和三五）代以降、工業社会が花開いた我が国でも、マイホーム・パパが誕生した。

それから十数年後、情報社会はアメリカで産声をあげた。パーソナル・コンピューターの誕生である。一九六〇年（昭和三五）代からオフコンが開発され、一九七〇年（昭和四五）頃から、アメリカでは職場にパソコンが普及しはじめた。一九八一年（昭和五六）にはＩＢＭがパーソナル・コンピューターを市販しはじめた。

産業の中心が重化学工業などの製造業といったハードから、知的で無形なものを生産するソフトへと転じるに伴って、職場労働には屈強な肉体は不要になった。腕力の価値が徐々に低下した。健康でありさえすれば、非力な女性でも男性並みに稼げる社会が到来した。脱工業化しようとする産業は、個人の知的能力の解放を求め始めた。

個人的な能力の解放とは、職業といった社会の仕組みが、性別に立脚したものから脱性化した個人単位になることである。家族も社会的な制度である。そのため、職業が個人単位へと変化するのと同時に、家族も脱性化した個人化する変化を強いられた。アメリカでは対単位の〈核家族〉が、離婚の増加という形で個人単位の単家族へと分解を始めた。それは脱工業化がすすむのと、同時並行にすすんだ現象である。

我が国でも〈核家族〉が始まったばかりの頃は、血を分けた家族は信頼に値するものだった。それでも血縁が愛情を保証するのではないと人々は知っていた。だから血縁幻想をつくって、〈核家族〉理念を支えなければならなかった。しかし、情報社会の今日ではモノではなく、コトが大事なのだ。

信頼は血というモノではなく、精神的なつながりつまりコトが保証する。

一九八〇年（昭和五五）代には女性の経済的な自立が始まって、専業主婦だったアメリカの女性たちが家から出始めた。このときに職場に進出した女性たちは、職業教育を受けていなかった。もちろん職場には女性の先人はいなかった。職能を身につけるには、大変な苦労をしたことと思う。しかし、二〇世紀も終わり頃になると、女性は試行錯誤しながら職場で管理職の地位を占め始めた。

二〇〇二年（平成一四）の資料ではフォーチュン五〇〇社において、高級管理職に就いている女性はすでに一五・七パーセントもいた。二〇一三年（平成二五）現在、アメリカの一般管理職では女性が四三パーセントになった。女性の管理職は、今後はますます増えるであろう。ちなみにフランスの女性管理職の比率は三八・七パーセント、ノルウェーは三四・四パーセントで、我が国のそれは一一・一パーセントである。

管理職は肉体労働者ではなく頭脳労働者である。頭脳労働は精神的な働きによるものである。精神的なつながりは精神それ自体を鍛える。自立心の強い女性。たくましい自立心と尊厳を求めた生き方。男性的な生き方とか、女性的な生き方といった性別による違いはない。男女の肉体構造は異なったままで、社会的な男女間には違いは何もなくなっていった。

一九九〇年（平成二）代に入ると、先進国では家庭から女性がいなくなって、子供に関心が向いた。フランス人の哲学者であり歴史学者でもあるエリザベート・バダンテールは、一九八〇年（昭和五五）に『母性という神話』で次のように書いている。

新しい愛の線、すなわち父親の愛の線を書き入れなければならないだろう。明らかに、母性愛はもはや女だけの特性ではない。新しい父親は、母親と同じように行動し、母親と同じように子どもを愛する。このことは、もう母性愛にも父性愛にも特殊性は存在しないという事実を証明しているように思われる。[19]

二〇〇〇年（平成一二）を過ぎると、アメリカでは母子関係が、父子関係と同じようになりはじめた。そして現在では、女性の賃金は男性の九〇パーセント程度となった。女性の賃金がほぼ男性と等しくなり、[20]女性の経済的な自立が確立しつつある。そのため母子関係が父子関係と違ったものとして、ことさら特別視されなくなった。

〈核家族〉の役割が消失したアメリカでも、主婦として存在し主婦の役割を果たすだけで、家族の一員として認められはする。しかし、主婦であるだけでは家族内の存在でしかない。主婦と言うだけでは、社会への影響力は認知されず、人間としての評価は低いようだ。対社会的な行動をして、はじめて人間としての評価がうまれる。

ニューヨーク大学の社会学者であるキャサリン・ガーソンは、著書『未完成の革命』の中で、「夫から『仕事を辞めて子どもの面倒をみてほしい』と言われた女性の四分の三は、仕事を辞めるくらいなら離婚して一人で子どもを育てる方を選ぶ」と書いている。[21]専業主婦として子育てに専念できることは、我が国なら勝ち犬かも知れない。しかし、アメリカでは違う。

アメリカでは男性が生活費を稼ぎ、女性が養われる〈核家族〉は、すでに過去のものとなった。男性だけが稼ぐ〈核家族〉は一〇パーセントにすぎない。二〇一四年（平成二六）では、女性が世帯主である家庭は、いまや全世帯の約二五パーセントを占める。[22]性別による役割分担に支えられた終生の一夫一婦制は、アメリカではその歴史を終えつつある。

今まで結婚式で女性は、教会のヴァージンロードを父親と歩き、神の前に至ると夫になる男性に引き渡される。この儀式が象徴するように、〈核家族〉制度下では未婚時代は父親の保護下にあり、結婚すると夫の保護下にうつるとみなされていた。そのため、工業社会までの英語社会では、女性は未婚か既婚かでミスとミセスに区別されていた。しかし、未婚であろうと既婚であろうと、女性に社会的な違いはない。今日では結婚とは無関係のミズと呼ばれるようになった。

イギリスでも女性の社会的地位は変わった。伝統を重んじることで知られるテニスのウィンブルドン選手権ですら、二〇〇九年（平成二一）から、ミスとミセスの敬称をとりやめた。[23] いまや公的な席上で、ミスとミセスとを区別して呼ぶのは失礼になった。既婚・未婚が社会的な意味を失った。ちなみにフランスでも公式な場では、マダムとマドモワゼルの区別が消失しつつある。二〇一二年（平成二四）の首相通達で、既婚・未婚を問わずマダムに統一された。

ヨーロッパ諸国でも、男性が生活費を稼ぎ、女性が無給の専業主婦という〈核家族〉は絶滅に向かっている。[24] 法的な婚姻関係を結んでいなくても、同棲相手はかけがいのない配偶者だと企業が、そして法律が認め始めた。そのうえ配偶者は異性とは限らなくなっている。先進国では〈核家族〉はもう主な家族理念でもないし標準世帯でもない。単家族が標準世帯として、市民権を確立しつつある。

第9節　家庭内暴力の暴露

我が国に〈核家族〉が広まった高度経済成長の時代、男性は家庭という砦のなかに、稼ぎを持ち帰り家族を養った。この時代、給料はまだ銀行振り込みではなく、給料袋に入った現金で支給されていた。かつての我が国の男性たちは、給料袋の封を切らずに妻に渡す例が多かった。女性は男性から与えられた給料袋の中から夫に小遣いを与え、月毎の生活費をやりくりして家計を運営していた。

アメリカに限らず西欧先進国の男性は、給料袋の封を切らずに妻に渡すことはなかった。自分で封を切った給料袋の中から、週ごとに生活費を女性に手渡していた。そして、細々とした日常の出費以外の支払いは、男性自身がチェックを切って妻を通さずに直接に支払っていた。

アメリカの〈核家族〉では日常の出費支払い以外、女性は一〇ドルの支払いも自由にできなかったという。つまりアメリカでは日本以上に、社会も家庭も男性が仕切っていた。いわば男性による家庭内自治が確立していた。そのため、法律は家の前で立ち止まり、よほどのことがなければ、家庭内には立ち入らなかった。

アメリカでも多くの家庭では平穏な生活が営まれていたが、男性は女性が自分の意思に逆らうと、暴力を振るうこともあった。また、男性は酒に溺れて乱暴を働くこともあった。家庭内で暴力を振るう男性が、家庭の外では粗暴とは限らなかった。背広を着た立派な紳士が、家庭内では暴力夫に変身していた。

しかし、当時の〈核家族〉は、自治の砦であり閉鎖的だった。他人は家庭内の出来事には口出しできなかった。そして、家庭内暴力は犯罪視されておらず、暴力夫の暴走を法律も社会も黙認していた。我が国でも住居侵入が刑法一三〇条で犯罪とされる[25]ように、いわば家庭内自治といったものが法律によって認められていた。アメリカでは自宅の敷地内で侵入者を射殺しても、正当防衛となって罪を問われないことが多い。警察官も令状なしには家庭内には立ち入らなかった。

家庭の外で男性が妻以外の女性を襲えば、強姦罪で訴えられる可能性がある。しかし、家庭内では夫が妻の意思に反してセックスを強要しても、二〇一七年（平成二九）以前には強姦罪とはならなかった。結婚によって妻は夫とセックスをする合意をしたのだから、夫婦間では強姦という観念が成立しないというわけだった。むしろ、妻が理由なくセックスを拒否すると、離婚の原因にすらなった。〈核家族〉は男性によって平穏が保たれていた。そのため、法律がささいなことで家庭に介入すると、男性から怒りを買うことが予想された。屈強な男性の労働力がものをいった物つくりの工業社会では、国家が男性の反感を買うことは、男性の勤労意欲をそぐことにつながりかねなかった。

勤労意欲の減退は、生産力を下げて国力の低下につながるから、国家としては避けなければならなかった。そのため、〈核家族〉の内部は私的な領域として、国家から自立的なものとして扱われていた。

我が国の例を見ると、民法上の親権保護などだけではなく、刑法も一〇五条で次のように記している。

（犯人蔵匿及び証拠隠滅の罪については）犯人又は逃走した者の親族が、これらの者の利益のために犯したときは、その刑を免除することができる。

家庭内の問題は、殺人事件などが発生してよほど弊害が大きくならなければ、民事不介入の建前を守って、法律は見て見ぬふりをするほうが賢明だった。女性の安全より男性のプライドを守ったほうが、工業社会の生産性が上がり社会は円滑にまわった。

肉体労働とは暴力の平和的な行使である。金槌は釘を打つ道具にもなるし、時として殺人の道具にもなる。工場の生産活動において男性の屈強な腕力は不可欠だったが、屈強な腕力とは暴力と表裏一体のものだった。肉体労働に支えられた社会とは、男性の有する暴力性の上に成り立つ社会でもあった。

身体を張ったストライキや、過激化するデモなどを見ればわかるように、暴力性は社会の安定にとって両刃の剣であった。そのため、支配者たちは暴力を独占し、市井の男性から暴力性を排除したかった。しかし、肉体労働が主流であった大家族や〈核家族〉の時代には、男性の暴力性を否定できなかった。

時代が下るにしたがって、世の中は平和になり暴力を嫌うようになった。たとえば、イギリスのオックスフォードにおける殺人事件の発生件数は、一四世紀には人口一〇万人あたり年間一一〇件だったが、二〇世紀半ばのロンドンでは人口一〇万人あたりの殺人は年間一件にも満たないとアメリカの心理学者スティーブン・ピンカーはいう。(26) 我が国でも殺人事件が減少している事情は変わらない。

豊かになった情報社会は、腕力を否定したほうが円滑にまわる。もはや男性たちも殴り合いの喧嘩をしなくなった。頭脳労働は暴力とは相容れない。過剰な男性性を排除したほうが、情報社会を円滑に機能させることができるようになった。暴力が希薄になった社会では、男性の家庭内暴力といった逸脱を、犯罪と扱っても社会的な安定は揺らぐことはない。家庭内暴力が、一般の傷害事件と同じように見られ始めた。

金槌は殺人の道具になり得るが、キーボードは殺人の道具にならない。コンピュータを内蔵した機械が肉体に代替してきたので、労働するために暴力をむき出しで行使しなくても良くなってきた。情報社会の幕開けは、肉体労働の価値をますます下げ、頭脳労働こそ優位なものだと認め始めた。女性は肉体的に非力かも知れないが、頭脳なら男性に勝るとも劣らない。女性は非力なままで、男女は社会的に等価になっていった。

国家や企業が肉体労働に多くを期待し、性別による役割分業の〈核家族〉に頼ろうとするなら、男性の労働力を大切にし女性の発言を重要視する必要はなかった。むしろ、女性に稼ぎを与えずに配偶者手当を増やしたほうが、〈核家族〉は一家をあげて企業に献身してくれる。

しかし、時代は脱性化し、女性個人の知的能力にも期待する方向へと変わった。食品工場の白衣や半導体工場の無菌室に象徴されるように、情報社会では汗臭いマッチョさより清潔なスマートさが必要である。そこで女性だけではなく、男性も暴力を否定することに同意した。

家庭内暴力の放置は、女性の否定につながりかねない。産む性である女性が非力であるがゆえに、女性労働力を無視してしまうと、人口の半分を占める女性の頭脳は死蔵されてしまう。家庭内暴力を放置すると、女性の労働力を社会化できない。それでは、情報社会化がとまってしまう。体力的に非力な女性の職業への要求と、国家の目的ははからずも一致した。家庭内暴力といえども立派な犯罪となった。

〈核家族〉から単家族へと変身をとげた西洋の先進諸国では、過剰な男性性をおさえるべく、家庭内暴力の摘発に乗りだした。それまで家庭内暴力で傷害が起きても、犯罪とは見なされていなかった。そのため、犯罪統計に計上されていなかった。[27] しかし、今後は家庭内暴力＝ＤＶとして、犯罪統計に明示されるようになった。

アメリカでは一九八〇年（昭和五五）代から、家庭内暴力を摘発する動きがはじまった。[28] 妻に暴力を振るうと、たちまちパトカーがやってくるようになった。我が国でも、二〇〇〇年（平成一二）に

「児童虐待の防止等に関する法律」に引き続き、二〇〇一年（平成一三）に「配偶者からの暴力の防止及び被害者の保護に関する法律」が施行された。

今では肉体的な腕力を振るう人間を、高級な人間とは男性たちが考えない。屈強な肉体ではなく、優秀な頭脳こそ重要だと男性たちが考えている。頭脳労働に従事する人間の給料は、肉体労働者の給料よりはるかに高い。頭脳の優秀さに性別は関係ない。非力な女性でも、優秀な頭脳を持っていることがある。力強い男性性の象徴だった暴力を否定したほうが、生産性が上がって円滑に動く社会になった。頭脳労働が優位に立つ社会が、きわめて破壊的であることは後述する。

工業社会の物つくりが得意な我が国は、物つくりに適した〈核家族〉制度を温存したい。政府は〈核家族〉を壊してまで、単家族化をすすめたくないのが本音であろう。しかし、情報社会化はすすんでいる。女性の発言権を認めないと、世界の孤児となって貧乏になりかねない。我が国も渋々ながら家庭内暴力の摘発に乗りだした。

第10節 〈核家族〉は暴露された

大家族の時代、誰もが農業従事者だった。そのため誰もが豊富な経験に富む高齢者のありがたさを知っていた。年齢秩序については、「年齢秩序の崩壊」で詳述するが、高齢者が優れているという、年齢秩序が社会を支配していた。

伝統的社会では子供より親や祖父母のほうが知的にも優位だった。そのため、たとえ祖父母や父母が横暴でも、子供や孫はそれを甘受せざるを得なかった。あらためて報恩思想を説かなくても、全員が年齢秩序にしたがって生きていた。

人間は新たなものを理解するのが下手だ。慣れ親しんだもののほうがわかりやすい。〈核家族〉の時代まで、妻への暴力だけが放置されたのではない。知力・体力に勝る親が子供を殴るのは、躾といって当たり前だった。口で言ってわからなければ、腕力で知らしめるのが当時の親の教育だった。だから、最初のうちは家庭内の暴力を、否定すべき暴力とみることには懐疑的だった。

警察庁の発表によれば、二〇〇六年（平成一八）の配偶者からの暴力について、一万八二三六件の相談が寄せられている。しかし、かつても家庭のなかに暴力がなかったわけではない。妻を殴る夫もいたし、子供に手を上げる親は多かった。暴力が振るわれる例は、現在よりもはるかに多かった。

大人たちは必死に隠そうとするが、親による子供虐待はきわめて多かった。間引きからはじまり、子捨て、妊娠中絶と、大人が子供の命を奪った。大人による子供への虐待は枚挙にいとまがない。高度経済成長前までは、女の子に対してはともかく、親に殴られなかった男の子の方が少なかっただろう。

親が子供を殴ることは躾として認められていたから、子供たちは反抗できなかった。反抗すれば、家から締め出しを食ったり、よりいっそう殴られるのがオチだった。〈核家族〉が全盛だった時代には、親による暴力は犯罪とされていなかったから、犯罪統計にも上がってこなかった。殺された子供たちは、親の残虐な不正を訴えることができないから、親の蛮行が知れわたらなかった。

工業社会になると、経験の価値が低下し年齢秩序がくずれはじめた。そのため、高齢者の地位が下がりはじめた。工業社会化が始まった明治から戦前までは、大家族の農業的基盤がくずれ始めながら、いまだ社会保障制度が未整備だった。そのため、働き終わった老人の社会的な受け皿がないので、ここで大家族の序列が崩壊しては困る。〈核家族〉が老人を養ってくれなければ、老人が路頭に迷ってしまう。

農業が主な産業の時代なら、改めて親孝行を説かなくても誰でもが親孝行した。しかし、工業社会では老人の知恵が無用になりつつあったから、報恩思想も見捨てられようとしていた。そこで〈核家族〉の普及とともに、育ててもらったことを親に感謝するようにと、親孝行という報恩の思想を刷りこむ必要がでてきた。報恩思想は工業社会になってからのほうが強調されるようになった。

跡継ぎでもない子供に、教育をあたえ育ててやった〈核家族〉の時代。子供は経済的には何の見返りももたらさない。躾と称して親が子供に手を挙げることは許せても、子供が親に反抗することは絶対にあってはならなかった。高齢者が優位に立つ位置にいるべきだ。高齢者が偉いという大家族時代の名残を、親たちは吹っ切れなかった。どんな人の命も重さは同じだというのに、尊属殺人を特別に重くして子供の反抗を防止した。

高度経済成長も過ぎて、新たな発想＝産業を開拓する必要が高まった。高齢者の知恵に頼っていては、新しい産業は生まれない。そのため、年齢秩序に頼る必要性も下がってきた。そこで一九九五年（平成七）になって、法のもとの平等の要請から、尊属殺人罪関連の条項を削除した。しかし、子供が親を殺すのを見て、大人たちは我に返った。

親が子供を殴ることは許す。間引きや妊娠中絶など、親が子供を殺すことも大目にみよう。しかし、子供による親殺しは、絶対に許さない。マスコミは子供たちの反乱に驚愕した。エリオット・レイトンは『親を殺した子供たち』で次のようにいう。

いかなるかたちの殺人も、現代社会ではその絶対数は少ない。どこの国をみても殺人による死亡率は、職業病、戦争、革命による死亡率にくらべればごくわずかなものだ。子供による肉親殺しは、さらに数がかぎられる。しかし、ここ数十年のあいだ、そうした事件は世界じゅうで目立っており、検死報告は中流階級の家庭をむしばむ病巣をあらわにしている。秩序の崩壊を背景に、子供たちは発砲し、火をつけ、ナイフを使い、殴打し、爆弾をしかけ、押しつぶし、毒を盛り、窒息させ……などといった手段で、両親、兄弟姉妹、あるいは祖父母、おじ、おばなどを殺害する。(29)

少数ながら現代の子供たちも、肉親殺しという最大のタブーを犯す。大人たちにはその動機が不可解であり、それが人々の動揺をいっそう深める。親殺しとは年齢秩序を転倒させることである。親から子へと長い間続いてきた、世代送りという文化の伝承を逆転させることだ。だから、年齢秩序が支配する社会では、親殺し事件が起きるとどう対処して良いかわからなくなる。

親を殺す子供だって、殺す直前まではふつうの子供である。彼（女）たちは、精神異常でも何でもない。子供による親殺しは新旧価値観の対立であり、子供の自立の現れを抑圧する親への反抗である。大人たちは子供を殴る親は理解できても、新たな子供を理解できない。多くの場合、問題は親のほうにあったというのに、親を殺さざるを得なくなるまで追い込まれた子供に味方せず、殺された親に同情して子供たちを非難する。

〈核家族〉の時代まで、犯罪は貧困が生むといわれた。しかし、先進国では絶対的な貧困がなくなり、喰うには困らなくなった。そこに残るのは相対的な貧困である。つまり、より裕福な家庭と、より裕福ではない家庭の違いが残るだけである。大人たちは少年犯罪の凶悪化というが、実際の話では我が国の少年犯罪は激減している。むしろ老人の犯罪が激増していることは後述する。

家庭内暴力に手を染めるのは、男性や子供とは限らない。一九八八年（昭和六三）には、西巣鴨で母親が子供四人を家庭に置きざりにして、男に走った事件があった。妻と子供をおいて出た男性と同様に、女性も自分の人生を追求する権利があるというのに、子供を捨てたこの女性は、マスコミから厳しい批判を浴びた。この事件は是枝裕和監督による映画「誰も知らない」のモデルにもなった。

しかし、子供を殺してしまえば事情は違う。二〇〇四年（平成一六）には、横浜で四一歳の女性が、一三歳の男の子を含む三人の子供を殺して、自殺を図った事件があった。「母親は子供を愛し、子供たちもその愛情にこたえた。だが、母親は事実上、親としての義務を果たせなかった」と、新聞の記事は全体的にとても同情的である。(30)

子供を捨てて男に走る、つまり子供を生かしておくよりも、子供を殺すほうに同情が集まる。子供を殺せばマスコミから同情が集まるのは、子供の命を軽視しており、人間への価値観が転倒しているとしか言いようがない。

我が国では最近でこそ人身売買はなくなった。いまや親が子供を売ることはあり得ない。しかし、かつては親が子供を売った。苦界への人身売買がまかり通っていた。(31)子を売った親を責めるより、貧困が悪いといわれ売った親への同情が集まった。

子供を売ることは、貧しかった時代に生きる術として、仕方のない必要悪だったかもしれない。子供を売れば、親子共に生き延びることはできた。間引きをしないと大人の生命だけではなく、人間という種が存続できなかった。大人たちは子供に謝りつつ、子供を間引いて殺してきた。

本書は時代に生きる親や子供という個人の行動を非難はしない。犠牲者を生み出してしまう制度を批判している。そして、大家族や〈核家族〉という制度を復活・維持させようとする動きを、時代錯誤だと言っているにすぎない。

いまや男女は対になる必要がなくなったので、〈核家族〉の内部を暴露しても問題はない。もはや対なる男女を、セットで保護する必要はない。単家族の萌芽が見えはじめたので、家庭内での暴力を否定しても、家族は維持できるようになった。

第11節　子供の意味の変化　その一

大家族の時代には、土地所有者の承諾を受けた結婚、つまり家の跡継ぎとなる場合でなければ、なかなか結婚できなかった。たとえば、一八六六年（慶応二）頃の兵庫県大山宮村をみると、八九軒の非耕作農家があり、そのうち四三軒が一人世帯だった[32]。

非耕作農家とは土地をもたず、他家の農作業の手伝いなどをしていた水飲み百姓のことである。水飲み百姓四三軒のうち三二軒が一六〜六〇歳だったというから、いかに結婚できない人が多かったかわかるだろう。最近の識者は、家族のあり方が多様化するというが、江戸末期のほうがはるかに家族は多様だったことは前述した。

大家族時代の子供の話である。〈総領の一五は貧乏の峠、末子の一五は栄華の峠〉といわれたように、子供の労働力の多寡が、一家の経済状態に大きな影響を与えた。子供が小さいうちは養育するのは大変だが、成長すると働き者として大いに親の役に立つというのだ。農耕機械がなかった時代、労働力として子供が不可欠だったから、大家族では子供をたくさん生んだ。そして、育ち上がった子供は豊かさをもたらしてくれた。

農業から工業に転じても、しばらくの間は子供は労働力のままだった。初期の工業社会では、子供は労働力と見なされていた。たとえば、小説家の池波正太郎は、一二歳で小学校を卒業すると、直ちに奉公に出て働き始めている。池波正太郎に限らず、戦前は一二歳で尋常小学校を卒業すると、丁稚奉公に出て働き始める子供が多かった。

我が国よりも工業化が先行したヨーロッパに目を転じても、子供が労働力だった事情は変わらなかった。ディケンズが書いた小説『オリバー・ツイスト』などでもわかるように、むしろ子供の労働環境が過酷すぎて社会問題とさえなった。フランスでは一八四一年に八歳以下の子供は工場で労働させることを禁止する法律ができている。また、イギリスでは一八四二年に炭鉱労働に従事させる子供の年齢を一〇歳以上とする法律が制定されている(33)。

我が国では西洋諸国から遅れること一〇〇年、一九四七年(昭和二二)になってから法律によって、一五歳以下の児童の労働が禁止された。大家族時代のように、子供を労働力の対象としてみたら、現代では児童福祉に反すると大批判を浴びるだろう。つまり、今日の家庭では子供の仕事はないし、子供を働かせてはいけない。今日の我が国では子供に仕事をさせるのは、子供のためになされる躾だけである。

しかし、世界を見渡すと、子供が重要な労働力として働いている地域は今でも多い。発展途上国にあっては、子供は小さな大人である。アジアを歩くと、子供の働く姿がどこでも目に入る。子供は働いて親とともに家族を支えている。国連の調査によると、一億六八〇〇万人が児童労働を行っている

という。(34)

途上国では社会保障が未整備であることも手伝って、大家族でなければ多くの人が生きていけない。たとえば一人暮らしで乞食をすると厳しい生活を強いられるが、子供を使って物乞いをさせると裕福（？）になる。つまり乞食の家族も、子供の多い方が収入が多く稼ぎが安定する。こうした地域は、いずれも農業が主な産業か初期の工業社会であり、大家族が支配的な家族形態である。

我が国の農村地域でも、戦後になってさえ農繁期には小学校が休校になって、子供を含めた一家総出で野良仕事に精をだした。当時は子供は食べさせさえすれば良い、無償の労働力だった。かつては広い土地さえあれば、たくさんの子供をもつことは、家にとって大きな利益があった。まさに子供は子宝だったのである。

第12節　子供の意味の変化　その二

〈核家族〉の時代になると、生活が土地所有から切り離されて、収入が個人化して裕福になったと前述した。その結果、国民の九〇パーセント以上が結婚できるようになった。一九六五年（昭和四〇）の国勢調査によれば、五〇歳の女性の既婚率は九八パーセントに達した。

工業生産が向上した高度経済成長以後は、繁殖期にある全員が結婚するようになり、大家族に代わって小型の〈核家族〉がたくさん生まれた。個々の〈核家族〉は小さくとも、それぞれの〈核家族〉が二～三人の子供をもった。

国民のほぼ全員が結婚するようになり、家族数が増加していたため、結果として人口が増加していた。だから少子化は目立たなかった。しかし、一人の女性が子供を産む数＝特殊合計出生率は、終戦直後から急激に低下してきた。そして、家族の人数はますます小型化し始めていた。

生産手段たる土地を持たない〈核家族〉では、家の中では労働をする場所がない。労働する場所がないのだから、もちろん子供という労働力は不要である。子供が〈核家族〉に対して、経済的に貢献することはない。子供をもてば持つほど、経済的な負担が増える。子供をもつメリットは、精神的なものを除いて何もない。もはや子供は子宝＝労働力ではない。

一人の女性が一生のあいだに子供を産むことを示す合計特殊出生率の低下と、農業従事者の減少は同じように進んだ。終戦直後こそ先に出生率が急減するが、その後はほとんど一致した右下がりのカーブを示している。

既婚女性の出生数は、一九八〇年（昭和五五）頃から二人前後で変わらずに推移している。戦後の我が国では、未婚で出産すると有形無形の社会的な批難を被るので、未婚女性の出産は極めて少なかった。だから、合計特殊出生率の低下した原因は、結婚しない女性の増加だと思われる。

合計特殊出生率と農業従事者

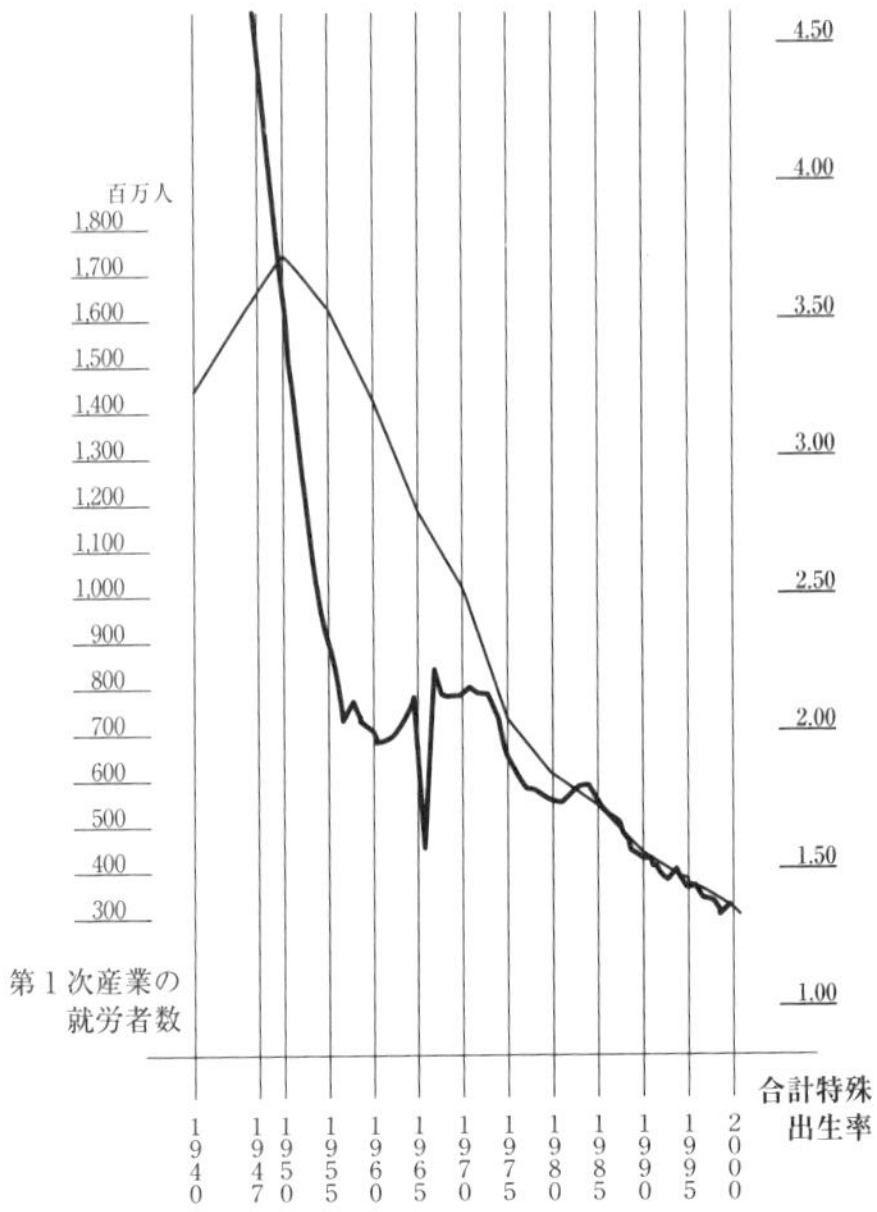

資料：国税調査＆人口動態統計

子供の減少の原因は、つまり結婚の忌避ということになる。

〈核家族〉が普及しはじめた頃は、まだ手軽で確実な避妊が普及していなかった。国立社会保障・人口問題研究所の調査によれば、一九五〇年（昭和二五）には、一度も避妊を実行していないという回答が、六五パーセントにのぼっていた。[35] 避妊が普及していなかったことも手伝って、まだ合計特殊出生率は高かった。

戦前には堕胎罪がきびしく運用され、産児調節運動が弾圧されたりした。[36] しかし、戦後になると、一九四八年（昭和二三）には優生保護法が成立し、一九五二年（昭和二七）には厚生省が「受胎調節普及実施要領」を発表した。

一九五四年（昭和二九）には、マーガレット・サンガーの指導により日本家族計画連盟が発足し、家族計画という避妊運動がはじまった。コンドームなどの避妊具を持った指導員が、全国をまわって避妊の手助けをした。これにより、手軽で確実な避妊が広く普及したので、セックスをしても子供の誕生に結びつかなくなった。また、経済的な理由による人工妊娠中絶が許されたので、妊娠が出産に結びつくことが減った。

農業に適した大家族が主流だったら、家族計画は成功しなかっただろう。現代でもインドなどの農業国では、産児制限が普及しにくい。しかし、我が国では工業化が進んでいたので、〈核家族〉が普及しはじめていた。跡継ぎが不要な〈核家族〉では、家族計画が待たれていた。〈核家族〉という家族制度のもとでは、子供が減るのは必然的な成り行きだった。

個人や〈核家族〉にとっては子供は不要でも、社会や国家にとっては次世代が必要である。一九六九年（昭和四四）になると、政府の人口問題審議会が、出生力を回復させることが必要だとする中間答申を出した。[37] しかし、子供を不要とする〈核家族〉化が進行していたので、出生率の低下は止まらなかった。

大家族と〈核家族〉では、子供の意味がまったく違う。合計特殊出生率は低下を続けていたが、総人口が増加していた時には、子供の意味などに関心を払わなくてもすんだ。子供は自動的に生まれてくる、と思われていた。この時代には、むしろ増えすぎる子供を何とかしなければ、とすら考えられていた。

第13節　男性は子育てを免除された

今日、子育てにかかわるのは、圧倒的に女性である。専業主婦であればもちろん職業を持っている女性であっても、男性よりも子育てにはるかに深くかかわっている。そうした風潮が少子化を招いているとして、厚生労働省はイクメン・プロジェクト[38]を展開して、男性の子育て参加を呼びかけている。

大家族では子供の教育は、父親つまり男性が責任者だったと前述した。大家族の時代から、〈核家族〉の時代になって、子供の躾や教育は女性の担当になってしまった。子供を産むことこそ女性にしかできないが、歴史的には子供の教育は男性の役割だった。なぜ、男性が子育てから身を引いてしまったのだろうか。それは〈核家族〉が誕生した歴史を見れば、簡単に理解できる。

今日のようにデスク・ワークといった頭脳労働は存在せずに、肉体労働が主流だった時代に〈核家族〉は誕生した。職場は体力に秀でた男性だけを求めた。そのため、男性だけが収入の道を確保できたが、女性は無収入のままに置かれた。女性が無収入のままでは生きていけないから、職場で収入を得るようになった男性に女性を娶らせた。

戦前はもちろん高度経済成長以前には、世の中には家電製品など存在せず、家事はすべて人力で消化しなければならなかった。日中、男性は職場に出てしまっている以上、自分の身のまわりの仕事、つまり自分の着ているものの繕い、洗濯から、食事の用意まで自分ですることは難しかった。男性は自分の職場労働を支えてくれる人つまり家政婦が欲しかった。しかも、この家政婦が夜の相手もしてくれれば、家政婦に報酬を支払わなくても済む。これが〈核家族〉の起源である。

高度経済成長期まで、ご飯を炊くにしても薪だったし、衣類も繕って着なければならず、それこそ家事労働は山のようにあった。こうした家事労働は充分に一人前の仕事量であった。時とすると一人前以上になることもしばしばあり、裕福な家では家事労働者として、女中や乳母を雇うことさえあった。

〈核家族〉が誕生した当時は、男性の職場労働と女性の家事労働は、その量において釣り合っていた。そのため、男性は稼いでくれれば良く、家事は女性が担うのがルールとして定着した。家事労働は男性の分担ではなかったから、子供が産まれれば、育児は当然のこととして女性の仕事になった。性別によって役割分担がなされたのは、男性にとっても女性にとっても都合が良かった。女性自身も悪女と呼ばれることを嫌い、良妻賢母を良しとして結婚していった。

生産組織であれば、どんな組織でも後継者が必要である。現在でも会社、とくに中小企業では後継者を確保するのが難しくなっている。後継者がいないと、会社という組織自体が存続できない。しかし、〈核家族〉は生産組織ではないから、継続性が内部化されておらず、大家族と違って後継者がいなくても困りはしない。

〈核家族〉は後継者不要だったから、初めから後継者たる子供は不要だった。不要となった子供の意味は後述するが、男性は稼ぎさえすれば良く、初めから不要な後継者の教育からは解放されていた。だいたい〈核家族〉ではどんな成人へと育てたら良いか、目指すべき〈核家族〉の人間像がなかった。そのため、ごく基本的な躾以外には、家庭で行う教育がなかった。

〈核家族〉では男性は子供の教育に主たる責任を持たずにすむようになった。〈核家族〉はその成立からして、稼ぐことのできない女性の救済組織だった。だから、男性は稼ぐことによって妻という女性を養いさえすればよく、子育ては女性の役割として子育てから免除されていたのである。

職場での肉体労働が主な時代であれば、性別による役割分担は上手く機能した。しかし、肉体労働から頭脳労働へと価値が移動し、非力な女性でも男性以上に職場労働ができるようになった。と同時に、家電製品や加工食品の普及によって、家事労働の仕事量が圧倒的に減ってしまった。家事労働はもはや一人前の仕事量とは呼べない。ここで女性を家庭に縛り付けていた桎梏がほどけた。「アイ・ラブ・ルーシー」の家庭が、家電製品であふれていたのはけっして偶然ではない。

サラリーマンは自分の身体以外に稼ぐ術がない。〈核家族〉の男性は、自分で商売をしているわけでもないし、農業を営んでいるわけでもない。会社でどんなに高い地位にいても、その地位を子供に譲ることができるわけではない。男性たちには子供に継がせるべき財産もないし、維持しなければならない家業もない。

男性たちは子作りにこそ精を出したかも知れないが、後継者が不要だったからこそ、子育てにかかわらなくてもよかった。〈核家族〉の支配する社会では、武士や農民と違って目指すべき男性像はなかった。だから、妻子を経済的に養ってさえいれば、自責の念に襲われることはなかった。

妻に産ませた子供を専業主婦である妻が育ててくれる。妻の家事労働に感謝して、職場労働に邁進すれば良かった。妻のほうも夫が稼いでくれることに感謝していたから、子育てを引き受けて、給料袋を神棚に上げて感謝の気持ちを表したりした。

工場労働のブルーカラーからオフィス労働が普及しデスク・ワークが増えたとはいえ、男性たちの働き方は変わっていない。日中の気力・体力の充実した時間を、サラリーマンたちは職場に拘束されたままだ。それに対して、女性の家事労働は大きく変わった。余暇時間が大きく増えた専業主婦は、三食昼寝付きと揶揄されるようになった。

現在、少子化を憂いているのは、〈核家族〉の構成員自身ではない。現在では老後には年金もあるし、わずかながら蓄えもある。大家族では子供が老後の面倒を見るのが当然だったが、〈核家族〉では子供に老後の面倒をかけないのが良き老人である。子供に老後の面倒を見てもらうのを期待するのは、タブーにさえなっている。

若者たちは子供の存在意義が変わったことを知っている。経済的な意味では、家族にとって子供はもはや不要である。子供は親にとって宝＝労働力ではない。若者たちも〈核家族〉は性別役割分業が原則で、男性が子育てを免除されてきたことを知っている。今後に期待される大人像が希薄になっている。そんななかで、子育ての困難さが強調されればされるほど、若者たちは子育てから遠ざかっていく。

少子化を嘆き少子化しては困ると、子供を増やす対策を講じているのは、企業であり政府である。両者は生産組織とその支援部隊だから、後継者＝労働者が不可欠だと考えている。だから、労働力として子供を欲しがる。しかし、〈核家族〉の構成員たちは年金が減るのを嫌ってはいるが、子供の厄介になることは悪いことだと思っている。そのため、社会的には少子化を困ったことだと知っていても、自分のこととして少子化対策に取り組もうとはしない。

第14節 〈核家族〉の変身

頭脳が優秀であれば、職場は男女を問わない。賢い奴であれば男女不問。これが情報社会の雇用基準になった。(39) アメリカなどの先進国では、エプロンを捨てた女性の職場進出が続いた。一九七九年(昭和五四)に公開された映画「クレイマー、クレイマー」でもわかるように、学生など未婚の若い女性ではなく、家庭にいた主婦が職場へと進出したことに注目して欲しい。

肉体的な屈強さは、情報社会の仕事を遂行するうえで何の役にも立たない。屈強な男性よりも非力な賢い女性を採用したほうが有利である。「クレイマー、クレイマー」の主人公ジョアンナが、離婚後には元夫より高給を稼いでいるのは象徴的である。出産のために休暇を与えても、男性より優秀な女性を採用したほうが企業の利益になる。頭脳の優秀さこそ収益向上の鍵である。

アメリカでは一九八〇年(昭和五五)代には、働く女性の権利保護のために、育児休暇などを考えていた。しかし、一九九〇年(昭和六五)代に入ると、優秀な人材確保が会社の利益になると考えるようになった。優秀な女性の採用は女性のためではない。会社のためである。アメリカの企業は、早くからそれに気がついていた。

一九七〇年(昭和四五)当時、はやくもアメリカの経営者は、次のように考えていた。マーガレット・ヘニッグとアン・ジャーディムという二人の女性学者が、『キャリア・ウーマン』で書いている。

企業の指導者の大部分は、法的な機会均等がいまやほとんどの企業に存在すると信じている。まさにその通りである。空いているすべての地位には、もっとも適格なひとが選ばれるべきだと、企業の指導者のほとんどが率直に信じている。このような方策を、おおっぴらに、または積極的に否定する社内の個人やグループに対しては、彼らは懲罰的な態度をとるだろう。完全な雇用機会の均等とは、空席になっている仕事に対しては、適格なひとはだれでも応募でき、採用決定にあたって考慮されなければならない、という意味である。

女性と少数派（企業のあらゆる部外者）が直面している重要な問題とは、もはや、法律に基づく雇用の機会均等が存在しないということではなく、それを利用できる平等な能力が取得されていない点である。[40]

職業をもって収入を得た女性は、性別による役割分担を解消できるようになった。女性はもはや男性の補助者ではない。女性も男性と同じように稼げる。女性は自力で自活できる。女性は自分で自分の口を糊することができる。女性は家庭にとどまる必要はなくなった。ここで一対の男女が、〈核家族〉として結合する経済的な必要性を失った。

男性から、誰に喰わしてもらっているのだとは、もはや言われない。稼いでいるのは俺だと恩着せがましく、男性から感謝を要求されない。生活のために結婚させられて、好きでもない男性のパンツを洗わなくても良い。自分の食い扶持さえ稼いでいれば、女性は一人で生きていける。

女性が結婚すれば、自分の下着に加えて夫の下着まで洗濯しなければならなくなる。優しい男性は家事を手伝ってくれるかも知れないが、あくまでも手伝いに過ぎず、主な家事の担い手は女性である。結婚前には自分の分の家事だけをやっていれば良かったが、結婚すれば確実に女性の家事量は増える。

今まで女性は結婚しないと生活ができなかった。しかし、もはや経済的な庇護とひきかえに、女性は男性の所有下に入らなくても良い。無給のセックス付き家政婦から脱出できる。結婚することが経済的な意味を失った。

妊娠してしまうと、女性は労働力が落ちる。出産すればしばらくは休養が必要で、ただちには職場労働に復帰できない。妊娠・出産は女性の行動力を大きく制限する。しかし、女性は妊娠さえしなければ、男性と同じように働ける。

女性は若いときに専業主婦をやってしまうと、高齢化してから貧しさに置かれることが多い。我が国の貧困統計のホームページによると、女性は五〇～五九歳から急激に貧困率が増加し、七〇歳以上では二〇パーセンを超える数値が続く。そして、七五歳を超えると、二五パーセントが貧困となり、四人に一人が貧困に陥る。

二〇一二年（平成二四）の六五歳以上の単身男性の貧困率は二九・三パーセントだが、単身女性の貧困率は四四・六パーセントに達する。また中年期でも、女性の貧困率は男性よりも高く、三五～三九歳からは常に女性の方が男性よりも高い貧困率となる数字が示されている。(41)〈核家族〉は女性を貧しさに閉じ込めるものだった。

結婚を強制され、夫の子供を産まなくても、女性が生きていける時代がきた。初期の工業社会は個人化を徹底できなかったが、肉体労働から頭脳労働への転換によって、男女を対とする必然性を失った。男女をそれぞれ無性の個人として扱えば、社会は維持できる時代になった。

我が国の男女の賃金は、長いあいだ男性のほうが高かった。しかし、日本の男女の賃金格差も転換点を迎えつつある。日経新聞は次のように伝えている。

総務省がまとめた二〇〇九年の全国消費実態調査によると、勤労者世帯の収入から税金などを支払った後の手取り収入である可処分所得は、三〇歳未満の単身世帯の女性が二一万八一五六円となった。この調査は五年ごとに実施しており、前回の二〇〇四年に比べて一一・四パーセント増加した。同じ単身世帯の若年男性は二一万五五一五円で、二〇〇四年と比べ七・〇パーセント減少。調査を開始した一九六九年以降、初めて男女の可処分所得が逆転した。(42)

大卒の初任給の男女差もこの五年間で縮小している。男性の就職する製造業の賃金が下がっており、女性好みのサービス業が賃金を上げている。だから男女の賃金が逆転した。しかし、結婚したい女性もいる。三〇歳以上の女性は、結婚や出産で仕事を辞める例が多い。そのため、男女の賃金差は年齢が上がるに従って開いていく。しかし、子供を産みさえしなければ、女性は男性以上の高賃金を稼げる可能性が大きい。

我が国でも、敗戦によって家督相続は廃止されていた。新憲法のもとでは、女性も自分の名前で契約できるし、財産の所有者にもなれる。足りなかったのは、女性固有の収入だけだった。だから、職業を手にしさえすれば、女性はもはや経済的弱者ではなかった。情報社会の入り口で、女性は自由を手に入れようとしている。

第15節　子供の自立を目指して

女性が経済的に自立すれば個人として社会に晒されるから、母親という役割だけを演じ続けることはできない。女性も一人の〈個人〉へと還元されていく。女性の本質とまでいわれた、妊娠・出産力、また母性や母性愛が色あせて、働き手としての能力を問われていくのも、また当然である。

女性も子供や子育てを生きる目的にするのではなく、男性と同様に自分自身の人生を生きるようになった。それでも〈核家族〉をつくれという社会の圧力は残っている。そのため、結婚の忌避により出産数が減るなかで、子育てを放棄する女性や、自分の人生に邪魔になった子供を虐待する母親が登場しはじめた(43)。

〈核家族〉では成人男性と女性が、父親役と母親役をつとめた。だから、未成年者は子供役を演じた。両親が親の役をおりれば、子供も子供の役を演じる必要はない。子供は未成年者であっても、もはや両親の子供ではなく、一人の独立した個人である。子供も漂流を始めた。

大人は愛情が冷めても役割を演じて、経済的な必要性でつながり得たが、しかし、子供はそうはいかなかった。夫婦間の強い信頼や、愛情表現を受けずに育った子供は、男女の愛情の何であるかがわからなかった。

時とすると、夫婦が同居したまま、お父さんのようにはなるなとか、お母さんのようになるな、と囁かれさえした。そんな環境では、子供は愛情の何たるかを知ることはできない。巷間いわれる家庭内離婚という言葉が、我が国の〈核家族〉の真実だったのかも知れない。

子供も建前では、親は子供を愛するものだと知っている。しかし、不仲の親からは愛情を感じることはできない。配偶者を愛せない自分の親が、子供を愛しているとはとても信じられない。愛情表現ができるのも、親たちによる愛情教育の結果である。両親間の愛情を知らないで育った子供は、異性への愛情表現ができない。その結果、情報社会の人間関係をつくる心がもてない。

両親という男女が、稼ぐ者と家事労働者という役割を果たす存在になってしまい、互いに愛情表現をしなくなり、男女のつよい精神的な結合力を子供に見せなかった。そのため、子供はセックスへの意味づけを知らないまま育ち、持続的な男女関係を作るのが難しくなった。また、独りよがりで暴力的なセックスをするか、もしくは異性に興味が薄く、結婚を忌避しはじめた。もしくは結婚しても、セックスレスになりやすかった。(44)

二〇一五年(平成二七)の(社)日本家族計画協会の調査によると、性交経験率が五〇パーセントを超えるのは、男性で二九歳であり女性で二八歳であるという。(45)つまり三〇歳近くになるまで、男女とも半分が童貞であり処女である。一五でねえやは嫁に行った大家族の時代とは隔世の感がある。

セックス開始の低年齢化ともいわれるが、実際の話は若者はセックス離れして、三〇歳でも童貞や処女だという例も多い。セックスを経験するのは高齢化している。年々低くなっているとも報告されている。ちなみに大家族の支配する途上国では、セックスを始める年齢は今でも一二~一五歳と変わっていない。

家族の役割を果たせば、生きていける〈核家族〉の枠組みは、情報社会化によって雲散霧消した。役割を演じる必要性のないここでは、個人が生の形で露出し、全員が横並びとならざるを得ない。はやくも一九八三年(昭和五八)には、森田芳光が映画「家族ゲーム」を撮って、全員が横並びのテーブルで食事をする〈核家族〉を描いている。

〈核家族〉では父親は稼げばよかった。母親は子育てをすればよかった。各人が果たすべき役割からの適不適で、生き方の正否が計れた〈核家族〉の時代から、個人が個人のままで存在する単家族の時代へと時代は転換している。家族の全員が等価で横並びになっているが、親たちには子供が自分たちと等価であることがわからない。

コンピュータの扱いにかけては、ハードについてもソフトについても、子供のほうが熟達している。秋葉原には高校生がたくさん来る。子供といえども、高校生くらいになれば、コンピュータをあつかって稼ぎうる。インターネットのなかにはお金を稼ぐ芽がたくさんある。

未成年者がお金を稼ぐことは、アルバイトを除いては、表だって語られない。しかし、インターネットは誰にでも平等に開かれている。未成年者といえどもプログラムのコードが書ければ、いまや経済力をもつことができる。コードの書ける高校生は時給二五〇〇円以上も稼ぎ、パートの主婦などよりはるかに高給なバイトにありついている。未成年者が大人と同等以上に稼げる。ここで家族の構成員が、それぞれの役割を演じる必然性はなくなってしまった。

情報社会では母親も稼いでいる。すべての成人が職業人である。稼ぐ父親の役割を強調しようにも、稼ぐ役割には男性専用だという特別の意味がない。もはや男性が一家の大黒柱とは限らない。そこでは、父親とか母親とかといった、役割に頼って人間関係をつくることはできない。親和力のない情報社会の家族では、ただ他者を愛する心だけが各人の人間関係をつなぐのである。

豊かな社会では不充分ながらも社会保障が整ったので、大家族の時代のような飢餓の恐れはない。貧富の格差や富の偏在はあっても、飢餓におそわれて餓死する人はもういない。店には商品があふれている。物資の欠乏は昔日の話になった。生活を維持するための収入は必要だが、人間のつながりに経済的な支えの必要性はきわめて低くなった。

純粋な精神性だけが、人間関係をつくり維持する。心によってつながるのが単家族である。とりわけ子供に対しては、大人同士の愛情表現を知らせなければならない。愛情だけが本当の家族関係をつなぐ。情報社会は純粋な愛情の時代である。

〈核家族〉のように、各個人が家族の一員としての役割を果たせば、家族が維持できる時代は終わっている。血縁のつながった人間の集団を家族とするのではなく、精神性のつながった人間を家族とみなす。それが認識できれば、〈核家族〉の崩壊は決して暗い悲劇ではない。

第16節　単家族への移行

いまから六〇年前の一九五七年（昭和三二）に、生態学者であり民俗学者でもある梅棹忠夫は『婦人公論』の五月号に「女と文明：家族の解体」を書いて、次のように言っている。

ひとつの台所に、ふたりの主婦がはいれなかったように、ひとつの家庭にふたりの主権者ははいることはできない。主権者はつねに、ただひとりでなければならない。すると、家庭というものは、男と女との、主権あらそいの場になってしまうが、どうだろうか。わたしは、やはりそうなるほかないとおもう。そして、そのあらそいをさけようとするなら、人間は、もはやこのほこるべき伝統にかがやく一夫一妻的家族を解消するほかない。完全な男女同権へのつよい傾向は、必然的にわたしたちをそこへみちびいてゆくであろう。

〈中略〉男を主権者として、それに子供を配する男家族と、女を主権者として、それに子供を配する女家族とが、ときに応じていろいろなくみあわせによって臨時の結合をする、というようなことにでもなるのだろうか、わたしにもよくわからない。(46)

家族の存在意義は、まず何よりも自分が生きるという個体維持の場である。ホームレスであっても定住の地を求めるように、人は自分が生きるために温かい住み処を作ろうとする。家族の誕生は、成人男女の結婚によって始まるのではない。子供の誕生によって始まると前述した。今でも男女の同居はあるが、男女の同居や結婚は、単家族の二世帯同居が始まったにすぎない。

大家族の時代には産まれた子供の半分が二〇歳の成人前に死んだという。豊かな社会になって乳幼児死亡率が低下し、誕生した生命のほぼ一〇〇パーセントが成人できるようになった。(47) いまや生命を保つこと＝個体維持は、おおむね達成された。ほぼ全員が天寿をまっとうできる。成人たちは自分の生命の心配をしなくてもすむようになった。

誰でもが個人で稼ぐことが可能になると、生命を生きながらえることは、男性も女性も自分だけでできるようになった。女性にも男性と同じ職業があるから、女性は男性に養ってもらわなくても自力で生きていける。〈核家族〉という女性保護の家族制度は、もはや不要である。

慧眼なる梅棹忠夫は、私にもよくわからないと言いながら、男性主権者＋子供と女性主権者＋子供というユニットが、家族の単位になると予測していた。一九五七年（昭和三二）は高度経済成長期に入ったばかりで、工業社会が花開き〈核家族〉化が進行中だった。そのため梅棹忠夫の予測は予測に

時代や産業の変化とともに、家族の形は下記のように変わってきた

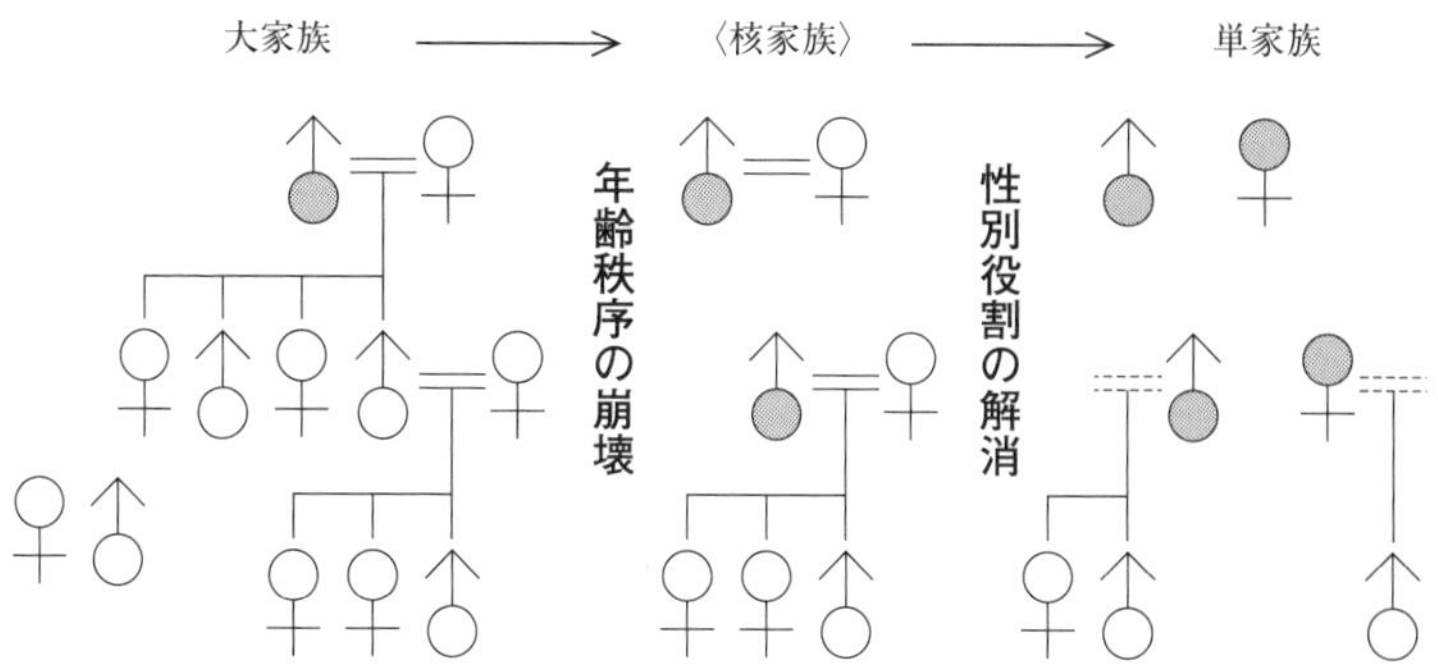

過ぎなかった。しかし、男女同権化への障害＝工業社会が変化してきたので、梅棹忠夫のいう家族形態になりつつある。それはまさに本書が言う単家族にほかならない。

しかし、この時代になっても、小さな子供は絶対的に保護が必要である。家族は自分の生命を維持する場である。と同時に、人間という種を保存する装置であるから、どんな時代になっても、子供への保護の必要性がなくなることはない。豊かな社会になって子供は子宝ではなくなったが、今やっと、自分の身体・生命の維持と同じ次元で、種の保存に対面している。〈核家族〉の時代までは性欲は本能だから、人間は放っておいてもセックスをし妊娠すると考えられてきた。しかし、人間は本能のままにセックスするわけでも、妊娠するわけでもない。豊かな社会では、個体維持はほぼ完全にできるようになり、種族保存が個体維持と同じ次元の話になってきた。いまや子供に傾注しないと、性欲だけでは子供は生まれない。

情報社会の家族の基本型とは、子供とそれを養育する成人という単家族である。反対にいっても良い。子供付きの成人という単家族こそ、家族の原点であり、基準となる家族の理念型である。単家族を標準世帯と呼んでも良い。大家族は単家族の複

数同居であるし、〈核家族〉は単家族の二組同居だった。

すでに全世帯の三二・四パーセントが一人暮らしである。全都道府県で一人暮らしが最大の家族類型となる時期は二〇二〇年である。現実は〈核家族〉から単家族へと転じ始めている。単家族を標準世帯とする時代が来た。

第17節　男女平等の結果として

〈核家族〉の時代には、労働の場を奪われて稼げない状態に追いこまれた女性にとって、子産み・子育てに専念することは好都合だった。子供の面倒を見ていれば、責任を果たしていた。そして、ロマンティックな恋愛結婚イデオロギーが、子育てをバラ色に脚色した。しかし、専業主婦が行う家事労働や子育ては、職業労働ではないが故に女性に虚しさを与えた。

男性は子供が産めない。女性は子供を産むことができる。しかし、子供を産まない人間が、男性だけだとは限らない。子供を産まない女性もいる。子供を産むことは女性の特権だが、子供を産まなくても、女性が女性であることにかわりはない。未成年養子を許容しない〈核家族〉の時代、我が国では産めない女性は石女と呼ばれて蔑視され、社会的に無視された。

人は結婚にあこがれて、恋におちるのではない。結婚のために恋をするのでもない。恋とは人間を愛するものだ。あんな男（女）のどこが良いのかといわれても、恋は思案の外である。結婚生活に不向きな異性に、焦がれることはいくらでもある。具体的な男性と女性が好きあうのには余人の立ち入るスキはない。

誰か好きな相手に巡り会ったら、必ず結婚するかというと、それは保証の限りではない。恋愛と結婚は別物である。婚活すれば結婚できるというのでもない。なぜ結婚したか、なぜ結婚しないか。その理由を考えてみる必要がある。

大家族だった時代、結婚した理由は明白である。個人では稼げなかった。結婚して家を存続させないと、誰も生きていけなかった。だから、この時代の結婚は、○○家と○○家の結婚であり、土地所有の維持と家の存続のためだった。反対に土地を持たない者は、生活手段がないのだから結婚できなかった。前述のように約三〇パーセントの男女が、未婚のまま一生を終えた。

〈核家族〉の時代、結婚した理由もはっきりしている。生産組織だった大家族という家から、弾きだされた男女の全員が結婚しないと、職業のない女性が生きていけなかったからだ。だから〈核家族〉になって、国民の九〇パーセント以上が結婚する時代になった。

〈核家族〉の時代になって、恋愛と結婚が結合して恋愛結婚がうたわれた。しかし、男性が経済的な弱者である女性を、保護するのが恋愛結婚の真実だった。性的な貞操と経済的な保護の交換が、恋愛結婚であり〈核家族〉だった。だから経済的な強者である男性が、弱者である女性の処女を奪っておきながら、結婚しないことは犯罪視された。花嫁の処女性が問題視されるのは、大家族の時代にはおよそ考えられないことだった。

処女を奪うことを女性を傷物にすると言った。セックスを経験した女性が傷物になるという表現は、女性をあたかも商品のように扱っている。傷物になった女性はもはや売り物にならないから、傷物にした男性が引き取る＝結婚するべきだと見なされていた。女性を商品のように見る表現は、高度経済成長が終わるつい最近まで残っていた。

情報社会の今、結婚を前提にしなくても、男女が付き合っても良い。自分で稼ぐ女性にとって、もはや処女には何の意味もない。女性が肉食をしても許される。世界を見渡せば、妊娠と結婚の関係は切れて、精子は市販されている。結婚せずに子供をもっても良い、と時代はいっている。しかし我が国では、女性に男性と同じ職場を用意していないし、女性の生涯収入はいまだ低いままだ。

若者、とくに若年男性の年収が低いから結婚しない、結婚できないといわれる。しかし、経済的な事情で結婚しないわけではないし、子供を持たないわけではない。たとえば中国では一人っ子政策が中止されて、多子を望めばそれも可能になった。しかし、第二子の出産が増えたとは聞かない。

人口の老化に直面する中国も、出産補助金などを用意しはじめたが、出生数は向上の兆しを見せない。経済的な補助をしても、不要なものは不要なのだから増えはしない。子供を持つ意味が根本的に変化したから、どこの国でも工業社会の後半に至ると少子化する。

〈核家族〉のしばりが厳しい我が国は、急速な少子化に襲われている。〈核家族〉が差別を生む。だから、〈核家族〉制度が維持されるかぎり、子供はますます減少していく。結婚を忌避するのは女性だけではない。草食系の男性たちが増え、結婚はおろかセックスにも関心を失いはじめている。一対の男女を結婚させて〈核家族〉とし、子供を産ませようとする国の政策が功を奏することはないだろう。

社会学者の山田昌弘は『家族難民』のなかで次のように言う。

「夫は主に働き、妻が主に家事をして、豊かな生活を目指す家族」を形成できることを前提にしています。しかし、グローバル化が進んだいま、それが無理になっているのです。このような家族の形に固執しているからこそ、家族ができにくくなったり、壊れやすくなり、家族がいない人々が増大してしまうのです。(48)

情報社会は性別による役割分担を否定している。個人の能力を充分に発揮させるため、新しい産業は限りない男女平等を求めている。西洋先進国と同じように、男女に同じ職業・待遇を用意しないと、今後の国際競争に敗れて、我が国は貧困の支配する社会へと落ち込んでいく。〈核家族〉を家族理念とするかぎり、経済力は低下する一方だろう。

一七八九年のフランス人権宣言は、すべての市民は「自由、所有、安全、圧制への抵抗」の権利を付与されているといった。しかし、この市民のなかには女性は入っていなかった。そのため、二〇世紀に入るまで女性に参政権は与えられなかった。

アメリカ合衆国は一九二〇年(大正九)、イギリスは一九二八年(昭和三)、フランスは一九四五年(昭和二〇)になって、女性にも参政権が認められた。しかし、女性は市民ではなかったから、職業選択の自由も女性には想定されていなかった。女性も職業を得て初めて市民となった。

結婚から経済的な意味が消失した。いまや子供を産むことを考えずに、女性は女性だけの人生を選択できる。女性の職場労働が確保されつつあるいま、やっと本当の意味で男女平等を語りうる地平にきた。子供を持つか否かは、女性にとって数ある選択肢の一つに過ぎなくなった。

女性も男性とまったく同様の自己実現ができる。女性の存在意義は、子供を産むことではない。夫の子供を産まなくても、女性がどうどうと生きていける。これこそ人類が二〇世紀の終盤になって、やっと獲得した自由と平等の到達点である。

第Ⅳ章　単家族の芽生え

第1節　女性の職場進出

産業革命をもちだすまでもなく、世界で最初に工業社会へ入ったのはイギリスだった。しかし、工業社会が成熟し情報社会化へと転じたのは、コンピュータを実用化したアメリカが最初だった[1]。工業社会から情報社会へと真っ先に突入したアメリカでは、〈核家族〉に閉じこめられていた女性が、経済的な自立に目覚めたのも早かった。

一九五〇年（昭和二五）代のアメリカは、第二次世界大戦の戦火を被らなかったことも手伝って、世界中で最も輝いていた。しかし、当時は黒人差別がきびしく、ゴールデン・エイジを享受できたのは白人家庭だけだと言っても過言ではない。

国中に張り巡らされた高速道路、フルサイズの大きな車、郊外の美しい住宅、近代的で豊富な家電製品、クレオソート処理された清潔な環境など、アメリカ人たちは世界中がうらやむ豊かな生活を謳歌していた。そして、美しい住宅のなかでは、専業主婦という白人女性たちが、せっせと家事労働に励んでいた。

頼りになる夫たちが、毎日職場に通い高給を稼いできた。〈核家族〉の主婦たちは何の心配もなく、テレビドラマの「アイ・ラブ・ルーシー」の主人公ルーシーのように、家事と子育てに励めばよかった。しかし、いくら家事と子育てに励んでも、専業主婦に収入が生じるわけではなかった。

主婦の仕事は家族に感謝こそされるかもしれないが、家事労働は消費するだけで何も生みださない。大家族の主婦たちが男性に互して大地の上で働き、労働からのしたたかな手応えを持って生きてきたのとは違い、消費するだけという家庭内での家事労働からは生きる手応えがない。

毎日、繰り返される家事は、肉体を動かすという意味では労働に似ているが生産活動ではない。食べるものを作るという意味では、家庭で行われる調理も労働には違いない。しかし、調理は板前やコックがやれば職業であり生産活動だが、家事としての調理は生産活動ではない。しかも際限のない家事は、まるで賽の河原の石積みのようだ。

夫の稼ぎによって、世界一裕福な生活を送っていても、彼女たちは虚しさから逃れられなかった。夫から愛され裕福な生活を送りながら、なぜ虚しいのか白人女性たちにもわからなかった。明るく従順な専業主婦だったにもかかわらず、アメリカの白人女性たちは自分が何者なのかわからなくなっていた。

今から振り返れば、その理由は簡単にわかる。男性の労働は金銭で評価されているから、労働の結果として自己の存在が確認できる。しかし、家事労働では一銭の収入もなかったから、主婦は自己存在の手応えを得られなかったのだ。貨幣経済が支配する世の中では、家族からの感謝だけでは、虚しさを解消できなかったのである。

工場でのオートメーションが普及しはじめたとき、工場労働は職人的な手応えを失わせ単調な繰り返しとなった。毎日同じ作業を繰り返す工場労働。その工場労働を、チャップリンが「モダンタイムス」で人間を殺すものだと見抜いたように、何も生産することなく毎日の繰り返しを要求する家事労働も人間の尊厳を殺すものだった。閉ざされた〈核家族〉のなかで、消費しかしないで繰り返される家事労働は、真綿で首を絞めるような一種の拷問だった。

アメリカの白人女性たちは、一九二〇年（大正九）には選挙権も獲得していた。男性と同様の大学教育も受けた。貧乏、病気、飢餓などの克服が人類の歴史であれば、地球上で最も裕福な生活を手に入れたのが、当時のアメリカの白人女性たちだった。

我が国では女子学生がフェミニズムの前身であるウーマンリブを担ったので、フェミニズムは若い女性のものと思いがちである。しかし、フェミニズムの本場アメリカでは、学生など若い女性や未婚の女性ではなく、結婚して家庭にいる白人の主婦たちが、家庭の中で虚しさ＝悩みを感じていたところから始まった。

虚しさの原因が家庭にあり、家事労働だと感じはじめた一九六三年（昭和三八）、一冊の書物が出版された。生きる悩みに襲われはじめた白人女性たちは、ベティ・フリーダンの『新しい女性の創造』によって覚醒された。アメリカの白人女性たちは裕福で美しい〈核家族〉こそ、女性を閉じこめていた牢獄だと知った。そして、この牢獄から脱出する運動が、今日に連なるフェミニズムであった。

ベティ・フリーダンは『新しい女性の創造』の中で次のように書いている。

アメリカの女性は、ひと昔前の女性、また他国の女性が夢にも見なかったようなぜいたくな暮しをしているのだから、悩みなどはないという考えに私は反対だ。この悩みは、昔からある物質的な諸問題―貧乏、病気、飢餓、寒気―とは無関係なのだ。

この問題で苦しむ女性は、食物がいやすことのできない飢えを感じている。この悩みは、物質的に恵まれないからおこったのではない。飢えや貧乏や病いの苦しみと必死に戦っている女性はこんな不満で苦しみはしない。それに、もっとお金が、もっと広い家が、もう一台自動車があれば、もっとよい郊外へ移れば、この悩みは解決するだろうと考える女性は、希望がかなっても、

さらに悩みが深刻になっているのに気づくのだ。(2)

一九六〇年（昭和三五）頃は厳しい黒人差別が残っていたが、フェミニズムは決して貧困克服運動でもないし、貧しい状態におかれた黒人の人種差別撤廃運動でもない。フェミニズムは郊外の広い家に住む裕福な白人女性から、運動が始まったことを記憶しておいて欲しい。裕福な白人女性たちが、彼女たちの裕福さを保障していた〈核家族〉を壊す運動を始めたのが始まりだった。今日に言うフェミニズムはこうして始まった。

フェミニズムが女性全体の運動に広まった現在でも、フェミニズムは裕福な白人女性の身勝手に振り回されているという声すらある。また母性保護色の強い我が国の女性運動は、フェミニズムを女性という性別に固有のものと捉えて、性差に立脚するフェミニズムと齟齬をきたしているように見える。

第2節　専業主婦の消滅

〈核家族〉という牢獄から新しい女性が創造された。情報社会化しはじめていたアメリカでは、サービス業が主流の産業になり、女性の非力さがハンディではなくなりつつあった。そのため一九六〇年（昭和三五）頃から女性も職場に進出しはじめた。男性はすでに職場で働いていたため、家庭には成人がいなくなってしまった。このときに問題になったのが、幼い子供への対応であり、子供たちの行き場だった。

専業主婦だった白人女性が職場に出ると、子供の世話をする成人が、日中の家庭には誰もいなくなってしまう。当時は母性神話も残っていた。三歳児神話が白人女性たちを悩ませた。託児施設も整っていなかった。白人女性たちは職場に出ながら、母性愛に後ろ髪を引かれ、子供のことが気になって仕方なかった。

小さな子供には、母親の世話が必要か。子供が小さいうちは、母親である女性が子育てをしないと、子供の心に悪い影響を残すのではないか。白人女性は子供のために家庭にとどまるべきか。もし、家庭に大人がいなくなるとすれば、誰が子供の面倒を見るべきか。白人女性たちは子育てと経済的自立とのあいだで呻吟した。

一九七九年（昭和五四）「クレイマー、クレイマー」という映画が、その解答をだした。[3] この映画は、子育ては女性だけがするものではない、といった。母性愛とは生理的なものではなく、社会によって作られるものである。だから、子育ては男性にもできる。女性は自分の経済的な自立のために、子育てを放棄してもよい。子供を男性に押しつけて、女性は働きに出ても良いと、この映画はいった。この映画は女性の自立に強烈なメッセージを送った。

白人女性を家庭の専業主婦へと縛りつけていた、子育てという最後の桎梏が切れた。専業主婦だった白人女性たちは子育てを放棄して、〈核家族〉から職場へと旅立っていった。そして、それから約四〇年たち、アメリカでは子育てだけに専従する専業主婦がほとんどいなくなった。

専業主婦がほとんどいないのは、いまやヨーロッパ諸国も同じである。日経新聞によれば二〇一一年（平成二三）現在、スウェーデンの専業主婦の割合は二パーセントであるという。[4] 先進諸国では、女性が専業主婦だと名乗ることは、何もしていないことを意味して、恥ずかしいことになっているという。

情報社会化は女性の能力を家庭に死蔵させることを許さず、女性の職場進出を要求している。優秀な頭脳をもつ女性の職場進出を、男性社会は止めることはできない。そんなことをすれば、社会の発展がとまり生産性が低下し、アメリカはたちまち世界の敗者に転落する。脱工業化がすすみ、物つくりから離れつつあったアメリカは、情報社会の要求に従わざるを得なかった。

経済的な自立によって、白人女性は男性と同様の「個人」を獲得し自我に目覚めた。女性は黙っていなくなった。男性との対立を恐れなくなった。アメリカでは離婚が激増した。当初、アメリカでも離婚は非難の目で見られたが、もはや離婚は人生の通過点に過ぎなくなった。性別役割にもとづく終生の〈核家族〉は根底から見なおされはじめた。

終生の一夫一婦制つまり死ぬまで〈核家族〉であることを、神の前で誓ったにもかかわらず、(5)アメリカ人たちは伴侶の死をまたずに結婚を解消しはじめた。〈核家族〉は最初に約束された終焉の時をむかえる前に、どんどんと解約されはじめた。男女の対は終生の伴侶ではなかった。家族の意味が変わり、結婚の意味が変わった。

第3節　親和力のない〈核家族〉

豊かな社会では、女性の職業が確立されたことによって、母子家庭や父子家庭になっても、食えないという極度の貧困に陥ることが少なくなった。単親でも子供との生活が維持できる。アメリカ人たちは離婚を避けなくなった。かつて大家族が〈核家族〉に分裂したように、〈核家族〉が分裂して単家族が誕生しはじめた。

子供は夫婦のカスガイにはならなかった。増える離婚によってアメリカの〈核家族〉は、単家族へと次々に分裂をはじめた。両親が離婚すると、子供の居場所がなくなった。子供の親権をめぐって争いも増えた。子供のことを省みないと、離婚する男女に非難が集中した。

大家族では男女の出会いは新たな家族を作らない、と前述した。と同時に、大家族は生産組織だから、夫婦の別離があっても大家族は解消しない。結婚が男性もしくは女性の家族への参入だったように、離婚は一人が家族から離脱するにすぎない。そのため、男女の別離を離婚と観念することができず、夫婦の離別を離縁と呼んだ。しかし、〈核家族〉では夫婦の離別は離縁ではなく離婚であり、家族の消滅である。

離婚は個人的な問題であると同時に、結婚生活の変化を情報社会が要求した結果であった。ロマンティックな恋愛から結婚へとすすんだ〈核家族〉は、恋愛感情が消え失せたら結婚生活を継続させる必然性はなくなっていた。男女が同居するという精神的な必然性を失った社会で、愛情が冷めたにもかかわらず、経済的な理由だけで同居を続けることは背信行為である。それは人間的な誠実さに欠けることだ。

モノよりコトを重視する情報社会では結婚生活においても、経済的な必要性より精神的なつながりが優先する。長い結婚生活に耐えることが、円熟した人格をつくるのかもしれない。しかし、結婚生活を継続できない原因があって、離婚できるにもかかわらず離婚しないのは不誠実だ。愛情の冷めた男女が、家庭のなかで衝突する日々は、互いの人格を傷つける。

親和力は人を結びつけるが、生産組織ではない〈核家族〉には親和力がない。そのため、愛情が冷めた男女の同居は、お互いを精神的に慈しむ力をもたない。そこで残るのは、〈核家族〉の家族役割を果たすことだけだ。つまり、稼ぐ役割の男性と、経済的に男性に寄生しながら、子育てに専念する役割の女性である。役割の遂行とは、義務の遂行であり強いられたものである。ここで行われる子育ては、身体の内部から発する純粋な愛情とは関係がない。

愛情が冷めた〈核家族〉では、両親の間には互いに向き合う愛情がない。その結果、両親は男女の愛を見せることができない。愛の消えた男女は、子供に人を愛することを教えることができない。親としての役割を果たすために子供に接する。ここでは両親が二人して、子供に義務的な役割を果たす者として登場してしまった。心から人を愛することの大切さを教えることができなくなった。

我が国など工業社会に取り残された国では、女性にまっとうな職場が少ないから、よほどのことがなければ離婚は許されない。恋愛感情が消失したので別居しようにも、自分の稼ぎがなければ家賃が払えない。離婚すれば女性の生活レベルは下がり、明日からの生活が困窮する。そのため、夫への愛情が冷めてしまっても、夫との同居に耐えなければならなかった。

我が国のシングルマザーは、働いている者が八〇パーセントを占める。しかし、性別役割分担の〈核家族〉制度が社会を支配しているので、女性の労働者は補助者扱いである。そのため彼女たちの多くがパート労働者である。パート労働の賃金は安い。彼女たちは必死で働きながらも、真っ当な収入が得られずに貧困に沈んでしまう。そうした例を見ていれば、ＤＶの被害者になるなど余程の事情がなければ、離婚することはできない。

我が国は〈核家族〉に有利な社会制度になっている。税制をはじめ、学校、年金など専業主婦を優遇する制度ばかりである。日本の社会は、陰に陽に〈核家族〉を作らせようと強制する。しかし、〈核家族〉を作らせようとすることが、反対に若者を結婚から遠ざけている。若者に〈核家族〉を作らせることによって、貧困を解決しようとするのは問題のすり替えである。シングルマザーの貧困については後述する。

女性に男性と同等の収入があれば、平穏裏に離婚ができる。女性は子育てを男性に押しつけても、子供への愛情を疑われることはない。そして、女性に男性と同じ職業が用意されていれば、母子家庭が必ずしも貧困を意味しない。情報社会に入ったアメリカの女性は、もはや忍従する必要はなかった。アメリカの女性たちは、夫という男性から、そして〈核家族〉から旅立っていった。

結婚生活とは苦労の連続だ。長い年月にわたって、男女が苦楽をともにするから、人間が円熟する。互いに不本意であっても、我慢して一緒に暮らすことが人間を成長させる。結婚とは男女が生活をともにすることであり、ロマンティックな恋愛感情は必要ない。これは農業を主な産業とする社会の人生観である。

途上国の人たちにはアメリカにおける離婚の増加は、大人たちの身勝手としか映らなかった。農業社会の倫理を引きずる初期工業社会の人々には、大家族的な倫理観から自由になれなかった。先祖を敬い高齢者が偉いという年齢秩序を大切にし、敬老精神にあふれた大家族が何よりも大切なものにみえた。

工業社会が本格的に立ち上がると、大家族は〈核家族〉へと分裂した。そして、〈核家族〉が社会の基本だと考えた。アジアなどの多くの途上国では、社会保障制度が未整備だったことも手伝って、〈核家族〉よりも小さな単家族という家族理念は想像できなかった。

先進国の産業が、工業から情報へと変化していることは理解できたから、途上国も情報社会化を追った。しかし、家族の形もそれに連れて変化していることはわからなかった。男女の対によって子供が生まれる事実から、男女が作る〈核家族〉は永遠に続くものだと思え、〈核家族〉以外の家族制度があることを想像できなかった。離婚や婚外子の誕生を許容することを、社会が要求していることは気がつかなかった。もちろん、ゲイなどの同性同士の結婚など想像もできなかった。

豊かになっても離婚が横行して、社会の道徳が乱れていては、立派な社会とはいえない。そう言って、マレーシアの首相マハティールが先進国を批判したのは、一九八〇年（昭和五五）代のことである。[6] 途上国では家族の大切さを訴え、〈核家族〉を守ろう、と様々な政策を取り始めた。当時、配偶者特別控除などを制度化した我が国も例外ではなかった。

第4節　婚外子がたくさん誕生する

アメリカとは違った形で、女性の自立が表れた国もあった。女性が職業を手にしたヨーロッパ人たちは、最初から結婚をしなくなった。

先進ヨーロッパ諸国では同棲が広く普及した。同棲した男女は、結婚せずに子供を産んだ。恋愛が同棲にすすみ、子供の出産までは至った。しかし、法律的な〈核家族〉をつくるといった、旧来の結婚まではとうとう到達しなかった。

結婚せずに私生児、言いかえると婚外子を産む。それがヨーロッパ人たちの選択だった。婚外子の誕生は年々上昇した。今では、スウェーデンでは約六〇パーセントが、イギリスやフランスそしてデンマークでは五〇パーセント以上が、私生児として生まれるようになった。[7]

二〇〇七年（平成一九）にサルコジ氏とフランス大統領の座を争ったロワイヤル氏が、四人の婚外子をもっていることは周知だろう。いまや女性が婚外子をもっていても、誰もふしだらだとは思わない。結婚がセックスをするための許可証ではなくなった。セックスと結婚は切断された。そして、子供と結婚も切断された。婚外子がいることをもって、大統領の資格がないとは思わないのが現代である。

〈核家族〉の変化は、異性間の夫婦にとどまらなかった。同性二人では子供は産めないはずだが、同性が二人であっても家族を営んでも良い、と先進国の人々は考えた。まず北欧諸国が同性同士であってもカップルと認め、事実婚を法的な結婚と同じ扱いにする法律を制定した。

より柔軟な家族制度を持つ先進国は、同性の結婚も認めている。つまり、カナダ、ベルギー、スペイン、オランダなどは、同性の結婚を異性の結婚と同様に認めた。いまではアメリカでも、同性の結婚がずいぶんと広まり、数十州で認知されてきた。(8) そして、二〇一五年(平成二七)ついに最高裁判所が同性の結婚を認めた。

しかし、発展途上国だからだろうか、二〇一五年(平成二七)のマレーシアではゲイつまり同性愛行為の罪に問われたイブラヒム元副首相が、連邦裁判所(最高裁)から禁錮五年の有罪を宣告されている。同性愛者であると糾弾されることで、政治生命が絶たれてしまうだけでなく、刑事罰まで科されている。

意外に思うかも知れないが、世界では六〇ヶ国以上と、現在でも多くの国で同性愛が禁止されている。余談ながら、性的少数者はLGBTと一括りに言われることが多い。しかし、性同一性障害者の性転換は途上国でも禁止されていない。イスラム諸国では、性同一性障害者は保護の対象にすらなっている。同じ性的少数者であっても、同性愛者と性同一性障害者とは、異なった価値観に基づいていることがわかる。

ヨーロッパ諸国の人々は結婚せずに子供をもった。ヒッピームーブメントの影響もあったのだろうか。キリスト教の教えに逆らってセックスが解放され、性の快楽を追求することが肯定された。セックスが〈核家族〉的な家族法の支配下からはなれ、自己決定の元におかれた。

男女の対である〈核家族〉と、子供の誕生は何の関係もなくなっていった。〈核家族〉から生まれた子供も、婚外で生まれた子供も何の違いはない。子供は子供として存在するだけで良い。結婚して子供を産もうが、結婚せずに子供を産もうが、まったく同じであることを、西ヨーロッパ人たちは身をもって立証していった。

我が国をはじめとする中進国や途上国の人たちは、〈核家族〉という古い家族観から出ることができなかった。子供ができる生物学的な事実と、人間たちの約束事である社会的な家族制度との、次元の違いが理解できなかった。

男女の肉体的な違いは天与のものだが、社会的な制度は産業などを背景としながら、時代や地域の人々がつくるものである。家族の形は社会によって違うが、生身の人間には何の違いもない。子供を私生児と嫡出児で差別することも、工業社会の〈核家族〉が要求していたにすぎなかった。

大家族から〈核家族〉制度へと転換しようとしたときには、年寄りの子育てが揶揄された。工業社会は〈核家族〉を賛美したかったので、〈お祖母ちゃん子は三文安〉と言った。専業主婦となる若い母親の子育てを擁護しなければ、専業主婦という無職の女性の生きがいがなくなってしまうから、子育てから年寄りが排除されたのである。

年寄りは子供を甘やかすので、自立心が虚弱で自分で身の回りのことができない子供が育つというわけだ。何の根拠もないのに年寄りのいる大家族での子育てより、年寄りのいない〈核家族〉の子育てのほうが優れていると言いたかった。いつの時代にも、社会は実現したい家族制度を賛美し、そうでない家族を貶める。

性の教育機関だった村の若者宿が消失したときには、一九六〇年（昭和三五）に出版された謝国権の『性生活の知恵』が、セックスのノウハウを教えた。姑のいない〈核家族〉では、子育てのノウハウが継承されなかったので、一九四六年（昭和二一）に出版され一九九二年（平成四）まで改訂され続けた『スポック博士の育児書』が育児のノウハウを教えた。

『スポック博士の育児書』はアメリカの〈核家族〉的子育てを前提にしていたので、大家族的な子育てが残る我が国では、子育て論争がおきたことは当然だった。多くの先進諸国では、単家族で育った子供が、そろそろ成人を迎えている。婚外子も健全な大人になった。私生児たちが親の世代になりつつある。

第5節　我が国の婚外子事情

我が国では婚外の出産が稀だというのは、歴史をまったく見ていない論である。明治初期には江戸時代を引きずって離婚率が高かったことも手伝い、婚外子は現在よりずっと多く、新生児の約一〇パーセントだったという。一九二五年（大正一四）になっても、婚外子は七・二六パーセントいた。(9)今に続く〈核家族〉の時代に、婚外子を敵視し差別した結果、私生児が少なくなったにすぎない。

〈核家族〉志向がより強くなった戦後になると、非嫡出児は減り続けた。一九四七年（昭和二二）には、非嫡出児は三・八パーセントいたが、一九八〇年（昭和五五）には〇・八パーセントになっている。[10]高度経済成長などで〈核家族〉制度を確立する歴史が、婚外子＝非嫡出児を排除してきた。ただし、二〇一五年（平成二七）には二・三パーセントまで回復した。

我が国では大正時代から戦後にかけて、婚外子＝非嫡出児を産ませないように制度を作ってきた。戸籍制度によって身分制をしき、婚外子を劣位者として扱った。そして、専業主婦を優遇する制度を整えて、〈核家族〉制度の浸透をはかった。

婚外子の出産は作為的に否定されてきた。だから婚外子の出産は減ってきた。にもかかわらず多くの学者たちは、我が国では婚外児の誕生は少ないと決めつけ、それ以上の論考をしようとしない。たとえば、社会学者の筒井淳也は『仕事と家族』のなかで次のように言う。

人口学によると、出生力は、有配偶率（どれくらいの人が結婚しているか）、有配偶出生力（結婚している人がどれくらい子どもをもうけているか）、婚外出生力（結婚していない人がどれくらい子どもをもうけているか）の三つによって説明できる。日本では婚外出生力が極めて小さいため、結婚していない人が増えていることと、結婚していても子どもをあまりつくらなくなっていることの二つの要因によって少子化を説明することができる。[11]

日本では婚外出生力が極めて小さいためといって、我が国では婚外子が産めないかのようにいう。そして、婚外出生力の低いことを所与の条件と決めつけている。しかし、婚外出生力が低いのは決して変えることができない与件ではない。我が国では〈核家族〉制度の普及が、婚外子の誕生を否定してきた。
家族政策として婚外子を生ませないように導いてきた。その結果、婚外出生力が極めて小さくなってしまった。それが少子化の原因の一つとなっている。こうした状況に冷静な反論を加えているのは、本当に少数の論者である。精神科医の斎藤学は『家族の闇をさぐる』で次のように言う。

日本にシングル・マザーが少ないのは、戸籍法に基づく「合法的な」出産をしないと、処罰されるかのような生活を強いられるからである。一方に婚外子の規定の残酷さがあり、他方で二一週以内の中絶が母体保護法によって認められているということになれば、受胎した子の多くが生命を与えられないのは当たり前のことである。それでも思いきって産んだとすれば、その女性ははなはだしい経済的な困窮に苦しむことになる。(12)

我が国における子供の誕生の仕方は、政府の政策によって歴史的に導かれてきた。婚外子を否定してきた過去の政策を問うことなく、筒井淳也のように現状をそのまま前提として論を進めても、婚外子を否定する現状を追認することでしかない。こうした姿勢は、婚外子を差別する現状を追認し固定させる役割すら果たしてしまう。
多くの学者たちは先進国でも婚外子が少なかった歴史を知ろうともしないし、先進諸国がなぜ婚外子の取り扱いを変えてきたかは、まったく考慮の外である。我が国の歴史も、また一九六〇年（昭和三五）代の先進諸外国の状況を調べもしないで、〈核家族〉制度を無前提に不変の制度としてしまっている。結果として、〈核家族〉を温存し、少子化に貢献している。斎藤学のように歴史を素直に見ている碩学は、残念ながら本当に少ない。

生産組織は企業や社会なのだから、子供は社会にとって必要であり、国家や企業にとって必要である。かつては子供は子宝と呼ばれて家の宝＝財産だったが、いまや子供は家の宝ではなく社会の宝＝財産である。とすれば、子供について婚外・婚内の区別をすることは、時代錯誤の誤りだと言わざるを得ない。

第6節　子供は社会の財産となった

〈核家族〉が単家族に分裂したアメリカやヨーロッパでは、家庭に取り残された子供をめぐって人々は知恵をしぼった。一人親家庭の子供は欠陥児童か否か、と調査された。子供をどう育てるか、多くの研究がなされ、たくさんの試行錯誤がなされた。二〇〇〇年代には子供をめぐる映画もたくさん撮られた。

途上国や中進国からの批判にもかかわらず、単家族化は子供に悪い影響がなかった。その後の研究では、単親に育てられた子供は、自立心が人一倍強く、柔軟な考えをもっていると、ドイツのニュース週刊誌『フォークス』が次のように伝えている。

「彼ら（単親に育てられた子供：筆者注）は自立心が人一倍強い」と言うのは、スイスの心理学者ウド・ラウホフィッシュ氏だ。『もうひとつ家族のかたち』という著作もある氏は、自らの研究の結果を次のように続ける。先生、保母、祖父母といった親以外の人に相談にのってもらう必要に迫られている彼らは、一般的に人との交流をはかるのがうまい。その上、平均して学校の成績も良い。男女ともに、性別による役割分担妊関してフレキシブルな考えを持っている[13]。

二〇一五年（平成二七）、我が国のシングルマザーに育てられた二七歳の男性は、シングルマザー・フォーラムの会報の中で次のように言っている。

　ひとり親だから、ふたり親と違って必ずこうなるというデータはありませんが、少なくとも私は、子どもの頃も父親がいなくて寂しいと思った明確な記憶は無く、むしろ生まれ変わっても、これまでの生い立ちと家庭環境は同じであってほしいと思う息子になりました。（中略）父親以外の親族に恵まれた環境で育った私は「必ずしも父親の存在だけが、父性を得る機会ではない」と考えるに至りました[14]。

一九六〇年（昭和三五）頃までは西欧先進国でも、婚外の出産はきわめて少数だった。キリスト教の影響が強いヨーロッパでは、もともとセックスの快楽を原罪ととらえ、非婚者間のセックスを否定的に見ていた。

キリスト教では快楽のためのセックスは許されず、生殖のためのセックスだけが許されていた。そのため、未婚のあいだはベッドを共にするべきではない、と西欧先進国の人たちも考えていた。当然のこととして、結婚しないで出産した単親、つまりシングル・マザーも日陰者だった。

一九六八年（昭和四三）のパリ五月革命をさかいにして、セックス観や自由恋愛など家族に関する理念が大きく変わった。[15] 結婚とは関係なくセックスをする者が増え、結婚せずに男女が同棲することが当たり前になった。セックスをすれば妊娠することもある。彼（女）等のあいだに子供が生まれはじめた。

しかし、同棲がはやりはじめた当初は、法律上の夫婦間に産まれた嫡出児こそ正当な子供であり、私生児は劣等な地位におかれて当然だ、とアメリカやヨーロッパの常識も考えていた。一九六〇年（昭和三五）当時の状況は、今日の我が国と変わるところはなかった。

我が国では二〇一三年（平成二五）に、婚外子の相続差別は違憲との判断が出たが、その他の部分では嫡出児と非嫡出児を別扱いしたままである。[16] しかし、先進国では違った。嫡出児と非嫡出児に対して違う扱いをすることは、法の下の平等に反することだ。法の下の平等は、民主主義社会の根幹を支える理念である。法の下の平等を維持しないと、成人である自分たち自身の正当性が溶融しかねない、と先進国の人々は考えた。

婚外子の増加が止まらないとみると、先進ヨーロッパの人たちは、婚内児と婚外児の区別をやめた。婚外子という概念自体を消滅させた。生命力あふれる若者たちに禁欲することを強いることはやめた。そして、婚外でセックスする者を背徳者とか逸脱者とは見ずに肯定した。

我が国の農村共同体では、生命力の発露としての自由なセックスがあった。もともと結婚はセックスをするための免許証ではなかったし、男女間の好意はセックスで確認されることが多かった。結婚とセックスは関係のないものだった。結婚届を国家に出さなければ、セックスできないことが間違った制度だった。

婚外児はシングル・マザーに育てられている子供が多かった。そのため、二人の成人からの保護がないぶん、社会的な劣位に置かれやすかった。そうした劣位を補おうと、企業も子育てのコストを負担しはじめ、先進国の政府は未婚の母子家庭への補助を増やした。〈核家族〉は生産組織ではないのだから、子供は家や親のものではなく、子供を社会の財産だと考えて税金の支出を始めた。

第7節　個人化する社会

先進国の人々は、二人の男女がつくる〈核家族〉が正常だという考えを捨てた。そして、脱性化した個人単位の単家族へと、社会の制度を組みかえ始めた。子供は一対の男女に属するのではない。養育の義務は社会の支配下にある。子供はどんな親から生まれても、一人の人間であることに変わりがない。平等思想がやっと子供にも届き始めた。

子供を中心とした単家族が家族の理念になった。単家族であれば、親子の愛情を保つことにおいて家族制度が障害にならない。いまではどの先進国でも、婚外子が嫡出児の半分しか相続できないといった差別はない。

アメリカの社会福祉番号は個人別であり、また、個人としての公的な出生証明が出るだけである。〈核家族〉に適した対なる家族単位の戸籍制度はない。もちろんヨーロッパにも、我が国のような戸主を筆頭者とする戸籍制度はなかった。出生証明には父親として男性の名前が書かれ、母親として女性の名前が書かれる。それだけのことだ。単家族であっても、選挙権の行使にも、パスポートを取るにもまったく支障はない。

男女の対を単位とする〈核家族〉から、個人単位の単家族へと変化するのは、先進国では難しいことではなかった。女性も一人前の労働者になったので、税制も個人単位になっていった。男女の対を単位にすることから、個人を基準にすることが先進国の流れだった。豊かになり始めた韓国が、我が国のような筆頭者をおく戸籍制度を廃止したことは後述する。

〈核家族〉の分裂は、子供にも自立を促す。コンピュータが普及し、経済の決定権が生産者から消費者へと移行するにつれ、子供を自立させる必要性が生じてきた。それを反映してか、アメリカ映画は子供を主題にした映画を、様々な角度から撮り始めた。子供は親のものではなく、親と同様に一人の人格つまり社会のものであるという理念が広まった。

生きる権利、守られる権利、育つ権利、そして参加する権利という、四つの子供の権利がうたわれた。子供は親が育てるものではなく、自分で育つものだ。大人は子供を手助けするに過ぎない。子供の権利条約が、国連で産声をあげたのは、一九八九年（平成一）の秋である。我が国では、一九九四年（平成六）に批准しているが、差別条項をもった民法はいまだ改正されていない。ただし、アメリカはこの条約を批准していない。

情報社会では年長者が優位であるという年齢秩序が無効になり、人間の上下関係がくずれ、止めどもなく横並びになっていく。老人も一人の人間として尊重されるに過ぎない。下だと思っていた子供も、いまでは横にいる。アップルやグーグルを作った少年たちの発明が、とてつもない年収を稼ぎだす(17)。

小学校の子供たちが、たくみに携帯電話を使う。その使い方は大人の想像を超えていた。大人は感心し、子供の後を追った。子供だから物事を理解できないということはない。むしろ子供こそ、過去にとらわれずに、自由に発想を飛躍させる。

子供は大人のライバルになる。子供よりコンピュータに長けた中高齢者が何人いるだろうか。それどころではない。子供が大人を飛びこえて、コンピュータの権威になるかも知れない。子供にも平等の対象を広げる必要がある。自由と平等を、すべての人間に与えないと、社会の活力が維持できない時代に立ち至っている。

第8節　嫡出児と非嫡出児

一九七〇年（昭和四五）頃には、キリスト教の影響もあり、先進諸国でも婚外子はほとんどいなかった。もちろん、シングル・マザーも少なかった。アメリカには私生児を産んだ女性が、村人たちから迫害される様子を描いた『緋文字』[18]という有名な小説があったことを思い出して欲しい。

戦後、多くの先進国でも少子化は進行しはじめていたが、少子化の進行速度が遅く、その影響は現在の我が国ほどには深刻ではなかった。そして、婚外子も今ほどには多くなかった。にもかかわらず、彼等は非嫡出児と嫡出児の差別をやめた。

フランスでは一九七二年（昭和四七）の民法改正で、非嫡出児と嫡出児での異なった扱いをやめた。フランスでは女性が子供を産まなくなり、少子化が進行したから、新たな出生をうながすために婚外子を認めたのではない。少子化対策として婚外子差別を撤廃したのではない。事情は反対である。シングル・マザーが増え、多くの婚外子が誕生した。婚外子を人間として、まっとうに扱うために、〈核家族〉という制度を組み替えた。

婚外子へも法の下の平等を拡大しないことには、大人の利益がそこなわれる。婚外子はもはや例外ではない。大勢の婚外子を例外として扱うには、社会正義を支えるうえで原理的に無理である。婚外子を同じ人間として取りこまないと、大人たちにも法の下の平等が確保できない。だから非嫡出児と嫡出児の差別をやめた。

我が国の若者は周囲からの圧力に従順であり、婚外子を産むと差別されるという事情をにらんで、できちゃった婚を選び婚前や婚外で子供を産むことが少ない。しかし、当時のフランスでも婚外子は圧倒的少数で、多くは結婚してから子供を産んだ事情は、現在の我が国とまったく同じだった。我が国では婚外出生力が極めて小さいと言う理由で、大人たちは婚外子差別を止めようとはしない。婚外子の人権は無視されたままだ。

非嫡出児差別をはらんだ、性別役割分担の〈核家族〉という家族制度を維持することが、生産性を高め、結果として多くの人の幸福につながる、と我が国では考える。だから、現在の法律婚を維持して婚外子差別を残すことが、豊かな社会を維持するうえで有用だとなる。その結果、〈核家族〉制度からはみだす人間は切り捨てられるか、母子家庭とか貧困家庭として特別枠でくくられてパターナリスティックに保護される。

保護と差別は一枚の盾の裏表だから、母子家庭を保護することは、母子家庭という特別なレッテルを貼って差別することである。国連から法律を改正し、非嫡出児に対する差別的な取り扱いを、止めるように何度も勧告が出されている。子どもの権利委員会の最終所見は、〈差別の禁止〉を掲げて次のように言う。

本委員会は、婚外子が法律によって差別されていること、ならびに、女の子、障害を持つ子ども、アメラジアンの子ども、韓国・朝鮮人の子ども、部落の子ども、アイヌの子ども、その他の少数者グループ、および移住労働者の子どもに対する社会的差別が根強く存在していることを懸念する。（中略）国内法を改正することを勧告する。[19]

相続では嫡出・非嫡出にかかわらず等分の割合になったが、戸籍上では嫡出児と非嫡出児に対して、いまだに違う扱いをする。法の下の平等[20]とは、出自が違っても法的に同じ扱いとすることであり、性別や年齢にこだわらない公平な扱いである。

平等とは人間に対して出生による差別的な取り扱いをしない、という近代社会の基本的な原理である。〈核家族〉制度が差別を生み出している。不平等を基礎づける戸籍制度を死守しようとする我が国では、子供の権利は守られていない。

先進国では自分たち大人の生活を守るために、〈核家族〉を単家族へと編成変えせざるを得なかった。その結果として、出生率が回復し、労働力が確保されたにすぎない[21]。少子化を克服するために、言いかえると次世代の労働力が欲しいために、単家族へと家族を再編したのではない。次世代の労働力が増えたことは結果にすぎない。

我が国では子供が少なくなると、将来の労働力が減少し、今いる成人たちの年金が破綻する。だから、結婚させて子供を増やそうという。そして、生まれた子供は親にだけ養育させようとしている。ここには社会全体が子供を歓迎する姿勢はないし、生まれてくる具体的な人間への目配りはまったくない。

現在言われている少子化対策とは労働力確保が目的であり、新たな時代の奴隷を求めているといっても過言ではない。子育てが楽しいから、子供を持たせようとしているのではない。結婚が減少しているにもかかわらず、労働力としての子供を結婚に求めている。旧来の〈核家族〉で、豊かな生活を送る人々の既得権を守り、現状を固守しようとする姿勢しかない。

第9節　破綻している戸籍制度

我が国でも、婚外子差別に抗議する動きはある。婚外子差別の撤廃を求めて、裁判を闘っている人たちもいる。彼女らの真摯な運動には、筆者も心から敬意を表する。しかし、我が国の運動は〈核家族〉の廃止ではなく、婚外子を〈核家族〉に引きこもうとしているように感じる。

彼女らの運動は、婚外子に対する戸籍の差別記載や相続差別が、女性に重大な影響をもたらすという動機から出発している。[22] そのため、戸籍に長男・長女と書くのをやめよう、といった運動になりやすい。これでは差別的な記載が解消されれば、彼女らの運動の主張は〈核家族〉へと収斂してしまう。

女性差別の撤廃として婚外子差別の解消をいうなら、〈核家族〉のなかでの正当性の獲得でもすむ。〈核家族〉を残したままでも、嫡出・非嫡出の区別をやめることはできる。しかし、〈核家族〉は役割を強制する家族制度であり、筆頭者・長男・長女などといった性別と出生の順番に伴う身分制である。〈核家族〉制度を残すことが、差別であり時代錯誤である。

婚外子を差別し、嫡出児を手厚く扱うことは、〈核家族〉という結婚制度を守ることであり、嫡出児を産む主婦の保護でもある。嫡出児の保護とは、夫の子供を育てる専業主婦という地位の保護である。専業主婦が有利だということは、専業主婦をもった男性の保護にほかならない。専業主婦をもつ男性には、専業主婦税という特別の税金を課すべきだと考えるが、それは後述する。

我が国の女性運動も政府などと同様に、工業社会的な発想から抜け出ることができない。だから、我が国の女性運動は、イクメン・キャンペーンのように男性に家事や子育てを手伝わせて、〈核家族〉制度の内部で問題を処理しようとする。女性運動が導く結論の多くは、社会秩序の安定をめざす〈核家族〉を守れという保守派と同じ主張となっている。

嫡出児・非嫡出児の差別的な取り扱いは、別の面からも挑戦を受けている。我が国では、二〇〇三年（平成一五）に制定された「性同一性障害者特例法」により、性同一性障害を理由にして戸籍上の性別を変えることが可能になった。その結果、性転換して女性から男性になった夫と、もとから女性である妻とのあいだの子供が、嫡出児として戸籍へ記載する旨の届け出がなされるようになった。

非配偶者間の人工授精で誕生した子供は、配偶者間の人工授精か否かは不問のまま嫡出児として扱われていた。また、できちゃった婚の子供は、結婚前に妊娠したことが明らかであるにもかかわらず、嫡出児として扱われている。そうでありながら、法務省は女性から男性へと性転換した夫の子供は、非嫡出児として届けるように主張して、嫡出児としての届け出の受領を拒否していた。

嫡出か非嫡出かの区別の基準は、法律上の婚姻をしている夫婦から生まれたか否かだった。そのため、女性が再婚後六ヶ月以内に出産した場合を除き、戸籍上の夫婦から出された嫡出児としての届けは、無条件で受理してきた。「性同一性障害者特例法」により、戸籍上の性転換が認められれば、法律のうえでも男性も女性となるし女性も男性となる。もちろん性転換した男女も婚姻することができる。しかし、法律上の男女が法律婚をしたにもかかわらず、性転換者を親とすると子供は嫡出児にならない矛盾が生じている。

無精子症の夫を持つ女性と、女性から男性へと性転換した夫を持つ女性では、自然な性交では妊娠できないという意味では同じ立場である。にもかかわらず前者の女性が、他の男性から精子の提供を受けて妊娠・出産すれば、出生届は戸籍上嫡出児として受理されてきた。それに対して、後者の女性が他の男性から精子の提供を受けて妊娠・出産しても、嫡出児とは扱われなかった。

嫡出・非嫡出というのは、国家の支配が円滑に進むように、法律が決めた約束事にすぎない。嫡出・非嫡出で別扱いするというのは、生物学的には何の根拠もない。生物として同じ人間を、法律が差別して扱っている。「性同一性障害者特例法」を制定したことにより、嫡出・非嫡出で別扱いする制度が破綻してきた。

地方裁判所と高等裁判所では法務省見解を支持して、男性としての生殖能力がないことが戸籍記載上から客観的に明らかだから、子供を夫婦の嫡出子として推定することはできないとしていた。しかし、最高裁判所は二〇一三年（平成二五）に、妻との性的関係によって誕生した子供ではなくても、嫡出子としての戸籍の届け出は認められると判示した。これによって戸籍上の夫が子供の父親となったが、血縁幻想は破綻したと言うべきだろう。

他にも戸籍制度には問題が多い。女性だけに規定されている再婚禁止期間中に、新しい男性の子供を妊娠したために、前夫の子供とされることを嫌って出生届を出さなかったケースがある。こうしたケースで生まれた子供は無戸籍となっている。すべての日本人が記載されるはずの戸籍に、記載されていない人たちがいることが、最近になって問題視されている。

戸籍制度は決して大家族制度から生まれたものではなく、〈核家族〉制度に適合的として明治になって制度化されたものだ。工業社会が情報社会へと転じようとしている今、戸主という戸籍筆頭者を中心にして、配偶者からその子供までを出生の関係性まで含めて記載する戸籍制度は廃止したほうが良い。

戸籍は家族関係の真実を反映しなくなっている。そもそも家族の関係を政府が把握する必要はなく、個人のデータを登録すればすむ。今後は対ではなく個人が社会の単位になる。だから、先進諸国に習って二〇〇八年（平成二〇）に韓国が戸籍制度を廃止したように、我が国も戸主中心で夫婦単位の戸籍制度から、敗戦直後のＧＨＱに指摘されたように個人籍制度へと変えるべきである。

第10節　赤ちゃんが輸出されている

家の跡継ぎが必要だった大家族の時代には、結婚しさえすれば子供の誕生が期待された。そして、〈核家族〉時代の結婚では、子作りを目的にしてセックスをすることは正義であったから、結婚した以上は子供をもつことは正義の実践だった。しかし今日では、男女間にどんなに強い愛情があっても、それが子供の誕生へとは直接にはつながらない。手軽で確実な避妊が普及したことも手伝って男女の愛情と子供をもつことは別次元の話となった。

子供をもつことは、決して自分たちだけの問題ではない。だからこそ、子供が可愛いのを知っていても、若者たちは簡単には子供をもたない。三ページの表でもわかるように、子供をつくる夫婦が減って、子供のいない夫婦が最近の二〇年で約一・六倍に増えている。結婚と子供をもつことも、いまや別次元の話となった。

大家族では家全体が新生児を養育したが、現代において子供の誕生とは、二人の若者が子供の全責任を引き受けることを意味する。しかも、若い二人に〈核家族〉を作らせようとする圧力が強く、妊娠したら中絶させるか結婚させようとする。かつてのように、産まれてすぐに養子に出すことはできない。未成年養子は激減してきた。〈核家族〉理念が支配する社会では、子供は社会の財産と見なされていないから、子育ては親だけの責任で育てなければならない。

いまの若者は産めば何とかなる、といった無責任な選択を嫌う。生まれたばかりの小さな子供も一人の人格である。子供と大人は人間として対等である。子育ては自分とは別の人格を育てることである。将来に少しでも不安を感じれば、いまの若者は子供をもたない選択をする。異性にモテモテで、ベッド・パートナーには不自由しなくても、子供をもつのはまったく違った次元の判断が必要である。

若者が望まない妊娠をし、中絶の時機を逸してしまった場合、出産以外に選択肢がなくなる。そんなとき、娘の親はどう対応するか知っているだろうか。血縁幻想にとらわれ、未成年養子を否定的に見る我が国は、海外へと赤ちゃんを輸出していることは知られていない。

高校生である娘の妊娠を知られては、母親の自分は恥ずかしくて、近所のスーパーにも行けない。そう考えた母親は世間体を憚って、妊娠した娘を遠くにやり、しばらく独りで住まわせた。そして、生まれた子供と出合う確率の低いことを望んで、出産後、ただちに海外養子に出した。(23) これが二〇〇四年（平成一六）にあった実話である。

我が国は海外養子をまったく規制していないので、海外養子は民間機関の活動に任されている。そのため、海外養子となる子供の状況は把握されていない。何人が海外に養子に出されているか我が国の政府には資料がない。政府は子供を宝として見ておらず、またマスコミも無関心である。ちなみに米国国務省によると、一九九九年（平成一一）から二〇一二年（平成二四）の一三年間で、日本から米国に養子に出された事例は四八三件、二〇一二年（平成二四）度は二一人であったとウィキペディアはいう。[24]

我が国の若者は、麻薬をやらないと海外でも知られている。薬物に汚染されていない母胎から、産まれた日本人の赤ちゃんは海外で奪いあい状態である。ほかの国から養子に出される赤ちゃんの二倍の高値で取り引きされていると、新聞記者の高倉正樹が『赤ちゃんの値段』で書いている。

文部科学省の調査によると、二〇一五（平成二七）と二〇一六年（平成二八）に、妊娠を学校が把握した生徒数は二〇九八人だった。そのうち全日制で三六・九パーセントが、定時制では二四・八パーセントが退学をすすめられて自主退学している。卒業している例は、半分にも満たない。しかも、全日制で七二人、定時制で二三人が何らかの懲戒が行われている。

こうした数字を見ていると、妊娠・出産を否定的にとらえる視点だけで、めでたい慶事ととらえる空気は全くないと感じる。高校生が妊娠するのは、犯罪でも犯したような悪事として扱われる。大怪我をし長期間の入院を余儀なくされた高校生を中退させるだろうか。

勉強は出産後でもできるのだから、妊娠をサポートし安全な出産に導くことこそ、教員をはじめ大人の役割ではないか。ちなみにアメリカでは、妊娠した女子高校生を中退させることは、男女差別として連邦教育法第九編によって禁止されているという。

現在の我が国では、一年間に約三〇万人の女性が中絶するという。[25] 少子化を嘆くなら、中絶を望む女性たちに産んでもらって、赤ちゃんを引き取ればいいではないか。養子に出したい新生児を引き受け、登録・公示する制度を整えるべきである。それは裕福な大人たちの仕事だろう。

赤ちゃんを欲しがっている人がたくさんいると知っていれば、望まぬ妊娠をし出産に至ってしまっても、人生に絶望する必要はなくなる。結婚していなくても、安心して子供を産むことができる。裕福な経営者や政治家などといった有名人が、率先して養子を受け入れれば、少子化が進む世の中も変わるに違いない。

先進国の大人たちは、素直に時代を見つめた。シングル・マザーも認めたし、婚外子も許容した。嫡出・非嫡出の差別も廃止した。たとえばスウェーデン王室は、子連れの女性を家族として迎えた。どんな子供も可愛い。子供は平等である。そう考えたから未成年の養子を取りはじめた。我が国では、親と暮らせない子供の約八割が施設暮らしだが、海外では親と暮らせない子供は里子や養子となって、血縁のない養親の家庭で暮らす例が多い。

かつては先進国でも婚外子を差別していた。アメリカでは、一八八二年(明治一五)に制定されたエドマンズ＝タッカー法によって、非嫡出児の相続権が否定されていた。やはり非嫡出児は差別されていた。〈核家族〉が主流だったから、親のいない子供は施設で育つのがふつうだった。しかし、現在では養子となる赤ちゃんが待ち望まれている。赤ちゃんは引っ張りだこである。

かつての工業社会では、どの先進国でも養子は隠していた。しかし、これからは個人を大切にする。そのため〈核家族〉単位の戸籍を非公開にして、特別養子縁組のように子供の出自や身分を隠すのではない。戸籍を〈核家族〉単位から、個人単位へときりかえ、出自を追跡できるようにしなければならない。親子に血縁がなくても、親子関係はまったく同質である制度に変えるべきである。ここでも〈核家族〉制度が、個人の自立を阻んでいる。

第11節　〈核家族〉では暮らせない

なかなか景気が上向かず、就職戦線は厳しい状態が続いている。求人倍率は向上していると言うが、派遣社員という非正規社員が数年で職を失い、次には正規社員も首を切られようとしている。そうしたなかで、成人が一人しかいない単家族は、経済的に不安定に見えるかも知れない。多くのシングル・マザーが貧しい現実を見よ、という声が聞こえてきそうである。

〈核家族〉では二人の成人がいるから、二人で収入の確保ができるというかも知れない。稼ぐ人間が一人になってしまったら、失業がたちまちホームレスという路上生活に直結するといわれるかも知れない。だから、稼ぎ手が一人の単家族より、成人が二人の〈核家族〉のほうが良いといわれるかも知れない。乞食の家族のように、家族は多いほうが安全だという声が聞こえてきそうである。

大家族から〈核家族〉になった理由を思いだして欲しい。大家族は〈核家族〉より、明らかに家族の人数が多かった。しかも大家族の家族たちは、全員が働き手＝稼ぎ手だった。にもかかわらず、時代はより小型の〈核家族〉を選んだ。人数の多寡が問題なのではない。

女性が稼ぎのない専業主婦であっても、〈核家族〉のほうが大家族より収入が多くなった。だから、工業社会に適した小さな〈核家族〉へと転じた。小さな〈核家族〉で豊かになったからこそ、古き大家族への望郷はあっても、大家族へと戻ろうとはしなかった。農地と結びついた大家族は没落する運命にあった。家族の人数の多寡は貧困とは無関係である。

農業に適合的な大家族は工業社会に適さず、大家族のままでは人々は暮らしていけなくなった。大家族より小型の〈核家族〉になったからこそ、産業構造が転換しながらも多くの人が生活できるようになった。この間の経済成長がいかに大きかったか、そして、多くの人が恩恵を受けたかは言うまでもないだろう。

〈核家族〉になると家族制度から弾きだされる人が出た。それは老人である。大家族の時代には、稼ぎ終わった老人を、同居した若い世代が面倒をみた。しかし、〈核家族〉では稼ぎ終わった人間が、家族に残ることを想定していなかった。〇LDKといった〈核家族〉の住まいには、老人室は組み込まれていなかった。

消費しかしない〈核家族〉は、無収入の老人を抱えきれなくなった。そのため、年金とか社会福祉や介護保険というかたちで、老後の面倒は社会がみる仕組みを作った。現代の老人は裕福だから忘れがちだが、ついしばらく前つまり一九五〇年（昭和二五）頃までは、老人といえば収入がなくて貧乏の代名詞だった。

貧乏な老人を社会に放置すると、〈核家族〉制度がうまく機能できない。そのため、大家族が〈核家族〉になるときには、大家族がもっていた家族の福祉機能を、税金でまかなうように社会の仕組みを変えた。病院や学校教育を整備し、健康保険や失業保険制度をととのえ、年金・介護保険も用意した。

一九六一年（昭和三六）には、すべての人の老後を社会的に支えようと、国民年金ができた。こうしたことは、大家族の時代なら、家族が担っていた機能である。入り会い、若者宿、冠婚葬祭など、村落共同体に支えられた大家族が、担ってきた機能は他にもたくさんあった。これらの機能は、社会へと徐々に溶融されていった。

大家族の機能を税金からの支出でまかなうようにできたのも、生産性が上がって税金が増え社会が豊かになったからだ。たとえばの話、一九六〇年（昭和三五）の一人あたりの国民所得は一四万四〇〇〇円だったが、二〇〇〇年（平成一二）には二九三万円となって、この四〇年間でも約二〇倍になっている。

いまや〈核家族〉制度も、かつての大家族と同じ状況に至っている。もはや〈核家族〉制度では食えない。稼ぐ男性が稼がない女性を背負う制度が機能不全になっている。〈核家族〉制度を維持すると、高学歴のカップルなど一部の富裕層はますます豊かになるだろう。また、男性が高給取りの富裕層であれば、専業主婦に優雅な生活を与えることができるだろう。しかし、富裕層は絶対的に少数派である。だから、女性も含めて全員が働くシステムを作らないと、多くの人の給料が下がり平均的国民の生活が困難になる。

情報社会は個人の能力を、充分に発揮するように要求している。対の家族では生産性が上がらない。女性が家庭にいたりパート労働者では、女性の能力は死蔵されてしまい、社会全体の生産性は上がらず税収は増えない。

我が国の有効需要は、一部の富裕層ではなく多くの庶民が支えている。非正規労働者やパート労働者の低賃金が、我が国の平均的な賃金水準を下げ、庶民の生活水準を下げてしまう。庶民が貧しくなる結果として、税収が減って社会が貧乏になり、そのしわ寄せは個人としての男女にくる。

男性も一人であり、女性も一人である。一人の人間が、自分の食い扶持を自分で稼ぐ。そして、男女がそれぞれに税金を払う。そうした仕組みを、情報社会は要求している。工業社会が社会福祉を、家から社会が担うように変えたように、情報社会は男女の対から個人へと、社会の仕組みを変えることを要求している。〈核家族〉でいるより単家族にあるほうが、有利である仕組みに変えないと、情報社会化に取り残される。

一人では失業したら、収入はただちに途絶する。しかし、〈核家族〉は二人だといっても、一方が無給の専業主婦では収入が中断することに変わりはない。〈核家族〉である限り夫は失業しても、無収入の専業主婦を養い続けなければならない。稼ぎのなくなった男性は、妻から約束違反だと失業が離婚につながりかねない。男性にはより過酷な運命が待っている。

無収入の妻は負担になりこそすれ、経済的に助けてはくれない。しかし、一人であっても充分な失業保険があれば事情は違う。また失業しても、簡単に復職できれば、失業は恐怖ではない。

すべての成人が稼ぐ社会は、すべての成人が担税者である。すべての成人が稼ぐ社会は、片稼ぎの〈核家族〉制度の社会より豊かである。だから、単家族の社会は、一人生活者を手厚く支えることができる。専業主婦という寄生者をかかえる〈核家族〉を前提に社会制度を考えるから、シングル・マザーが貧困から抜け出せない仕儀に陥る。

優秀な女性も社会的な労働に参加するから、税金を払う人間が二倍になる。成人の半分しか税金を払っていなかった〈核家族〉の社会より、全員が働く単家族となった社会は裕福になる。だから、個人の失業を、働く人間が補填することができる。これでこそ男女共同参画であろう。

単家族は子供を社会の財産とみなすから、子供を養育する社会的なシステムを作らなければならない。単家族制度の下では、失業保険や健康保険も、保険料を払う母集団が〈核家族〉制度より二倍も大きい。だから、保険料の支払いも大きくなり、子供を社会で育てることは充分に可能であろう。

農業生産に適した大家族では生活できなくなったから、〈核家族〉という対の生活に対応した社会の仕組みに切りかえてきた。家族の人数が多いから、安定した経済生活が営めるのではなく、時代の産業構造に適した家族の形が生活を保障する。

〈核家族〉が機能不全になった現在、一人での生活に対応した社会へと、社会の仕組みを組み替える必要がある。一人でも生活できるような社会の仕組みに変えないと、情報社会は生産性を上げることはできない。そんな時代に至った。

第12節　社会が要求する単家族

物そのものの生産、つまり原始的な工業社会はすでに限界に近づいている。情報社会では物の生産を目指すのではなく、知を生み情報を生みだす。いまや物にのせる〈コト〉＝プログラムを生みだすことが問われている。本書は、情報社会論ではないから詳しくは書かないが、すでに脱工業化がすすんでいる。

車もプログラムが壊れると動かないし、飛行機はコンピュータに支援されて飛んでいる。プログラムが壊れると銀行は大混乱におちいる。物というハードよりも、プログラムというソフトのほうが、重要度が増している。ハードからソフトへと、産業の軸足は移っている。

今後の生産活動には身体ではなく頭を使う。腕力ではなく、提案力や企画力が求められている。大家族が工業社会に対応できなかったように、〈核家族〉は頭脳の自由な発想を妨げ、情報社会の生産性向上に障害となる。〈核家族〉が跋扈する我が国では、大卒・大学院卒の女性の専業主婦率が、先進国の中で際立って高い[26]。女性の能力を死蔵しているとしか言いようがない。

ソフトという知や情報の生産には、腕力はまったく不要である。非力な女性も情報社会では、男性と同じ収入を得ることが可能である。だから女性も一人で生活できる。いまや生活していくために、男女が共同生活をするのは時代錯誤となった。成人の半分を占める女性を、働き手として戦力化する必要がある。

学生を終わって労働市場に出る時、男女ともに人的資本は同じだけ持っている。年収が三〇〇万円だとすると、一〇年では三〇〇〇万円、二〇年では六〇〇〇万円も収入を得ることができる。勤務年限によって年収は増えていくであろうから、生涯年収は二億くらいになるだろう。投資家であり作家でもある橘玲は次のようにいう。

大学を卒業して数年間働き、結婚して専業主婦になると一億円を超える人的資本をドブに捨てることになる。これは経済学的にはきわめて不利な選択だが、それにもかかわらず日本では専業主婦に憧れる若い女性が多いのは驚くべきことだ。(27)

高度経済成長期の一九六〇年（昭和三五）頃以前には、非婚の男女が同居すると、ふしだらな行為として社会的な指弾にあった。婚外のセックスは許されなかった。高級ホテルでは別姓の男女を同じ部屋に泊めなかった。(28) 有名企業は興信所を使って入社希望者を調査し、同棲した若者を採用しなかった。(29) それは男性の勝手な性行動を許さず、無職の女性を守るために、男性労働力を〈核家族〉に閉じ込めるためだった。

工業社会では日陰者だった独身者が、今やっと一人前の人間として認められはじめた。今や非婚のままでも同居できる。結婚を前提としなくても、男女が親密な関係をもてる。姓の違う男女でも高級ホテルに同宿できる。先進国の企業は別姓のままでも人生の伴侶と認める。法的婚姻が意味を失いつつある。

二〇〇四年（平成一六）三月一一日付けの日経新聞によると、アメリカの大手企業では五〇〇社中二一一社が、社員に対して「ドメスティック・パートナー（未婚の同居人）」を、法律的な配偶者と同じに扱っているという。一九九〇年（平成二）以前には、二〇社にも満たなかったことからすると、企業の動きは政府のずっと先を行くと書かれている。アメリカでは既婚者への配偶者手当などもなくなったし、〈核家族〉をつくる結婚が意味を失った。

我が国では夫婦別姓が国会で取り上げられることがある。夫婦別姓は家族としての一体感を損なうというのが、保守派が反対する理由だと報道されている。こうした報道をきくと、世界の動向は夫婦同姓が多いように感じるだろう。

しかし、世界の現状は別姓も選択できる制度を採用する国が増え、同姓を強制する国は我が国だけというのが真相である。衆議院調査局が二〇一〇年（平成二二）一一月に作成した資料によると、日本の他に夫婦同姓を採用しているのは、慣習で同姓にしているジャマイカと、宗教や地域で制度が異なるインドのヒンドゥー教徒ぐらいだ、と時事ドットコムは報じている。(30)

夫婦同姓を採用していたドイツは、連邦憲法裁判所の違憲判決を受けて、一九九三年（平成五）に別姓も選択できる制度にかえた。トルコは二〇〇一年（平成一三）に、タイも二〇一五年（平成二七）に別姓も選択できる制度へと法律を改正した。

我が国は西欧先進国に追いつけ追い越せと頑張ってきたはずなのに、姓＝氏の呼称に関しては途上国にも追い越された。夫婦同姓を強制しているのは、世界中で我が国だけになってしまった。工業生産力では先進国を自認しているが、家族に関しては古い〈核家族〉制度に固執し続けているのが我が国である。

情報社会を目前にするにつれ、先進国では異なった性と対をなさず、〈核家族〉を営まない人々が登場してきた。同性同士でも性愛を楽しんでも良くなった。ゲイとして生きることも可能になった。工業社会では一般的であった〈核家族〉での子育てを、選ばない人々が発生してきた。男女の対ではなく個人を単位とする社会原理へと移行を始めた。

単家族は個人ではなく、あくまで家族概念である。単家族とは非婚者だとか、シングルといった単身生活者だとか、結婚しない個人だと誤解しないで欲しい。単家族は稼ぎ手が一人しかいない家族だが、稼ぐもう一人が同居しているかも知れない。しかし、稼がない専業主婦は同居していない。

単家族は情報社会に適合しているがゆえに、充分な生活の基盤になる。そして、単家族は血縁のない二世帯同居はもちろん三世帯同居も可能だし、また複数の同性や異性を同時に愛するポリアモリーすら可能である。

第13節　単家族とは何か　その一

今まで単家族という言葉を正確に定義しないで使ってきた。ここで単家族を定義しておこう。簡単にいえば、単家族とは一人の成人と子供を組み合わせとする組織であり、社会的な家族の単位である。成人男性＋子供もしくは成人女性＋子供という単位が、単家族である。だから単家族とは、非婚とかシングルといった個人次元の話ではなく、世代交代を含んだ家族についての未来志向的な考え方である。

一九六八年（昭和四三）にフランスの五月革命ではじまった社会運動は、先進国の人々の価値観を大きく変えた。五月革命などで変容を受けた〈核家族〉は、より個人指向へと向かい、成人の組み合わせには様々な形が生まれた。

〈核家族〉をとることでしか正当性がなかった男女の関係を、性別を問わない複数の人間へと押し広げた。そして、結婚と同棲の垣根を取り払った。ここで個人を単位とする家族、つまり単家族という概念の萌芽が生まれた。

単家族をみつけた先進国では、様々な家族形態を生みだしている。一番わかりやすいのは、フランスで普及しているユニオン・リーブルやコアビタシオンもしくはソロであろう。ユニオン・リーブルとは内縁関係といったら良いだろう。内縁関係＝同棲を〈核家族〉とは違う人間関係ととらえ、婚姻した者とまったく同じように扱う。そして、そこから産まれた子供を非嫡出児ではなく、嫡出児とみなす制度である。

コアビタシオンは同棲であるが、短期的な同棲と違って、継続的な性的関係があることである。ユニオン・リーブルとほとんど同じ意味だが、二人の結びつきがより弱いのだろうか。ソロとは二人が別居しながら、継続的な性的関係を続ける、いわば通い婚といった形態である。

親子間の血縁は切りようがないのだから、再婚しても生物学的な親子関係は不変である。子連れの成人が再婚して作る再婚家族というのも、単家族の二世帯同居ということになる。単身の成人と子連れの成人の再婚であれば、一人の成人と一人の成人が子供を伴った関係の形成である。これは典型的な単家族の二世帯同居である。

ユニオン・リーブルにしてもコアビタシオンにしても、当事者となる成人は、異性とは限らずに同性の場合もある。成人の作る関係は様々にあるので単純化はできない。そのため成人の関係から規則性を抽出するのは難しい。しかし、それを子供のほうから整理してみると、ことは非常に単純である。そこで子供を持ちうる、もしくは持っている成人を子供のほうから整理した家族を、本書は単家族という。

単家族とは、梅棹忠夫の言葉に従って定義すれば、「男を主権者として、それに子供を配する男家族と、女を主権者として、それに子供を配する女家族」となる。男家族も女家族も、ともに単家族である。子供のいない〈核家族〉でも〈核家族〉と呼ばれるように、子供がいない単家族が個人と重なるに過ぎない。

ユニオン・リーブルやコアビタシオンは法的な関係ではなく、単なる同棲に過ぎない。我が国では事実婚というが、その事実婚に法的な保護を与えたのが、一九九九年（平成一一）に制定された「PACS」である。パリに住んでいた共同通信の元記者柴田久仁夫は次のようにいう。

フランスの場合、結婚数の減少や晩婚化とは裏腹に、出生率は増え続けています。大きな理由としては、手厚い家族手当があるわけですが、もうひとつ「PACS」（パックス）の存在も見逃せません。一九九九年に制定されたパックスは、同性異性を問わず、事実婚のカップルに対して、法的婚姻関係とはほぼ同等の権利を認めた制度です。税制、あるいは出産、子育ての優遇措置が受けられるもので、つまり法的に結婚していなくても、経済的なハンデを負うことなく家族が持てるわけです。その結果、パックスの申請者数は順調に増え続け、二〇一三年には一六万八一二六組に達しました。つまりフランスでは今や、一緒に暮らしているカップル一〇組のうち四組が事実婚、という計算になります。[31]

結婚と同棲を同じように扱い始めたことを反映して、フランスの二〇代の婚姻率は二〇一〇年（平成二二）現在、二二・六パーセントしかなくなった。柴田久仁夫によれば、二〇代の数字に三〇代を加えても、二九・五にとどまり、一五パーセント弱の男女が結婚しているに過ぎないという。結婚しないで子供を持っても、結婚してから子供を持っても、保証や子供への保護といった事情は何も変わらなくなったからである。

フランスにおける新しい家族の形、つまりユニオン・リーブルやコアビタシオンなどは、女性が家事に専従する〈核家族〉ではない。個人が経済的に自立していることが前提の家族であり、男性も女性も社会で働く家族である。言いかえると、男性と女性は主人と家内ではなく、両者とも単家族の主人である。両者は社会的に同質の存在とみなされている。ここでは性別による役割分担は想定されていない。二人の男女が作る家族は単家族の二世帯同居である。

男女の性別は生理的な違いであり、性差は社会的な違いである。生理的には白人がいたり黒人がいたり人間はすべて違う。しかし、社会的には人間はすべて同じで等価である。性別と性差の次元の違いを認識したので、女性は体力的には弱者のままで、社会的に男性と同質・等価となった。家族も同じである。

〈核家族〉は異なった性別の組み合わせが対を作る、いわば人間の生理に基づいた制度であった。しかし、男性と女性が社会的に等価になった以上、家族も性別に頼らずに同質・等価な個人によって形成される。単家族とは、社会的に脱性化した個人が作る家族である。ここで同性同士の組み合わせも、家族を作り得るようになった。

ユニオン・リーブルにしても子供と二人の成人の関係ととらえることができるし、ソロであれば子供と一人の成人である。成人の関係を子供のほうから見直して、家族概念としたものが単家族である。そのため、社会には〈核家族〉も残っているし、大家族といった家族形態もある。しかし、確実に言えることは、一九七二年（昭和四七）にフランスでは民法が改正されたように、すべての人間関係が子供＝人間の出自によって、子供＝人間に区別をつけない、つまり子供＝人間中心の制度に変わったことである。

単家族とは成人の性別を無化し、すべての人間＝個人を社会的に同質・等価とみる家族制度である。これを単家族化と見なすのであり、単家族制度という。現在でもフランスでは、男女の同居が主流であると言われるかも知れないが、男女の同居であってもかつての〈核家族〉とは違う。等価な男女の同居は、単家族の二世帯同居である。

第14節　単家族とは何か　その二

単家族化すると、子供には片親しかいないと心配するかも知れない。しかし、成人男女が同居する事実と家族制度は違う。現在でも老若の〈核家族〉二世帯が同居していれば、二世帯同居と言うし二世帯住宅と言うではないか。

二世帯同居では親子の世帯は協働していないので親和力こそないが、同居している人々のあいだには親密さがあるだろう。単家族の二世帯同居も充分に親密さがわく。子供に必要なのは親の婚姻という法律的な縛りではなく、身近に親密な大人が存在し愛情を注いでくれることだからである。

単家族とは同居する人々についての意識論ではない。家族制度であり、社会の家族制度を支配する理念のことである。どんな社会にあっても、子供にとって男性の親は父親であり、女性の親は母親であることは変わらない。出生証明書には父親と母親の名前が記されるのは当然である。

工業社会になっても、大人数の大家族が残ったように、情報社会になっても男女が同居する人間はいる。恋のうずきは生得的なものでもあろう。異性のぬくもりは、両性ともに焦がれるものだ。他者を思いやる恋心は永遠である。男女の営みよって子供が生まれる以上、男女の同居がなくなることはあり得ない。

単家族制度になっても、男と女は恋をし同居するだろう。しかし、一対の男女が同居しているといっても、もはやそれは〈核家族〉ではない。男を主権者とした単家族と、女を主権者とした単家族が、たまたま二組同居しているにすぎない。いわば単家族の二世帯同居である。

〈核家族〉は男女の対だったが、同性の二人が同居しても、異性の同居と同じように単家族の二世帯同居である。時代の変遷とともに大家族が主流ではなくなったように、単家族が増えるにしたがって、〈核家族〉も大家族と同じ道をたどる。

情報社会では経済的には一人でも生活はできるけれど、その人と一緒に生活するのが楽しいから同居する。そういった人々の生活の場が家庭となる。情報社会の家庭には、何人の成人がいても良いし、同性の成人がいても良い。経済的な役割や肉体的な性別ではなく、心で結ばれた人たちの住む場所が、単家族という家庭である。

子供を産むのは女性である。子供を産んだ女性を母親と呼ぶ。子供を産ませた男性を父親という。精子や卵子の提供者は、生物学的な父親であり母親である。しかし、単家族では、子供を育てる母親が産みの母親である必要はないし、子供を育てる父親が産ませた父親である必要もない。もちろん生物学的な親が育ての親である必要もない。

生物的に異質な男女が家族を作るのではなく、社会的に等価な人間が家族を作る。子供を育てるのは、血縁の父親であるとは限らないし、血縁の母親であるとは限らない。愛情さえあれば、血縁のない人間であっても子育てはできる。父親が男性でなければならないわけではないし、母親が女性でなければならないわけではない。愛情を持って育てる男性を父親と呼び、育てる女性を母親と呼ぶにすぎない。

大家族の親和力が、家族としての一体感を支えていた。そして、大家族は地域や隣人に対して開いていた。だから、隣人や知人たちは、平気で家へと上がり込んできた。そして、家の一員であるかのごとく、平然と食事をしていった。しかし、親和力のない〈核家族〉は男女の二人だけで閉じている。男女の対を基準とする〈核家族〉は、カップルになった当人以外を排除してきた。

脱性的な単家族は、個人が基準になることによって、より広いつながりがもてる。単家族を基本とする社会は、夫や妻といった身分から解放される。脱性的な単家族は自由である。単家族では人々の結合規範として、男女以外にも様々な選択が許される。まさにダイバーシティである。だから、〈核家族〉を基本とする社会より、単家族を基本とする社会ははるかに多様で活力がある。

現在、情報社会化が完全に浸透したわけではない。むしろ情報社会化の端緒に立ったばかりである。

そのため、先進諸国では個人化が進み、単家族化しているが、単家族のあり方も試行錯誤の最中だ、と言ったほうが適切であろう。

フランスの「ユニオン・リーブル」（自由な結びつき）や「コアビタシオン」（同棲）が、また「PACS」が市民権をえた。そして、スウェーデンではサンボが実践されているといっても、これらは決して完成形ではない。しかし、いずれも単家族理念を是とする方向に進んでいることは間違いない。こうした試みを単家族と総称して良いだろう。

第15節　性別役割の解消

情報社会に入ろうとする今、女性が男性と同じ立場にたったので、女性にも男性と同じ現象が起きざるを得ない。ときとして女性の解放とは、男性を〈核家族〉の家事労働に参加させることだ、という勘違いが起きる。

我が国でフェミニストを自称する女性たちは、専業主婦の家事労働をアンペイド・ワークとして擁護する。[32] そして、男性も家事労働に参加するように主張し、子育てをしない男性を父親とはいわないという。[33]

しかし、男性が家事に参加しても、専業主婦に稼ぎが生じるわけではないし、専業主婦が担税者になるわけではない。むしろ専業主婦の家事労働を、アンペイド・ワークとして擁護すればするほど、アンペイド・ワークが重要視されて女性を稼ぎから遠ざけることになる。そして、結果として労働から得られる女性の自己認識を閉ざしていくことになる。

世界中でもっとも裕福だったアメリカの主婦が、もっとも早く生きる悩みに襲われたことを思い出して欲しい。〈核家族〉という家庭に閉じこめられた女性が、ゆえなき悩みに襲われたのは、家事と子育てに専従させられ、職業から隔離されていたからだ。

女性の悩みはイクメン・キャンペーンではなく、女性が一人前の職業をもつことでしか解消されなかった、と歴史は教えている。家事労働をアンペイド・ワークとして擁護することは、女性の社会進出にとってマイナス効果しかない。単家族では男性による子育ては当たり前だが、〈核家族〉の子育てへと男性を引き込むことが、女性の解放につながるわけではない。

歴史の流れは、大家族だった家から男性が解放され、次には女性が〈核家族〉から解放されることだ、といっている。「クレイマー、クレイマー」で主人公の女性が、エプロンを捨てて社会に出たように、女性が職業をもつこと以外に女性の解放はない。

少子化対策と称して、政府は三世帯同居の家族を増やそうとしているように見える。中学生以下の子供のいる三世帯同居家族には、二〇一六年（平成二八）から所得税を減税すると言うが、これは時代に逆行している。[34]

我が国のフェミニズムは、家父長制を非難しながら、アンペイド・ワークを評価せよといって、政府と同じように専業主婦に味方した。[35] そして、寿退職して子育てに専念する専業主婦を、女性の生き方の一つとして擁護した。専業主婦の仕事を理解し・評価すれば、問題は解決するかのように言う。たとえば、エムスクエア・ラボ社長の加藤百合子は、『家事育児という仕事』で次のように言う。

家事には食事の提供、買い物、掃除、洗濯、家計のやりくりなど、挙げきれないほどの、とても多くの業務が含まれています。家事だけを行う専業主婦は税金を納めていないから、仕事ではないという方（その多くは男性です）が世の中にはいます。本当にそうでしょうか？

家事を主に担ってきた女性が外へ出れば、専業で家事を行っていた時と同じようにはできませんから、自動機器を購入したり、余裕があれば外注したりします。その証拠に、自動走行掃除機、全自動洗濯機、食洗器などの家事を楽にする家電は一定の規模のマーケットがありますし、家事代行業はビジネスになっています。

そして、これに育児という〈母親業〉が加わると、完全に三百六十五日、二十四時間勤務になります。授乳、夜泣き、オムツ交換から、遊び、大きくなれば子供たちのスケジュール把握、各種送迎、しつけ、栄養管理、学校とのやりとりと、こちらもキリがありません。これで無給ですから、ブラック企業も真っ青です。

ただ、家事育児の主な担い手である女性たちの多くは、その対価をお金で求めてはいないと思います。無償の立派な仕事に対して、これを担っていない側がその価値を理解し、きちんと評価すること。それだけで、報われるものなんだと思います。[36]

加藤百合子は善意で発言しているようだし、自分はフェミニストではないというかも知れない。しかし、この発言は家事労働をアンペイド・ワークとして評価せよと言っているに等しい。家事は無償でも立派な仕事だからと、家事に専従する専業主婦を擁護している。世界のフェミニストは、専業主婦であり続けることをやめた。専業主婦を擁護するのではなく、職業人となる道を選んだ。そして、女性が独自の収入をもてるように、職場進出を強力に後押しした。

経済的な自立こそ人間の自立である。経済力を蓄えた男性市民が、近代の入り口で市民革命を行って、王侯・貴族たちから政治的な権力を奪った。経済的な自立なくして、人間的な自立はあり得ない。女性も男性に経済的に寄生していては自立できない。だから、女性が家庭から職場へ出ることは必然だった。

すべての成人が職業をもち、女性も生涯にわたって働き続ける。その結果いまや先進国では、女性が出産・育児のため仕事を中断し、子育てが終わったら再就労する様を示す、女性のM型就労曲線(37)は消滅した。しかし、我が国では職業の継続より子育てが重視される。税制から年金まで制度的に専業主婦のほうが有利である。そのため、いまだにM型就労曲線が残っている。

子供が少なくなった情報社会では、山のような家事労働は存在しない。家電製品などが普及し、大変だった洗濯は洗濯機がやってくれる。食材は加工されて市販されているし、様々な既製服が売られている。女性が専業主婦としてなすべき仕事が圧倒的に減ってしまった。家事労働として子育てが残るとしても、母子が密着する〈核家族〉のなかでの子育ては息苦しい。

専業主婦は自分で選んだとはいえ、ワンオペでの育児は自虐的になる。母子密着は母親にだけ悪影響を与えるのではない。稼がない女性は子供にも悪い影響が出る。いまや子供は社会の財産であり社会の子宝である。だから今後は、女性が社会的な活動に参加して稼げるように、子育てに対しても公的な補助・援助を拡大しなければならない。

家事に大きな手間暇がかかる時代は、終わろうとしている。かつては特別の日でもなければ、刀自（主婦）が外食することはなかった。いまや、老人たちもコンビニ弁当を食べ、中高年の夫婦も手軽に外で夕食をとる時代である。だから、男性が家に入る方向ではなく、女性が家を出て、男女が同じ社会的な生き物になる方向をめざしている。そのためにも、保育園や安価な現代版乳母（父）が求められている。

第16節　老人の知恵と年齢秩序

女性運動の台頭とともに、性別役割の解消は周知されてきた。しかし、その陰に隠れてしまったが、情報社会が要求し現実に進行していることがもう一つあった。それは高齢者が優位者で若者は劣位者だ、という年齢秩序が崩壊したことである。

農業社会が主な産業だった時代とは、文字を読める人が少なく、現代と比べると文字の役割が低い時代だった。当時の庶民には学校などなかったし、もちろん義務教育などなかった。都市部には寺子屋などもあったので文字の読める人もいたが、多くの村には文字の読める人が一人もいないということもあった(38)。

しかし、この時代にあっても、農業を続けるためには、知識や技術が必要だったことはいうまでもない。農業従事者は放っておいても育つわけではない。学校がなくても文字を使わなくても、農業の知識や技術は教え引き継がれなければならなかった。また農業以外にも生きるために身につけなければならないノウハウはたくさんあった。

文字の役割が低い社会では、記憶や経験が今よりもはるかに大切だった。いや農業という産業は、一年というサイクルで種蒔きから収穫までを繰り返すから、農業に熟練するには現代の仕事以上に長い年月がかかる。長い経験が豊かな知恵を生むといっても過言ではない。詳論は省くが、経験や体験から得られる知識が、農業生産にはきわめて有用だった。

鍬や鋤を使う農業労働それ自体は肉体労働だから、たくましい若者のほうが適しているかも知れない。農業機械がなかった時代であれば、元気で頑健な若者のほうが、耕作の能率が上がったであろう。しかし、自然は気まぐれである。毎年同じ気候というわけではない。冷夏もあれば、日照りや干ばつもある。

いつどんな作物を作るのが良いか、いつ収穫するか、などなど無形のノウハウが必要である。土地に適した作物の選定、水をどこからどう引いてくるか、こうした無形の知識は、長い経験から得られる。正確な知恵に基づかない肉体力の行使は、豊かな収穫には決して結びつかない。肉体力の行使が徒労に終わるだけである。

長い体験、つまり、長年にわたって農業を続けることが、知恵の蓄積につながっていく。農業を続けるにあたって、長い体験がものいうのは工業生産やサービス業の比ではない。年をとることが、経験を積み重ねることであり、言いかえると長寿とは知恵そのものだった。年齢が高いことは、それだけで情報をたくさん持っている証だった。年寄りの知恵を借りて、村作りをすることは理にかなっていた。

若者に比べると老人は古いことをよく知っていた。数少ない老人は貴重なデータベースだった。豊かな知恵を持った長寿者が少なかったので、大家族の時代は年齢の高い者が優位で若者が劣位という、年齢による序列ができていた。この年齢秩序を守ることが、農村における高い生産性を保証したのである。だから、隠居した老人が大切にされる必然性があった。

宿老とか家老といった言葉が示すように、高齢者優位の年齢秩序は支配者たちをも縛っていた。たとえば、江戸幕府の組織を見るとそれが良くわかる。老中といえば幕府の高位の役人だったし、そのなかの最上位は大老と呼ばれた。老中は年寄衆とか宿老とも呼ばれ、年寄りが知恵者であると見なされていた。

年齢秩序を守ることが是とされたので、祖父母や父母といった年長者は、子供や孫に対する体罰の権利をもっていた。そして、懲戒のために子供を殴ったり怪我をさせても罪に問われなかった。年齢に従った順送りの秩序を維持しないと、生産力が維持できなかったし社会の安定が損なわれたからである。

平均寿命が短かった大家族の時代には、長く生きることが難しかった。人生五〇年であり、六〇歳を超えて生きる人は、ごく少なかった。人口ピラミッドという言葉があるように、若者が多く老人は少なかった(39)。一九三〇年(昭和三〇)以前の人口を図示したものは富士山のような、上にとがった典型的なピラミッド型となっている。大家族で農業に従事した時代、時代を遡れば遡るほど、長い体験をもつ長寿者は貴重だった。

年老いた老人は、すでに生産活動に従事しなくなっていただろう。経済的には若者たちの働きに寄生していたかも知れない。しかし、農業には年功序列の賃金体系などなかったから、高齢になったからといって若者以上の高給を取るわけではない。老人はむしろ小食になり、村の負担は減ったはずである。老人の存在は決して重荷ではなかった。

平均寿命が短かった時代、村で数人の老人を養うのは大きな負担ではなかった。老人のもっている知恵を考えれば、働けない老人を養うことはむしろ利益のほうが多かった。老人を大切にする敬老精神は、農業生産を支えるうえでぴったりと適合しており、まったく矛盾はなかった。

第17節　年齢秩序の崩壊

江戸から明治へと時代が下るに従って、老人の知恵や経験にもまして、自然を観察することによって得た知識や論理が重要度を上げてきた。宇宙の中心は地球ではなく、地球は太陽の周りを回っていることが明らかになった。

初期の工業社会こそ、老人の知恵・財力や豊富な人間関係が役に立った。しかし、工業社会を支えた発明は、しばしば高齢者の経験からの知恵と対立した。そのうえ西洋から流入した知識は、高齢者の知恵を無用なものとした。そして、徐々に若者の論理が、老人の知恵を無用なものへと押しやっていった。

大家族の時代にこそ、年齢秩序は有効な社会的な約束事だった。しかし、年齢秩序は経験の多寡に支えられた価値観である。経験の長い者を社会的な優位に立てることは、知識や知恵の源泉が体験に基づいているために、経験のない者つまり若年者には高齢者の知恵や知識の是非を判断できないことになる。経験してはじめて知恵や知識が体得できるとすると、若年者は経験がないが故に年長者を批判できない。

農業社会なら経験に基づく知恵がきわめて有効だったから、年長者を批判できなくても良かった。むしろ年長者を批判せずに、黙って従ったほうが得策だった。しかし、工業社会では経験より、自然の観察が重要であり実験が不可欠である。コンピュータの登場などにより、やがて、経験に基づく高齢者の知恵が役に立たなくなった。

ここで高齢者の知恵が批判されなければ、新しい知識が鍛えられなくなった。しかし、年齢秩序が邪魔して、高齢者の知恵を批判できない。高齢者が老害となった。そのため、工業社会も中盤から後半になると、高齢者の地位が大きく低下した。それが先進国に共通の現象だった。我が国でも遅ればせながら同様の現象が起きた。

長寿化により、少ないはずの老人が激増した。二〇一八年（平成三〇）現在、六五歳以上の老人は二八・一パーセントおり、四人に一人以上が老人である。一九六三年（昭和三八）には一五三人しかいなかった一〇〇歳以上の老人は、一九九八年（平成一〇）に一万人を超え、二〇一七年（平成二九）九月には六万七八二四人もいるようになった。

平均寿命が短かった農業社会では貴重だった老人も、いまや巷間に大勢あふれている。老人の貴重さが減少した。一〇〇歳以上の高齢者は、国立社会保障・人口問題研究所の推計によると、二〇五〇年には五三万二〇〇〇人になると推定されている。老人の貴重さはますます減少していく。

経験が陳腐化し生産活動に参加できなくなった老人は、無用の烙印を押されて社会のお荷物となった。工業社会である我が国の高齢者には、隠居ではなく定年が待ちかまえている。いやでも生産活動から引退しなければならない。生産活動に役立たず、無用と烙印を押された老人が、毎年ごとに大量に定年退職する。

二〇一八年（平成三〇）の人口図を見ると、上部が横に広がっており、裾広がりのピラミッド型ではない。たとえば、六九歳の老人は約二〇〇万人以上いるが、一歳の子供は約一〇〇万人しかいない。情報社会に適応できない大量の老人は、生産活動をせずに年金を食いつぶすだけの社会のお荷物となりはじめた。

情報社会は老人の知恵をあてにしていない。膨大な過去の知識は、データベースとしてコンピュータに蓄積された。そして、データベースを確率や統計学が解析するから、高齢者の知恵の大きく価値が下がった。むしろ長い体験は、あらたな発想の障害になりさえする。

老人は自己の体験にたてこもり、自己中心的であり新しいことに積極的ではないことが多い。多くの高齢者は新たな機械やシステムに適応できないし、スマホはもちろんコンピュータのキーボードにもさわろうとしない者もいる。

インターネットなど情報機器の発達によって、高齢者より若者のほうがより多くの情報をもつに至った。新しい発想は若い時代のものだ。筆者も老人だから認めるのはシャクにさわるが、いまや若者のほうが賢い。老化した脳に新しい知識を注入するのは苦痛かも知れないが、今では高齢者が若者に教えてもらわなければならない。

老人の時代適合力は劣化した。ここで高齢者が優位で若年者が劣位という、年齢の多寡による秩序が崩壊して、全員が横並びになった。今では老人は高齢が故にではなく、一人の人間として尊重されるだけとなった。老人にも生涯学習が必要な時代になった。

人間は平等だといいながら、今までは女性より男性のほうが、若者より高齢者のほうが、社会的に優位にあり大切にされてきた。高齢者に対しては高齢であるというだけで、敬語が使われることが多い。

会社の職制を見よ。年功序列の賃金を見よ。女性より男性のほうが高賃金である。職場の上司は、年齢のいった男性が多い。男女が交じれば、多くは年長の男性が上席を占める。男性のほうが、高齢者のほうが、社会的にいろいろと優遇されてきた。

大家族では戸主という形で、高齢の男性がもっとも優位にいたし、〈核家族〉では数歳年上の男性が女性より優位にいた。しかし、情報社会に入る今、年齢秩序や性別役割があると、社会がうまく機能しない。そのため、性別役割の解消と同時に、年齢秩序を崩壊させる人間の平等化が進んでいるのである。

大家族から〈核家族〉への転換とは、一つの大家族が老年世代と若年世代という二つの〈核家族〉に分裂することだった。それは両方の家族が、独立した収入を持ったので、〈核家族〉という次元で平等になったことを意味した。だから、大家族から〈核家族〉への転換とは、じつは家族に関する年齢秩序の崩壊を意味していた。

家父長制は高齢の男性を家長としたが、我が国のフェミニズムは男性の部分だけを指弾し、なぜか高齢を問題視しなかった。そのため、我が国では年齢秩序の崩壊は顕在化しにくく、高齢女性も若年女性より優位にいた。余談ながら、未だに平塚らいてう賛美が続く女性運動の中にも、高齢者優位の年功序列が残っているように感じるのは、筆者だけではないだろう。

年齢秩序の崩壊は様々な分野で露出している。たとえば、登山での遭難件数にも老人たちの劣化が表れている。二〇一七年（平成二九）の山岳遭難件数は二五八三件で、遭難者数は三一一一人だった。一九五七年（昭和三二）に統計を取り始めて、いずれも最多となったと読売新聞は言う。

遭難者を年齢層別に見ると、六〇歳代が最多で七〇歳代がそれに続き、合わせると遭難者の四六パーセントを占めた[40]という事実を突きつけられては、さすがの筆者も黙する以外にない。しかも、遭難による死者・行方不明者の約七〇パーセントが、六〇歳以上だといわれては開いた口がふさがらない。

山岳遭難の原因は、山行きへの調査不足と、自己の体力・技術への過信につきる。自然は今も昔も変わっていない。長く生きた老人であれば事前調査はお手のものだろうし、長い経験が豊かな知識を与えたはずである。加齢による体力の衰えは自明のことだから、自己の体力や技術には自覚的だろう。にもかかわらずこれほど事故が多いとは、老人は体力が衰えただけなのではなく、知力も衰えたとしか考えられないではないか。

我が国では、大家族を懐古する風潮が強く、年齢秩序は敬老精神と相まって根強くはびこっている。高齢者が社会的な利権を握り、人間の平等化に抵抗をしている。経営者にしても政治家にしても、先進国のなかではひときわ老人が多い。

年寄りの知恵を借りて、村作りをしようとして始まった老人の日が、敬老の日と名前を変えて国民の祝日となっている。敬老の日には一〇〇歳を超えた人が、総理大臣から銀杯が授与される。しかし、多年にわたり社会につくしてきた老人を区別し、敬愛し長寿を祝うという、老人だけを祝う国民の祝日は我が国固有のものである。これは農耕社会の残滓という他はない。

二〇一四年（平成二六）現在、七〇歳以上の社長は二二・五パーセントもおり、六〇歳代の社長を加えると、五〇パーセントを超えている。我が国の社長の平均年齢は年々上昇しており、二〇一一年（平成二三）には六〇歳を超え、二〇一四年（平成二六）には六〇・六歳で過去最高を記録したと、東京商工リサーチの調査は言っている。海外とのM&Aなどをしかけて失敗しているのは、高齢経営者の老害の象徴であろう。

情報社会化するうえで、性別役割の解消と年齢秩序の排除は、避けて通ることはできない不可避の道である。老人も若者も、男性も女性も、すべての人が平等になって競争をしないと、もう新しい知恵や論理はでないし生産性も向上しない。

第18節　マッチョとフェミニン

子供を産むことが女性の一番の仕事ではない。大家族の時代にもそうだったように、第一の仕事は女性も自分の食い扶持を自分で稼ぐことである。女性も自分の生活を支える個体維持がまず第一であり、種族保存は二番目の仕事である。だから稼いでいれば、産まない女性が負け犬コンプレックスに悩むこともない。

〈核家族〉にあっては、男性は妻子を養えば役割がすんだ。稼ぐ父でありさえすれば、男性は面目が立った。しかし、情報社会では、男性は父なる地位には、自己の存在証明を見いだせない。情報社会では全員が稼ぐのだから、立場や役割を果たせば良かった時代は終わった。

しかし、男女の生物学的な性別を変えることは難しい。男性はごつい身体で、筋肉たくましく屈強である。女性は優美なボディラインをもち、流麗なしなやかさをみせる。そして、男性は妊娠させることができるが、妊娠はできない。女性は妊娠できる。男女の生物学的な特徴は、今後も変わらない。(41) 男女の性別は永遠に残るが、社会的な性差は限りなく等しくなっていく。

生の個人は変えようがない。むしろ、個人としての男性はマッチョ、そして女性はフェミニンのままである。そうでありながら、社会的な存在としての男女の違いは消失し、男女はまったく同一になっていく。男女の個人的な在り方と、社会的な在り方は、ますます乖離していく。それが情報社会である。

男性が筋肉を鍛えて、より一層のマッチョを演じても良い。また、女性が豊かな乳房やセクシーなお尻を見せて、より艶めかしいフェミニンを演じて男性を誘惑してもいい。もちろん反対に、男性がフェミニンを演じても良いし、女性がマッチョを演じてもいい。性別が個々の人間に男らしいとか女らしいといった生き方を強制することはない。

産婦人科の対象となる領域をのぞいて、男女の社会的な違いは消失する。現在は性別に従って分かれている公共プールなどの更衣室も、個人別の更衣室へと変わり、性別による違った扱いは禁止されていくだろう。ミュンヘンオリンピックで水泳の金メダルをとった田口信教は自らの経験を次のように言う。

鹿屋体育大学の実験プールは男女一緒のブース式更衣室を採用して二〇年になるが、トラブルもなく、管理が行いやすく、男女が交わることで、和やかな雰囲気が作られるなど利点が多い。是非、スポーツ施設の利用者の幅を広げるためにも、快適な更衣室を普及してほしいものである。(42)

男女を社会的に隔離する動きは、男女平等に反すると指弾される。女性を痴漢から保護しようとする女性専用車輌など、ただちに禁止されなければならない。台湾や韓国など、女性専用車を導入した国の多くは、性差別だとしてすでに廃止している。インドやフィリピン・ブラジルなどには今でも女性専用車があるが、女性専用車は途上国の象徴になっている。先進国なら性差別だと訴訟が起きるだろう。

男女の権利と義務の平等を実現するために、ノルウェーは二〇一三年(平成二五)から女性も徴兵する新法を制定した。ノルウェー軍の宿舎では、男女の兵士を同室で過ごす事例研究を行っている。男女共用部屋は性差を希薄化させるために、セクハラ対策に有効とされるという。[43] 男女平等が進んだ国での話である。

アメリカは徴兵制をとっていないが、JPプレスによると、二〇〇一年（平成一三）から二〇一三年（平成二五）一月末までの期間に、アフガニスタンやイラクの戦闘地域でのアメリカ各軍の軍務に就いた女性は二九万九五四八名であり、そのうち一三〇名以上が戦死し八〇〇名以上が負傷したという。[44] そして、二〇一五年（平成二七）一二月からは、米軍のすべての戦闘任務で女性の着任を認めることになった。[45]

二〇一七年（平成二九）からは我が国でも、自衛隊員の配置制限が撤廃され、女性も戦車に乗るようになった。武器の大きさには男性用女性用の別はなく、男女ともに同じ重さの武器を扱わなければならない。男性に比べると女性は小柄であるが、体力が必要な軍隊ですら男女という性別で、担う仕事を分けることはしなくなった。遅ればせながら二〇一八年（平成三〇）には、航空自衛隊初の女性戦闘機乗り、つまりファイターが六人誕生した。

家族の形もユニバーサル・デザインとして設計される。男女で線引きするのではなく、個人としてみればすむ。母子家庭や父子家庭と、単親の家族を特別視して保護するのではない。一人親が欠損家庭として特別視されない脱性化した家族が希求される。性別のなくなった家族制度、それが単家族である。

男性が家事を手伝うイクメンという発想自体が性差別である。単家族では男性は手伝うのではなく、自分の仕事として家事を行う。男女は子育てにも同じ姿勢で取り組む。単家族は脱性的だから、男性が家事に参加するという考え方はない。もちろん男性も家事は行うが、家事や子育ての好きな人間が、家事や子育てに取り組むにすぎない。そのためにも、男性が一人でも子育てに取り組める制度が確立されなければならないし、男女が完全に同一賃金になる必要がある。

単家族では子供が主役であり、子供に愛情を注いで養育する成人が同居するだけだから、成人の性別は問わない。女性しか子供は産めないが、女性でなくとも子供を育てることはできる。そのため、単家族は女性とは限らない。子供と女性ももちろん単家族だし、子供と男性も単家族である。

叔父・叔母も同居し、彼（女）らも子育てに参加した大家族の時代と同様に、一人の子供を二人や三人以上の成人が養育することもあるだろう。そして、単家族が二世帯同居する成人は、男女である必要性もないから、同性の成人が同居することもある。

同性の成人たちが、子供の面倒を見てもいっこうに構わない。ニューヨーク在住のゲイ作家ジェシ・グリーンは、アンディがエーレズを育てているのを、『男だけの育児』で次のように書いている。

私たちは、スリーマイルハーバーに突き出ている小さい埠頭に立っていた。エーレズは、最近歩くことを覚えたばかりだった。それで、私たちは、エーレズを交代で抱いていた。エーレズは、私の腕の中では居心地が悪いのではないかという心配は、一秒も続かなかった。エーレズは、私の腕も気に入ったらしく、気持ちよさそうにしていた。エーレズは、私の顔を見たり、首のへこみに顔をうずめたりしていた。彼は、旬のトマトのように熟していて、いいにおいがした。(46)

アンディとジェシは九歳違い。アンディはゲイであることをカミング・アウトした。そして、エーレズを養子にして、子育てに励んでいる。二〇〇〇年（平成一二）頃のアメリカでの話である。我が国でも二〇一七年（平成二九）には、大阪市が三〇代と四〇代の男性カップルを、養育里親に認定してニュースになった。男性が二人で子育てをしても良い。世界を見回せば、ジョディ・フォスター[47]も女性同士で子育てしているし、ゲイのカップルが子育てをしている例は、先進国ではもう例外ではなくなっている。

第19節　少産少死の時代へ

江戸時代までの前近代が、多産・多死の時代だったことは良く知られている。戦後になった一九五〇年（昭和二五）の統計ですら、生まれた子供の一〇〇〇人に五〇人が五歳までに死亡している。[48]環境衛生に無頓着だった江戸時代、たくさんの子供が生まれたが、同時にたくさんの子供が死んだ。

農業を主な産業とする社会では、食生活も貧しかった。しばしば飢饉や災害が襲ったし、[49]病気や怪我で死ぬ者も多かった。七歳までは神のものといって、短い生命を諦めなければならないほど、乳幼児死亡率が高かった。と同時に、安価で確実な避妊方法が普及していなかったので、子供が次々と生まれた。

子供は跡継ぎと言いながら、大家族は次々に生まれる子供を、必ずしも喜んで受け入れたわけではない。食べるものも充分ではない貧しい農家では、次々と生まれてくる子供を養うことができない。そのため生まれた子供に、これ以上生まれてくれるなと言う、切実な望みを込めた名前をつけた。生まれた子供が最後の子供であって欲しかった。男なら末吉とか、女ならトメとかシメといった名前をつけたことが、それ以上は子供を歓迎しなかったことを物語っている。また、水子供養という言葉があるように、親たちは自分たちの生活を守るため、必要なときは断腸の思いで子供を間引いて殺した。[50]

スアドが『生きながら火に焼かれて』[51]で書くように、農業を主な産業とする社会では、現在でも世界中で間引きが行われている。安全な中絶ができないから、産まれてすぐに殺してしまう。しかも、非力な女性は労働力として劣るので、女の子を選んで間引いていたと、ジョエル・E・コーエンは『新人口論』のなかで言っている。[52]

二〇〇三年（平成一五）には中国の南部で、赤ちゃんの売買が明るみに出た。二年間に一一八人の赤ちゃんが売買され、そのうち一一七人が女の赤ちゃんだった、と新聞が報じている。[53]女の子は非力で労働力として劣るから、育てるよりも売ってしまったのだ。ただし、近年の我が国では未婚で妊娠しても、できちゃった婚によって結婚するためか、嬰児殺しは減少している。[54]

戦前は兵員増強が必要だったことも手伝って、多くの子供を持つことが暗黙のうちに奨励された。婚外の子供は劣位におかれたが、たくさんの子供が生まれることは大歓迎だった。太平洋戦争が近づくにつれ、兵士の必要から産めよ増やせよと、出産が奨励されたことは周知であろう。[55]

戦後になると血縁幻想が誕生し、育ての母より生みの母が重視された。戦争遂行に向けて兵士が必要だから、戦前は産めよ増やせよと出産が強制されたと考えがちだが、「初期の〈核家族〉」でみたように、人口の増加は戦後のほうが激しい。それでも満州などへと進出せずに、一億二〇〇〇万人以上の人間が日本国の領土内で生活ができた。

戦前の産めよ増やせに代わり、戦後になると出産でお腹を痛めたことが、女性の勲章であるかのごとくにうたわれた。[56] しかし、先進国では出産時に麻酔を使う無痛分娩が普及しているのに、なぜか我が国では無痛分娩の普及が阻まれている。

女性は出産の激痛に耐えることが、美しい母性を作る証明だと考えているのだろうか。そうでありながら帝王切開を行う割合は年々増加している。最近二〇年間で二倍になり、今では五人に一人が帝王切開で出産している。[57]

出産も時代制約下にある。間引きはもちろん、中絶は生命を断つという理由で、多くの先進国で禁止されていた。我が国でも一八六九年（明治二）に明治政府が堕胎禁止令を出してから、一八八〇年（明治一三）には旧刑法に「堕胎罪」が規定された。その後、戦後処理の例外として、一九四八年（昭和二三）に経済的理由での中絶が認められた。しかし、経済的理由での中絶は、当時、世界中から非難を浴びた。

世界でもっとも早く工業社会に入ったイギリスでは、労働力が大量に必要となったのも一番早かった。だから、明治になる七年前の一八六一年（万延元）に、先頭を切って堕胎禁止法が制定された。初期の工業社会は、胎児の命の選択権を女性に委ねなかった。中絶するか否かという女性の自己決定権より、子供の社会的な必要性のほうを優先させた。そのため、堕胎禁止法などを定めて胎児の生命を優先・重視した。

情報社会の声が聞こえると、人々は子供がいらないことに気づき始めた。老後は保険や年金がある。生産的財産を持たない〈核家族〉にとって、子供は跡継ぎではない。また胎児は女性の身体の一部だから、女性の自己決定権が及んで当然である。アメリカでは女性たちが中絶の自由を求めて運動を起こしていた。

子育てには金がかかる。〈核家族〉では男性にとっても女性にとっても子供はいらない。いまや、結婚が不要になっただけではない。豊かな社会では、子供がいなくても、経済的には充分に生きていける。もはや子供は子宝ではない。工業社会が成熟してくるに従って、胎児の生命より女性の自己決定権が重んじられるようになってきた(58)。

〈核家族〉を生きる個々の人間にとって、子供は労働力ではないし老後の保障でもない。子供の必要性はすでに消失していた。〈核家族〉制度化の社会では、豊かになればなるほど子供はいらなくなる。多くの子供を持つことを子宝に恵まれるといったが、この言葉も聞かれなくなった。労働力としての子供はいらなくなったから、出生率は低下し子供は徐々に少なくなっていった。

個人にとっては子供をもたないことは、情報社会の要請ですらある。しかし、生産組織だった大家族が、労働力として跡継ぎが必要だったように、国家や企業にとっては労働力が不可欠であることは変わらない。だから少子化防止キャンペーンがはられる。

子供が生まれて初めて、子供への可愛さがわくのであり、まだ見ぬ子供には実感がない。だから、子供の可愛さが子供を生ませていたのではない。ではなぜ、人間は子供をもつのか。それを次に考えてみよう。

第Ⅴ章　現実化する単家族

第1節　子供の存在意味

江戸時代まで大家族の時代には、子供は人間がつくるものではなく、神様が授けてくれるものだった。男女の営みによって子供が生まれることはわかっていただろうが、確実な避妊もできなかったし人工授精といった生殖医療もなかった。そのため子供の誕生を、人間の意思で自由にできるとは、当時の人々には思えなかったに違いない。

子供は労働力だったし、家の跡取りだったので不可欠だった。不可欠なものには、誰も存在意味など問うことはしない。〈核家族〉の時代になると、子供は経済的には不要になったのだが、かえって汚れなき天使と賞賛された。そして、子供の意味を問うことは保留されてきた。少子化が進む現在、子供の意味を問わなければならない。

ピルやＩＵＤ（子宮内避妊リング）・ＩＵＳ（子宮内避妊システム）が普及し、手軽に完璧な避妊ができるようになった情報社会では、子供についての事情は大家族の時代とはまるで変わった。もはや子供は天与の存在ではない。望まぬ妊娠を防ぐ避妊の普及や安全な妊娠中絶だけではない。生殖医療が発達し、子供は人間が意識的につくるものとなった。

生殖補助医療で生まれた子供は、障害を持つ可能性が高いと噂される。しかし、不妊に悩む夫婦は高額な費用をかけ、きつい不妊治療に耐えてまでも、妻の母胎から子供を産もうとする。新生児のうち約一八人に一人が、医療的な処理で生まれている。つまり自然な性交では、これらの子供たちは産まれなかった可能性が高いのである。表でもわかるように、その割合は増えこそすれ減る様子はまったく見えない。
いつの時代でも、子供は自ら生まれることを望んで生まれてはこない。大人たちが欲しくて子供を産む。つまり、大人のほうの都合だけで、子供の意思とは無関係に子供は生まれてくる。しかも男性だけ女性だけの意思では子供はできない。男女両性の合意によって子供はできる。今や個々の大人にとっては、子供は手がかかるだけで、経済的には負担であり不要である。にもかかわらず、なぜ人は子供を産むのだろう。

体外受精による出生児数

年		体外受精児	総出生数	割合(%)
2004 年	平成 16	18,168	1,110,721	1.64
2005 年	平成 17	19,112	1,062,530	1,80
2006 年	平成 18	19,587	1,092,674	1.79
2007 年	平成 19	19,595	1,089,818	1.80
2008 年	平成 20	21,704	1,091,156	1.99
2009 年	平成 21	26,680	1,070,035	2.49
2010 年	平成 22	28,945	1,071,304	2.70

新鮮胚と冷凍胚を用いた合計数。日本産婦人科学会による。

対外的な面子のために、子供をもとうとする人は少ないだろう。いまや全世帯の三四・五パーセントが一人生活者だから、子供をもって一人前と考える人も減ってきた。子供を育てるのには、膨大な時間と多額の費用がかかるのを知っている。にもかかわらず、人はなぜ子供をもとうとするのか。少子化がいわれる昨今、個々の大人にとって、子供の意味を考える必要がある。

生命の尊さを確認するために子育てをしているとか、人類の存続に貢献するために子育てをしているという人は少ないだろう。また、少子化する日本の将来を憂いて、子作りに励んでいるという人も、ほとんどいないに違いない。もっと個人的な理由で、子供をもち子育てをしているはずである。

特別な理由もないが、結婚したから子供が欲しい人もいるには違いない。特別に理由もなく子供が欲しいと思う人は、そのまま子供をもてば良いだろう。カソリック信者のようにセックスをして妊娠したから出産するのも良いだろう。しかし、避妊をせずにセックスを続ければ、一人の女性から一〇人近くの子供が産まれても不思議ではないが、現在では一〇人もの子供をもつ夫婦はきわめて少ない。

人間は一生の間に何度もセックスをするが、出産につながるのは極めてわずかである。現代人は多かれ少なかれ妊娠を人為的にコントロールしている。だから既婚者の平均子供数は約二人にとどまっている。産児制限をしなければ、もっとたくさんの子供が生まれて当然である。

制度としての家族を考えている本書では、子供の存在もまた社会的な制度によって左右されると認識している。社会や産業構造が変わったから少子化してきたと考えるので、子供の社会的な意味を考えざるを得ない。出産を人為的にコントロールしている以上、親たちは子供へ何らかの意味づけをしているはずであるから。

サラリーマン（サラリーウーマン）たちは、会社で何らかの地位にいる。必死で働いて役員まで上り詰めた人もいるだろう。しかし、その地位を子供に継がせることはできない。会社内でどんなに出世しても、自分の地位は本人固有のものであり、相続の対象にはならない。だから、継がすべき財産のない〈核家族〉では、後継者は不要のはずである。しかも、現代人は子供に老後の面倒を見てもらおうとも思っていないだろう。子供にはお金もかかるから、経済的には大きな負担がかかる。それにもかかわらず、大人は子供をもとうとする。

生きるために行う経済的に不可欠な行動は、職業とか仕事と呼ばれることが多い。しかし、人間は生活するうえで無用な行為も行う。当人が好きであれば、無用なことであっても、寝食を忘れて没頭することさえある。経済生活上で必需品ではないもの、不要のものを入手しようとするのは何と呼ばれるのだろうか。生きていくうえで無用な行為を何と呼ぶだろうか。おそらくそれは趣味と呼ばれるものだろう。

趣味は生きるうえで不可欠のものではない。人間は趣味を持たなくても生きていける。しかし、趣味は人間に潤いや癒やしをもたらし、精神生活を豊かにしてくれる。誰でも趣味には時間を忘れて没頭する。経済的には出費ばかりの趣味であっても、あるときには仕事以上に重要になる。おそらく子供をもつのも同じだろう。

第2節　大人にとって不可欠な子供

子供がいなくても生きていけるが、子供は大人に潤いをもたらし、精神生活を豊かにしてくれる存在なのであろう。それを知っているから、大人は子供をほしがるに違いない。子供を趣味の対象だとか子育てを趣味だというと、生命を軽んじるものだと大顰蹙を買うだろう。それでは尋ねるが、生命の尊さを確認するために、人は子供を産み子育てをしているのだろうか。

子供をもつ理由が経済的・物質的な必要性ではないとすると、趣味だと言わないと他に理由が見当たらない。精神的な作用の結果として、精神的な目的のために行動するのは、人間だけに許された行動原理である。子育てを精神的な行為＝趣味だと言って悪いはずがない。それともいつの間にか妊娠して子供が産まれてしまったので、嫌々ながら子育てをしているのであろうか。そんな人ばかりではないだろう。

経済的に不要なものに、多大な時間と労力をつぎ込むのは、仕事ではなく趣味である。経済的に不要な子供を育てるのだから、いまや子供は趣味の対象である。しかも、他の趣味と違って、子供が成人するまでは止めるわけにはいかないのが、子育てという特別な趣味である。子育てを途中で放棄することは犯罪になりかねない。

大家族の時代には子供を跡継ぎとして育てた。しかし、かつては子育てを途中で止めることができた。子供を育てることができなくなると、養子に出したり他人の家の門前に捨てることがあった。現代では養子を受け入れてくれる家は少ない。今日ではどんなに生活が苦しくとも、子捨ては許されない。子供を手放すことには、禁止的なほど無言の圧力がかかっている。

動物たちの子育ては、本能にしたがった行動であり、精神性の入る余地はない。精神的な満足を求めて、子供を産み育てるのは、人間だけが行うものだ。趣味というと言葉は悪いが、現代では子育ては個人が生きていくうえで不可欠の行為ではない。だから、子供を欲しがる人もいるが、反対に子供は必要ないとこたえる人がいる。

二〇〇九年（平成二一）に行われた内閣府の調査によると、「結婚しても必ずしも子どもをもつ必要はないか」という質問に、イエスと答えた女性が四六・五パーセント、男性が三八・七パーセントいたという。しかも、二〇代女性に限れば、その数字は六八パーセントに跳ね上がる。(1) もう子供はいらないと、多くの人が考えている。

しかし、子供という生き物はもっとも優れた宝物であり、子育ては至高の趣味である。多くの人は決して強制されて子育てをしているのではない。赤ちゃんほど可愛い生き物はないとすら感じて、子育てをしている。子供は大人にとって、摩訶不思議な魅力があるものである。その魅力を考えてみよう。

経済的な必要性で考えるときは、対象物には代替性がある。時代遅れになった車は、あるとき新車に交換される。しかし、アンティックとなった車や時計は、どんなに古くなっても新品と交換されることはない。むしろ時間がたつほど価値が上がって、やがて骨董品として大切にされる。アンティックな物は効率や経済性によって所持しているのではなく、愛玩という精神的な豊かさのために所持しているからである。

子供も精神的な豊かさのために育てている。子供は経済的な必要性の対象ではなく、趣味の対象だから代替性がない。趣味や愛玩の対象である子供は、親にとってきわめて貴重である。ときとすると親自身の命より大切である。親は自分の命を投げ出して子供を救おうとさえする。

ペットを見ればわかるように、生き物は人を癒やす。しかも人間の子供は他のどんな生き物よりも賢い。もちろん子供はペットとは比べものにならないほど重要な存在である。そのため、万が一、子供が死ぬと、親は生きる意味を失うほどの衝撃を受ける。子供を失った親は、立ち直れないほどの喪失感に襲われる。

農業が主な産業だった時代には、衛生状態も悪く医療が発達していなかったので、子供が次々と死んだ。子供を埋葬した小さな墓が地方にはたくさん残っている。江戸時代の乳幼児死亡率は、一〇〇〇人あたり一五〇人を超えていた。七歳まで子供は神のものといわれたように、七歳まで成長することが最初のハードルであった。

親たちが七五三を祝うのは、女が三歳と七歳、男が五歳を超えると、死亡する確率がグッと下がったからである。そこまで子供が成長できたことを神様に感謝して、七五三を祝った。二〇歳まで成長できるのは、生まれた子供の半分くらいでしかなかった。(2)

生きること自体が厳しかった大家族の時代には、たびたび起きる子供の死に喪失感を感じて、大人たちが落ちこんでいる暇はなかった。子供は神様のもとへ帰ったのだ、と自らを納得させて子供のことは忘れて、日々の労働と次の子作りに励んだ。しかし、今日の豊かになった情報社会で、子供という宝物を失った親はなかなか立ち直れない。子供を失った夫婦は、離婚に至ってしまうことすらある。子供が産めないと離縁されるというのは聞いたことがある。しかし、子供の死が親の離別を招くことなど、農業社会の大家族では考えられなかった。経済的な必要性としての子供なら、また産みなおしがきく。その子供が死んだら、他の子供へと目を向ければすむ。子供が産まれなければ養子をとればよかった。

精神的な愛玩の対象は代替性がない。必要性の対象としての子供より、趣味として愛玩の対象としての子供のほうが、親にとっての存在意義は大きく重い。子供には親の思い入れが集中的に投入されている。だから経済的には不要であっても、親たちは子供をつくって慈しむ。また趣味の対象だから、養子では興味が半減するのだろう。自分たちの手作り、つまり血縁の子供のほうが好ましい。

情報社会になって知識それ自体が、つまり人間の知的な創造活動が、もっとも有用となってきた。独創性とか自発性といった精神活動が情報社会を支える。精神的な満足を求めて、人は行動する。とすれば、情報社会では子育てへの動機づけが、ただ精神的なものであっても何の不思議でもない。

第3節　至高の子育て

子供が宝物だとか、子育てが趣味だと聞いて、子供は物ではないと違和感や反感を覚える人もいるだろう。〈核家族〉では子育ては女性の役割とされてきた。そのため、子育てに全身全霊を捧げてきた女性にとっては、自分が行ってきた子育てという仕事を、軽く扱われていると感じて怒りを覚えるかも知れない。

しかし、職業に熱中して高給を稼ぐ男性と、子育てに熱中して稼がない男性とでは、女性はどちらを好ましいと考えてきただろう。前者が肯定されてきたのが事実ではないだろうか。女性は家事を引き受けるから、男性は出世して高給を稼いで欲しかったのではないだろうか。

〈核家族〉では性別によって男女が分業したのだから、女性たちが行ってきた子育ては、男性たちが担ってきた職業労働に相当するものだった。その意味では〈核家族〉の子育ては、女性がなすべき職業の一種であったように見えるかも知れない。

大家族の子供は労働力であり用益の対象だった。だから男性が主導した大家族の子育ては、経済的な活動だったともいえる。そのため、子育ては職業の一部だったと見なすことも不可能ではない。しかし、〈核家族〉では子供を用益の対象として見ていない。とすれば、〈核家族〉では経済的には無用な子供を育てていた、と言っても過言ではない。

男性の担った職業労働は、〈核家族〉が生きていくための義務的使役である。労働の中には充実感や達成感を味わえるといった喜びもあるが、稼がないと妻子が生きていけないという意味で強制的な義務である。少なくとも、〈核家族〉における男性の職業は趣味ではない。〈核家族〉の男性は、義務を果たしているから、妻子に対して自己の存在を優っていると主張できた。

専業主婦にとって食事作りや掃除・洗濯といった家事労働は、なさなければ生きていけない義務かも知れないが、子育ては自分が生きるための義務ではない。子供を育てることは親にとって大事な行為であるが、養育の対象である子供それ自体は、大人の生活を支えるものではない。むしろ大人の生活にとって、子供の存在は足手まといになることさえある。

飢饉や戦争など究極の状態において、大人自身が生きることと子供を育てることの二者択一を迫られたとき、子供の命より大人が生き延びることを優先してきた。たとえば、敗戦後の満州からの引き上げ時には、子供を現地に置いてきた例もあった。種族保存より個体維持が優先するのは、人間だけではなくどんな生き物にあっても当たり前の真理である。

子育てをしないと種が絶えるが、子育てをしなくても個人は生きていける。子育ては大人自身が生きることに続くセカンドベストの行為である。子育ては生きるためにする労働より、重要度において二番目にくる行為である。しかし、二番目であっても子育ても重要であることに違いはない。そのために、男性が職場で義務を果たしているので、〈核家族〉の女性は子育てを趣味とは言えずに、子育てが義務であるかのように洗脳されていた。

大家族では子育てには、義務的側面があったのは間違いない。しかし、〈核家族〉の子育ては趣味でありながら、女性の使命=義務を実践しているかのごとくみなされてきた。単家族になると事情ははっきりする。単家族の男女には、性別による役割分担なる概念はない。自らの命を保つために各自が稼ぎ、かつ自分のために家事をしているだけである。少なくとも男性は、〈核家族〉のように妻子を養うために、義務として働いているわけではない。

全員が働く単家族において、職業は配偶者や子供を養う義務として行うものではない。だから、情報社会の子育ては、誰がやろうと義務となることはない。大人たちが好きで子育てを行っている。言いかえると、子育てを義務と見なす擬制が成り立たず、義務としての子供からも子育てからも解放されたのである。

現代人は好きで子育てをしている。経済的に無用の子育ては趣味としか言えない。趣味としての子育ては、自分の独自な精神的な満足のためである。そのため、ほかの家の子育てとの比較はしないし、趣味にはふんだんにお金をつぎ込む。楽しいから子育てをしているはずである。趣味としての子育てだから、愛玩としての子育てだから、子供への愛情は惜しみなく注がれる。そして、人工栄養のある現在、趣味だからこそ乳の出ない男性も子育てができる。

趣味の対象はかけがいがない。趣味としての子供は何にもまして可愛い。辛く苦しい義務としての子育てだと思えば、誰も好んで子供をもとうとはしないだろう。血縁の子供は跡取りだと人はいう。しかし、そんなことは眼中にない。だいたい〈核家族〉や単家族には永続性はないから、跡取りは不要である。子育てがおもしろそうだ、楽しそうだ。子供と一緒にいると豊かな気分になれそうだ。そう考え始めたときだけ、人は子供をもつ決心をする。

特異な体験がユニークな個性を育てる、と考える先進国の人たちは、多くの困難を知りつつ子供を連れて様々な場所へと出かける。たとえば、彼（女）らは小さな子供を背負っても、サハラ砂漠の横断旅行に出かける。かつて筆者はサハラ砂漠の真ん中で、乳幼児を背負ったフランス人のカップルに出会って驚いた経験がある。

サハラ砂漠の真ん中は摂氏五〇度近くになり、見渡すかぎり砂以外は何もないところである。一度天候がくずれると、砂嵐が吹き荒れる。およそ乳幼児の生活には適さない場所だと思う。にもかかわらず、彼（女）等は赤ちゃんを連れていた。

我が国では小さな子供がいるから外出できないという声をきく。しかし、先進国では小さな子供の存在が、大人の自由な行動を制限しない。大人にとって楽しいことは、子供にも楽しいはずだ、と彼（女）らは考える。砂漠への旅行など、小さな子供にとっては大迷惑かも知れないが、大人の楽しみを子供にも分け与えようとする。現代では、子供のための育児ではなく、大人のための趣味としての子育てだからである。

趣味は楽しいから没頭する。子供は楽しみとしての存在である。子育てという趣味も、楽しいから没頭する。大人の排泄物は猛烈に不潔だが、赤ちゃんの排泄物は不潔と感じさせない。趣味とは個人的で、自分だけのユニークで個性的なものだ。誰も趣味には経済的な見返りは求めない。趣味とは身銭を切って、精神的な満足だけを求めてするものだ。しかも、楽しい趣味は同好の士を求めて伝染する。

単家族になれば、経済的な意味では同居の必要性はない。各自が稼げば、一人で暮らしていける。他人と同居するのは厄介なことも多い。にもかかわらず、精神的なつながりを求めて、愛し合う人々は自ら望んで同居する。

愛する他人と一緒にいると心が癒やされる、心が和むから同居する。子供に対しても、まったく同様である。他人の産んだ子でもいい。子供は子供でありさえすればいい。子供と一緒にいるのが楽しい。だから子育てをする。血縁のつながった子供であればなお良いが、養子でも子育ての楽しさを充分に体験させてくれる。

〈親の愛は山よりも高く、海よりも深い〉のではなく、〈子の愛は山より高く、海より深い〉のだと、多くの家族を診てきた信田さよ子は『脱常識の家族づくり』のなかで書いてる。(3) 天から授かった子供と、楽しい一時期を過ごさせてもらうのだから、まったくその通りである。

子育てを手伝わない男性を批難し、男性も子育てを担えとイクメン・キャンペーンはいう。ここからは子育ては辛いというニュアンスが感じられるが、辛いことを若者に強制するつもりなのだろうか。辛いとわかっていることに、あえて手を出す者はいないのが普通であろう。

第4節　子供は大人のための癒やし

現代の子育てでは、子供との血縁も不要だし、もちろん血縁幻想もない。誰が産んだ子供でも良い。自分が手にしている子供自体が可愛い。大人は子育て期を、子供のためにではなく、自分のために子供と一緒に過ごす。

子育てを楽しいと思えない人は、子供に手を出さないだろう。だから、楽しそうだと思う人だけが子育てという趣味を行う。しかしながら、現代の子育ては楽しそうには見えない。保育園への入園競争から始まって、小学校・中学と人並み以上の子育てをせよと、社会からの無形の強制が襲ってくる。今や子育ては強制された義務と化している。義務としての子育ては楽しそうではない。そのため子供を持とうとする人が減っている。

単家族とは、経済的な必要性や血縁といった不純物が排除され、純粋な愛情だけでつながる家族である。そこでは、成人の精神の癒やしのためだけ、大人に勇気を与えてくれる生き物としてだけ、子供が存在することが許される。それは簡単に理解できるだろう。子供を育ててやったと親が恩返しを期待するのは、〈核家族〉までの子供観だった。

家業に適合するように育てようにも、サラリーマンには家業はなかった。我が国での〈核家族〉の子育ては、子供のためという美名に隠された親の見栄でもあった。だから、子供への教育投資は、ほかの家との競争だった。近所の家が塾へ通わせれば、我が子も塾へと通わせた。そして、隣の家がピアノを習わせれば、我が子にはヴァイオリンを習わせた。

建前では個性が大切だと言いながらも、〈核家族〉では工業社会の大量生産と同じように、子供も同一規格で同じようにするべく育てた。製品の常なる性能向上が至上命令であるかのごとく、子供にも常にワンランク上の教育が求められ続けた。小学校・中学・高校から大学へと、既存の修学コースを順調に上っていくことが良しとされた。

家業があれば、それぞれの家業に適した教育もあっただろう。農家であれば立派な百姓に、商家であれば賢い商人に育てたがっただろう。それが独特の人格を作った。しかし、〈核家族〉の子供には継ぐべき家業はなく、サラリーマンにしかなれなかった。そのため、子供にサラリーマンになる以外のユニークな人生コースを与えることはない。ユニークなサラリーマンとか、個性的なサラリーマンはあり得ない。だから他の多くの子供たちとほとんど変わらない子育てとなった。

子供は偏差値ではかられ、学業成績で序列が決められた。小中学校から有名校へ、そして有名大学から大企業への就職が、子育ての理想のコースだった。ワンランク上の教育を受けることが、子供のためだと子供に恩を着せながら、実は親の見栄のために子供を叱咤激励したのが〈核家族〉の子育てだった。

子供たちがスポーツ選手や画家・音楽家などになることを望んでも、経済的に不安定でしかも特殊な才能を要求される職業という理由で、親たちは歓迎しなかった。ましてや、マイナーな職業だった漫画家や歌手などには大反対がつきものだった。もちろん転職を繰り返すフリーランスも忌避される職業で、大企業の正社員や公務員になることこそ、立派な子育ての終点だった。

親たちは子供の品質向上に血眼になり、偏差値で輪切りにされる受験戦争の先頭にたった。親は個性尊重といいながら、本当に個性を尊重していては受験競争に負けてしまう。結局はほかの子供と同じように育てたかったのが本音だった。自分の子供はほかの子供より、ワンランク上の有名校に進ませて、より有名な大企業に就職させることが最上の子育てだった。

ひきこもりなど受験のレールから外れることは、子育ての大失敗であり許されないことだった。過去形で書いているが、我が国の現在の子育ては未だ〈核家族〉の子育てそのものであり、ユニークなことを尊重する単家族の子供観は、まったくと言って良いくらいに見えない。大人たちは子供を丸ごと引き受けようとはしない。

情報社会化で先行するアメリカなど先進国の親は不登校を許容する。学校という既存の制度に従わせるより、生きている子供が優先的に扱われる。そのため、学校教育が不充分・不適切だと思えば、フリースクールなどを作ったりして、不登校のまま親たちは自力で我が子の教育にとりくむ。

情報社会化は教育をも放っておかない。カーン・アカデミーの創立をはじめ各大学でも、ｅラーニングを整えてインターネットで学ぶ場を作った。我が国ではフリースクールなどでの学びは不登校扱いだが、彼（女）らは新たな教育を公立学校と同等のものとして認めていく。

単家族の子育ては、大家族の子育てのごとく経済的な必要性からするのでもないし、〈核家族〉の子育てのように役割や任務・義務としてするのでもない。情報社会の子育ては、純粋な愛情言いかえると人間の精神活動といった、もっとも人間的な要因から出発している。子供は大人の癒やしであり、精神的な満足をみたすために存在する。子育ては大人の生きがいですらある。

第5節　子供は生きる勇気の源

農業が主な産業だった大家族の時代には、食料の生産＝米作りがもっとも重要だった。〈核家族〉の時代になると、米作りに血道を上げなくても餓死者は出なくなった。その結果、米作りの重要性が低下し、工場などでの物の生産が重要になった。

人口の八〇パーセント以上が農業に従事した時代と異なり、いまや農業従事者は二・四パーセントになり、(4) 二〇〇万人を切ってしまった。にもかかわらず、国内では多くの人に食料が行き渡っている。輸入や流通が整備されたので、局地的な大災害でもなければ、先進国では食料不足に襲われることはない。

農業の次に来た工業＝製造業も、最近では従事者を減らしてきた。二〇〇八年（平成二〇）になると、製造業従事者も一七・九パーセントとなり、サービス業従事者の一九・四パーセントに追いこされた。二〇一五年（平成二七）には製造業従事者は九九二万人となり、一五・五パーセントになってしまった。今後も減る一方だろう。

サービスという無形のものを提供することでも、その見返りに食料や商品の入手が可能になった。製造業的な形のある物よりも無形のこと、つまり精神活動が重要になった。有形のモノから無形のコトへと、社会の価値が移動した。ここで子育ての意味も趣味へと変わってきた。

子供のことを思い返してほしい。小さな子供の笑顔に、どれだけ心を和ませたことか。子供の笑顔を見ると、疲れが吹き飛んだこともあった。自分をめがけて小さな子供がはってくる姿に、涙が出そうになったことはないだろうか。無条件に自分を頼ってくれる子供から、生きる勇気を与えられたことはないだろうか。

『ぼくんち熱血母主家庭』で、作家の下田治美は次のように書く。

ヤツは、生後六カ月から、あっちのベビーホテル、こっちの託児所、はたまたそっちの無認可保育園と、公立の保育園にはいれるまで八カ所の預かり所を転々とした子である。そのころ私は日に十五時間くらい働いていた。そうしなければ私たち二人は、生きていけなかったのだ。乳幼児期に、親に甘えることを許されず、日に十五時間も親の都合のままに他人のあいだをタライ回しにされて育ったヤツは、歯がゆいくらい、自分をおさえる子に成長していた。

そんなヤツが、感情を爆発させたのだ。いたわってやりたい、願いをかなえきせてやりたい、何でもしてやりたい……。(5)

彼女は一人で、子供を育ててきた。子供とともに熱を出して、二人して枕を並べて寝てもいる。それはそれは非常な困難を抱えたまま、子育てと戦っている。しかし、子育ては彼女にとっては義務ではなかった。貧しいシングル・マザーだからと言って、子供を施設に入れることもできた。しかし、彼女はそうしなかった。

子供は食べた物を簡単に戻すし、体調は急変する。子供はかってに泣きわめき、夜になっても親を寝かさない。昼間、仕事を抱えた親は、睡眠不足におちいる。子供はまるで怪獣である。しかし、この本は丸ごと一冊、子供から勇気をもらった記録である。

子供は手がかかる。一人の子供を育てるのは、本当に大変である。子育てには体力が必要だ。お金もかかる。苦労もする。しかし、子育ての困難さ・つらさの強調は、後に続く若者たちの子育て意欲を萎えさせるだけだ。子育てがそんなに苦しいのなら、自分は止めておこうと思うのが自然だろう。実は、子育ては大人から与えるだけの、一方通行といった行為ではない。趣味だって苦労するから楽しい。

どんな子供も、子供はそのままで可愛い。子供が可愛くなかったら、育たなかったろう。可愛くない子供は、成長できずに死んだだろう。つまり、子供は育ててもらうため、可愛いという力をもって生まれてくる。大人に子供を育てさせる力とは、可愛さというパワーであり、大人を癒やす力だ。子供の可愛さは、大人に生きる力を与える。

生まれたばかりの子供が、自力で生きることができるようになるまで、神さまは子供に可愛さを与えた。清少納言も『枕草子』で認めたように、子供の可愛さが大人の関心をひきつける。そして、自力で成長ができる頃になると、子供から可愛さが徐々に消えていく。可愛さがなくても、もう自力で生きていけるからだ。

米作りが大切だった時代、大人は生きることに必死だった。有形な物の価値はわかっても、無形の精神的な価値には気がつかなかった。社会保障制度や年金などなかった時代、老後の面倒を見ることを期待して、子供に親孝行という報恩思想を教え込んだ。報恩思想の教授は、大人たちが生き延びるためのものだった。

高価そうなハードの価格は理解されるが、目に見えないソフトは多大な手間暇がかかっていても、その価値がなかなか理解されなかった。大家族の時代には、身体を使って汗をかくことが、働くということであり価値のあることだった。だから、無形のノウハウや情報は、その価値がわからなかったのも無理はない。

かつての大人たちは子供のもつ癒やす力に、大きな価値を見いだせなかった。働く必要のない高等遊民だった清少納言は、小さな子供の仕草を「うつくし」といっている。しかし、日々の骨折り労働に追われていた庶民たちには、乳幼児＝子供は面白い生き物だと気がつかなかった。

子供を可愛いと感じ、子供から生きる勇気を与えてもらいながら、子供の大人を癒やす力に気がつかなかった。農耕という厳しい肉体労働に従事していたので、子供の発する癒やす力を感じ取れずに、子供から与えられている力に親たちは気がつかなかった。

かつては仕事をすることを骨を折るといい、休むことを骨休めと言った。しかし、今や骨折りとか骨休めという言葉が死語になって、もはや労働は肉体を酷使するものではなくなった。労働において精神活動が優位となった情報社会になって、子供の無形の力が理解できるようになった。非力な女性を含めてすべての成人が稼ぐようになって、はじめて子供の大人を勇気づける力が、評価できるようになった。

肉体労働から解放されたため、先進国の人々は血縁にこだわらなくなった。子供であれば可愛い。子供は大人の興味をそそる生き物である。子供にはお金がかかるのを承知で、先進国の人々は競って未成年養子を取りはじめた。〈核家族〉では子育てを免除されていた男性たちも、子供の魅力に気づき子育てを楽しみ始めた。

大人は子育てが、楽しいばかりではないと知っている。子供の存在がストレスになることもある。しかし、他人の子供であっても、自分の子供として育てようと、先進国では未成年養子を望む人が生まれ始めた。子供は育てるものであると同時に、天与の宝物を育てさせてもらうものでもある。

第6節　女性も犯罪を犯す

初期の工業社会の時代には、女性は弱者であり保護されるべき存在だと考えられていた。また女性は肉体的に虚弱だとも思われていた。そのため、女子陸上には五〇〇〇や一万メートルといった競技はなかったし、もちろん女子マラソンなど考えもつかなかった。

女子マラソンがオリンピックの正式種目となったのは、一九八四年（昭和五九）のロサンゼルス大会からである。また、女子柔道は一九九二年（平成四）のバルセロナ大会からオリンピック正式種目となった。男子柔道は一九六四年（昭和三九）の東京オリンピックからオリンピック競技に加わったから、男子柔道に遅れること二八年である。今では女子のボクシングさえ世界選手権が行われている。

大家族では男性と並んで田や畑で働いた女性は、猥談に興じ立ち小便もしたし酒も飲んだし煙草も吸った。女性は強かったのだ。しかし、〈核家族〉では女性は社会の荒波にもまれないように、〈核家族〉という家庭に保護される存在だった。女性は働き者であるより、美人が賛美され上品なお嬢様・奥様が好ましいとされた。

女性が従順であれという工業社会からの規制は、パンツをはかされた女性の内面にも強く働き、女性が凶悪な犯罪に走ることを止めてもいた。そのため、粗暴犯は男性に特有の犯罪とみなされ、女性が殺人を犯すことなど、すこぶる稀だった。しかし、女性が男性並みに稼げる情報社会が近づいてくると事情は変わってきた。男性が暴力性を失って草食系と称されるのと反対に、女性の殺人が増加しはじめた。

今まで化学少年はいても、化学少女は少なかった。母親を毒殺しようとした女性が逮捕され、ちまたで話題になっている。教師以上の化学知識をもった女子高校生というのは、今までなかなか想像しにくかった。しかし、彼女は毒殺する。(6)

一二歳の少女が同級生を殺したので、マスコミや世間は驚いている。眠っている夫を、妻がワインの瓶で殴って殺した。湘南地方に住む女性が男性の首を切断した。そして、大宮のホテルでは、三六歳の女性が殺したいという理由だけで、男性に馬乗りになって首を絞めて殺した。(7) 名古屋の女子大生も老女を殺した後で、人を殺してみたかったと供述している。

埼玉や鳥取では何人もの立派な男性たちが、女性に手玉にとられたあげくに殺された。京都では老女が何人もの男性を毒殺した。二〇一五年（平成二七）には岡山では、八五歳の女性が八六歳の夫を殴り殺している。中年女性や老女までもが、何人もの男性を殺すようになった。しかも、毒殺に限らない。男性のように腕力を使って殴って殺すのである。女性に対する社会の縛りがほどけ始めたから、女性も殺人を犯すようになった。

かつては授乳中に寝入ってしまい圧死させたような、偶然も重なった不幸な事故でもなければ、女性が子供を殺すようなことはきわめて稀だった。しかし、子供を虐待から死へと追いやるのは、いまや男性に限らない。出産の痛みや苦しみが、母性愛を育てて愛情を担保することはない。父性愛が子供を愛するのと同じ程度に、母性愛も子供を愛するにすぎなくなった。

〈核家族〉では女性が、子供を自分の仕事の対象とした。仕事の対象を殺すことは、自分を殺すことだったので子殺しは稀だった。しかし、いまや女性も経済的に自立し、男性の保護を必要としない。

情報社会になりながら、〈核家族〉を維持し続けると母親の子殺しが増える。ちなみに、二〇〇四年（平成一六）の家庭内暴力による殺人件数は、父親等によるもの一〇件、母親等によるもの二三件である。(8)

自力で稼げる経済的な力が、女性の自立を支える。女性の自立とは、女性の全員が稼いでなくても良い。専業主婦を女性のあるべき姿ではなく、稼ぐ女性を女性のあるべき姿だ、と社会が認知すればいい。多様な生き方などと欺瞞的な言辞を弄せずに、時代の理念が女性の職業人化を支持すればよい。それが女性の自立を支える。

自立は歓迎される現象だけを招来しない。自立した行動の結果が、社会的に歓迎されるとか、正しいとかは保証の限りではない。自立した男性に殺人犯が多ければ、自立した女性も男性と同じようになるだけ。それが自立である。

二〇〇四年（平成一六）の犯罪白書によれば、二〇六件あった配偶者殺しのうち、夫が殺し妻が被害者だったのは一二七件、妻が殺し夫が被害者になっているのは七九件である。(9)ドメスティック・バイオレンスは男性が加害者だと思いがちだが、今では女性が加害者になることも増えている。週刊朝日は「DV妻に苦しめられて」のなかで次のように伝える。

今年（二〇一五年）三月には「ホワイトデーのお返しをくれなかった」ことを理由に、夫の首をしめた堺市南区の自営業の女（四三）が殺人未遂の疑いで逮捕された。二〇一四年（平成六）にはマグカップなどで夫（当時七〇）を殴って死なせたとして、妻（六二）が懲役六年の実刑判決を受けている。

警察庁の調査によると二〇一四年（平成二六）の配偶者やパートナーからの暴力は、過去最多の五万九〇七二件を記録。特筆すべきは男性被害者の割合が増えていることだ。二〇一〇年（平成二二）に男性は二・四％だったが、二〇一四年（平成二六）には一〇・一％と約四倍にも達した。[10]

女性が犯罪に手を染め始めたといっても、肉体労働が優位する社会から、頭脳労働が優位する社会へ転じるにしたがって、凶悪犯罪の総件数は減少する。男性が草食化して凶暴性を失っていく。情報社会とは粗暴な凶悪犯罪の少ない社会である。凶悪犯罪の増加と警察はいうが、我が国の犯罪統計は、殺人事件の減少をはっきりと物語っている。屈強な男性といえども、凶悪な犯罪者はごく一部であるように、自立した女性のすべてが犯罪者になるわけではない。ただ男女が同じになるだけである。

警察庁の統計によると、一九五四年（昭和二九）には、殺人事件の認知件数は三〇八一件あったが、二〇一三年（平成二五）には一〇五一件へと、三分の一近くまで減少している。また、厚生労働省の人口動態調査によると、殺人事件の被害者は一九五五年（昭和三〇）には二一一九人もいたが、二〇一二年（平成二四）には三八三人へと、五分の一以下に激減している。女性が人殺しに走って、女性による殺人は増えていても、男性の殺人はより大きく減るので殺人事件の全体数は減っている。

女性が殺人を犯すようになっても、男性犯人の処罰と同様に、殺人事件の犯人を処罰すればすむことだ。一部の女性が反社会的な行動をおこしても、女性の自立を止めてはいけない。犯罪を犯す女性は、犯罪を犯す男性と同様に、社会の圧倒的な少数派に過ぎないのだから。

第7節　老人犯罪の激増

女性の犯罪と同時に、もう一つ注目しなければならないのは、老人の犯罪である。今までは、年齢が上がるにしたがって知恵が増し、豊かな人格が形成されて円満になり、人生が充実してくると考えられていた。だから老人が反社会的な犯罪を犯すことなど思いもしなかった。また、加齢によって体力が落ちる。そのため、老人が殺人を犯すなど想像もできなかった。

情報社会の今日、人間が長寿化した。高齢になっても体力を維持できる。しかも、大家族の時代と違って、加齢は人間的熟成を保証しない。老人の知恵は無用扱いにさえなってきた。何歳になっても青いままで、前述したように多くの高齢者が山岳遭難を引き起こしたりして、老害の発生元になっている。

かつて万引きはスリルを求める若者の犯罪の典型だった。万引きは窃盗という立派な犯罪でありながら、若者たちは気軽に他人の物を盗んだ。しかし、今や事情は変わった。二〇〇八年（平成二〇）に老若が逆転し、万引きで逮捕された高齢者は、二〇歳未満の未成年者の約三倍以上にも達している。二〇一七年（平成二九）には、未成年の万引き検挙人数は七五五二人だったのに対して、六五歳以上の高齢者は二万六一〇六人が逮捕されている。

万引きで逮捕される総数は減っている。とりわけ若者の万引き犯は激減している。そうしたなかで万引きで摘発される三人に一人が高齢者である。最近の四半世紀で、高齢者の人口は二倍にしかなっていない。にもかかわらず、万引きによる検挙者数は五倍以上になっている。

老人たちは生活苦や孤独感から万引きに走る、とマスコミは温情的に言う。しかし、若者が犯罪に走るとき、青春のイライラや将来への不安が原因だと言われるだろうか。若者の身勝手な行動だと厳しく非難されるだろう。老人への温情的な対応が続く限り、高齢化が進むことに比例して、高齢者の万引き犯はますます増加するだろう。

若者が凶悪化していると思われがちだが、実は一九五六年（昭和三一）に比べて二〇歳未満の殺人事件は三〇％以上も減少している。また二〇歳代の殺人事件は半分以下に減った。警察庁の調査によれば、全国の警察が二〇一五年（平成二七）の上半期に摘発した刑法犯のうち、六五歳以上の高齢者は二万三六五六人で、一四～一九歳は一万九六七〇人だった。

年齢層別に統計を取り始めた一九八〇年（昭和五五）以降で逮捕者の人数は、半期ベースで高齢者が一〇代の若者を初めて上回った。若者より老人のほうが犯罪を起こしやすい。六〇歳以上の殺人事件は、なんと四倍増である。殺人・窃盗・強盗から破廉恥罪まで、高齢者の犯罪は異常なまでに増えている。(11) しかも最近の一〇年で、高齢受刑者が三倍に増え、刑務所は男女の高齢者であふれている。

最近も、九四歳の老人が八三歳の人を殺したり、八四歳の女性が執拗な暴行を加えて八〇歳の男性を殺している。(12) また、七五歳の男性が日本刀で殺人を犯しているし、七〇歳の男性が猫に餌をやるトラブルから殺人と傷害事件を起こしている。(13) また、長崎市では八四歳の男性が女性のアパートに侵入し、本人は殺すつもりはなかったと言っているが、住んでいた女性の胸を刺し殺している。(14)

殺人に至らない老人の傷害事件も増えている。駅員に文句をつけて殴りかかる者で、一番多いのは六〇歳以上の世代である。ここ最近の五年で、六〇歳以上の世代の起こす傷害事件が、連続してトップを占めている。暴行事件に至っては、最近の二〇年間で約四二倍に激増している。(15)

二〇〇八年（平成二〇）には六九歳の会社役員が、成田空港の職員に殴りかかって逮捕されたり、新幹線の車中で八〇歳の老人が、車掌に殴りかかって逮捕されている。そして、精力旺盛な六一歳の男性が、女性を刃物で脅して強姦し逮捕されている。七七歳の幼稚園経営者が、二歳の幼児をひき逃げして死亡させている。また、老人ストーカーも急増しており、七〇歳のストーカーが逮捕されている。

老人が起こす凶悪な事件は、確実にしかも急速に増加している。高齢犯罪者の増加の勢いは、高齢者人口の増加の勢いをはるかに上回って激増している。年齢秩序の崩壊に伴って、老人が特別扱いされなくなっている。横並びの情報社会に適応できない老人が増えている。かつての敬老精神を懐古してか、年齢秩序にすがりたい老人が多い。老人であると言うだけで特別扱いされると期待している。

年齢秩序が支配していた大家族や〈核家族〉の時代なら、老人と言うだけで特別扱いされただろう。老人に対しては敬語が使われて、特別な上座が与えられた。しかし、今の老人は知恵の体現者ではないから、特別扱いされる理由をもっていない。にもかかわらず、自分は特別だという歪んで肥大した自意識が、心の中に赤いマグマのように潜在化している。そのマグマがしばしば爆発して、犯罪となって現れる。

人口の高齢化は先進国に共通の現象である。イタリア、ドイツと、いずれも高齢者は二〇パーセントを超えているし、先進国の平均でも一七・六パーセントである。しかし、年齢秩序が早くに崩壊し、すでに老若が横並びになってしまった西欧先進国では、老人犯罪は増加していない。

年齢秩序が崩壊過程にある韓国と我が国だけが、老人犯罪の激増に遭遇している。韓国では若者の犯罪が減り、老人が犯罪に走るという、我が国とまったく同じ傾向を示している。二〇〇八年（平成二〇）四月二八日の朝鮮日報は、「韓国で増え続ける高齢者犯罪」という記事を掲載して、次のように言う。

高齢者が一人増えると、高齢者による犯罪はほぼ三件ずつ増加していることになる。（中略）韓国における高齢者犯罪に占める凶悪犯罪としては、二〇〇五年の高齢者による強姦が四三〇件（二〇〇一年は九一件）、強盗が七五件（二〇〇一年は六件）、放火が五九件（二〇〇一年は八件）、殺人が九六件（二〇〇一年は一八件）となっており、どれも劇的に増加している。

韓国でも、老人たちのメンタリティが、時代に合わなくなっている。増加する老人が孤立しているのは、西洋先進国のどこでも同じだが、西洋先進国では老人犯罪は激増していない。せいぜい老人人口が増えたと同じ程度に、老人犯罪が増えているにすぎない。

韓国や我が国では、高齢だから特別扱いされたいという、理由なき心理が老人犯罪の温床であり、それが何かのきっかけで爆発する。情報社会化の進行とともに、年齢秩序の崩壊は止まることはない。だから、凶悪犯罪の高齢化は、今後増加することはあっても減少することはない。と同時に、女性の殺人や女性の子殺しも、女性の自立にしたがって増加する。

性別役割の撤廃と年齢秩序の崩壊は、老若男女が共生する社会を招来し、誰でもが平等な社会をつくる。と同時に、女性は弱者扱いではなくなるし、高齢というだけでは特別扱いされなくなる。両者は情報社会化が進行する社会では、不可避の現象である。

二〇一四年（平成二六）に撮られたアメリカ映画「リトルボーイ」では、八歳の子供にダディとかダッドではなく、父親をパートナーと呼ばせて親子間での平等化の進行を表現していた。西洋諸国でも父親を名前で呼ばせる例は少ない。しかし、とにかく皆平等になるのが情報社会である。

もはや老人に特別な能力はない。にもかかわらず、高齢者は高齢ゆえに尊敬されて、便宜をはかられて当然だと思う老人がいまだに多い。そのため、社会の平等化についていけない老人は、老化とともに言葉で表現するコミュニケーション能力を欠いて、暴力に訴えやすくなる。皮肉なことに肉体の衰えが、凶暴性につながっていく。

かつては凶悪犯罪者は、ある特有の社会層つまり貧困層から生まれやすいと言われた。しかし、情報社会ではそうとは限らない。豊かな老人や非力な女性までが殺人という犯罪にはしる。平等化意識の普及とともに、それは確実に進行する。だからといって女性の自立や、年齢秩序の崩壊を止めてはいけない。いつの時代にも犯罪を犯す者はいるが、犯罪者は圧倒的な少数であるからだ。

男性の自立が、男性による犯罪を増やしたとしても、自立を止めたら文明の進歩はなかった。自立は犯罪といったマイナス面も増やすが、経済的な繁栄といったプラスの面のほうがはるかに大きかった。

第8節　男女が同質化している

フリー百科事典『ウィキペディア』によれば、オタクとは、社会的認知度が高くない趣味に傾倒する人の一つの類型、またはその個人を示す言葉だという。それでは、仕事に熱中するのはオタクだろうか。ふつう仕事は趣味とは呼ばないし、仕事の社会的な認知度は高い。だから、仕事に熱中してもオタクとは呼べないかも知れない。しかし、過度に仕事に傾倒すればオタクに分類されても仕方ないだろう。

　早朝出勤と深夜帰宅を繰り返し、家庭を顧みずに喜々として仕事に熱中して出世した男性など、仕事オタクと以外に呼びようがない(16)。仕事オタクは男性に多かった。しかし、仕事に熱中する仕事オタクを、世間はむしろ誇らしげにもちあげた。

　過労死を許容しなくなった現在でこそ、長時間労働が問題視されている。そのため、長時間労働を抑制しようという声が上がっている。しかし、高度経済成長期からバブルの時代まで、仕事に熱中し、早朝出勤の深夜帰宅で、高給を稼ぐ仕事オタクを許容する女性が多かった。そして、夫の留守宅を専業主婦が、自分の仕事領域としてプライドを持って守っていた。

　男性にとって就業は義務だったかも知れないが、平均以上にたくさん稼ぐことは決して義務ではなかった。にもかかわらず、つい最近までたくさん稼ぐ男性は、たとえ家庭を顧みなくても社会的な評価が高かった。何せ男性は子育てを免除されていたのだから、出世することが正しいことだと洗脳されていたのだろう。ひょっとすると高給を稼ぐ男性をもてはやす風潮は、今でも変わらないかも知れない。

　女性には仕事オタクは少ないが、別種のオタクはいた。仕事オタクの反対は子育てオタクである。女性には家庭しか仕事場がなかった。家電などの普及によって家事労働が縮小していけば、いやでも子育ての比重が上がる。胎児への胎教にはげみ、分娩方法にこだわる。子供が生まれると小さな子供の希望は無視して、自分の願望にしたがって、有名幼稚園から有名小学校へと子供をつれまわす。しかも、それが子供の将来のためだと信じて疑わない。

仕事オタクに子育てオタク。男性が稼ぎ、女性が家事と子育てに専念する。この組み合わせが、〈核家族〉の理念を成り立たせていた。今でこそ男性も育児に参加せよといって否定的に語られる。しかし、仕事オタクに子育てオタクの組み合わせこそ、高度経済成長を担った性別役割分担に支えられた〈核家族〉の正常な発展型であった。

今まで福祉の仕事は、女性の領域だと思われてきた。看護しかり、介護しかり、ヘルパーしかりである。しかし、看護婦が看護師となり、介護タクシーの運転手など男性の参加も増えてきた。人体を扱う介護は、むしろ屈強な男性向きかも知れない。

介護は男性だけを相手にするものではない。女性も介護の対象になる。老年の男性は若い女性による介護を好むかも知れないが、老女は若い男性から介護されるのが好きだろう。男性が女性を好きな程度には、女性も男性が好きなはずだ。

介護される老女のあいだに若い男性が入ると、それだけで年老いた女性は生き生きとして、何歳も若返ることがあるという。我が国では老人が異性に興味を持つことを、否定的に見ることが多い。老人ホームでのセックスなど問題外だと見なしている。しかし、人間を相手にする以上、どんな世界にも両性がいて当然である。

子育ても同様である。妊娠・出産こそ男性にはできないが、子育てはできる。血縁幻想の支配する〈核家族〉では、夫との血縁のつながりが大切だった。しかし、情報社会では子供であれば可愛い。どんな子供でも、そのままで大切である。

工業社会の〈核家族〉理念が居すわる我が国では、イクメン・キャンペーンにもかかわらず、男性の子育てはあまり見ることはできない。男性の育児休暇消化率は二パーセント程度である。しかし、女性の経済的な自立がすすんだ先進国では、男性が育児休暇を取ることも珍しくはない。スウェーデンの男性は七八パーセントが、ノルウェーの男性は八九パーセントが育児休暇をとる。街なかでベビーカーを押す男性の姿もよく見る。

現在の我が国で、男性が子育てに従事する例が少ないのは、女性の収入より男性の稼ぎのほうがはるかに大きいからだ。〈核家族〉のなかで大きな収入のある者が、小さな収入しかない者に代わって、無給の育児休暇を取ったらどうなるか。そんなことは説明されなくてもわかるだろう。

男性のほうが稼ぎが多ければ、女性が休暇を取るほうがカップルの収入の減少は少なくてすむ。必然的に男性の子育ては少ない。しかし、男女の平等化がすすむ先進国では、男女の賃金格差が少ない。男性が子育てしても不思議ではない。[17]

現在の我が国では、一生にわたって稼ぐ収入が、女性より男性のほうが圧倒的に大きい。男女の生涯にわたる収入差が解消しないかぎり、どんなに男性の子育てをすすめても、稼ぎの少ない女性はそれを許さない。女性は自分が子育てに従事するほうを選ぶだろう。それが〈核家族〉制度下でうまく生きる方法なのだから。ましてや一度退職をしてしまうと、復職がきわめて難しい我が国の労働環境を鑑みれば、男性の寿退職が得策ではないのは自明である。

収入は一時的なものでは判断できない。生涯年収が大切である。女性の寿退職は、〈核家族〉制度下では正しかった。しかし、今後は男性に子育てを免責し、女性より稼ぎの大きい男性だけが、一家を経済的に支えるという仕組みは間違いとなる。女性に職業と子育ての両立を要求するのではなく、そのまえに男女同一労働・同一賃金、そして、男女で同じ労働条件の実現が先である。

少子化を克服したければ、女性の労働環境を男性と同じにして、しかも妊娠・出産のサポート体制を整えなければならない。社会的なサポート体制がなければ、女性は男性と同じように働くことはできない。

女性に妊娠・出産があるかぎり、社会的なサポートなしに男性並みに働けと要求することは無理である。言いかえると女性が妊娠・出産しても、ふつうに男性と同じ年収を稼げる制度になって、はじめて女性に職業と子育ての両立を要求できる。その時には、男性も職業と子育ての両立が要求されているだろうが。

母子家庭は貧しいから、援助せよという声を聞く。たしかに、男女同一労働・同一賃金が実現されておらず、子育てに適した職場が不充分な現在、女性が一人で子育てをするのは困難だろう。だから母子家庭に援助が必要だというのは理解できる。

しかし、貧しい母子家庭を特別枠でくくって、その生活を経済的に保護することは、母子家庭の貧困を固定化することにつながり、女性や子供への差別をますます助長する。生活保護の母子家庭で育つと、子供が成長しても経済的な自立心が弱く、子供もまた生活保護に頼ることになりやすい。貧困が貧困を生むという負の循環になる。

母子家庭は貧しいから援助せよと言うのではない。たとえ貧しくても、シングル・マザーも尊厳を持った一個の人格である。彼女たちのプライドを重視しなければならないことは、生活保護を受けていない人と同じである。保護という美名に隠れて、子育てを女性だけに押しつけることが誤りである。脱性的な単家族を標準的な家族とみなし、単家族が子育てをするという前提が不可欠である。

子育てを女性や家族だけの役割とはみない。子供を育てるのは産ませの親や産みの親とは限らない。子供は社会の子宝＝財産として扱うことこそ、すべての人が解放される道である。子育てに関する男女差別がなくなれば、母子家庭を特別視する必要がなくなるのだから。一人親の貧困については後述する。

第9節　売春と売春婦の解放

女性が従事する最古の職業は売春であるといわれる。女性が身体を開きさえすれば、男性たちは喜んでお金を払う。男性がセックスを求める限り、女性は身体一つで稼ぐことができる。いつの時代でも、また地球上のどこにでも売春婦はいるから、これは古今東西で変わらなかった事実だろう。

しかし、男性に比べると、女性がお金を払ってセックスを求めることは皆無に等しい。そのうえ、男性はセックスを職業にするほど性的体力がない。残念ながら男性は身体一つで稼ぐことはできないから、男性の売春夫はほとんどいなかった。

男女間にこうした非対称性があるため、男性社会は売春を下級の職業と見なしてきたと考えがちである。しかし、いつの時代も売春を蔑視してきたかというと、必ずしもそうではない。江戸時代には、夜鷹と呼ばれる売春婦などは、きわめて貧しく、そして蔑視されていたのは事実である。現代でも立ちん坊と呼ばれる貧しい売春婦もいるが、セレブや大金持ちだけを相手にする裕福な売春婦もいる。前者は社会的な蔑視にさらされるが、後者は必ずしもそうではない。

どんな職業であろうとも、収入に多寡はある。裕福な大工や農夫もいるが、貧しい大工や農夫もいる。同じように売春婦がすべて貧しかったわけではない。花魁は太夫などと呼ばれて憧れの的でもあり、とても一般庶民は相手にしてもらえないほど高い地位を占めた。

売春自体が蔑視されたわけではない。売春は他の職業と比べて遜色のない生活手段と認められていた。言いかえると、売春に従事するから蔑視されたわけではなく、夜鷹や立ちん棒などはきわめて貧しいから蔑視されたと言って良い。

男女が同質化する前、つまり〈核家族〉制度が盤石だった時代には、女性に稼げる場所がほとんどなかったと前述してきた。〈核家族〉とは稼ぎのない女性を、男性が養う制度である。一人の男性に一人の女性を娶らせ、終生にわたって共に暮らすのが〈核家族〉の原則である。ここで女性に稼ぎが生じてしまうと、女性は男性の保護を必要としなくなってしまう。

〈核家族〉が普及するにつれて、女性から収入を奪う必要が生じてきた。家庭婦人より働く女性を低く見始めた。今では不思議に感じるかもしれないが、職業婦人という言葉には働かなければ生活できない貧しい女性という意味が込められていた。そのため若干の蔑視が込められており、働かない奥様より下に見られていた。女性が稼ぐこと自体が蔑視されていたのである。売春婦には独自の収入がある。ここで売春を蔑み蔑視する必要がうまれた。

明治以降〈核家族〉の普及とともに、売春を卑しいもの＝醜業婦と呼び、他の職業と別物と扱うようになった。売春婦は貧しいだけではなく、卑しい職業に従事する者とみなした。つまり売春婦という女性を、専業主婦とは質的に異なった卑しい人種とみなして、人間を質的に差別・蔑視するようになった。

山室軍平らの救世軍やキリスト教の婦人団体、また女性運動家などが、売春婦を救おうと廃娼運動を起こしたこともあった。しかし、運動家自体が売春婦たちを醜業婦とか賤業婦とみなしていたように、一夫一婦制の〈核家族〉から外れる女性を別種の人間とみなしていた。

一九五五年〈昭和三〇〉から始まった高度経済成長にあわせて、一九五六年〈昭和三一〉には売春防止法が制定され、〈核家族〉の普及が図られた。売春は女性が自分の身体だけで稼げる職業である。女性が自力で稼げる売春を禁止しないと、女性は経済的に自立してしまう。それでは女性を男性の保護下におけない。また婚外のセックスを放置すると、男性は結婚を選ばなくなってしまうかもしれない。

売春防止法の第一条が、売春を行うおそれのある女子に対する補導処分及び保護更生の措置を講ずることによって、売春の防止を図ることを目的とすると言うように、もっぱら女性を対象にしており、男性は取り締まりの対象になっていなかった。つまり売春の禁止は、男性の性的欲望を主婦である妻に向けるためのもので、いわば専業主婦という地位の保護と言っても良かった。そのため、〈核家族〉では養われることと引き替えに、女性はセックスに応じざるを得ない構造となった。

一九六八年〈昭和四三〉のパリ五月革命は、性的な世界にも大きな影響を与えた。セックスは国家の支配下にあるのではなく、自己決定権のもとにあるという思想は、セックスを解放した。そして、売春をも解放し合法化への道を開いた。

情報社会化が進むと、先進国では〈核家族〉のしばりがほどけ、無給の専業主婦がいなくなった。そのため、稼ぎのある売春婦を警察が取り締まらなくても、社会の性秩序を維持できるようになった。その結果、成人同士が合意のうえで行うセックスには、たとえ金銭が絡んでいても、国家が介入することはなくなった。

デンマーク、フランス、ベルギー、オランダ、スイス、ドイツ、オーストリア、ニュージーランドなどにおいては売春が合法化された。そして、オーストラリアのキャンベラでは、女性議員たちの支持をえて、女性市長が売春の合法化をなしとげた。こうした国々では、〈核家族〉のセックス・モラルを押し付けるのではなく、売春を労働基準法や税法など法の下に入れて、売春婦（夫）にも市民権を与えた。

セックスに金銭が介在しても、人としての尊厳が害されることはない。セックスという肉体労働の対価として金銭を受け取ることは、ほかの労働で金銭の報酬を受け取るのと何の違いもない。だから、売春婦は社会の善良な性風俗を乱すこともない、という当たり前のことがやっと認知された。成人が自由な意志で行う売春は、個人の判断に任せようというのが、専業主婦のいなくなった国の流れである。

売春婦（夫）は有償のセックス・ワーカーであり、通常の職業の一つだとみなしても支障はない。性の二重規範を押しつける必要はもうない。もちろん人身売買や前借り金で女性を縛って、売春させることは論外であり認めるわけにはいかない。人身売買や前借り金で労働者を縛ることは、売春に限らず、どんな職業でも許されることではない。また労働環境が労働基準法の支配下にあるように、売春に限らずどんな労働も法の保護下にあるのは当然である。

売春を醜業とか賤業と特別視し、蔑視すると同時に保護を与えようとする思想は、差別そのものである。売春を違法なものと特別視すれば、違法なものに従事する売春婦の人権は大きく歪められてしまう。売春が違法では売春婦がセクハラを受けたり、性交を強制されても警察は取り上げようとしないだろう。売春を合法化してこそ、女性の自立に資するのである。

第10節　養子のいる家族とは

乳幼児期の子供にとって、自分を保護・養育してくれる人が無条件に必要である。愛着の対象が不可欠である。乳幼児時代には親から、または保育士さんから保護されなければ生きていけない。保護してくれる親もしくは他人の影響は、成長の過程で身体の奥まで染みこんでいく。たとえ産みの親であっても、乳幼児期に離れていれば、子供は産みの親に懐かなくなる。

授乳している女性は、子供に敵対することはない。哺乳瓶を使っている男性だって、子供に敵対してはいない。授乳しているときは、愛おしく思いながら子供を抱いているだろう。人の温かい体温を感じるとは、自分に敵対しない証である。だから、他人の体温を感じると、人は穏やかになり心が開く。成人であっても握手や抱擁など、いずれも親愛の情の表現である。

子供の成長には大人が必要だが、大人にも子供が必要である。もちろん子供にとっての大人の必要性と、大人にとっての子供の必要性では意味が違う。大人にとっては子供がいないと生きていけないわけではない。しかし、生活上の必要性がまったくないところでも、良い匂いのやわらかな生き物を身の回りにおくことは、大人の精神を豊かにし充実感を体感させる。子供は大人に生きる張りや潤い、また癒やしを与える。

現代の先進国では未成年養子が増えている。彼（女）らは子供の行き場がないから、仕方なしに養子を引き受けるのではない。先進国の成人にとって、養子を取ることは誰からも強制されてはいない。今では養子だからといって、丁稚の奉公人のように使用することはできない。もちろん継子イジメもできない。養子も実子も同じように接しなければならない。養子であっても養育にお金がかかることは実子と変わらない。養子をとっても経済的な実利はないにもかかわらず、豊かな社会の大人たちは、自分から進んで養子を迎える。時とすると海外から養子を迎えさえする。

生まれたときから親など養育者のもとにいた子供と異なり、生まれや育ちのわからない養子という子供は、愛情に飢えて幼児返りをするかも知れない。施設などで育った子供は養親の愛情を確認する行動も激しい(18)。養子とつきあうのには、実子以上に手間・ヒマがかかりお金もかかる。そのうえ実子が正当とされる社会では、養子だと言うだけで差別的な目で見られるかも知れない。

養子はどんな遺伝子をもっているかもわからない。いやそれどころか、薬物を常用した母親から生まれたかもしれない。ＨＩＶ陽性であるかもしれない。かくれた病気をもっているかもしれない。血縁の親が心変わりして、一度は納得して養子にだした子供を、取り返しに来るかも知れない。それでも先進国では、他人の子供を自分の子供として育てようとする人が多い。

未成年の養子を迎えることは、子供のためではない。現代では身よりのない子供を、かわいそうだという理由で引き取るのではない。養子を迎えるのは、大人の心を豊かにするために、大人自身が子供を望んでいる。大人のために未成年養子を迎える。血縁の子供を持とうとするときも同じだった。まだ生まれぬ子供の希望を聞いて、妊娠や出産を決意するのではない。大人たちが欲しいと思ったから子供を持った。養子という子供を持つ理由もまったく同じである。

ロイス・Ｒ・メリーナは『子どもを迎える人の本』で、次のように書く。

現在では血縁であろうと養子縁組であろうと同質の愛情が育まれることが証明されています。

ある研究グループが、同じ人種の血縁がある親子と養親と養子の親子関係を比較調査したところ、母親と乳幼児期の子供との愛情の形成過程が同じであることが見出されたのです。その上、同一人種間と異人種間の養子縁組の場合でも、愛情形成に差異はないことが発見されています。[19]

といった事実に後押しされて、先進国では養子を迎える人が増えてきた。

養親希望者が多くなりすぎて、今では養子になる子供が少なくなってしまった。そのため、養親希望者は長蛇の列を作って、自分の養子を待っている。先進国の人たちは待ちきれなくなって、養子を求めて海外にまで足をのばしている。アメリカ人やスウェーデン人たちが、韓国から大勢の養子を迎えたのは有名である。[20] いま、中国人の子供たちは、アメリカへと養子に迎えられている。[21]〈核家族〉が全盛だった時代には、先進国でも未成年養子は少なかった。養子は隠すものだとされて、出自を明らかにされることはなかった。アメリカでは養子が、自分の養子縁組の記録を見ることができなかった。

一八三八年にイギリスで刊行された『オリバー・ツイスト』を持ち出すまでもなく、イギリスでも親がいないと施設で育つ子供が多かった。一九六〇年（昭和三五）代のオーストラリアでも、施設で暮らすのが普通だった。しかし、二〇〇七年（平成一九）に公開された映画「ディセンバー　ボーイズ」の描くところによれば、現在のオーストラリアでは、孤児の大半が施設ではなく養親の元で暮らしている。

先進国は豊かになった。先進国にも貧困はありはする。しかし、先進国では餓死者が出るようなことはない。日々の食糧の確保を心配する必要がなくなり、生きることが困難ではなくなった豊かな社会になって、言いかえると、自分の生命の維持を心配する必要がなくなって、はじめて人は種の保存=子供に目が向く。

どんな動物も子供より、まず自分の身体を維持することが優先するのは、本能的な行為であり人間も同じである。大家族だった時代だって、自分の生命を維持できたから子供をもてた。日々の食糧が確保できないほど貧しい社会では、余分な子供を間引いていたことを思い出して欲しい。

我が国では、一組の夫婦がたくさんの子供を産んで、大人数で暮らすケースはしばしばマスコミが報道する。大家族を懐かしみ、大勢で暮らすことは、こんなに幸せだということだろう。しかし、大勢の兄弟姉妹のなかに、養子の子供が交じっていることは少ない。

我が国では、養子である事実を隠したがる。養子であることは間違ったことと見なしているのだろうか、特別養子縁組では子供が自分の出自を見ることができない。我が国では、親を失った子供の八〇パーセント以上が、施設で生活している。いまだに我が国の家族は、血縁幻想に支配され続けたいのだろうか。大勢の養子を育てていることが報道されることは少ない。

我が国では養子が激減している。野辺陽子の調査(22)でもわかるように、戦後一貫して未成年養子は減り続け、今では一〇〇〇人を切っている。しかし、血縁幻想を反映してか、人工受精児は毎年五〇〇〇人の勢いで増え続けている。

一九四九年(昭和二四)八月に慶應大学で生殖医療によって子供が誕生する以前には、人工授精児など存在しなかった。それが前述したように、二〇一四年(平成二六)には四万七三二二人が体外受精児で生まれている。しかも、不妊治療には補助金まで出るようになった。不妊治療に補助金を出すよりも、すでに生きている子供の環境を充実させるため、里親や養親制度を見直すほうが先だと思うのだが……。
〈核家族〉が単家族へと移行を始めた先進国では、多くの人たちが養子を育てている。イギリスやアメリカでは、ゲイでも養親になれるようになった。(23) 映画俳優のミア・ファーローやアンジェリーナ・ジョリーが、養子を育てていることは有名だし、政治家のリチャード・アーミテージ元国務副長官が、アフリカ系の子供たちを養子として育てていることは周知であろう。

第11節　単家族という家族

単という言葉から、単家族は非婚の一人生活者を想像するかも知れない。しかし、一人生活者をいうなら、江戸時代の下男・下女、つまり住み込みの奉公人の多くは単身生活者だった。当時は約三〇パーセントが独身のまま一生を終えたという。

江戸時代には、天涯孤独の者が疫病にかかったときには、五人組が世話をすれば、後日奉行所が費用を支払うというお触れを出している。(24) そんなお触れが出るくらいだから、すでに少なからぬ一人生活者がいた。江戸時代の生涯独身率は現在並みだったという。もちろん戦前だって単身生活者はいた。しかし、彼（女）等は本書がいう単家族ではない。農業や工業が主な産業の社会では、単家族という概念が成立しない。

単家族という概念は、すべての成人が非力な女性であっても、一人で経済的な生活が可能になった社会で成り立つものである。そのため単家族は情報社会に固有のもので、本書で使う単家族の単とは、必ずしも一人生活者を意味しない。

本書は、その社会がどんな家族の形を、標準的な家族とみなしているかを問うている。工業社会までの一人生活者は、標準的な家族の形とはみなされていなかったがゆえに、シングル・ペアレントであっても単家族とは呼べない。

情報社会の基準となる家族の形が単家族だといっても、単家族は必ずしも一人生活者だというのではない。〈核家族〉は男女の対という成人の二人が中心だが、子供を含むから二人生活者とは限らない。多くの子供をもった〈核家族〉もある。同じように単家族も子供をもつので、単家族は複数人でもある。

〈核家族〉制度のもとでは、社会は対の男女間には強い保護を与えた。しかし、非婚者、独居老人や婚外子、同性愛者など、男女の対から弾けだしてしまった人々は、標準的な家族とは認めてこなかった。法制度や税制度などは既婚者向けに設計されていたし、企業内でも非婚者は手当面などで冷遇された。その結果、単身者に対してきわめて差別的な社会を作っていた。

高度経済成長前には銀行は女性に融資をしなかったので、女性が住宅を買うことは困難だった。戦争で結婚相手を奪われて独身生活を強いられたり、夫が戦死したために一人暮らしとなった女性も多かった。にもかかわらず、戦争やもめの生活は困難を極めた。そのうえ社会は女性の一人暮らしを好奇の目で見た。

家主も独り者の女性にはアパートを貸したがらなかった。だから、女性には単身生活をするための住まいがなかった。もちろん女性には一人前に稼げる職業がなかった。その結果、女性は単身生活が困難だった。未婚女性は行かず後家などと陰口をいわれて、蔑視さえされていた。

女性が一人で生活することも困難だったが、男女の対を標準とみなしたために、愛しあう男性が二人で共同生活することもできなかった。[25]男女の対以外には、どんな組み合わせも親密な関係をもつことは許されなかった。それが〈核家族〉理念の支配する社会だった。

もっとも早く工業社会に入った西洋諸国では、一九六〇年（昭和三五）頃まで同性愛はソドミーと呼ばれ、長いあいだ忌むべき犯罪と見なされてきた。我が国では想像しにくいが、同性愛者だとわかると職業を奪われたり、住む場所を奪われたりした。そのうえ、同性愛者であるという理由だけで、襲撃されたり殺されたりもした。[26]同性愛者は市民権がなかったので、愛する男性同士の同居は困難だった。

現代の西洋諸国では、〈核家族〉がコアビタシオンやソロなどの単家族にばらけたので、男女の対の社会的排他性が消失した。男女のカップルだけが、愛情でつながるわけではないと認識されはじめた。その結果、男女の対だけが家族ではないと認識されはじめたので、同性のカップルでも親密な関係を公表できるようになった。

今ではオランダやベルギー・カナダなど、同性結婚を認めた国も登場しはじめた。そして、フランスなど多くの国がパートナーシップ法を制定して、同性のカップルにも市民権を与えはじめた。[27]我が国では渋谷区が二〇一五年（平成二七）に、同性カップルに対して「結婚相当」証明書の発行を条例化した。

親密な人間関係は二人とは限らない。男女の対が単位であれば、三人が親密な関係を維持することは難しい。〈核家族〉的な発想では、一対一＋一にならざるをえない。しかし、単家族なら三人がそのまま親密な関係となる。岡本一平とかの子が生きたようなオープン・マリッジも非難されない。そして、ハウス・シェアという形で同居した人間関係をつくることができる。

単家族の同居者は異性である必要はない。同性であっても良いし三人であっても良い。もちろん四〜五人でもいっこうにかまわない。固定的・永続的な同居を選ばなくても良い。単家族であれば、大人がどのような人間関係になっても、子供との関係は切れない。二〇〇〇年（平成一二）頃からアメリカでは、複数の愛を生きるポリアモリー運動がおきてきた。
社会学者の深海菊絵は『ポリアモリー　複数の愛を生きる』のなかで、次のような驚くべき事実を書いている。

オランダでは二〇〇五年に一人の男性と二人の女性からなるトリオがはじめてシビル・ユニオンとして認められた。シビル・ユニオンとは、法的に承認されたパートナーシップを指し、結婚と同様の権利が与えられる。オランダの法律は重婚を禁止しているが、シビル・ユニオンでは三人のユニオンが認められたのである。（中略）
二〇一二年にブラジルのサンパウロ州において、一人の男性と二人の女性による届けが受理され「三人婚」が公認された(28)。

〈核家族〉は一対一の男女関係以外を認めないから、自由な人間関係を求める人々にとっては息苦しかった。家族の単位が対ではなく、個人＝単家族になったからこそ、ポリアモリーのような動きが表面化してきた。
二〇〇〇年（平成一二）にフィンランドの大統領に選ばれたタルヤ・ハロネン氏は、未婚のシングル・マザーである。そして、二〇〇九年（平成二一）には同性愛者だと公表しているヨハンナ・シグルザルドッティル氏が、アイスランドの首相になった。彼女たちは一人生活者ではなく同居者がいる。彼女たちはまさに単家族の二世帯同居である。

現代では単親と子供の組み合わせこそ、情報社会の標準的な家族の単位である。そして、前述のようにもちろん単家族が数組同居することもある。現在のアメリカ映画は、男女の対を舞台にした〈核家族〉を、舞台として描くことが少なくなった。養子家庭だったり、父親と子供の関係もしくは父子家庭だったり、単親と子供を中心にした映画が多い。

工業社会化した現在でも、〈核家族〉ではなしに大家族で暮らす人たちがいるように、情報社会になっても対なる男女の同居は残る。情報社会だからといって、一人暮らしの単家族だけが暮らすわけではない。子供は男女の営みによって生まれる以上、男女の同居は永久に続く。

しかし、たとえ成人の男女が同居しても、男性が女性を養う工業社会の〈核家族〉と同じものではない。配偶者手当などないし、配偶者控除など考えもつかない。二人の男女が同居していても、性別によって役割を分担する〈核家族〉ではない。情報社会では各自が一人前の収入を持つから、同居する男女は単家族の二世帯同居である。

基準となる家族の単位を単家族と見なすことにより、より多くの人がより親密に、より楽しく生活できる。新たな産業社会では、単家族を標準的な家族の形とすることにより、大勢の人が同居することが可能になる。同時に、今までなら欠損家庭といわれた単親の家族が、まっとうな家族＝標準世帯として扱われる。

一組の男女が終生にわたってつがう〈核家族〉は、もはや時代に対応できない。性別による役割分担は消えていく。しかし、家族が崩壊している、と誤解しないで欲しい。いつの時代にも、家族は必要である。家族の理念として、〈核家族〉が単家族へと変化しているにすぎない。

第12節　単家族は住むところがなかった

戦前の東京では、都民（当時は府民と言った）の八〇パーセント近くが借家住まいだった。戦前の借家は狭いものが多く、また一世帯の人数も多かったので、一人当たりの床面積は一〇平方メートル（約三畳）程度だった。それでも、永井荷風が借家から借家へと引っ越し続けたのは有名だったし、相当なお金持ちでも借家に住んでいることも多かった。森鴎外や夏目漱石などのように借家住まいでありながら、女中さんを雇っている例はいくらでもあった。

太平洋戦争の大空襲で、多くの建物が灰燼に帰したことによって、住宅の再建が不可欠となった。自分の住むところを失った人々には、自宅を建てるのが精一杯で、借家を建てる余裕などあるはずがなかった。そこで会社員人生を担保にした持ち家政策がすすめられた。

銀行ローンや住宅金融公庫なども後押ししたので、サラリーマンたちは競って自宅を建築しはじめた。と同時に世帯の人数が減ったことも手伝って、一人当たりの床面積も増加しはじめ、一九九三年（平成五）には三二・二九平方メートルと戦前の三倍以上になる。

大家族の住まいが農家や民家で、〈核家族〉の住まいは2DKや3DK・3LDKだ、というのは了解されるだろう。〈核家族〉の住まいは居間＋複数の個室の住宅と言われ、夫婦と子供たち各人が各々個室を持つ原則になっている。ところで、〈核家族〉の住まいは誰が用意したのだろうか。

〈核家族〉の時代には、家は男性だけが建てるものだった。稼ぐ男性の生涯賃金を担保に、男性の名義で住宅金融公庫や銀行からの長期ローンで家を買った。女性には収入がなかったから家が買えなかった。女性は家事労働とセックスを担保に、男性名義の家に住まわせてもらった。そして、男性がローン完済前に死んでも、返済が滞らないようにと男性には生命保険がかけられた。

現金で家を買える人は少なく、多くは銀行などのローンに頼った。専業主婦には収入がないので、女性の名義では銀行ローンが組めない。〈核家族〉の時代には、特別な財産家の女性などを除いて、女性が家を買うことは考慮のうちに入っていなかった。

余談ながら、夫名義の銀行ローンで購入した住宅を、夫婦半分ずつの共有名義で登記すると、妻名義分は夫から妻への贈与と扱われる。というのは、専業主婦は無収入のはずだから、家を買う資力がないと見なされている。そのため、共有名義で登記すると妻名義分は夫から妻への無償贈与と扱われ、贈与税の対象になることがある。

住宅金融公庫などを初めとした政府の土地付き一戸建ての持ち家政策は、サラリーマン男性を借り手とした長期の銀行ローンが前提だった。高度経済成長当時はインフレを伴った時代だったから、返済金額は時間の経過と共に実質的に目減りしていった。そして、担保になっている土地の資産評価が上がり、返済完了時には大きな資産となることが多かった。そのため、長期の銀行ローンは借り手にも有利だった。(29)

土地付きの自宅建築は、庶民にとっても有利な投資だったことは事実である。しかし、有利な投資だったのは土地がついていたからだ。住宅金融公庫の貸出には、施工費に制限があり、施工費の坪単価に上限が決められていた。つまり、高単価＝高性能の家は、住宅金融公庫を使って建てることはできなかった。住宅金融公庫と銀行ローンを併用して建築された当時の住宅は、三〇年もたてば建て替えが必要になるといったように、耐久年数の短いものだった。

当時の住宅は、三〇年つまり一世代が住むことしか前提にしていなかったから、安普請を旨としていた。持ち家政策とは、跡継ぎ不要の一世代だけの〈核家族〉制度を前提にしたものであった、と言っても過言ではない。土地は資産だったが、上に建築される家は資産ではなく、消費財である高額商品に過ぎなかった。持ち家政策は、初めから何百年も持つ耐久的な財産を作るものとしては制度設計されていなかった。

賃貸住宅に目を転ずると、勤労者のための住宅を集団的に建設し、行政区域にとらわれない広域的な住宅供給を実施する機関として、一九五五年（昭和三〇）に設立され一九八一年（昭和五六）に解散した日本住宅公団があった。しかし、公団は勤労者のための住宅を供給するといいながら、収入のある単身生活者を入居対象にしていなかった。もっぱら複数の構成員がいる〈核家族〉を入居者と想定していた。

日本住宅公団も設立当初、原則的には住宅金融公庫と同じ考え方でだった。しかし、1LK、1LDKでしかも五〇平方メートル以下のものにかぎって、きわめてわずかながら単身者むけの賃貸住宅を建築していた。日本住宅公団は一九七七年（昭和五二）になると、新設団地に1LK、1LDKという1がつく間取り以外であっても、五〇平方メートル以下の2DKなら、単身者にも入居を認めるようになった。

しかし、単身者に入居を認めたのは、公団の団地は建設される場所が都心から遠かったため、空き家がすこぶる目立ちはじめた。そのために、空き家対策としてうちだされた政策であった。

公団は空き家にしておくより、単身者からでも賃料を稼ぎたかったからに過ぎない。ちなみに住宅金融公庫が単身生活者に門戸を開くのは、四〇歳以上が一九八一年度（昭和五七）から、三五歳以上が一九八八年度（昭和六三）からである。東京都住宅供給公社などの公的機関も、単身者および同居家族の記載のない申込みは失格とされ、日本住宅公団と同じ考え方だった。

単家族の住まいは、今後どうなるのだろうか。単家族は一人暮らしだから、ワンルーム・マンションというのではない。一人生活であれば1DK、二人生活であれば2DK、子供が多くなれば3DKや3LDKとの考えは、〈核家族〉の発想であって単家族のものではない。単家族は若者だけではない。若い時代には持ち物も少ないかも知れないが、年齢を重ねてくると、単家族であっても所持品は増える。

新しい住まいとして、コーポラティブ・ハウスやコレクティヴ・ハウス、また福祉マンションなど、様々なものが提案されている。しかし、大家族や〈核家族〉の発想から、抜け出ることができないものが多いように感じる。

提案される多くが、一つの地域に定住することこそ好ましいと考えている。その場所に定住することで、地域のコミュニティに貢献できるし、人々のつながりも確保できるという。しかし、郷土愛とは単に住むことから生まれたのではなく、生きる糧を与えてくれる大地への感謝から生まれたものである。

現代人は土地を耕すこともなく、住んでいる場所で商売をするわけでもない。住んでいる場所で生産活動を行ってはいない。つまり〈核家族〉では生産活動を行ってはいないから、郷土という土地への密着度は低い。そのため、現代人に地域への結びつきを期待するのは難しい。居住による地域コミュニティにこだわるのは、戦前の隣組の名残である。

工業社会では農地よりも、会社や工場のほうが大きな稼ぎを生む。そのため、土地への愛着がうすれ郷土愛も希薄になった。郷土愛に代わって登場したのは、稼ぐ場であり終身雇用を旨とした会社への愛社精神だった。家訓ならぬ社訓を掲げた企業はたくさんあり、こうした会社では愛社精神の涵養をはかって、土地から切れた人々の受け皿となりながら生産力の向上をめざした。

都市生活者は誰も土地を耕して暮らしてはいない。そのうえ、匿名が支配する大都会では、定住者のコミュニティが形成されるほど、人間が長期かつ固定的に滞留することを期待するのは困難である。また、情報社会では終身雇用もないから転職も多くなり、かつてのような愛社精神も希薄になっている。

民間のアパートは、一住戸が五〇平方メートル以下の小規模なものが多いし、[30]設備も不充分で隣戸の音も筒抜けといった劣悪な住環境が多い。分譲マンションでは、管理組合と称して地域に根付いたとか、地域住民のつながりを大切にするといった、農業社会のしきたりが跋扈する。良識ある有識者たちが提案する住宅は、戦前の隣組や町内会まがいの相互監視社会を理想としているかのようだ。

地域定住の対極にあるのは、隣や近所とはまったく没交渉の、ワンルーム・マンションやマンスリー・マンションである。没交渉ということは相互監視の裏返しである。両者は同じ盾の両面であり、ともに地縁・血縁に立脚している。いずれも個人が未確立な、農業を主な産業とする社会の子孫たちでないと、住み続けることは難しい。

情報社会化はモノとコトの関係を切断し人間を浮遊化させるので、人間が地域に根付くことが難しい。職業も時代にしたがって消滅・生起する。人々はその時の仕事や、必要性に応じて引っ越していく。しかし、情報社会の人間は個人的ではあっても、人間的なつながりを求めるから、何らかのコミュニティを作るだろう。

住宅＝自宅という物を所有するのは、戦後の工業社会の発想である。大家族が支配的だった戦前の都市生活者は、夏目漱石や谷崎潤一郎をはじめ多くの著名人が、賃貸住宅に住んでいたことを思い出して欲しい。

第13節　空き家の発生は必然である

江戸時代つまり大家族の時代には、人口が大きく増えることもなかったし、家族の数もほとんど変わらなかった。一時的に家族を構成する人数が増減することはあっても、家族の数や住まいの数が増減することはなかった。その結果として、家が新築されることは今よりはるかに少なかった。民家と呼ばれる住まいは、一〇〇年以上の長い年月にわたって住み続けられた。

明治以降になると工業社会が到来し、人口が増加しはじめ家族の数も増え始めた。そして、高度経済成長期になると、〈核家族〉が激増した。単身生活者の増加もあいまって、家族数＝世帯数は増え続けた。一九五三年（昭和二八）には約一七〇〇万世帯だったが、二〇一五年（平成二七）には約五万六〇〇〇世帯へと三・三倍になった。

戦後の住宅政策は、一住戸に一家族が住むことを目標としたので、増えた家族の住む場所が必要になった。賃貸住宅も建築されはしたが、民間アパートはもちろん日本住宅公団などの賃貸住宅は、終の棲家とは見なされなかった。

〈核家族〉の住まいは、住宅金融公庫を先頭にした持ち家政策によって、一家族一住宅をめざして住宅の新築がすすんだ。土地付き一戸建てがサラリーマンの憧れだった。住宅取得控除といった税制にも後押しされながら、〈核家族〉は銀行ローンなどを使って持ち家を手に入れた。

高度経済成長などの好景気に沸き、郊外宅地の開発が進み、住宅産業が活況を呈した。標準世帯と言われた夫婦と子供二人が住む家が、都市の郊外に建築され続けた。〈核家族〉でも子供が生まれて、家の跡継ぎができたように見えた。

しかし、〈核家族〉には原理的に跡継ぎはいない。〈核家族〉の親世代が生まれた大家族の家から出たように、子供たちは大学に通い卒業後には広く全国に職を求めて、自分の生まれた〈核家族〉から出た。〈核家族〉は世代を承継するシステムを内部化していない。そのため、〈核家族〉に残された親が、高齢化すると問題が露呈しはじめた。

老老介護のことを言っているのではない。住まいのことを言っているのだ。〈核家族〉をつくった親たちがそうであったように、子供たちは成人すると独立して、生まれ育った〈核家族〉から離れて別世帯を営むのが当然とされた。持ち家政策にのった〈核家族〉の住まいは跡継ぎを想定せずに、世代を承継しない家族システムを基礎として成り立っていた。

〈核家族〉には家業がないのだから、子供たちの職場は生家の近くとは限らず、むしろ見知らぬ都会であることが多かった。すでに一人前に稼いでいる子供たちは、生まれた家に戻るとは限らない。子供たちは家業のない〈核家族〉には戻らない。〈核家族〉の子供たちは生家を相続しても、自ら住むことはほとんどなかった。

〈核家族〉の親世代たちがマイホームを新築したように、子供たちも自分たちで住むところを見つけるだろう。その結果、〈核家族〉の親たちが死んでしまえば、親世代が作った〈核家族〉のマイホームには住み手がいなくなる。〈核家族〉の彼（女）等にとって、住む家は唯一の財産だったかもしれないが、住んでいる住宅は含み資産でしかない。売却して初めて現金化できる。住む家は自分たちの生活費を稼いではくれない。かつて高級住宅地といわれた所ほど、自宅の維持に大きな支障が発生してきた。

親たちの住まいを賃貸にだしても、不便な場所では住み手がいなくなる事情は変わらない。問題を先送りしただけである。言い換えると、〈核家族〉が建築もしくは購入した住まいは、空き家になるのが必然だった。土地の値上がり目当ての土地付き一戸建てではなく、人が土地に定着しない前提で住宅政策を立てるべきだった。

土地を更地にしておくよりも住宅を建てると、土地の固定資産税が六分の一になるという税制も、持ち家政策を促進した。しかし、今ではその持ち家政策が裏目に出て、空き家が増え続けている。家族の形が変化するのは、産業構造の変化に遅れてくる。情報社会化すると、持ち家政策がうまく機能しなくなるのは無理もない。

〈核家族〉も子供をもったので、世代的な連続性が維持できるとみられたかも知れない。しかし、〈核家族〉は生産組織ではないから、そもそも世代承継性を持っていない。〈核家族〉の住まいは原理的に言って一代限りである。今までは人口が増え続け、家族数も増えていたので、〈核家族〉の住まいが秘める世代断絶性が目立たなかった。また親たちは自分が大家族を継がなかったことを忘れ、自分の作った〈核家族〉は世代継続性があると勘違いしていたのである。

人口が減り始めたから、空き家が増えたのではない。人口の減った割合は、人口の最も多かった二〇〇八年（平成二〇）の一億二八〇〇万人から、二〇一三年（平成二五）までに〇・〇〇六パーセントが減っただけである。それに対して二〇一四年（平成二六）の総務省発表によると、全国では空き家が八二〇万戸となり、総住宅数に占める割合が一三・五パーセントになった。

〈核家族〉用の住宅では、小さな子供と同居することは考えられていたが、成人した多世代が同居することは初めから考えられていなかった。だから、親世代が歳を取ると、子供たちがいなくなって、住宅は空き家となるのが自然である。大家族が住んだ茅葺きの民家と違って、〈核家族〉用の住宅は一世代限りであり、空き家となることが宿命づけられていた。

〈核家族〉の相続人たちが見放した住宅は、市場価値を失ったものから空き家となっていく。〈核家族〉と持ち家政策を続ける限り、今後も空き家は増え続けるであろう。

第14節　景気対策としてではなく

終生の一夫一婦が正しい時代なら、そして終身雇用の時代なら、一生の住まいとして定住する終の棲家もありえたろう。しかし、情報社会の今や、人の住まいも移ろう。定住が前提となることはない。つまり、今後の住生活は、定住を前提にした計画では対応できない。

情報産業が要求する職業に従事する者は、生まれた地元に根づいた生活ができない。だから単家族は一つの場所に、一生にわたって住み続けない。たとえば高校生は、生まれ故郷から離れた大学に合格し、故郷から遠く離れて生活する。そして、生まれ故郷から離れたまま、企業に就職する。しかも、職場は我が国内とは限らない。その後も、何回も転職していくだろう。彼（女）が優秀であればあるほど、故郷や定住の土地からは切り離されていく。

しかし、単家族は他人と没交渉にならない。むしろ、単家族は人のつながりを大事にする。人間同士の具体的な接触は、互いに精神的な刺激をもたらす。単家族は一人で暮らすこともあるが、他人と同居することもある。そのため、共に暮らす人数は、時に応じて増減するだろう。そして、住む場所にもこだわる。

そこに住むことが魅力であるような場所。そして、それが常に進化し、成長する場所。それは大勢の人が密集して住む場所である。そうした場所を求めて、単家族は移動していく。言いかえると、自由に動く人間が、それぞれの関心にしたがって、様々に居住できる環境をもとめて、住まう場所を移動していくのが単家族である。

二〇〇年住宅など住宅のストック化がいわれる昨今、地域に定着しないことをもって、単家族は非難の対象になりそうである。しかし、工業化が始まった頃を思い返して欲しい。工業社会となるとき、人々は農村を離れ都市での〈核家族〉へと向かった。この時にも、人々は土地と結びついた農村生活からはなれた。そのため根無し草になった、と批判された。それでも、人々は新しい暮らしをつくってきた。人々が根無し草になったから、社会は豊かになることができた。

我が国では、いまだに親子四人の標準世帯を前提にした〈核家族〉制度を維持しているので、居間＋複数の個室を設計思想とする持ち家政策が主流である。ちなみに、一九六八年（昭和四三）に『個室群住居とは何か』を発表した黒沢隆は、近代家族＝〈核家族〉を居間＋複数の個室だとみなし、人々は居間を通して社会とつながると指摘している。そして、彼は次のように続ける。

賃金労働の定着と重大なかかわりのもとに誕生した近代住居（２ＤＫや３ＤＫ・３ＬＤＫといっ

た居間＋複数の個室のこと：筆者注）は、やはり第二次産業を基幹産業とする社会にのみ有効なのであって、第三次産業を基幹産業とする現代社会にとってその意味をもたない。（中略）

近代住居における「社会─家庭─個人」という段階構成が、いまや「社会─個人」という直接の関係に転化してしまった。「一体的性格」のある夫婦は夫婦ふたりで社会的一単位を構成するが、いまや、夫もそして妻も共に社会的な一単位であり、夫婦あわせれば社会的には二単位の生活となる。それはふたつのパブリックな生活と、ふたつのプライベートな生活の共存である。(31)

早くも一九六八年（昭和四三）に黒沢隆は居間＋複数の個室ではなく、夫婦の一人一人という個人に対応した単家族の住宅、彼の言葉で言えば個室群住居こそ今後の住宅思想だと指摘していた。しかし、当時は高度経済成長期だったので、単家族は見向きもされずに〈核家族〉が賛美されていた。そして、〈核家族〉向けの２ＤＫや３ＤＫ・３ＬＤＫといった住宅が、住宅ローンを使って建築され続けていた。

長期の住宅ローンは、不確かな将来を担保にするものだから、デフレの世の中では返済が滞る危険性が高い。にもかかわらず、借家を選ぶより、持ち家を選んだほうが優遇されている。それは住宅が人間の住まいとしてではなく、経済政策とみなされており、景気刺激のために住宅がつくられているからである。(32)

長寿命の住宅を建築してしまうと、古くなっても建て直す必要がない。我が国の住宅建築は景気刺激のためだったから、新車に乗り換えるように住宅も新しく建て替えてもらったほうが良い。つまり、耐用年数の短い安普請のほうが、建て替え需要を期待できて良かった。西洋諸国と比べて我が国の住宅が、短い寿命で取り壊されていることは周知であろう。

税金で安価で良質な公共住宅をつくることは、住宅を売りたい企業の利益を損なう。だから、政府は良質な公共住宅をつくらず、安い家賃で入居者に公共住宅を提供しようとはしない。また、良質な中古住宅の存在は、新築住宅を販売する妨げになり、景気刺激の足を引っ張りかねない。そのため、中古住宅はすておかれ、中古住宅市場は未整備のままであった。西洋諸国では売買される住宅の約八〇パーセントが中古であるのに対して、我が国では反対に新築が八五パーセントを超えている。(33)

北欧などでは、今でも公共住宅が建築されているというのに、我が国では戦後はたくさん建築された公団住宅も、いまではほとんど建築されていない。住宅公団自体が都市再生機構と名前を変えてしまい、新規の賃貸住宅をつくろうとはしていない。公共住宅に関して、もはや政府は市場に任せきりで何の施策も持っていない。

今でも政府は人間が住まうことの意味を考えるのではなく、景気刺激策としての住宅建築しか考えていない。そのため、空き家が増えているというのに、相続対策としてだろうか、住宅は作られ続けている。空き家の利用も考えていない。少子化で廃校になった小学校などを、コンビニや集会所付きの共同住宅に転用することも良いだろうと思うが、不要となった公共の建物を住宅などに転用することも計画していない。

住むところを確保することは、衣食の確保と同じように、人間の根源的な欲求を満たすことである。良質の賃貸住宅を安価に提供することは、政府や自治体の役割だと思う。それを市場任せにすることは、初めから庶民を切り捨てているといわれても仕方ない。

長期耐久住宅を建築すれば、賃料は安く設定できるはずだから、公共住宅の建築は財政的に決して不可能ではない。それぞれの〈核家族〉に持ち家を作らせるより、インフラとして長寿命の公共住宅を建築するほうが、住宅政策としてはもちろん福祉政策としても安価になるであろう。ローンの返済がなくなり、居住費が安くなれば、その分を消費に回すようになる。エンゲル係数ならぬ、ローン係数や家賃係数がどんなに家計を圧迫していることか。

持ち家制度は、夢のマイホームを実現するかのように宣伝する。しかし、その家に三〇年程度しか住まない人間の好みや夢を、個人の住宅建築に取り入れるべきではなかった。住宅を商品としてはいけなかった。住まいはインフラなのだから、個人の希望に対応した住宅を建築してはいけなかったのである。住宅は普遍的なインフラとしてあるべきで、個人の好みは室内のインテリアとして実現すれば良い。

住宅も道路や下水道と同じように、誰でも使用できるインフラであるべきである。だから一般庶民の住宅には個性を持ち込むべきではない。単家族は住まいを借り換えていく、それが今日的な住まいのあり方だろう。日本人が新築好きだというのは、安普請の持ち家制度によって作られた中古住宅が、きわめて劣悪で低品質なものだからである。

住まうことを市場に任せ、〈核家族〉用の住宅以外は想像すらできない。そうしたことも手伝って、単家族の住まいはまだ見えない。しかし、その兆しはある。敷金・礼金、仲介料ゼロ。仲間付き。保証人不要で、入退居も簡単。首都圏で急増中のゲスト・ハウスもしくはシェア・ハウスが、単家族の住まいの萌芽かも知れない。

農業から工業へ、そして、工業から情報へと時代は変わる。新たな産業は、より一層人々を根無し草にする。だからこそ、土地に定着しなくても、豊潤な人間関係を確保できる住まいが必要である。

おそらくそれは、個別の建築として考えられるだけではなく、産業と連動した住まうことのシステムとして構築されるだろう。

第15節　単家族の住まい

現在の民間賃貸住宅では、入居時に親族の保証人を求める。しかし、先進国ではアパートなど賃貸住宅の入居に際して、保証人を要求されることはない。

海外でも保証人制度は債務の裏書などに見られるが、住宅を借りるのに保証人として親族を要求するのは、我が国に特徴的な習慣である。保証人を求めるような住宅システムは、定住が前提の農業を主な産業とする社会のものである。

兄弟姉妹や親戚が少なくなる時代に、親族などの保証人を求めるようでは、情報社会に対応できないのは明らかである。幸いなことに最近では保証人に代わって家賃債務保証事業者が、有償で保障を引き受けるようになりつつある。

単家族の住まいはまだ見えないが、可能性がある単家族の住まいは、アパートメント・ホテルとか、レジデンシャル・ホテルなどといった名前で呼ばれる長期滞在型のホテルだろう。我が国ではホテルは旅館の同類だと考えられているので、あくまで臨時の宿泊施設で、観光や旅行など何か特別の用事の時に泊まるものだとみなされている。しかし、持ち家を選ばないかぎり、長期滞在型のホテルは魅力的である。

生活できる安価なホテル、それがいま産声を上げつつあるゲスト・ハウスである。ゲスト・ハウスは、ちょっと大きめの一戸建て住宅に、六〜七人が住むものもあれば、鉄筋コンクリートの大きな社員寮を転用した、数十人が同居するものまで大小様々である。(34) いずれもシェア・ハウスという感覚だろうか。

ゲスト・ハウスは共同の厨房と食堂を持ち、水回りも共用である。管理人のいる場合が多い。現在のゲスト・ハウスは自炊は可能ではあっても、ホテルのようなルーム・サービスは提供しないことが多い。しかし、家事労働のアウト・ソーシング化がすすめば、食事・飲食、洗濯・クリーニング、室内の掃除などを、有償で入居者に提供するのはそれほど難しいことではない。

今後、掃除の行き届いた清潔な室内、フロントに管理された安全な環境、全館にわたる快適な空調、防音に意を用いた静謐な室内、プライバシーが保てる個室と便利な共用部分などに分かれた住まいを単家族は探し続けるだろう。ソーシャル・アパートとかソーシャル・レジデンスとでも呼んだら良いのだろうか。良質なアパートに、ホテル機能が結びついたもの、そうした方向が望まれる。

単家族は群れない。単家族は血縁の人間関係に頼らない。しかし、理解しあえる人々と一緒に住むことを好む。一緒に住むために集まった人々が、労力や費用を少しずつ負担することによって、集まって住むことの利点をいかす。居住者の顔が見える都市型住居、それが単家族の住まいである。

一世帯だけでは女中さんを雇えない今日である。家政婦さんに代わるサービスを、集まった人々の少しずつの負担によって実現できるのは都市をおいて他にはない。しかも、それが近隣のつきあいによって形成される、人間関係の貸し借りによってではなく、システムとしての都市が固有にもつ便利さ、これが都市に住む利点である。

障害者や老人に対するデイ・ケア・サービスにしても、人口密集地の都市だから可能である。サービスを受ける人が離れて住んでいれば、それぞれをまわるだけで大仕事である。そのうえ、人口密度の低い地域では、サービスを提供する側の人間がいないかもしれない。

大家族は農業を基盤としたので土地に固定されていた。〈核家族〉は工業と共に発達したので、工場や会社の立地に拘束されていた。しかし、テレビ会議が象徴するように、情報社会の労働は、人間を働く場所に固定させる必然性がない。そのため、人間が浮遊する。浮遊する人間関係の反映が、非定住であり土地からの無拘束である。

農業を生活基盤とする大家族は移住しようがなかった。だから江戸時代は、人が引っ越しをしなかったと思いがちである。しかし、江戸時代でも都市部では、住民の移動は今以上に激しかった。一八四四年（弘化元）の江戸芝神谷町の移動状況を、南和男の『幕末江戸社会の研究』から抜粋・要約してみよう。ちなみに芝神谷町の住民数は、一八四四年（弘化元）には六三三人、一八四六年（弘化三）には六九人、一八四九年（嘉永二）には六六人であり、五年の間ほとんど変わっていない。

弘化元年四月から同三年四月にかけて、わずか二年の間に転出したものは少なくない。それは七世帯二四人のほか奉公に出たもの一人と召使でやめたもの三人計四人、合計二八人で、住民の四四・四パーセントに達する。そのほか年次の途中で転入し、同三年四月までに転出した二世帯と奉公人一人の計三人があるから、転出率は四七・〇パーセントと高まる。（中略）

同様に弘化三年四月から嘉永二年四月にかけての三年の間に転出したものは一〇世帯四〇人あり、転出率は五八・〇パーセントである。（中略）弘化元年四月にあった一六戸六三人のうち五年後の嘉永二年四月まで引続き同地に存続したのはわずか六戸二〇人にすぎない。（中略）したがって戸数の六二・五パーセント、住民の六八・三パーセントの転出率である。わずか五年で住民の七割近くが転出していったのである。(35)

現在の引っ越しの多さどころではない。二年間で半数以上の住民が入れ替わっている。これでは地域の住民同士が、親密になる時間もなかったかも知れない。江戸庶民の多くは、長屋といったかたちでの借家住まいだったのだろう。農地と切り離された都市生活者は、江戸時代といえども浮遊していた。それでも長屋の熊さん・八つぁんは和気藹々と暮らしていたと思える。

東京二三区内に二〇年以上同じ所に住み続けている人の割合は、二〇一〇年（平成二二）現在で三五パーセントを超えている。東京の人口が増え続けてきたことを考えれば、定住率は高いと言うべきだろう。江戸時代のように、二年で地域住民の半分以上が転出してしまうことは、現代でも考えられない。

〈核家族〉の持ち家政策を当たり前と考えているからか、最近まで終生にわたり定住することを良しとしてきた。〈核家族〉的発想では、浮遊する個人に対応する住宅がなかった。住まい方は産業に遅れていくものである。情報社会が全面的に開花していない以上、新たな家族に対応する住み処を、具体化する作業は難しい。

一九六八年（昭和四三）に黒沢隆の個室群住宅が発表されて以降、〈核家族〉向けではない住宅の設計も、いくらかの建築家によって試行錯誤されてきた。しかし、単家族理念がいまだ市民権を得ていないので、山本理顕などが示したごくわずかの作例しかない。まだ単家族向けの住宅は、単家族が市民権を持っていないので一般的に知られてない。

現在のゲスト・ハウスが、情報社会の典型的な住宅となるかはまだ不明である。しかし、今後の住宅の主流は持ち家ではなく、賃貸住宅に向かうことは確かだろう。良質で公正な中古住宅市場が整備されれば持ち家もあり得るが、今のままでは賃貸住宅へと向かわざるを得ないだろう。

単家族の住まいが、良質なアパートにホテル機能が結びついたものとは、夢のような話かもしれない。誰が費用を負担するのだ、という声が聞こえてきそうである。しかし、後述する教育費をみてほしい。フィンランドやフランスでは、大学の授業料は無料だし家賃の補助もある。そして居住費も同様である。

景気刺激策としての安普請の住宅政策ではなく、長い耐久性をもった高品質の住宅を建てる必要がある。人体は洋の東西を問わず、古来から不変である。だから、人間を入れる容器である住宅の基幹部分は、時代の影響を受けない。給湯器などの設備類は、何年かごとに更新される必要がある。しかし、スマートハウスなど付加的な部分に目を向けるのではなく、建物の骨となる住む部分に重点を置くべきである。

住宅を市場での商品性に委ねては、短命の住宅しか作れない。快適な住環境を実現できるような住まいの本質に意を用いてこそ、住宅は長い寿命をもった社会の資産となり得る。長寿命の住宅であれば、減価償却の期間も長く設定できるから、賃貸料も安く設定できる。そうした視点で西洋諸国の住宅は建築されてきた。

住むことの本質に立脚した、インフラとしての住宅が待たれている。人間のための住宅政策へと社会の制度が変われば、人口密度の高い都市でのみ成り立つ、ゲスト・ハウス風のホテル居住の可能性はひらけていくであろう。

第16節　単家族の老後をみる者　その一

人は必ず歳をとる。加齢は肉体を衰えさせ、やがて死を迎える。また、人生の半ばで、病に倒れることもある。しかし、医学が進んだ現代社会では、簡単に死ぬことはできない。長い闘病生活を送らざるをえないこともある。

性別役割分業の〈核家族〉とは、突き詰めて言うと国が〈核家族〉という砦を保護することによって、内部の人間の生存を保障する制度であった。そのため、対なる男女がつくる〈核家族〉は、〈核家族〉の内部で問題を処理するのが原則である。言いかえると、国家による〈核家族〉への法的な保護とひきかえに、〈核家族〉内部での人間のあいだの相互扶助を義務化していた。

民法は、次のように定めている。

〈同居、協力及び扶助の義務〉
第七五二条　夫婦は同居し、互いに協力し扶助しなければならない。

憲法二五条一項は「健康で文化的な最低限度の生活を営む権利を有する」と定めているが、国は〈核家族〉を相手にし直接的には個人を相手にしない。定額給付金が世帯主にまとめて送付されたように、国は〈核家族〉を保護することによって、〈核家族〉に家族を維持する責任を任せてきた。その結果、個人を直接に助けたり、保護することから免責されていた。

産まれてきた時には一人で生活できなかったように、人生の晩年を迎えると、一人で生活するのは難しくなってくる。今までは家族が老後の支えになってきた。そのため、配偶者の一方が倒れてしまうと、他方配偶者が看護や介護にあたることになる。しかし、身体の大きな男性を、非力な女性が介護するのは大いに困難が伴う。また、介護者が高齢化していれば、男性でも女性を介護するのは難しい。

介護保険や介護施設などができ、個人を救済する制度が整いつつある。介護の現場では、独居老人に懸命に手を差しのべている。しかし、〈核家族〉が前提である以上、介護の主体が他方配偶者や子供などの血縁者であることは変わらない。身元引受人のいない老人を、介護施設は引き受けたがらない。病に倒れた配偶者をのこして、他方配偶者が死んだら、子供のいない場合には配偶者をみる者は誰もいなくなってしまう。

血縁の子供がいても、〈核家族〉は子供に面倒をかけないのが建前である。そのため〈核家族〉の子供は、成人すれば自立して生家を離れる。ちなみに自立できないと、引きこもりとして問題化する。子育ては至高の趣味だった。趣味からは見返りを求めることはできない。当然の帰結として、老親は老後の面倒を子供に期待することはできない。たとえ病に冒されても、子供に頼ることはできないのが〈核家族〉の原則である。

〈核家族〉は対なる配偶者同士が、互いに労りあう成り立ちである。そのため、病身の配偶者を介護する他方配偶者には、大きな負担と責任がのしかかっている。最悪な場合には、大切な人が寝たきりで放置されることを恐れて、愛する者を殺すところにまで追い込んでしまう。

大家族の時代には、老人福祉は大家族の構成員が担った。だから、行政の介護コストはゼロに近かった。しかし、現代の家族は、農地との結びつきが切れたので、もはや大家族には戻れない。次善の策として、男女の対を家族の単位とすること、つまり在宅介護は安価さを望む行政が選択したいところだろう。家族制度を維持するコストは、個人単位の単家族より〈核家族〉のほうが低くてすむからだ。

情報社会へと転じる今、黒沢隆が『個室群住居とは何か』でいうように、家族を媒介にせずに個人はますます社会と直結するようになる。そのため、社会福祉はより一層の社会化が必要となる。老人施設がたくさん作られたり、介護保険の適用が急増することが示すように、個人の社会化が不可避的に進んでいる。

第17節　単家族の老後をみる者　その二

〈核家族〉制度は限界にきており、〈核家族〉を福祉の担い手とすることはもう無理だ。産業構造の変化が単家族という制度を要求している。〈核家族〉的な発想からすると、単家族化がすすむと、一人生活者には介護者が誰もいなくなるように見えるかも知れない。しかし、単家族を標準世帯とする社会では、単家族を介護する者は、同居する単家族や子供ではない。

単家族制度のもとでは、専業主婦のように税金の支払いを免除された者はいない。単家族は全員が働き、全員が担税者である。税金を支払うことは、担税者にサービスが返ってくることだ。働いていた時代に支払った税金は、担税者が病に倒れたときに、担税者へと還元されるのは当然である。そのため、税金の支払いを受けた国は、単家族を看護し介護する義務がある。

農業が主な産業である途上国では、社会福祉政策が未整備で老齢年金などないから、子供をたくさん産んで老後に備える。しかし、多くの先進国では、公的な年金制度が確立しているので、老後に向けて子供を用意する必要もないし、蓄えをする必要が少ない。先進国だからこそ、各自の貯蓄が低くても安心して生活できる。

我が国のように高齢者の貯蓄率が高いことは、老人間の貧富の差が大きいことを表し、むしろ福祉の整った先進国ではないことを意味する。[36] しかし、一九九〇年（平成二）には一二パーセントを超えていた家計貯蓄率も、二〇一五年（平成二七）には一・四パーセントと主要国では最低になってしまった。今では韓国やアメリカの後塵を拝している。

福祉を市場経済に任せてしまった我が国では、老後破産や下流老人化の話題に事欠かない。裕福な〈核家族〉コースから外れてしまい、現役時代に貯蓄できなかった老人は、貧困に陥って生活が困窮している。ちなみにイギリスでは老人ホームに入居する場合、生涯そこにいる前提で、住宅、貯蓄、年金などの資産を総括して、五〇〇〇万円以下ならすべてその費用を国が負担するという。[37]

公的な健康保険が未整備と評判の悪いアメリカですら、メディケアやメディケイドによって高齢者への医療保障を行っている。フードスタンプなど低所得者への援助もある。先進国であれば税金の支払いを受けた国が、単家族を介護する主体であるのは自明である。にもかかわらず我が国では自己責任の名のもと、教育、住宅、医療、福祉などを次々と市場化させて、国民の貯蓄率を下げて庶民を貧困に追い込んでいる。

国は組織であるから、社会福祉の制度を整え、サービスを提供することはできる。国民から税金を受けとった国には、社会福祉制度を整備する義務がある。しかし、サービスの提供とその受け入れには、かならず決断が伴う。

決断は組織にはできないことであり、生きている人間にしかできない。また組織である国のサービスに、愛情という精神性を求めることは不可能だし求めるべきではない。国や政府にできることは、制度を整えることだけである。だから、個々の具体的な状況のなかで、被介護者について国が決断することは原理的に成り立たない。

単家族は経済的な必要性にしばられての義務としての同居はしない。経済的には同居の必要のない単家族は、人間的なつながりを求めて同居する。単家族の二世帯同居は強い精神性で結びついている。心のつながりだけで同居する単家族は、行動が不自由になった単家族を愛情をもって接する。

経済的には不要な子供を、純粋な愛情の対象として持とうとするように、大切な人を労りたいから、単家族は病に倒れた単家族を看護する。ゲイの男性が伴侶を看取った姿は、感動的ですらあった。しかし、改めて確認しておく。介護の直接的な担い手は国である。

第18節　単家族の自己決定権

国が看護・介護のシステムを用意し、サービスを提供するにしても、単家族に対する決断は誰がするのだろうか。頭脳が正常に働いているうちは自分で決断できるから、単家族は充分に機能する。入院だって自分で決断できる。手術にだって同意できる。しかし、頭脳の働きが不充分になったとき、単家族はどう対応するのだろうか。

〈核家族〉では臓器移植法が想定するように、他方配偶者や子供などの血縁者が、判断力の衰えた人間の処遇を決めた。しかし、配偶者や血縁者または成年後見人が、本人の意向に沿うとは限らない。本人の意思より、家族や親族などの意思が優先することはいくらでもある。最期への対処や死後の取り扱いには、〈核家族〉制度下でも齟齬が生じている。単家族化した社会では、それにもまして新たな問題が様々に生じる。

女性の職場進出に子育てが障害になったとき、アメリカ映画は一九七九年（昭和五四）に、「クレイマー、クレイマー」を送り出して、働く女性を勇気づけた。そして、女性の職業人化という情報社会化の流れに声援を送った。同じように二〇〇四年（平成一六）年には、単家族化した現代人を勇気づける映画を世に送りだした。

共和党を支持する生粋の保守主義者であり、草の根民主主義の権化でもあるクリント・イーストウッドが、女性ボクサーを主人公にして「ミリオンダラー・ベイビィ」を撮った。この映画は、現在のアメリカ家族の主題を総集成して見せている。

主人公は一人で暮らしで、自立心の強い女性。たくましい自立心と尊厳を求めた生き方を追求している。彼女はボクサーになろうとした。それを年老いた男性トレーナーが必死で育てようとする。男性トレーナーも、また一人生活者である。

ボクシングは過酷な訓練を要求する。危険なスポーツである。ボクサーたちは、求道者のように練習に励む。そして試合にのぞむ。映画の主人公の女性も、厳しい練習のかいがあって、やっと世界タイトルに手が届きそうになった。しかし、試合中の事故で、首から下がまったく動かなくなり、寝たきりになって回復の見込みがなくなった。彼女は失意のうちに病院生活を送っている。

彼女は機械の補助がなければ、自分では呼吸もできない。現代の医学では、もはや回復の可能性はない。彼女は生きる気力を失い、むしろ積極的に死のうとする。彼女は充分に生きた人間として、何度も自殺しようと試みる。自己の尊厳を保ったまま、彼女は死を迎えたい。

一人で生活してきた彼女は、肉親たちとは疎遠であった。しかし、彼女を生んだ母親と血を分けた兄弟姉妹たちは、彼女の財産をねらって病院にやってきた。ベッドに横たわる彼女に、自分たちに遺産を残すようにせまった。彼女はそれを拒否し、肉親を病室からきっぱりと退出させる。

映画は主人公の女性に、母親など血縁の家族と絶縁させて、精神的なつながりしかない老トレーナーを選ばせる。そして、彼に彼女の生命の決断を託す。身体の動かない彼女は、呼吸補助器を外してくれと、老トレーナーに自殺の幇助を頼む。しかし、たやすくは承諾できない。

老トレーナーは悩む。教会にも足を運ぶ。神父はもちろん自殺の幇助には反対である。彼は悩んで悩んで悩み抜いた末に、犯罪者になることを覚悟する。そして、静かに彼女の延命装置を外す。映画は尊厳死への選択を、血縁もなければ配偶者でもない人間に行わせた。

社会福祉のなかった大家族の時代には、血を分けた家族は信頼に値しただろうし、信頼しなければ生きていけなかった。子供たちが家の跡継ぎだった。血縁の子供がいなければ、養子をとって家を守った。生産組織たる家族の構成員だけが、家族の出生と死に責任をもった。しかし、〈核家族〉の血縁は擬制であり愛情を保証するとは限らない。にもかかわらず、〈核家族〉の構成員が疎遠であったとしても、血縁のない親しい者に優先するのが我が国の現状である。

〈核家族〉であれば他方配偶者や子供たちが、終末医療の決断を下し、最期を看取る者となるのだろう。しかし、今日では信頼は血縁ではなく、精神的なつながりが保証する。老トレーナーと女性ボクサーには血縁関係はなく、それぞれに単家族である。そうでありながら、彼等は本当に心がかよい、他人でありながら互いに万全の信頼で結ばれていた。

彼女がボクシングに打ち込んだのは、たった一年半だった。必死で打ち込んだ彼女は、何も悔いるところはない。死ぬとは、よく生きることだ。人間の尊厳を尊ぶ彼女は、自分よりはるかに年上の老トレーナーに、身をもって死に方を教えていく。

自分の娘のように若い女性ボクサーに、老トレーナーはふかぶかと頭を下げる。年齢も性別も無意味化されたところで、映画は終わる。尊厳死を認めない宗教界などからは、強い批判があったにもかかわらず、二〇〇五年（平成一七）ハリウッドはこの映画にオスカーを与えた。

情報社会へと突き進むアメリカは、単家族化は不可避だと見なし、はやくも単家族の時代に対処しようとしている。アメリカは独立宣言など自助の精神が強いからか、単家族への転換に躊躇していない。擬制の血縁によってたつ〈核家族〉から、精神でつながった単家族へと転じたときの、問題点を模索しはじめている。

単家族が正常な判断力を持っていれば、老人となっても対処のしようはあるだろう。しかし、単家族が認知症に陥ったら、しかも認知症の治療を拒否したら、誰がどう対処するのだろうか。認知症患者の尊厳を守るのは難しい。問題は山積みである。単家族の価値観はまだ確立していない。だからこそ、アメリカは新たな時代に対応しようと必死である。

第19節　子供と女性の関係

二〇〇〇年（平成一二）を過ぎる頃から、アメリカでは母子物、つまり女性の子供に対する影響をさぐる映画がふえてきた。一九八九年（平成元）にあった実話をもとに、二〇〇五年（平成一七）には、「スタンド・アップ」という女性の炭坑労働者の映画が撮られている。

〈核家族〉から女性が職場へと進出したあと、子供が家庭に残される。しかし、情報社会では女性労働力を活用しないと、高い生産性を維持できない。専業主婦制度を残したままでは、経済競争に負ける。それに気づいたアメリカ政府は、一九八〇年代から女性の職場進出をうながす施策を展開し始めていた。

事務仕事やサービス業なら、女性も比較的容易に職場へと進出できた。しかし、アメリカの炭鉱は、かつての我が国の炭鉱労働のように夫婦で坑道に潜ったわけではなく、屈強な男性だけの職場だった。肉体勝負の炭坑労働では、女性の進出は困難だった。男女平等という新たな職場倫理を押し通すと、肉体労働重視の男性原理を否定することになりかねない。政府の方針は、簡単には炭坑労働の現場には浸透しなかった。

肉体労働では一人前の労働量が、それぞれの共同体で決まっている。農業労働なら男性の一人前の労働量という基準があって、女性のそれは男性の〇・五～〇・八といった具合に、体力差に応じて決まっていた。それに応じて報酬も支払われた。

しかし、工業社会は女性の労働力を排除してしまったので、長い間、女性は肉体労働の職場にはいなくなっていた。そのため、女性の肉体労働力を評価できなくなってしまった。非力な女性がどのくらい働けるかわからないので採用できず、その結果、女性が肉体労働の現場に入ることは難しくなっていた。

女性が男勝りの屈強な腕力を持っていれば、腕力優位の男性社会も女性を男性とみなして受け入れざるを得ない。女性がマッチョな男性を演じて、スーパー女性＝男女性として炭鉱労働者になったのなら、職場のマッチョな男性たちは、同等の同僚として受け入れただろう。そして、男性と同じ報酬の支払いに同意しただろう。

しかし、女性が非力でフェミニンなままで鉱山労働者になろうとすれば、男性たちはそれまでの自分たちの男性的な働きを否定されたように感じる。非力な彼女の労働力は、男性たちと同じ労働成果を上げることはできない。にもかかわらず、男性並みの報酬を要求すれば、旧来の男性秩序と摩擦が起きるのは明らかだった。

女性の職場進出という主題と平行して、この映画が描くのはシングル・マザーの子育てである。女性に稼ぎを与えない〈核家族〉のままなら、女性は離婚ができず家事の担当者から逃れられない。女性の稼ぎが男性より少なければ、女性は子供を引き取ることが難しい。女性が男性と同じように経済的に自立したから、シングル・マザーでも子育てが可能になった。

実際の話、経済的な収入が親権を支える。経済的な収入のない者に裁判所は親権を認めない。離婚にあたって女性が無収入なら、母親がいくら子供を愛していても、収入のある男性が子供を養育することになる。「クレイマー、クレイマー」で親権が母親にいったのは、母親のほうが収入が多かったからだ。パート労働のわずかな収入では、親権の獲得には不充分である。男性と同等の収入が、子供を守るための必要条件だった。

今日のアメリカの炭鉱では、パワー・アシストのついた機械類が導入されているので、女性の非力さは弱点とはならない。だから彼女は、男性と同じ給料がでる炭鉱労働者を選んだ。しかし、現場労働者たる男性たちの意識は旧来のままだったので、女性を炭鉱労働者として受け入れることには消極的だった。

肉体労働においても、女性が一人前の職業人として、完全に認知されるにしたがって、今やっと女性も子供を守る者として登場した。充分な収入があれば、女性も親権者になれる。一九七九年〈昭和五四〉に公開された映画「クレイマー、クレイマー」のヒロインも、自己の収入を求めて〈核家族〉を出たことを思い出して欲しい。

男性も女性も対にならなくても、個人のままで子育てができる環境が必要である。シングル・マザーやシングル・ファザーを特別視することなく、一人でも子育てができる環境を準備すべきである。個々の子供は親が育てていても、子供は社会の財産である。

経済的に自立した人間として、誰でもが子育てに当たれるようにしなければならない。シングル・マザーやシングル・ファザーを選ぼうが、単家族の二人同居での子育てを選ぼうが、子供にとっては同じ経済的環境とならなければならない。保護者の収入の多寡が、子供の生活を決めることはあってはならない。

離婚したら子育て女性が貧困に陥る〈核家族〉という制度は間違っている。子育て男性が貧困に陥るのも困るが、とにかく離婚の経済的影響が子供に及ばないようにすべきである。それには結婚を問題にしない単家族である。そして、子供は社会の財産だと見なす制度が不可欠である。

いまやアメリカの女性は、男性とまったく同じ社会的な存在になった。「クレイマー、クレイマー」で手放した子育てを、約四〇年かかって女性が確実に取り戻しつつある。この四〇年は決して回り道ではなかった。

今後、女性の自立は完成期に入り、単家族化はますます進むだろう。女性はときには力強く、ときには悩みながら、様々な展開を見せてくれるだろう。「スタンド・アップ」のような母子物映画の登場は、アメリカ女性の経済力が男性のそれとが、ほぼ同等になったことの証である。

　女性は結婚しなくても生きていけるし、結婚しなくても子供が持てる。離婚しても子育てができる。男性に養ってもらう必要はない。そう思ってみると、恋愛から〈核家族〉的結婚への過程を描く映画は、もはやアメリカにはほとんどないことに気がつく。アメリカの母子映画で描かれる母子関係は、子供が可愛そうだという視線で見る我が国の母子映画とはまったく違う。

　いまだアメリカにも、愛や恋を描く恋愛映画はある。しかし、恋愛に引き続いて結婚する意味での、恋愛結婚映画はほとんどない。再婚者や中高年者の恋愛とか、二〇〇九年（平成二一）の「理想の彼氏」のように、中年女性が若者と恋する単家族的な話が多い。我が国では高齢男性と若い女性の結婚はしばしば話題になるが、高齢女性と若い男性とのロマンスは聞くことが少ない。

　アメリカ映画は、〈核家族〉的な愛情では、理解できない地平へといってしまったと思っていたが、現実がすぐに追いついてきた。二〇一七年（平成二九）にフランス大統領になったマクロンの妻は二五歳年上で、三九歳のエマニュエル・マクロンに対して六四歳である。中学時代の師弟であった親子ほど年齢の離れたカップルに、若者に対する高齢女性からのセクハラだという声は聞こえずに、フランス人は戸惑いながらも祝福しているように見える。

　女性も経済的に自力で立ったので、アメリカの家族の形は単家族化した。必然的なこととして、女性が単独で子供に接しうる。母子映画の登場は、子供への影響として、男性と等質・等価な女性の存在のありかたを、必死に模索し創造していることの軌跡である。

第20節　プライバシーと単家族

工業社会が成熟し女性が社会人となってくると、対なる男女といえども個人としての精神活動が生じはじめた。ここでプライバシーは〈核家族〉単位で語られるものから、個人として語られるものになった。いまや女性宛の手紙は、男性が開封してはいけないし、配偶者の携帯電話を覗いてはいけない。

社会が〈核家族〉へと侵入し家庭内暴力が暴かれる頃、個人的な精神生活が市民権を得て、個人的なプライバシーが確立されていった。一九九九年（平成一一）、我が国でも情報公開法が制定された。そして、少し遅れて二〇〇三年（平成一五）、個人情報保護法が制定された。

情報社会化は個人単位の生活を求めている。非婚が増加している。そのため、政府は〈核家族〉から個人へと、管理の軸足を徐々に移動させ始めようとしている。と同時に、〈核家族〉を通しての個人管理から離れて、個人を直接に管理しようとしはじめた。

たばこ自動販売機の成人識別カード「タスポ」の使用履歴が検察に報告されていたり、[38] 高速道路の監視カメラは、刻々と自動車の通行を記録して個人の移動を監視している。おそらくETCの記録も、集中管理されて国民の移動を記録しているだろう。また、各種クレジット・カードの使用記録も政府に報告されているかもしれない。もちろんインターネットを通る情報は、エドワード・スノーデンが暴いたように、政府に掌握されているだろう。

行政機関の保有する情報の公開に関する法律を制定して、情報を公開する建て前は用意する。しかし、政府にとって都合の悪い情報は、国家機密や国家の安全にかかわるものとして黒塗りにして非公開にできる。そして、個人情報の保護に関する法律を定めて、個人に関する情報を、政府が一元管理し個人や私企業には情報を所有させない。

税金でも前科でも、すべて国家が個人に科すものだ。だから、国家は最初から個人情報を知っている。住所でさえ住民基本台帳というかたちで、自治体が管理しており国は個人の住所を知っている。自治体などの行政機関は職権で住所や銀行預金などの個人情報を知ることができる。課税のためとあれば、行政は秘密裏に住所を探し出す。にもかかわらず、個人情報はプライバシーに属するから公開しないという。

もともとプライバシーとは対社会的なものであり、市民が国家に対して守るものだった。凶暴な国家権力から、個人を守るためにプライバシーの概念はできた。信教の自由といい、通信の秘密といい、対国家権力のものとして生まれた。個人情報の保護とは、国家に対して個人のプライバシーを守ることである。個人情報を国家が管理して、本人に見せないと言うことは、近代国家の原理のどこからも出てこない。

いかなる権力も腐敗する。そして、国家権力が暴走することは歴史が証明している。だから西洋諸国では、憲法によって国家に足枷をはめた。他の法律と異なり、憲法は国民ではなく国家が守らなくてはならないものだ。我が国の憲法も九九条で、「天皇又は摂政及び国務大臣、国会議員、裁判官その他の公務員は、この憲法を尊重し擁護する義務を負ふ。」と定め、国民には擁護義務を課してはいない。

我が国では憲法は国家を縛るものではなく、他の法律と同様に国民が守るものだと考える人が多い。

そして、弱者を演じる女性は自立を選ぶのではなく、警察権力などに保護を求めたがる傾向が強い。たとえば、少なからぬ女性たちは、男性による家庭内暴力からの庇護を、国家権力たる警察に求めるとさえいう。[39]

国家は強大な権力をもっているがゆえに、暴走したら人権侵害がおきる。〈核家族〉の時代には、法は家族に立ち入らないことによって、家族がプライバシーの砦になりえた。しかし、いまや個人が剥き出しで社会に晒されるので、対を原理とする〈核家族〉は砦にならなくなった。

公共の秩序維持を名目として、国家は家族をこえて、直接に個人を管理の対象としはじめた。だから、〈核家族〉を経由しないで、個人を守ることが必要になった。思想信条の自由も学問の自由も、確たるものとして守らなければ、自由な発想など生まれようがない。精神が国家に管理された環境では、人間の発想も制約されてしまう。情報社会になって本当の意味で、プライバシーの擁護が必要になった。

単家族化に伴って、個人に対する〈核家族〉という保護がはずれる。そのため、多くの先進国では、個人を守る政策を取り始めた。たとえば、国家に行政の所有する情報の公開を義務づけるといった形で、個人が自分の立ち位置を認識しやすくした。国家が個人を盗聴した記録も、裁判をつうじて請求できるようになった。

先進国の動向にならい、我が国でも個人のプライバシー保護がうたわれて、徐々に個人単位の社会になりつつある。しかし、情報社会化の意味を理解できない我が国では、状況は反対に進んでいるように見える。国家による情報管理がすすみ、すでに日本固有の戸籍制度があり、加えて住民登録制度、なお住基ネットがあるうえに、マイナンバー制が施行される。国による個人情報の囲い込みが強化されている。

私人が悪用するという理由で、戸籍や住民登録が原則非公開になった。これによって個人情報の掌握は国家が独占した。そのうえ、行政にはきわめて便利だが、住民には利点の少ない住基ネットやマイナンバー制ができた。

警察官が戸別訪問して、各家庭の家族状況を記録し蓄積している。住民情報は警察が管理し、住民たちには非公開である。隣に住む人にさえ教えようとはしない。単家族化がすすまない我が国では、情報公開が個人に対する国家の管理強化にむすびつき、個人への規制強化になりつつある。

第21節　単家族の相続

戦前の家督相続では、家の跡継ぎとなる者以外は、まったく相続分がなかった。生産手段だった土地の分割・細分化を避けるためには、長子相続は仕方なかった。しかし、サラリーマンが主流の工業社会では、〈核家族〉は生産手段である土地と切り離されたので跡継ぎなる概念がない。そのため、長子（もしくは末子）だけへの相続は不平等で、法の下の平等に反するものとなっていた。

土地という生産手段を細分化させないのが、長子相続をとった理由だった。戦後になって工業社会化が進むことが予想され、跡継ぎを持たない〈核家族〉は長子相続となじまなくなった。〈核家族〉は嫡出の子供たちを平等に扱ったほうが家族は円滑にまわっていく。

戦後になって民法の親族・家族編は大きく改正された。家督とか家長という概念はなくなり、嫡出である子供はすべて平等に相続するようになった。そして、改正された民法第五編「相続」では、配偶者には三分の一の相続分を認め、残りの三分の二を子供たちで等分するとした。そして、一九八〇年（昭和五五）に、配偶者の相続分が二分の一に引き上げられた。今また、三分の二に引き上げられようとしている。

高度経済成長が終わってバブル期に入る頃、子供たちより配偶者に有利になるように改正された。つまり、専業主婦という法律上の配偶者が、より一層保護されるように改正されたと言っていい。当時は内縁関係者は日陰者だったし、事実婚を選ぶ者も少なかったので、〈核家族〉制度の外で暮らす人々に配慮する必要は少なかったのだろう。

最近では離婚も増加し、一人っ子の増加と情報社会化を反映して、法律婚を選ばずに事実婚をする人も増えてきた。そのため、事実婚でも住民票は出るし、日常生活上では法律上の夫婦とほとんど変わらなくなった。また、内縁関係の解消をするときには、法律上の夫婦の離婚にならった対処がなされることもある。事実婚にも多少の配慮がなされるようにはなってきた。

しかし、死別すると話は別である。我が国の相続は、〈核家族〉の理念に則った法律が律する。被相続人の子供であっても、認知を受けていなければ、法定相続人とは扱われない。また、婚外の子供である非嫡出児は、法律婚で生まれた子供である嫡出児の半分しか相続分がなかった。

〈核家族〉制度を守るために、子供が不平等におかれていた。この規定は遅ればせながら二〇一三年（平成二五）になって、子供は婚外子かどうかを選ぶことはできないのだから、憲法一四条に定める法の下の平等に反するとの最高裁判決が出た。〈核家族〉を守る反対の規定もある。被相続人が〈核家族〉制度を破壊しないように、嫡出児には遺留分が規定されている。

法定相続人には養子も含まれる。養子をたくさん迎えれば、基礎控除が増え相続税が減少する。そこで税法は、血縁の子供がいない被相続人には二人まで、血縁の子供がいる場合には、一人の養子だけしか相続税控除の対象にしない。つまり養子が何人いても、一人または二人しか法定相続人として扱わない。それによって擬制の血縁による〈核家族〉の法定相続人を守っている。

配偶者や子供といった法定相続人は、妻＝専業主婦や子供といった役割を果たすから、身分を保証された存在だった。〈核家族〉の時代は役割の時代だったから、法律もそれにあわせて制定されていた。だから、法律は〈核家族〉という法律婚を守る者を保護し、法定相続人を保護していた。最高裁がDNA鑑定で父子の血縁関係が否定されても、嫡出推定による法的な父子関係が優先する、と判示したことは前述した。

婚外子や単家族は、現在の〈核家族〉制度を破壊する。非嫡出児と嫡出児を同等に扱うことは、〈核家族〉の法律婚を否定することだ。嫡出児の相続分こそ均等になった。しかし、工業社会の家族秩序を守りたい我が国は、国連の人権委員会から何度指摘されても、[40]頑として婚外子や単親の単家族を差別し続ける。我が国では、法の下の平等は婚外子や単家族には及んでいない。

我が国の家族制度は、〈核家族〉を標準として作られているので、単親の家族は経済的にも厳しい状況におかれている。単親世帯の約三分の二が貧困であり、OECD加盟国中で最低水準だという。[41]単親、とくにシングル・マザーは働いても貧しいままである。シングル・マザーの貧困は後で詳論する。

夫婦単位の〈核家族〉理念は工業社会のものだ。〈核家族〉を望ましい家族理念とする制度のもとでは、単親は欠損家庭として扱われる。欠損品だから単親には法の下の平等は届かず、貧しくても放置されている。しかも、未婚のままで子供をもつ確信犯的なシングル・マザーは法的保護の埒外におき、死別もしくは離別のシングル・マザーを父権主義的に保護しようとする。

離婚や死別で母子家庭になった場合と、結婚せずに子供を産んで母子家庭になった場合では、法律の扱いが違うだけではなく税金の扱いも違う。つまり、所得税法では寡婦を、夫と死別または離婚して再婚していないか、夫が生死不明で同居の子どもがいる女性と規定しているため、結婚しないで子供を産んだ女性には寡婦控除が適用されない。(42) 同じように女性一人で子育てをしているにもかかわらず、非婚のシングルマザーには冷めたいのである。

女性が未婚で子供をもったりすることは、父権主義への挑戦ととらえられている。それは初めから男性支配を認めないことにつながり、家事労働という役割分担を念頭に入れないことである。〈核家族〉の役割を放棄した者は自己責任で生きるべきであり、政府は保護から手を引くといっているかのようだ。

死別もしくは離別のシングル・マザーは、〈核家族〉をつくろうとしたにもかかわらず、本人が望んだわけではなくシングルになってしまった。必ずしも本人の責任ではないため、可愛そうな存在だからと、国が父権的な温情を持って保護する。ここには〈核家族〉制度を守ろうとする姿勢だけがあり、人間は平等であるという観念がない。

工業社会に適合的な現在の法律が、情報社会という新たな時代に対応できないのは当然である。〈核家族〉制度を維持したままでは、個人が擁護されず我が国は先端的な産業を維持できなくなる。〈核家族〉モデルを守ったままで、単家族制度へと転換しないと、情報社会の敗者となって、我が国はゆっくりと衰退に向かうだろう。単家族理念にもとづく家族制度へと、法制度を転換していくことが急務である。

第22節　真摯な若者たち

現代の若者は、覇気がないなどと様々に批判される。マスコミなどは、働かない若者や結婚しない若者を取りあげ、さんざん攻撃している。あたかも昨日より今日、今日より明日の若者のほうが、劣っているかのように言う。

マスコミなどの論調を見ていると、時代が下れば下るほど、若者への評価が低くなるように感じる。しかし、時代が下るにしたがって、文明が発達してきたのは紛れもない事実である。人間は猿から進化したと言われる。人間より猿のほうが優れた文化や文明を持っていたのだろうか。それとも文明が発達すると文化は退行するのだろうか。

電気が発明され、飛行機が空を飛んでいる。食糧も増産されてきた。スポーツの記録は年々更新されている。文明は高度化しながら、人間が劣化していくことがあるだろうか。そんなことはないと考えるほうが自然だろう。

四書、五経といった古典の暗記が重要・不可欠ならいざ知らず、高度な文明を理解するためには人間も高度化しているだろう。高度な文明は、高度な文化を伴っているはずである。ジェームズ・R・フリンによれば、二〇世紀初頭からの一〇〇年間にわたって、知能指数の平均値は大幅に上昇し続けている、と言うではないか。

最近の若者は、自分にはまったく無益なことでも、すすんで活動する。環境を守ろうとする意識も旺盛だし、ボランティア活動への参加も積極的である。若者は年寄りたちより社会的なマナーが良い。

最近の若者は中高年者たちより人格的にも優れているように感じる。

駅のトイレなどでは、誰に命令されたわけでもないのに、若者たちはきちんと並ぶ。割り込むのは、決まって年寄りだ。若者は年寄りのように、激昂してキレることもない。路上に痰も吐かないし、吸い殻を捨てることもしない。かつての若者は路上で機動隊と乱闘を繰り広げたが、今の若者はデモ行進でも実に整然と行う。しかも集会後には、ゴミ拾いなどの後片づけさえしていく。

若者は時間の約束を守る。イッキ飲みを行った若者が、ときおり救急車の世話になったりするが、今の若者は飲酒で乱れることもはるかに少なくなった。都内四ヶ所にあったトラ箱が、利用者の減少により全廃されたことを思い出して欲しい。駅員に絡むのは、酔っ払った高齢者が多い。にもかかわらず、若者への批判は止まない。国際貢献で少しでも問題を起こすと、自己責任をとれといって既存の権力は集中的な攻撃を加えてくる。

戦前の庶民の生活を描いた岩瀬彰の『「月給100円サラリーマン」の時代』には次のような記述がある。


戦前の早慶戦はいまのプロ野球並の人気があったが、大正末期から昭和ヒトケタまで春秋の早慶戦後には学生は必ず泥酔して、ほとんどフーリガン化した(43)。

若者たちの犯罪は減少しているというのに、マスコミはいかにも凶悪化しているかのように報道する。戦後、未成年者の殺人が多かったのは、四三八人の一九六〇年（昭和三五）だし、未成年者の強姦事件が多かったのは、同じく一九六〇年である(44)。

少年刑法犯の検挙人数ー（　）内は10万人あたりの少年刑法犯比率

		殺人	強姦	放火	強盗
1936年	昭和11	153（1.05）	197（1.35）	266（1.82）	311（2.13）
1937年	昭和12	155（1.04）	172（1.15）	272（1.82）	310（2.07）
1938年	昭和13	161（1.05）	211（1.38）	279（1.82）	302（1.97）
1939年	昭和14	123（0.79）	217（1.39）	291（1.86）	310（1.98）
1940年	昭和15	146（0.93）	230（1.46）	263（1.67）	475（3.01）
1941年	昭和16	107（0.67）	255（1.60）	256（1.60）	436（2.73）
1942年	昭和17	126（0.78）	328（2.03）	213（1.32）	406（2.51）
1943年	昭和18	94（0.57）	335（2.05）	204（1.25）	377（2.31）
1944年	昭和19	177（1.07）	294（1.78）	215（1.30）	442（2.67）
1945年	昭和20	149（0.90）	218（1.32）	92（0.56）	455（2.76）
1946年	昭和21	249（1.49）	258（1.54）	164（0.98）	2903（17.38）
1947年	昭和22	216（1.26）	298（1.75）	116（0.68）	2851（16.70）
1948年	昭和23	346（2.06）	576（3.39）	116（1.01）	3826（22.53）
1949年	昭和24	344（2.01）	1165（6.86）	199（1.98）	2832（16.71）
1950年	昭和25	369（2.14）	1538（8.91）	470（2.72）	2897（16.78）
1960年	昭和35	438（2.15）	4407（21.68）	605（2.98）	2762（13.59）
1970年	昭和45	198（1.17）	2212（13.07）	469（2.77）	1092（6.45）
1980年	昭和55	49（0.28）	984（5.71）	478（2.77）	788（4.57）
1990年	平成02	71（0.38）	348（1.88）	181（0.98）	594（3.20）
2000年	平成12	105（0.74）	311（2.20）	210（1.49）	1668（11.82）
2005年	平成17	73（0.58）	153（1.95）	245（2.07）	1172（13.72）

菅賀江留郎「戦前の少年犯罪」2007年

未成年者の殺人犯数は、二〇〇四年（平成一五）には九三人と一〇〇人を切って、それ以降減少を続け、二〇一二年（平成二四）には四六人へと激減している。[45] 現代の若者たちは、暴力を嫌って平和を好んでいる。前述したように凶悪化しているのは老人たちである。

戦前の若者たちは、平和愛好家だったように思いたいのかも知れない。しかし、戦後の混乱期を除いても、昭和の初めから殺人はほぼ三桁を記録しており、平成に入ってからの数字と比べれば、明らかに当時の若者たちは人殺しに走りやすかった。しかも、殺人の内容を調べてみると、実に残酷な事件が多い。九歳の女の子が同級生を殺したり、九歳の男の子が六歳の子供を猟銃で撃ち殺したり、一一歳の男の子が上級生を刺殺している。また、一九四四年（昭和一九）には一八歳の少年が九人を殺してさ

えいる。(46)

一九三八年（昭和一三）五月に発生した三〇人を殺害した津山事件を持ち出すまでもなく、戦前は肉体労働の時代だったから、肉体的な腕力がむきだしで行使されていた。働くときに上半身裸になることも普通だったし、殴り合いの喧嘩も日常茶飯事だった。肉体労働とは暴力の平和的な表現であり、当時の人々は腕力の行使に抵抗感がなかった。時代が下るにしたがって非暴力的になっていく傾向は、世界中同じである。

情報社会は肉体的な力よりも、頭脳労働が重視される社会である。誰もが暴力を嫌うようになった。殺人事件などの粗暴事件が減るのは当然である。一九三六年（昭和一一）年には、少年人口（一〇～一九歳）一〇万人あたりの殺人は一・〇五だったものが、二〇〇五年（平成一七年）には〇・五八へとおおむね半減している。

刑法犯罪の暴力犯罪の発生率は、第二次世界大戦終結後の一九四〇年代後半～一九六〇年代前半に増加し、統計がある一九二六年（昭和一）以後の最多を記録したが、これは戦後の混乱期でもあり、相変わらず肉体労働がむきだしで行使され、物資の欠乏期には肉体優位がきわめて強固だったからである。

情報社会への進展とともに、暴力は社会から忌避され、短期的な増減はあっても長期的には減少し始めた。二〇一四年（平成二六）中における刑法犯少年の検挙人員は四八、三六一人と、二〇〇四年（平成一六）から一一年連続の減少となった。また、二〇一五年（平成二七）二月警察庁発表の少年非行情勢によれば、刑法犯少年人口比の数字が二〇一〇年（平成二二）から五連続で減少している。

第23節　進歩する若者たち

人類は多くの発明をし、人間の寿命をのばしてきた。歴史を振り返ってみるとき、人間は少しずつだが、進歩しているのではないか。そう思えて仕方ない。とすれば、現代の若者も、昔の若者より進歩しているに違いない。つまり老人よりも若者のほうが進歩している。その進歩が、いままでとは違う形で表れているので、大人たちが理解できないだけだろう。新しいものは拒否にあいやすいのだから。

エルビス・プレスリーが登場したとき、権威ある世の大人たちは、彼の腰振りが卑猥だと口を揃えて攻撃した。そして、アメリカのテレビは彼の上半身だけ映し、腰を振る下半身が見えないように全身をとらえたシーンを映さなかった。ビートルズは好ましくない音楽だった。我が国も事情は同じだった。一九六六年（昭和四一）にビートルズが来日したときには、都内の高校生に対して禁足令が出た。

しかし、時代は変わった。我が国の元内閣総理大臣でさえ、プレスリーの聖地グレイスランを訪れて腰を振った。エルビス・プレスリーやビートルズは、いまや誰もが認める音楽上の古典であろう。教科書にさえ載っている。

伝説となったイギリスのクイーンを発見し、アメリカのボンジョヴィを世界で初めて評価したのは、我が国の若者だった。そして、ジャパン・クールのもととなった漫画や、世界に名をなすアニメを生みだしたのは、まちがいなく現代の若者たちだ。

若き十代の女性三人組のベビーメタルは、世界を席巻しつつある。原宿や秋葉原には、世界中の人々が観光に来る。コスプレなどアキバ文化に大人たちは眉をひそめるが、カワイイはいまや日本発の世界文化に育ちつつある。

我が国の若者は時代を見る目が確かだ。明治維新を成し遂げたのは、三〇歳そこそこの若者たちだった。若者には老人のような既得権がない。いや、既得権がないからというべきだろう。いつの時代にも真剣に人生に取り組んでいる。現代の若者は自分たちのつくる家族に関しても、真面目かつ慎重である。

結婚が少なくなったといいながら、結婚の四分の一ができちゃった婚だ、と大人たちは揶揄する。我が国では中絶が許されており、望まぬ出産を回避できる。にもかかわらず、あえて産むのは、生命尊重に基づくものだろう。河合幹雄は、できちゃった婚が普及した結果、嬰児殺しが激減したのではないか、と『日本の殺人』で論じている[47]。

一九八九年（平成一）から二〇〇五年（平成一七）にかけて、二〇歳未満の人口妊娠中絶は一三・三パーセントも減少しているが、三〇～三四歳は三・一パーセントの減少、三五～三九歳は一・八パーセントしか減少していない。若者は生命を大切にするから、できちゃった婚をするのだろうとしか言いようがない。

我が国では父なし子を生む女性を蔑み、生まれてくる非嫡出児を私生児として差別する。非婚で私生児を産む確信犯的なシングル・マザーは、無責任だと社会が非難する。私生児という概念があること自体が、かわいそうな社会であるにもかかわらず、シングルの親自身は自分勝手な生き方をして良いだろうが、私生児では子供がかわいそうだという。

信条に基づいて私生児を生んだのだから住民票の作成義務はない、と二〇〇九年（平成二一）に最高裁判所が言った。ここにはどんな子供も平等だという発想がない。我が国では〈核家族〉以外での子育てを認めたがらない。

西洋先進国の若者たちは、妊娠してもできちゃった婚を選ばない。彼（女）らは婚外子を産み、子持ちの単家族となった。その結果、〈核家族〉は単家族へと解放され、私生児差別はなくなった。しかし、我が国では、子持ちの単家族が許されない。にもかかわらず我が国でも、社会は個人化を要求している。だから、できちゃった婚が増え、と同時に、非婚が進み子なしの単家族化が進む。我が国の家族・婚姻制度下では、少子化が進まないほうがおかしい。

できちゃった婚は男女の結合力が弱く、一生添い遂げるか疑問が残ると言われている。おそらく離婚の増加という結果になるだろう。できちゃった婚に限らない。離婚が増えれば単親が増えて、やはり終局的には単家族となっていかざるを得ない。

二〇一一年（平成二三）現在で、シングル・ファザーの家庭は約二二万世帯で、二〇年間で約三三パーセント増えている。またシングル・マザーの家庭は、この四〇年間で約六〇万世帯から一二四万世帯へと二倍に増加した。

今後、個人は個人のまま社会に放り出される。かつて大家族から〈核家族〉へと変わった。そして単家族へと変わる。農業を主な産業とした社会や、家制度の大家族に戻ることは不可能だとすれば、個人が個人のままで生活ができる単家族へと、社会の仕組みを変えていかなければならない。

第Ⅵ章　真摯で冷静な若者たち

第1節　貧しかった明治時代

最近では子供の数が減ってきたので、少子化が進行していると騒がれている。今の人口が多すぎるとか、子供が減ってもかまわない、ＧＤＰの多寡ではなく、個々人の生活の質を高めることが大切だという声もあるが、どうも国はそうは考えないようだ。

国立社会保障・人口問題研究所は、インターネットのホームページで次のようにいう。

まもなく日本の人口は減少を始め、労働人口の減少、とりわけ若い労働力の縮小と消費市場の縮小による経済への影響が懸念されます。また高齢化が進むことで年金、医療、介護などの社会保障費が増加して、国民の負担が増大することも懸念されています。

政府が少子化を歓迎しないのは、なぜだろうか。結論は明白である。政府自身がいうように、労働力人口の減少による税収の低下と、それからくる年金など社会保障の破綻である。簡単にいえば、子供が少なくなることによって、働き手が減って経済活動が低下して税収が減り、国のお金が不足することを心配している。

大家族から〈核家族〉になったときにも、じつは同じ問題があった。大家族の時代には、税金を支払う人の割合がずっと低く、国家財政は今よりずっと小規模だった。お金のかかる義務教育もまだなかったし、公的な医療制度も未発達だった。もちろん年金制度もなかった。少数ながら長生きした老人は大家族が面倒を見た。そのため、小さな政府＝幕府で統治はすんだ。

江戸時代の約二五〇年間にわたって、人口は二八〇〇万人くらいのままで推移した。人口が増えなかったのは、農業という産業の属性に縛られ、経済成長はゼロだった時代が続いたからである。明治時代になって工業社会の幕が開くと、人口は急激に増えていったのは先に見たとおりである。維新後の混乱のなか貧乏な明治政府は、工業社会の増える人口に対処しなければならなかった。

明治政府は工業生産に適合した〈核家族〉への転換を急速に進めようとした。しかし、大家族から〈核家族〉への転換には、様々な問題に対処しなければならなかった。まず、大家族が担っていた労働力再生の機能、つまり子育て＝工業社会に適した成人を育てるのを国家が援助する必要があった。

農業社会では教育は大家族の仕事だったが、文字が読めなくても農作業はできた。しかし、工業社会ではすべての子供に識字力をつける必要があったので、全員を学校へ通わせなければならなかった。学校や病院の開設、軍隊の創設、上下水道や道路・鉄道といったインフラの整備など、文明開化にはいくらでも税金が必要だった。

戦前は工業がまだ未熟だったので地租という税金に頼り、サラリーマンなど勤労者からは充分な税収が上がらなかった。そのため、教育や軍備にこそ税金は投入されたが、税金で社会保障や社会福祉をまかなうことはできなかった。

巨大財閥に象徴されるように、工業化にうまく対応した人は膨大な富を稼いだ。しかし大多数の庶民は貧しく、経済的な格差は現在よりもはるかに大きかった。それでも農業がかろうじて大家族を支えていた。税収が不充分だったため、政府は残っていた多くの大家族に、社会福祉を担わせざるをえなかった。

『農村社会の研究』を書いた有賀喜左衛門が、家は「生活保障の最後の保塁」であり家の福祉機能を社会が担えるかと、一九三八年（昭和一三）に〈核家族〉の大家族代替性に疑問を投げかけている。(1)

家の福祉機能を社会が担うとは、保険や年金制度を整えたり、学校・病院や福祉施設を作ることである。大家族という家は、長年続いた福祉制度でもあった。受け皿となる〈核家族〉が普及していない状態で、いきなり大家族を解体してしまうと、立ち上がったばかりの工業社会は、大家族が持っていた福祉機能を担うことはできない。

工業という新しい産業と大家族という家族制度は不適合だったが、新興の途上国で貧乏だった戦前の政府は、大家族理念から〈核家族〉理念へと急激に転換することができなかった。微力な財政力しかなかった明治政府は、経費のかかる〈核家族〉制度を維持できなかった。そのため、年齢秩序にしたがった親孝行を強調し、残存していた旧来の大家族制度に依存せざるをえなかった。

工業化が進むと国民総生産が上昇し、男性や社会全体の経済状態が向上する。工業化とともに豊かな社会になっていく。それにつれて、女性の暮らしも豊かになってはいくが、男性や社会が豊かになるスピードには追いつかない。

江戸時代は庶民の男女は農業という同じ仕事に従事していた。しかし、勤め人＝給与生活者が登場して男女の立ち位置が変わったため、男女間の格差はより拡大していく。女性には教育はもちろん経済力も選挙権も与えずに〈核家族〉に閉じ込めた。時代が下るに従って格差が広がった理由は、女性に開かれた職場が少なかったうえに、男性の給料は大正時代に上がったが、女性の給料は低いままだったからである。

岩瀬彰にしたがえば昭和ヒトケタ（一九二六～三四年）を通じて、女性の給料は男性の給料の半分程度で、戦後になってもほとんど変わらなかったという。[2] 女性の地位を男性より低下させることによって、つまり福祉を〈核家族〉の女性たちに無償で担わせることによって、戦前までの近代化を成し遂げたといっても過言ではない。社会は豊かになりながら、男女格差はかえって広がった。〈核家族〉になると大家族の時代と異なり、女性が結婚に際して持参金を持ってくる習慣が廃れた。そのため持参金が女性の地位を守ることもなくなってしまった。家を継承するという考えがなくなったので、まさに女三界に家なしの状態になった。我が国で女性が参政権を得たのは、太平洋戦争に負けてGHQによって付与されてからである。

江戸時代は男女差別が厳しかったとしばしば誤解されがちであるが、男女差別は江戸時代より明治から昭和に入ってからのほうが過酷である。良妻賢母の普及は明治になってからであるし、正常位という言葉が普及するのは、工業社会の完成期に近くなった一九六〇年（昭和三五）以降だったことを思い出して欲しい。

一九二六年（大正一五）生まれの酒井美意子は、『元華族たちの戦後史』に次のように書いている。

わが国はこの藩閥政治（＝明治政府のこと）のもと、（中略）江戸時代をもしのぐ男尊女卑の差別（良妻賢母、夫唱婦随、離婚軽蔑等々）の道を猪突猛進することになる。[3]

この文を素直に読めば、良妻賢母も夫唱婦随も男尊女卑のスローガンだし、離婚を軽蔑することが男尊女卑だということになる。良妻賢母や夫唱婦随によって、女性の自発性は押さえられ夫に従うのが良しとされた。離婚を軽蔑することによって、夫に不満でも離婚せずに家庭に止まるように仕向けた。女性を〈核家族〉へと押し込めて、女性の自発性を封印した、と酒井美意子は言いたかったのだろう。

戦後になると、農業従事者が過半数を大きく割り込み、大家族が少数派へと転落をはじめた。もはや大家族が〈核家族〉を支えることはできない。敗戦により一時的に生産力は低下したが、戦後も朝鮮戦争が始まると工業生産も回復軌道にのり、一九四〇年（昭和一五）から始まっていた、給与所得者の源泉徴収制度が機能し税収も増えた。

昭和の初めには健康保険法が実施されてはいたが、戦前には有名無実で機能していなかった。これが軌道にのるのは、失業保険、健康保険、厚生年金、国民年金等などが整備されはじめた一九六〇年代（昭和三五）以降である。その後、高度経済成長もあったので、大きく税収が増えた。その結果、税金の再配分がうまくできるようになり、かろうじて家族の小型化＝〈核家族〉化に対応できた。

高度経済成長期をへるなかで中産階級が育ち、経済的な格差も解消されてきて庶民も裕福になった。そこで福祉や年金制度を整えることができるようになった。社会福祉を家族の役割から切りはなし、公的な制度つまり税金でまかなう制度に変えていった。しかし、〈核家族〉制度が確立されるに従って、男尊女卑はますます酷くなっていったことを忘れてはならない。

第2節　バブルに踊っているあいだ

今や、物質的な財の生産をめざした工業社会が終盤にいたり、物の生産から非物的な知識の生産を主な価値とする情報産業へと転じた。ダイアン・コイルが『脱物質社会』でいうように、すでに脱工業化つまり脱物質化社会へと入りこんでいる(4)。無形の知的な、そして、創造的な頭脳労働へと、産業の価値が移動した。

二〇世紀の後半に始まった産業構造の変化は、産業から教育まですべての分野での再検討を迫り、家族の形も例外とはしなかった。重化学工業中心の社会が〈核家族〉を要求したように、情報社会化は家族をより小型化＝単家族化するように要求した。

二〇一〇年（平成二二）頃には西洋諸国の世帯人数は、いずれも二人にきわめて近くなり、家族は小型化した。そして、単独世帯の割合はどこでも四〇パーセントに近づいた。二〇一四年（平成二六）には、アメリカ成人のうち五〇・二パーセントが結婚せず、アメリカ史上初めて独身者の比率が既婚者を上回った(5)。二〇一五年（平成二七）になると、スウェーデン、ノルウェー、フィンランド、デンマークなどでは、全世帯の四五パーセントが独身者となった。

情報社会にいち早く入った先進国は、各々国内の製造業が空洞化し不況が襲った。そして、バブルに踊った我が国とは対照的に、苦悩の一九八〇年代が始まった。S&L（貯蓄貸付組合）危機に端を発して、アメリカ中の銀行が次々と倒産し、年間の銀行破綻件数が五〇〇件を上回った(6)。

一九八〇年（昭和五五）～一九九三年（平成五）のあいだで、S&Lや商業銀行危機によって、全米で資産価値が約二七パーセント（五三兆円）下落したといわれる。しかし、一九九〇年代から二〇〇〇年（平成一二）を迎える頃には情報社会の萌芽が見え始め、情報社会への対応体制を整えた先進国では生産性が向上しはじめた。

西洋諸国では所得に高い税率を適用しても、また高い消費税をかけても、社会が維持できるようになった。税収が増えたので、より一層の家族の小型化に耐えることができるようになった。単家族化した夫婦共稼ぎが普及した結果、担税者が増えたので、近代の〈核家族〉理念を抜け出ることが可能になった。

翻って我が国をみると、好調な工業生産を背景にして、繊維や自動車など輸出で大きな利益を稼ぐ企業経済はすばらしかった。工業社会の物つくりで一時的に優位に立った我が国は、産業構造の変化が家族の形まで変えるとは想像できなかった。高識字率、長寿、低い犯罪率、清潔な都市環境などを、そのまま持続できると考えた。〈核家族〉という家族制度を温存・補強し、民法を改正してまで専業主婦を保護し続けた。

先進国では、離婚が激増し、婚外子が大量発生し、確信犯的シングル・マザーが認知されていた。そして、〈核家族〉理念は崩壊し、専業主婦は激減していた。そのときに、我が国では反対に〈核家族〉の補強政策がとられた。非嫡出児の切り捨てと、専業主婦の保護が強化されていった。〈核家族〉は決して伝統的な家族形態ではないにもかかわらず、男性中心の〈核家族〉を守れという声が高まっていった。

一九六一年（昭和三六）の税制改正で配偶者控除が創設され、一九八六年（昭和六一）には専業主婦を国民年金の第三号被保険者とする制度がはじまった。そして、一九八七年（昭和六二）には配偶者特別控除が創設された。バブルに踊った我が国では、婚外子差別の放置や配偶者控除などといった法律や税制によって、女性に専業主婦になることを奨励した。

〈核家族〉が充分に機能しているとみた我が国は、父なし子を生まない我が国の女性たちを誇りにさえ思っていた。しかし、二〇〇八年（平成二〇）を越えると、〈核家族〉にこだわったツケが結婚の忌避につながり、無視できない大きな数字となって表面化してきた。無視できない数字とは、少子化か

らくる労働人口の減少である。(7)

人々の生活がこれほど多様になりながら、政府は多様性を集約する理念＝単家族を思い描けない。新しい現象に直面したときには、対応のマニュアルがないから誰でもとまどう。社会的な混乱が生じ、不安に襲われる。旧を懐古したくなる。自然にかえれとか、古き良き伝統を見直せなどといわれる。家族制度も同じである。

〈核家族〉制度の機能不全は、いまや誰の目にも明らかである。だから、古い大家族に郷愁を感じる人がいる。しかし、大家族では工業社会には対応できないから、工業社会に適した〈核家族〉へと転じた。工業社会も終わって情報社会へと転じるようとする現在、いまさら大家族で対応できるはずがない。時代とミスマッチの〈核家族〉制度が、結婚を忌避させ出産をためらわせて少子化を招いている。

今はやりのダイバーシティ＝多様化の声に押されて、専業主婦も女性の生き方の一つだから、専業主婦という生き方を認めよという論がある。専業主婦世帯のほうが共働き世帯より子供の数が多いという統計はない。両者はほとんど同じ子供数である。にもかかわらず古い〈核家族〉制度への郷愁からか、専業主婦のほうが子供をたくさん産むと虚言を弄する人がいる。

政府の伝統的な家族賛美のせいだろうか、専業主婦の子育ては負担感が強いので援助が必要だと、専業主婦の見直しなども生じつつある。映画「ALWAYS　三丁目の夕日」を見過ぎたせいか、時代錯誤的な大家族を賛美する空気が醸成され、懐古的な言動が世の中を席巻しつつある。

しかし、産業構造が変化している以上、家族の形も変わらざるを得ない。大家族や〈核家族〉に戻ることは不可能である。先進諸国は苦しんで試行錯誤しながらも、新たな社会現象のなかに、一つの法則性をみつけだし対応策を生みだしてきた。〈核家族〉理念に固執せずに、個人を社会的に同質・等価とみるユニオン・リーブルやコアビタシオンを認知し単家族制度を生みだした。

先進諸国では子供は社会の財産だと認識したので、子育てを親たちだけに任せなくなった。幼児期の養育費だけではなく高等教育の費用など、子育てを家族に任せずに、子育てのコストを社会が担うように変えてきた。しかも子供は皆平等であるから、保護者の所得の多寡によって、子供の扱いを区別しないのが情報社会である。

利益を追求する企業のほうが、時代の先が見えているのであろうか。先進国では子育てのコストを企業も負担しなければ、次世代の労働者が途絶してしまう、と考え始めている。〈核家族〉に子育てを任せきりにできなくなった。対なる夫婦を通じて子供を支えるのではなく、社会と子供を直結しはじめている。

後継者が必要なのは、家族ではなく企業である。企業も子育て支援に乗りださないと、種族が絶えてしまう。企業は子育てを生産原価に算入しはじめた(8)。すでに先進国の政府は、労働力の確保＝子育てへの社会保障や福祉を公的なものとする覚悟をし、新たな家族の形の誕生、つまり単家族を標準的な家族の形として承認しはじめている。

〈核家族〉制度から単家族制度へと転ずれば、子育ての費用を税金で負担しなければならなくなる。大家族から〈核家族〉への転換でも、社会福祉への税金の投入が必要だったように、〈核家族〉から単家族への転化でも政府の財政支出は増える。

第3節　見ても見えない

人は目玉にうつった物を見てはいるが、全部を記憶しているわけではない。毎日見慣れた風景でも、自分の興味の持ち方によって、違って見えて驚くことがあるだろう。目玉にうつっても、それに関心がなければ記憶には残らない。その結果として、見てはいないことになる。

多様な事実を眼前にしても、自分の興味がそこになければ、理解どころか見えもしない。社会的な現象は日常の風景より、はるかに複雑である。社会の現象は見るだけではなく、解釈しなければ理解できない。そのうえ、見るほうの年齢や性別によっても、社会現象の解釈は異なってくる。

二〇〇二年（平成一四）九月二〇日に、厚生労働省が発表した「少子化対策プラスワン」の最後には、次のような記述がある。

少子化社会への対応を進める際の留意点

「少子化社会を考える懇談会」中間とりまとめ（平成一四年九月一三日）抜粋

一．「子どもにとっての幸せの視点で」

子どもの数だけを問題にするのではなく、子供が心身ともに健やかに育つための支援という観点で取り組むこと

二．「産む産まないは個人の選択」

子どもを産むか産まないか個人の選択の選択にゆだねるべきことであり、子どもをもつ意志の

ない人、子どもを産みたくても産めない人を心理的に追いつめることになってはならないこと。
三.「多様な家庭の形態や生き方に配慮」
共働き家庭や片働き家庭、ひとり親家庭など多様な形態の家庭が存在していること結婚するしない、子どもをもつもたないなどといった多様な生き方があり、これらを尊重すること

これを読むと、政府は社会現象を正確に目玉にうつしている、とわかる。「多様な家庭の形態や生き方に配慮」と特記していることは、人々の生き方が、多様になってきていることを理解はしているらしい。しかし、理解はそこで止まっている。

多様な生き方に配慮するところから出てくるのは、大家族でも〈核家族〉でも、そしてシングルでも、気持ちよく幸せに暮らせる社会を実現しようという政策である。しかし、誰でも気持ちよく幸せに暮らせるのは、大家族の時代においても当たり前のことだった。皆が気持ちよく生活できるというのは、当たり前のことを言っているにすぎない。どんな為政者も、一部の人だけが暮らしやすい社会を作るとは言わないものだ。

家族制度を設計するうえでは、誰もが気持ちよく暮らせる、そんな漠然としたことを言っても何の意味もない。本書がいうのは、大人数の家族が好きだとか、シングルが好きだとか、個人の生き方を言っているのではない。ましてや非婚のすすめでもない。最大多数の人々に幸福が行き渡るように社会の制度設計をすることだ。

専業主婦を許すような、格差を拡大する不公平な制度設計を良しとしてはいけない。対象が散漫な多様な制度設計など、税金という資産の無駄使いにしかならない。家族制度は、そのときの産業を円

滑に機能させるために、国によって制度設計されて法律によって実現されていく。実現すべき社会のために、有限の予算を割り振るのがあるべき政策決定である。

戸籍制度を見よ、家族法や民法を見よ、税法を見よ、年金制度を見よ、住宅政策を見よ、すべて〈核家族〉重視という方向性にのっていた。家族政策は時代の産業と密接に関連しているが、建前では少数派を切り捨てるようなことは言わない。戦前の大家族が主流だった時だって、公式な発言では多様な生き方を尊重すると言っていたに違いない。

一九八五年（昭和六〇）には男女雇用機会均等法が制定されて、女性の職場進出を促したように見える。しかし翌年には、国民年金の三号被保険者制度ができて、掛け金を負担しない専業主婦がタダで年金を受領できるようにした。

雇用機会均等法では、働く気のある女性に職場を開いたかも知れないが、同時に専業主婦へは無償の贈り物を与えた。これを〈核家族〉への保護を増したと言わずして何と言ったら良いのだろう。そのうえ、政府は育児は家庭の責任だと強調する政策をとって、働く女性に追い打ちをかけた。東京新聞は次のように伝えている。


企業の育児休業制度が不十分な当時、女性が産休明けで職場復帰するにはゼロ歳児の預け先が必要だが、国の制度では特例扱い。預かる保育所は少なく、認可外保育施設が受け皿となっていた。中には劣悪な施設もあり、ベビーホテルでの死亡事故が社会問題化した。

さらに、七九年に政府が閣議決定した「新経済社会七カ年計画」が、保育所整備にブレーキをかける。家庭が介護や子育てを担う「わが国独自の道」で福祉への財政支出を抑える「日本型福祉社会」を目指すとし、保育所予算も削られた。（中略）八五年、女性の労働を後押しする男女雇用機会均等法が成立した。保育ニーズの高まりに備えるべきところ、保育所数は激減に転じる。行政改革で自治体にとって財政負担の重い公立保育所の廃止が進んだためだ。（中略）保育所数が八五年のレベルに回復したのは、二〇〇九年だ。[9]

二〇一七年（平成二九）現在、待機児童の問題が巷間を賑わしている。しかし、保育所への手当ては等閑視され続けてきた。男女雇用機会均等法を制定しながら、政府は保育所を減らすというまったく正反対の施策を実施していた。女性の職業人化を推し進めようとは考えていなかったとしか言いようがない。

現状の改善に踏みだすためには、現状の認識と理解が必要なのは言うまでもない。しかし、現状の認識のままでは、現状に働きかけることはできない。現状を改善するには、多様な現実から変化の原因を探して、改善するための法則性を見つけださなければならない。そして、その法則性にしたがって対処する必要がある。

現実はいつも豊かで多様である。しかし、多様だと知るだけではなく、現実から法則性を導きださなければ、対処する方針が立たない。多様な現実を認識しながら、多様化に対処しようとする政策を実行すると、ひどい結果になる。

多様化したことは知っているから、すべてに対応しようとする。多様化に対応する政策では、方向性を示す基本方針がないから、ばらまき行政にならざるをえない。多額のお金をつぎこみながら、何の益もないという最悪の結果を生むことになる。

厚生労働省は、公的年金の給付水準について、いくつかの試算を発表している。[10] そのなかで、最良のモデル世帯を設定しているが、それは四人家族の旧標準世帯そのものである。つまり、稼ぐサラリーマンの夫と、その妻は四〇年間にわたって専業主婦を続けた〈核家族〉である。

〈核家族〉以外の、共稼ぎの夫婦や働き続けた独身者は、年金給付率が一〇パーセント以上も低い。現在ですら、厚生労働省の二〇一三年度（平成二五）の調査によると、男性の年金受取額は月額一五～二〇万円未満が最も多く平均一四万九〇〇〇円。女性は一〇万円未満が約八割を占め、平均七万三〇〇〇円である。[11] 現役時代の男女の賃金格差が年金にもそのまま反映されている。

政府はいまだに、今後の家族像を、稼ぐ男性と無収入の専業主婦という組み合わせでしか見ていない。先進国では現在ですら専業主婦はいないというのに、我が国では四〇年後にも、女性が専業主婦として家庭に閉じこもっているというのだろうか。いつまでたっても、男性が稼ぎ、女性が家事と子育ての専従者という、工業社会の〈核家族〉像から我が国の政府は抜け出せない。

厚生労働省は、二〇二〇年（平成三二）には全都道府県で一人暮らしが最も多くなり、日本全体の三四・六パーセントを占めるようになるだろうと推計している。世帯の平均構成員の数も一・九八人となって、二人を割り込むだろうと言っている。[12] にもかかわらず、想定されている家族制度は〈核家族〉のままだ。

第4節　婚活は税金の無駄遣い

政府の少子化対策をうけて、各地の自治体は子供を増やそうと、結婚支援サービスを行うようになってきた。自治体が地元男女を引き合わせる婚活イベントを開催するのは珍しいことでない。東京新聞によれば、二〇一二年（平成二四）度には三一府県が三億四〇〇〇万円を婚活事業に予算を割き、二〇一七年（平成二九）度になると四七都道府県が、五倍となる二三億五〇〇〇万円を婚活事業につぎこんだという。(13)

そうした組織の一つ「いばらき出会いサポートセンター」の参与は次のようにいう。

少子化を改善するには「結婚の数」を増やすべきと確信しています。諸外国と違って、日本は九八パーセントの子どもが法律上で婚姻関係がある夫婦から生まれています。だから、子どもの数を増やすには結婚の数を増やす。そのためには出会いの数を増やす。これが我々の信念なんです。(14)

こうした自治体の対応には、なぜ結婚が減少してきたのか、なぜ子供が少なくなってきたのかといった、変化した原因に対する根本的な思考が欠けている。少子化対策には男女を結婚させれば良いというが、結婚を選ばなくなった原因は何なのか。

若者の収入が減ったから、結婚できないのではない。高度経済成長期の前には、若者の収入は今よりはるかに低かったが、多くが結婚し子供を持った。貧しい生活の中で所帯をかまえたのである。収入の減少だけが、非婚の原因ではない。

九八パーセントの子供が既婚者から産まれているというが、二パーセントの両親から産まれた婚外の子供にはどう対処するつもりか。二パーセントの子供は少数だから、例外扱いしようというのだろうか。〈核家族〉制度とは性別役割分担と同時に、子供を出自で差別するものだ。前記の自治体に限らず、子供を出自で差別する発想を見直そうともしない。子供は出自で差別されるのは当然だとみなしたままだ。

フランスなどで出生率が上がったのは、経済的な援助もさることながら、法的な婚姻関係のありなしを問わずに、つまり嫡出・非嫡出とを分ける制度をやめて、産まれてくるすべての子供を等価に扱う制度に変えたからではないか。どんな子供も等しく社会から歓迎されるから、新たな子供が生まれるのである。

男性が稼ぎ、女性が家庭を支える性別役割分業は、もうその役割を終えた。性別役割分業が色濃く残るドイツ、イタリア、韓国、日本などが、軒並み少子化に襲われている。〈核家族〉制度を守るのではなく、子供が平等に取り扱われる家族制度を整える政策こそが少子化を克服してきた。新たな家族制度である単家族へと舵を切った国が、少子化を克服しつつある。

多様な生き方を尊重すると称して、〈核家族〉制度を温存したまま、少子化対策に大きな予算をつぎこんでも、エンジェル・プラン(15)は成果が上がらない。なすべき政策は、一人暮らしでも子供を産み育てることができる社会を作ることだ。結婚させようとする基本的な方針が間違っているから、子供手当や出産手当をいくら用意しても、成果が上がらないのは当然である。

前記の東京新聞によれば、自治体主催の婚活事業に延六〇万人が参加し、七七四九組が結婚したという。二三億もの大金を使いながら、わずか約二・六パーセントの成婚率である。この数字には若者だけではなく、出産期をすぎた中高年も含まれている。中高年の独身者が結婚するのは子育てのためではなく、独居老人となることを嫌った自らの老後対策のためであろう。自治体主催の婚活事業は、果たして少子化対策として妥当な政策だろうか。

四〇年にわたって一人っ子政策を続けてきた中国も、徐々に人口が高齢化してきた。労働人口の減少に直面した中国政府は、慌てて一人っ子政策をやめたうえに、出産時報奨金や補助金などを検討しはじめた。しかし、多くの家庭では二人目を望んでおらず、報奨金では人口の老化対策には焼け石に水で、少子化は解決できないだろうと中国の識者たちは言う(16)。

我が国では既婚者にもっと子供を生ませようというのではない。少子化克服のために、新たに結婚させてから子供を産ませようという。結婚しても子供をもたない夫婦も増えているから、これは中国以上にハードルが高い。すべての子供を平等に扱わない限り、出会いの場所を増やしても、出産力の落ちた中高年の老後対策的結婚を増やすのがオチであろう。

第5節　時代は逆戻りしない

内閣府は二〇一六年（平成二八）度の税制改正をめざして、「三世代同居に係る税制上の軽減措置の創設」として、所得税について次のような対応を考えているようだ。ここでいう三世代とは、老夫婦と若夫婦、それに若夫婦の子供たちという三世代である。

・三世代同居を目的として、自ら所有し居住する住宅の三世代同居改修（キッチン・浴室・トイレ・玄関の増設など）を行ったときに、工事費用の年末ローン残高の五％を所得税額から五年間控除（ローン型減税）する。なお、当該特例は

①住宅の所有者を含め、三世代が現にそこに居住していること
②同居する住宅の所有者の子又は孫が、同居開始時点において中学生以下であることを要件とする。

すでに多くの地方自治体では、三世代同居を優遇する政策を行ってきた。たとえば、千葉市は三世代の家族が市内で同居・近居する場合、住宅の新築・改築にかかる費用などを最大で一〇〇万円助成している。政府も少子化対策として同じような税制を打ち出してきた。

三世代同居を優遇する税制は、政府が二〇一五年（平成二七）三月に閣議決定した少子化社会対策大綱に盛り込まれた、世代間の助け合いを目的とした〈三世代同居・近居の促進〉を反映したものだろう。しかし、この税制は時代に逆行しており、少子化を克服するためには役に立たない。

三世代世帯を含む大家族が、三一パーセントを占めていた一九二〇年（大正九）には、農業就労者が四一パーセントと最大多数であった。三世代同居が可能だったのは、家の全員が田や畑で働くという形で、家が生産組織だったからだ。

一家あげて全員が農業労働に従事していたから、三世代や四世代同居といった形で大家族になった。しかも家という生産組織がよって立つ基盤は、土地という動かないものだった。だから、子供は労働力であり宝だったし、三世代や四世代同居といった労働力の多い大家族が望ましい家族のあり方だった。

しかし、農業は主な産業の座から滑り落ち、いまでは農業就労者は全就労者の約四パーセントしかいない。我が国の農業の将来を考えれば、農業従事者は今後ますます減少するであろう。家族の構成

員の数が減少してきたのは、産業構造の変化という強制力が働いたことによる。だから産業構造の変化に応じた家族政策をとる必要がある。

二〇一三年（平成二五）でも、三世代同居は六・六パーセントほど存在する。しかし、大家族といえども現代の主流は給料生活者であり、大家族の老夫婦と若夫婦は別々の仕事に就いている。彼（女）等は単なる二世帯同居にすぎない。だから老夫婦と若夫婦が同居する必然性や必要性はない。たとえ現在同居していても、転職や転勤など収入の道に応じて、老夫婦と若夫婦が住居を分ける可能性を多分に秘めている。

三世代や四世帯同居が継続的に成り立つためには、農業でも良いし、小売店などの商業でも良いが、生活の場である家が稼ぐ組織でなければならない。家が稼ぎの場であれば収入を維持するために、仕事を同じくする老夫婦と若夫婦は、同居もしくは近居せざるを得ない。言いかえると、三世代や四世帯同居とは自宅を稼ぎの場とする、いわば自営業者である必要があった。しかし、農業はいうに及ばず、自営業者はすさまじい勢いで減少してきたのが、戦後の歴史的な事実である。

総務省統計局の労働力調査によれば、一九五三年（昭和二八）には全労働者三九一三万人中、九九一万人が自営業者だった。四年後の一九五七年（昭和三二）には四二八一万人中一〇三八万人と増えたが、それから五七年たった二〇一四年（平成二六）には、全労働者が六三五一万人へと増えたにもかかわらず、自営業者は五五六万人へと減ってしまった。そして、自営業者の同僚である家族従業員は、一九五三年（昭和二八）には一二六二万人いたが、二〇一四年（平成二六）には一六八万人へと激減している。

一九五三年（昭和二八）には、自営業者と家族従業員の合計は二二五三万人もおり、勤め人の一六六〇万人よりもはるかに多かった。自営業者と家族従業員のほうが多かったことが、三世代や四世帯同居を支えていた。それが五七年たった二〇一四年（平成二六）には、被雇用者は六三五一万人中、五五九五万人となった。いまや働く人の八八パーセントが勤め人である。そして、一九五三年（昭和二八）には二五パーセントもいた自営業者は、いまでは八・七パーセントしかいない。

農業従事者とか小売店・家内工業といった自営業では生活ができなくなってきたので、多くの人は給料生活者になった。人は稼ぎの形に応じて、家族のあり方を変えてきた。家族の形が産業のあり方を決めるのではなく、産業のあり方が家族の形を決めるのが歴史の語るところである。

都市への人口集中がすすんで、人間らしさに欠けると感じるのだろうか。のどかで自然にあふれた田舎の生活を楽しみたいという声も聞くようになった。マスコミなどはしきりと田舎生活のすすめを特集する。地方の自治体は人口減少を愁いて、都市部からの移住をはかりたいようだ。田舎暮らしの素晴らしさを宣伝し、農作業体験や移住経験者との交流をはかったりしている。

田舎暮らしに憧れて、勤め人をやめて自営業者へと戻ろうとする動きはある。たとえば、「里山資本主義」に代表される地方指向、地元志向を、グローバリズム化する資本主義に対置しようとしている動きなどである。またバイオマスで成功しつつある岡山県真庭市や、CLT（Cross-Laminated-Timber）を利用した木造建築の促進など、地方で新たな動きがおきている。これは歓迎すべきことだろう。

鳥取県智頭町でパン屋を成功させている夫婦や、瀬戸内海の周防大島でジャムづくりから多くの人の帰島が始まった話など、地方が見直されるのはとても良いことだと思う。稼げる場が誕生すれば、人が集まってくるのは、いつの時代も真実である。だから生計の道が見えれば、田舎にも若者がやってくるだろう。

しかし、結婚後の就業継続が困難である自治体ほど、女性が結婚を回避する傾向が強いことからもわかるように、自分で稼ぐ自由を知ってしまった者には、〈核家族〉をつくる資質はもはやない。たとえ田舎暮らしであっても、自営業ではなく会社勤めであれば、家族を作る理念は都会と変わらず、単家族化を免れることはできない。

徳島県の山間地域に、二年間で九社のIT系ベンチャー企業が、サテライト・オフィスを開いたことで有名になった神山町がある。神山町と東京の本社間をビデオチャットをつなぎっぱなしにしておけば、あたかも本社のオフィスで仕事をしている感覚になれるし、職住接近で通勤への負担がないという。それは経費削減には良いだろう。しかし、会社勤めである以上、家族を作る理念は都会と変わらない。

田舎で自営業者となっても、男女が仕事上の任務分担することはあるかも知れないが、稼ぐための仕事と無給の家事という性別による分業はもはやありえない。都会であろうと田舎であろうと、〈核家族〉である以上、無給の家事労働が人間性をスポイルするのは同じだからである。蛇足ながら、地方にIT企業が進出するのは良いとしても、女性プログラマーの少ないことが気がかりである。

第6節　もう三世帯同居はありえない

高度経済成長期には両親と子供二人の標準世帯が半数近くあったので、〈核家族〉を優遇する政策は適していたであろう。しかし、今や田舎であっても自営業者になれれば、無給の専業主婦はありえない。女性たちは大家族時代の主婦のように、しっかり者や働き者となって、男性に勝るとも劣らない稼ぎをえるだろう。

自営業者となるには独立のための技術の蓄積や自己資本などが必要なので、今後、自営業者が大幅に増えることは期待できない。ＩＴ企業のサテライト・オフィスは事業者ではない。農業従事者が増えることは、もっと期待できない。とすれば、田舎にあっても、独立資金も不要で、健康な身体さえあれば稼げる勤め人こそ増えるのではないだろうか。給料生活者の多い都会では、三世代や四世帯同居はあまり見ないが、田舎であっても事情は変わらないだろう。

少子化対策のために、三世代同居を促進させようとする税制改革は、家族が変化してきた背景を無視したものだと思える。少子化対策とは子供を産みやすいようにすることだから、すでに子供がいることを条件とするこの法律は的外れだろう。この法律は初めから大家族を是として、三世代同居を促進させようとしているように感じる。世田谷区や新宿区が行っているように、〈子育てに適した住宅・居住環境の確保を図る〉という原則を貫くべきである。

少子化対策なのであれば、三世代が現にそこに居住していること等といった条件を付けずに、子供手当のようなものを一律に用意するのが王道である。また保育所や学童保育所などを整備したり、出産後から小学校卒業までの子供を引き受ける機関を作るなどして、女性の就業継続を容易にするべきであろう。

政府の考えている税制は、ノスタルジックで根拠のない大家族賛美に過ぎず、家族に社会的サービスを代替させようとするものだ。情報社会の子供は社会が育てるべきである。家族に精神的な慰安や団欒以上のことを期待する政策は、時代に逆行したものであり、少子化克服という目指す成果は上がらないだろう。
ここで寄り道をして、祖父母と同居している子供たちが、どのくらいいるか検討してみよう。二〇一四年（平成二六）現在、小学生の約二〇パーセント、中学生の約二五パーセント、高校生では約三〇パーセントが祖父母と同居している。[17] 別の調査でも一五歳児の祖父母との同居率は三二・一パーセントである。

世帯全体における三世代世帯比率と比べると、ずいぶんと高い同居率と感じるかも知れない。しかし、この数字は子供たちから見たもので、単身世帯などを除いて算出している数字である。同居を選ぶのは大人たちであって子供ではない。この数字で注目すべきは、高学年になるに従って、同居率が上がっていくことだ。

海外に目を転じてみると、一五歳児の祖父母との同居率が高いのは、三〇パーセント以上を示す東欧やアジア諸国である。先進国は総じて低い。ドイツは一七・〇パーセント、アメリカは一四・三パーセントと一〇パーセントを上回っているが、他の西洋先進諸国は軒並み一桁台である。たとえば、フランスは四・三パーセント、イギリスは六・五パーセントであり、オランダに至っては二・一パーセントである。[18]

我が国に戻ってみると、学年が上がるほど同居率は高くなるが、これは若い世代の世帯つまり低学年の子供をもつ世帯ほど、祖父母と同居しなくなることを意味している。言いかえると、海外の先進国と同じように、今後は祖父母との同居は減るだろう。

同居するか否かの決定権は、現役世代の親にある。若い世代ほど親世代との同居を忌避する傾向が強いので、孫は祖父母と一緒に住まなくなる。これは先進国ほど低い同居率である傾向と一致しており、情報社会化がすすめば我が国でも同居率は低くなっていくことは確実である。

第7節　結婚は出産の免許証ではない

我が国の政府は、社会の現象を観察する能力は優れている。だから、少子化と非婚化・晩婚化の関係は詳細に述べられている。しかし、非婚化や晩婚化は出生率低下の一つの現象面である。少子化の原因を、非婚化や晩婚化だということは、同じ言葉の言いかえにすぎない。

人は結婚するあてがなくても、熱烈な恋愛はするし、熱いセックスをすることもある。大人たちは顔をしかめるが、一五歳の子供だってセックスはできる。中学生の女の子だって男を知っている例は少なくない。

昔だって事情は変わらなかった。昭和天皇だった裕仁は、一九〇一年（明治三四）に一六歳の母親から生まれている。つまり昭和天皇の母親だった女性は、中学生の年齢である一五歳の時に、裕仁の父親となる男性とセックスをした。

現代社会で一六歳の女性に出産させたら、性的虐待だとの非難が殺到するだろう。しかし、当時は彼女だけが特別だったわけではない。ネエヤが一五で嫁にいった当時は、多くの女性たちが一五歳の頃にはセックスを経験した。ちなみに大正天皇の妻節子も、一五歳で二一歳の大正天皇と結婚している。

男女の営みは生物的なことでもあり、繁殖に適した時期にセックスを始めるのは自然なことだ。性の低年齢化を嘆く声が巷間をにぎわすが、〈核家族〉の縛りが厳しかった時代には婚前交渉を認めなかったので、セックスの開始が一時的に高齢化した。これは生物的には異常なことだった。人間の肉体構造が変わらないように、性交のやり方は、地球上のどこでも、いつの時代でも変わらない。セックスをタブー視する〈核家族〉制度的な縛りがほどけると、セックスの開始が繁殖の適齢期へと戻っていくのは自然である。

未成年では子育てができないから、子供をもつべきではないという意見がある。しかし、大家族の時代には、昭和天皇裕仁の子育てを見るまでもなく、若い親の子育てを家の大人たちが手伝った。情報社会では社会の大人たちが手伝えばいいのである。

セックスは身体的で生物的な行為だが、結婚は社会的な行為だ。生物的な行為は時代の影響を受けにくいが、社会的な行為はそうではない。社会や時代が変われば結婚のあり方も変わる。情報社会という社会は個人で生きるのだから、対をつくる結婚が不要な社会である。そのため、〈核家族〉をつくる結婚が減るのは必然である。

セックスをしなければ子供はできないが、結婚しなくても子供はできる。反対も真実である。セックスをすれば子供はできるが、結婚しても子供ができるとは限らない。少子化とセックスは関係があるけど、結婚と少子化はほとんど関係ない。

我が国では、結婚をセックスと結びつけている。そして、婚外のセックスを考えていない。結婚しなければセックスを許さない風潮が、いまだにまかり通っている。結婚しなければ、子供を産んではいけないようなセックスを許さない風潮が、いまだにまかり通っている。結婚しなければ、子供を産んではいけないような社会の掟が支配している。未婚の父や母を否定的に見ている。〈核家族〉モデルしか許さないから、未婚で妊娠したら、できちゃった婚か中絶という形で決着をつけざるを得ない。

総出生数は、最近の三六年で半分以下に減少した。厚生労働省の人口動態統計によれば、一九五〇

出生時年齢の変遷

	1950年	1960年	1970年	1980年	1990年	2000年	2007年	2009年	2011年	2012年
	昭和25	昭和35	昭和45	昭和55	平成2	平成12	平成19	平成21	平成23	平成24
出生総数	2,337,507	1,606,041	1,934,239	1,576,889	1,221,585	1,190,547	1,089,818	1,070,035	1,050,806	1,037,231
～14歳	49	5	12	14	18	43	39	67	44	59
15～19歳	56,316	19,734	20,165	14,576	17,478	19,729	15,211	14,620	13,274	12,711
20～24歳	624,797	447,097	513,172	296,854	191,859	161,361	126,180	116,808	104,059	95,805
25～29歳	794,241	745,253	951,246	810,204	550,994	470,833	324,041	307,765	300,384	292,464
30～34歳	496,240	300,684	358,375	388,935	356,026	396,901	412,611	389,793	373,490	367,715
35～39歳	278,781	78,104	80,581	59,127	92,377	126,409	186,568	209,706	221,272	225,480
40～44歳	81,953	14,217	9,860	6,911	12,587	14,848	24,553	30,566	37,437	42,031
45～49歳	4,213	864	523	257	224	396	590	684	802	928
50歳～	311	78	25	1	-	6	19	20	41	32
不詳	606	5	280	10	22	21	6	6	3	6

平成24年　総務省統計局　人口動態調査による

年（昭和二五）には一四歳以下の出産は四九人あった。一九四八年（昭和二三）に優生保護法が施行され、一九五二年（昭和二七）に中絶に地区優生保護審査会の認定が不要となった影響のせいか、一九六〇年（昭和三五）には五人に落ちたが、徐々に増えて二〇〇〇年（平成一二年）以降は三九人以上を保っている。

ちなみに一五歳から一九歳の女性から産まれたのは、一九六〇年（昭和三五）には一万九七三五人だったが、二〇一二年（平成二四）には一万二七一一人である。総出生数が半減以下になったのに、未成年者の出産は約三五パーセントの減少にすぎない。未成年者たちの妊娠・出産能力は決して低下していない。

結婚しなければ子供を産めない環境では、望まぬ子供は人工的に中絶されてしまう。だから、結婚が減れば子供が減るのは当然である。終生の〈核家族〉をつくるという結婚制度を変えずに、結婚と少子化に相関関係を求める発想が、大時代的で現状を見えなくさせている。

若者たちは結婚を望んでいるという世論調査の結果がよく発表される。未婚者に結婚願望の有無を聞くと、二〇代女性の六九％、三〇代女性の六二％が「結婚願望はある」と答えた、といった数字が発表される。[19]いつかは結婚したいとか、いい人がいたら結婚したいという回答に惑われがちだが、現代の若者たちはとても優しい。そして、空気を読んだ発言ができる。そのため、あえて社会の風潮に逆らうような発言はしない。社会が少子化を悪と考えており、我が国では子供をもつには結婚するしかないと彼（女）等は知っている。社会が少子化を克服したいと考えている以上、彼（女）等は結婚願望がないとは答えない。

女性たちに本音を尋ねると、夫はいらないけれど、子供が欲しいという例は多い。しかし、我が国では女性一人で子育てをすることは、きわめて困難だと若者たちは知っている。斎藤学も言っているように、非婚で子供を産むと、処罰されるかのような厳しい生活を強いられることは周知なのだ。

空気を読めと言われる国である。社会の風潮に逆らうと過酷な人生を歩くことになるのを知っているから、若者たちは結婚したいと言うのだし、その気がなくても結婚して子供をもちたいという。自己責任という政府やマスコミの大合唱が、若者たちに波風を立てないような安全路線を選ばせている。そして、少子化を招来している。

第8節　現状では子育ては無理

少子化の本当の原因は、働く環境の悪化にある。働く環境が、年ごとに悪くなり、厳しくなっている。ただ厳しくなるだけなら、明るい未来を信じて、厳しい今を耐えもしよう。しかし、企業や国は〈核家族〉モデルを暗に強制し、単家族を認めず明るい将来を閉ざしている。

我が国の代表的な企業で構成される経団連は、一九人の会長・副会長を置いているが、その多くは製造業の出身者である。現在では製造業の従事者は、たった一七・九パーセントしかいない。にもかかわらず、製造業からの会長・副会長が多い。いかにも旧態依然とした産業界である。会長・副会長たちの出身企業では、正社員こそ大切にされているかも知れないが、そこには男性優位の年功序列が居座っている。

経団連に属する大企業や役所などが、雇用の標準を示すことが多い。職場ではまだまだ年功序列賃金がはびこり、幹部は転職を経験していない。非正規雇用がまかりとおり再就職が難しい。働かない中高年が高給を取って、企業内に居座っている。労働環境は情報社会に対応していない。だから、若い女性だけではなく、男性も子供をもつことに躊躇いを感じている。自分自身の将来に少しでも不安があれば、こわくて子供などもてない。

かつては未成年養子を引き受けて育ててくれる大人たちがいた。しかし、今日では乳飲み子を引き受けてくれる大人は少ない。そのうえ、遅れて工業化に乗りだした我が国は、他の先進国に比べて社会福祉が充実していなかった。税金でまかなうべき国民の福祉予算や教育費を省き、そのつけを家族に負わせてきた。社会保障政策や労働政策を研究する藤森克彦は『単身急増社会の希望』で次のように言う。

日本の社会保障の給付水準を国際比較すると、高い高齢化率の割に低い水準である。いわば安上がりな社会保障制度となっている。(20)

従順だった国民は、それに文句も言わずに働いてきた。それはかつての若者が、やがて先進国に追いつけると思い、工業社会という明るい未来を信じることができたからだ。また、大家族が辛うじて家族を支えてきたからだ。

現代の我が国では若者への予算配分は、高齢者のそれと比べるときわめて低い。教育関係への予算配分の割合は、二〇一五年（平成二七）現在でOECD諸国の中で、二・七パーセントとダントツの最下位である。[21] 子育ての支援にかけている予算は、二〇〇九年（平成二一）時点のGDP比でスウェーデン三・七パーセント、フランス三・二パーセント、ドイツ二・一パーセントに対し、日本は一・〇パーセントである。[22] 福祉や教育費は削りながら、消費税という増税が始まろうとしている。

フランスの例でも触れたが、結婚数が減少しても、また晩婚化が進んでも、子供がたくさん産まれ続けている国もある。だから結婚数の減少も晩婚化も少子化の原因とは言い切れない。もしもっと子供が欲しいなら、社会保障や老齢年金などの政策はすべて止めて、家族を生産組織にしてしまえば良い。すると人は生きるために子供を産み、血縁や地縁で生きていかざるを得なくなる。

現代で子宝に恵まれているのは、じつは途上国のスラムである。スラムに住む人は定職に就くことができない。スラムでは家族が生産組織となっているから、生きるために早婚となるし、子沢山とならざるを得ない。一人で乞食をするより、乞食をする者が多い方がたくさん稼げる。大勢の家族で乞食をした方が、生活が安定するからである。

スラムでは国の政策に頼れないから、子供をたくさん産んで学校にも行かせずに労働力とし、自分たちの生活を確保しようとする。しかし、下水道もなく盗電に頼り、何人もが折り重なって暮らすスラムを、我が国の将来像とすることはあり得ない。とすれば出されるべき回答は、子供を増やすには子供を結婚制度と切りはなし、子育てという趣味に浸れる社会にすることである。

若者は忙しく働くのを、嫌っているのではない。生き物の生存競争を知っている若者たちは、貧富の差が生じることはわかっている。ふつうに働いて、ふつうに暮らす、そうした人間の生活が見えなくなり始めている。情報社会化しながら、工業社会の労働観を改めようとはしない。いまの若者は働く環境に希望がもてない。だから子をもとうとしない。

第9節　問題は中高年にある

我が国の若者たちはよく働く。全国すべての列車が、時刻表から一分と遅れずに運行される国が、世界中のどこにあるだろうか。[23] イヤな客でも、笑顔で対応する若い店員など、世界の珍品に属する。何も買わずに店を出ても、店員さんは〈ありがとうございました〉と感謝してくれる。
若い労働者たちは、上司が監視していなくても怠けたりしない。無断欠勤もしないし、自分たちで自主的に職場の改善すらしてしまう。無給のサービス残業もいとわない。若者たちはブラック企業にあっても、耐えて働き続けてしまう。こんな若年労働者は世界中を探してもいないだろう。
マスコミなどで若者の凶悪事件が言われるが、少年人口（一〇～一九歳）一〇万人あたりの少年刑法犯を、人口割合で比較すると半減している。殺人は一九三六年（昭和一一年）の一・〇五が、二〇〇五年（平成一七年）には〇・五八になっている。[24]
具体的な数字で示すと、殺人を犯した未成年者は一九五一年（昭和二六年）には四四三人だったが、二〇一三年（平成二五）には五二人へと八分の一以下に激減している。この間に人口は、八四五〇万人から一億二二九八万人へと増加している。それに対して不名誉なことに、二〇〇九年度（平成二一）の犯罪白書によれば、六〇歳以上の老人の起こす犯罪は最近二〇年のあいだに、殺人で約四倍、強盗で約一三倍、暴行で約四二倍に増えた。

今の若者たちは、暴力を嫌い平和を好んでいる。今の若者は、大酒も飲まないし、競輪や競馬などに溺れることも少ない。我を忘れるまで泥酔することもないから、都内にあった警察のトラ箱(25)はガラガラになり、四ヶ所とも廃止されてしまった。パチンコにしろ、公営競輪・競馬など、射幸産業は中高年を主な顧客としており、どこも先細りである。もちろん我が国の若者は、破壊的で暴力的な街頭デモも行わない。

巷間では危険ドラッグが取りざたされているが、我が国の若者が麻薬に手を出すことは本当にわずかである。だいたいアメリカのオレゴン、アラスカ、ワシントン、コロラド各州では、マリファナは合法化されているし、オランダもマリファナ喫煙は合法である。海外ではマリファナをやっても、ニュースにさえならないほど日常事になっている。我が国の若者のマリファナ喫煙は、海外の国々と比べると皆無と言って良いほど少ない。

現在のような豊かな生活を実現したのは、中高年の俺たちだ。若者たちは引きこもりやニートなどが多く、まだまだ頑張りが足りない。俺たちは感謝されても良い、と中高年者たちはふんぞり返るかも知れない。

しかし、高齢者たちの今の生活を支えているのは、大勢の若者たちである。高齢者たちがどんなにお金を持っていても、若い店員が対応しなければ何も手に入らない。スーパーで売っている食べ物だって、若者の労働とサービスがあるから手に入る。宅配便のドライバーだって若者だし、火事の時に駆けつけてくれるのも、老人を救ってくれる救急車の運転手も若者たちだ。

社会が停滞期に入った時、自分が見えなくなるのは、世界に共通の現象である。没落したローマしかり、大英帝国しかり、崩壊したソ連しかりである。問題は中高年にあり、若者にあるのではない。なぜなら、その社会を作ったのは若者たちではないし、若者たちには現状を変えるための権限が何もないのだから。

工業社会を支えてきた社会の仕組みが、機能不全になってきた。このままでいったら、自分たちは幸せになれない、と若者たちは感じている。若者たちは、将来に希望がもてない。子供とは将来に対してもつものだから、将来に希望がなければ子供をもとうとは思わない。

失業者に社会は冷たい。我が国では一度失業すると、なかなか復職できない。三十五歳を過ぎると、求人はがたっと減ってしまう。求人も年齢によって差別している。工業社会の優等生だったはずの、男性の中年労働者でさえ大勢が自殺する。交通事故での死亡者より、自殺による死者のほうがはるかに多い(26)。たとえば二〇一三年（平成二五）、交通事故での死亡者は四三七三人だったが、自殺による死者は二万五四二七人もいた。

若者にはわずかだが、今でこそ収入がある。しかし、辺りを見回すと、雇用はとても不安定だ。いつクビになるかわからない。収入は増えないが増税の声は聞こえる。ベンチャー企業を興せるのは、ほんの一握りの人間だ。起業自体が難しいうえ、その成功はもっと難しい。

若者が大きく成功すると、中高年が握っている既存の権力によって、容赦なくつぶされていく。生涯年収は低下している(27)。子供などをもったら、現在の生活ですら困難になるだろう。だいたい子供に明るい将来を見せる自信がもてない。若者たちは現実を実によく見ている。

若者たちは借家住まいが多いが、中高年の大人たちは、すでに住む家も手に入れている。六五歳以上の持ち家率は約八四パーセントに達する。(28) しかも、東京新聞によれば個人所有の賃貸住宅は、六〇パーセントを六〇歳以上の高齢者が所有している。それに加えて有利な株式や年金など大きな利権を手にしている。

一九九〇年代初め、日本経済がバブルに踊って情報社会化への適応に遅れ、先進国間の情報社会化競争から取り残されはじめた。また旧来の物つくりでは、途上国からの追い上げにあって価格競争力を失っていった。その結果、税収が伸び悩み、しかも土木・建築への公共投資型の経済政策が有効に働かなくなりはじめた。

労働組合は高度経済成長の過程で、企業に取りこまれてしまったため、高給取りである正社員のほうに味方してしまった。そして、非正規の社員や低賃金の一般労働者の立場からは離れてしまった。終身雇用・年功序列といった我が国の成功体験が裏目に出始めて、そのしわ寄せが若者たちに集中してきた。

失われた一〇年が二〇年になり、三〇年になろうとしている。若者は工業社会が、すでに終わっているのを、無意識のうちに知っている。にもかかわらず、現状のシステムは中高年が作った工業社会のままだ。我が国の政府は少子化を労働力不足としてとらえ、工業社会の労働力としての人間だけを求めている。重化学工業の成功体験にとらわれて、いまだに工業社会の物つくりの発想から抜けだしていない。

第10節　労働環境の整備を

資源の少ない我が国にとって、工業社会の物つくりには、世界を相手にした貿易が不可欠だった。加工貿易を得意とする我が国は、タンカーや大型船などを使った物の移動では、グローバル経済の多大な恩恵を受けた。商社を先頭にして地球上の隅々まで進出し、諸外国と貿易摩擦を起こしながらも、大きな外貨を稼いできた(29)。

繊維や自動車産業など輸出で稼ぐ企業が、国内に大きなお金をもたらした。そのため、国内消費に依存しなくても、輸出で稼いだほうが良いとみなしたのかも知れない。言いかえると利益を国内に還元しなくても、海外市場があるから企業活動は盤石だと考えたのだろう。

国内消費に期待していない企業は、安価な非正規労働者として、若者たちを使い捨てにしはじめた。しかし、国内消費は現在の労働者である若者たちも支えている。蓄えの少ない若者こそ、給料をもらったら、その大部分を消費にまわす。国内の有効需要を軽視すると、やがて労働者が消滅するのは自明である。労働者が消滅しても労働者は困らない。黙って消えていくだけだが企業や政府は生産組織だから、労働者がいないと自分たちが困る。

中高年の大人たちは、若かった時代の自分のことを忘れて、すでに手にした利権、大きな既得権を守るために、現代の若者たちを上から目線で攻撃してくる。しかも悪いことに、工業社会で有効だった時間あたりの成果や、効率重視といった古い考え方で、情報社会の働き方をみている。

工業社会の考え方や働き方はすでに陳腐化し、もう有効性が下がっているというのに、いまだに物つくりの発想から抜け出せない。独創的な発想は、今までとは違った視点からしか生まれないというのに、ユニークな若者を変わり者扱いして爪弾きにしてしまう。既得権に守られた大人たちは、若者のユニークな発想が理解できず、若者を自分たちの役に立たないと切り捨てる。(30)

建前ではワーク・ライフ・バランスが大切だとか、長時間労働は好ましくないという。しかし、企業の繁忙期にあっては、六ヶ月は月最大一〇〇時間の残業が許されている。休みなく長時間働くほど成果があるという、肉体労働的な長時間労働の美学の呪縛に捕らわれたままだ。そして、政府や大企業は、若者よ犬のように働けとばかりに、長時間労働の美学に酔い続けている。

社会でも会社でも権限をもたない若者には、大人たちの常識的たれという攻撃を防ぐ手段はない。まったく不公平な仕組みだ。本人は懸命に生きるつもりでも、自分の努力ではいかんともしがたい理由で、生活の目途が断たれる。これでは恐ろしくて子供などもつことはできない。

終身雇用が崩れ失業の恐れが大きくなったので、何十年にもわたる借金は危険である。しかも、デフレの社会では、ローンを組むことは有利ではない。バブルがはじけて住宅の価値が暴落した。高齢者たちが利益を享受したインフレ経済はもう来ないだろう。住宅ローンを組んで、住まいをもつことにも慎重にならざるをえない。

今後はローンを組んでの持ち家が、有利で安定した資産形成にならなくなった。デフレの世の中では、若者たちは持ち家を手に入れることができなくなった。若者たちは家賃に、収入の多くを割かなければならない。大きく散財をしようにもできないから、国内消費は低迷したままだ。政府が良質な公共住宅を考えずに、景気刺激策として住宅をみてきたツケがまわってきた。

自分の世界を狭く設定して、マイルド・ヤンキーのごとく内輪に生きたほうが良い。好きな人とセックスはするし、好きな相手とはプチ同棲もするけど、結婚はしないし子供などもたない。友達と自分の世界を大切にし、今を軽く内輪に生きる。若者たちがそう考えても、まったく自然である。非婚や子なしを選ぶ若者たちの生き方のほうが、むしろ誠実に思えてくる。

二〇〇一年（平成一三）に楠木ぽとすは『産んではいけない！』という本を書いているが、まったくその通りだと思う。二〇〇一年（平成一三）には売れなかったらしいが、二〇〇五年（平成一七）に再版されると、約一年で五刷りを重ねている。

社会的な歪みを、個人に背負わせるのはもう拒否すべきだ。劣悪なパートの労働環境や、低賃金の非正規社員を放置したまま、〈核家族〉制度を維持するのであれば、結婚すべきではないし子供などもつべきではない。

〈核家族〉制度の下では、子供は老後の保障にはならない。国の行く末より、生きている現在の自分のほうが大切である。子供を作って生活が立ちいかなくなるより、子なしの日々を生きた方が良い。

第11節　働くことと稼ぐことは違う

大家族の時代から、人はいつも働いてきた。江戸時代までは農業が主な産業だったから、働くことは大地の上で身体を動かすことだった。農民以外の職人たちにしても、身体を使って額に汗することが働くことだった。何しろ機械がなかったのだから、働くには身体を使わざるを得なかった。

肉体労働が支配的なこの時代には、働くこととその成果物の入手とが直結していた。田や畑で働けば、何ヶ月後には成果物として作物が入手できた。木を加工すれば、家が建った。しかし、貨幣経済が未発達だったことも手伝って、働くことがお金を稼ぐことに必ずしもつながっていなかった。

大家族の時代には、お金を稼ぐことだけを目的とする行為は、社会的には必ずしも正当な行為ではなかった。身体を使って成果物を生み出すことこそ価値あることであり、お金を稼ぐことを第一義とすることは下等な行為だと見なされていた。そのため、物を移動させるだけでお金を稼ぐ商人は働いているとは見なされず、士農工商という序列の最下位におかれた。

西洋でも事情は同じで、純粋にお金を稼ぐだけの職業である金貸しは、『ベニスの商人』などで見るとおり、高利貸しとか守銭奴と見なされて蔑視されていた。お金を借りて倒産から免れることができたりして、投身自殺をせずにすんで助かった人がいたはずである。にもかかわらず、金貸しは成果物を生み出していないという理由で、社会的に蔑視され排斥されさえした。

工業社会になり工場ができると、当初の工場は現在ほど機械が発達しておらず、肉体労働が中心であることは変わらなかったが、それでも働く作業工程が細分化し分業が進化した。工場生産で製造する工程全体にかかわる人間は少なく、各部分を担当する労働者がほとんどとなった。その後、機械が進化するに従って人間の都合で働くのではなく、チャップリンが一九三六年（昭和一一）に「モダンタイムス」で描いたように、生産ラインに合わせて人間が働くようになった。

工場では機械に働かされているかもしれないが、人間が働いていることに違いはない。工場であっても働く以上、肉体を動かして額に汗する充実感があった。しかも、働きに応じて給与が支払われた。働きの成果物つまり収穫物に替わって、お金が支払われるようになった。ここで働くことが、お金を稼ぐことと等しくなっていった。

元来、働くことと稼ぐことは次元の違う話である。働くことは財を生み出すことではあるが、必ずしも金銭による対価や報酬を伴うとは限らない。家事労働には賃金は支払われないし、ボランティア活動も働いているが無償が原則である。また、料理や大工仕事も趣味として行えば、報酬はまったくないのが当たり前である。しかし、大工仕事で働くのと、趣味としての大工仕事は、釘を打ったり木を切ったりする作業内容において全く同じである。趣味としての大工仕事でも働いてはいるが、稼いではいない。

大家族時代の農業では、天候次第で働いた成果が無に帰すことはいくらでもあった。しかも、働いた成果は家全体のもので、各人の所有に帰するわけではなかった。だから、働くことから充実感は得ただろうが、働いた成果が直接的に個人に属することはなかった。大家族の時代には、親和力を共有する家に属する安心感をもつことによって、働くことの見返りがもたらされた。

大家族の縛りから切り離された〈核家族〉の給与生活者は、働いても働きの成果物を入手することはなかったが、自分の働きが給与という形でむくわれた。そのため、働くことと稼ぐことが同一になった。働くことと稼ぐことが同一化した結果、働くことによって得られる充実感が、お金を稼ぐことをつうじて生きがいと感じるようになった。

人々が大家族から出て企業で働くようになった第一の目的は、生活費を稼ぐことだった。であるにもかかわらず、経営者たちは給与生活者の稼ぎという側面は強調しない。従業員が一生懸命に働くように、むしろ働くことを生きがいとするように仕向けた。そして、仕事や地位が人格を作るとか、働くことが人間を育てるといった。

経営者にとって従業員がたくさん働くことには何の痛痒も感じないだろう。むしろ大歓迎に違いない。しかし、従業員がたくさん稼ぐことは、賃金をたくさん支払うことを意味する。それは儲けを減らすことにつながり、必ずしも歓迎することではなかった。

高度経済成長の頃からバブルがはじける頃までは、必死で働くと給料も増え地位も上がったので、働くことが生きがいに思えていた。たしかに企業で働くことであっても、働くことには違いないので、働くことによって得られる充実感はあった。しかし、ほとんどの人は生活費を稼ぐために、企業で働いている。働くことと稼ぐことは違うと言ったが、企業で働くとは、あくまでも稼ぐことを意味している。

我が国の企業は、当人の職能をもって採用するのではない。大卒の一斉採用に見られるように、まさに人を求める求人である。そのため、入社してからどんな職種に配属されるかはわからず、入社後も様々な部署へと配置転換が行われる。営業職から事務職へ、また事務職から現場へと替わることもあるし、働く場所が替わる転勤もしばしばである。大学を出たばかりで入社した職場が、当人の生きがいとなるとは限らない。

我が国では職能をもって稼ぐのではなく、全人的に企業に属さざるを得ない。企業に属することに対価が支払われる。そのため、就職してしまうと、私生活より職場の都合が優先される。そして、働くことが何にも増して優先するようになるから、稼ぐことが生きがいと思わないと働き続けなくなっていく。事実、企業での評価は働きより、稼ぎの多い者を出世させて、より生きがいを高める動機としていく。

高度経済成長の頃からバブルが弾けるまで、男性たちは企業戦士となって働いた。当時は〈核家族〉が支配的な家族理念だったので、稼ぐ企業戦士を支えたのは専業主婦だったことは周知であろう。〈核家族〉が一体となって、男性たちの生きがいを支えた。終身雇用が正しいとされたので、企業や職場に属することが生きがいにすらなって、稼ぐこと以外の私生活が貶められていった。

情報社会化するに従って働くことが個人化してきたので、企業で働くことが相対化され、働くことと稼ぐことの違いが拡大してきた。そして、一企業への就職が定年まで勤め続けることを意味しなくなった。とりわけ団塊の世代の企業戦士たちが、大量に定年退職しても企業は存続する姿を見て、企業で働くことは交換可能な部品になることであり、企業で働くことが生きがいになるとは思えなくなった。そのため若者たちは、稼ぐことと私生活の両立に心を砕くようになった。

情報社会化は性別役割分業を許さなくなった。男性たちは専業主婦の支えを求めることができなくなった。企業で稼ぎ、企業に属することが、もはや生きがいにはならない。男性たちは働くことに充実感を求めると同時に、私生活の充実も求め始めた。つまり、私生活の充実がないと、充分に働くことができない時代になってきたのである。

第12節　頑張っただけの充実感

若いときは収入も少ないが、永年にわたって勤め続ければ、それなりに年収も上がる。戦後の工業社会では、高度経済成長がつづき年功序列もあったから、若いときには低賃金でも頑張れた。そのときには報われなくても、永年勤めればばと、将来に期待して低い評価でも納得できた(31)。

当時は、工業社会とそれを支える家族制度が一致していた。性別による役割分担が、男女ともに生きる手応えを保証していた。〈核家族〉という家族制度のもつ内部矛盾が爆発することを、高い経済成長が先延ばしにしていた。しかし、もはや高度経済成長は期待できない。結婚して自分たちがつくるだろう〈核家族〉に将来性はない、と若者たちはわかっている。

物つくりの世界では、長年にわたって仕事に従事することが、熟練した技術の体得となった。工場労働者も匠の技術の継承者などといってもてはやされ、先輩の技術を盗めと言われた。しかし今では、苦労して身につけた技術が、たちまち陳腐化してしまう。新しい機械の導入により人間はお払い箱となる。

ロボットの導入に限らず、技術の規格自体が日進月歩である。新しい技術を身につけても、より新しい技術が直ちに登場してくる。先進の技術を身につけても何の保証にもならない。現代の若者にとっては、将来への可能性が感じられない。働くことから光が失せ、稼ぐ必要性だけが残った。

高度経済成長という過去の遺産によって、裕福な地位を得た高齢者たちは、自分自身の働きの成果だというだろう。当時の勤労者つまり現在の高齢者たちは、住宅ローンも完済し、潤沢な年金に守られている。そのうえ、老人医療や特別養護老人ホームなどの介護施設には、莫大な税金が優先的に投入されている。若者に比べると、老人たちは至れり尽くせりの待遇を受けている。

いまの若者が頑張って働いても、現在の中高年たちのような生活はできないだろう。頑張っても、それに見合う報酬が出ないようだ。安定した収入をもたらしてくれる正社員となるのは、どんどん難しくなっている。パートやアルバイトは不安定で報酬は低い。働きたくても職場がない。自分を活かせる充実感がない。

パートやアルバイトが、正社員と同じ仕事をしても、報酬は大きく違う。パートやアルバイトは賃金が安いにもかかわらず、正社員と同じ仕事と責任が要求されている。パート労働ではせいぜい時給一〇〇〇円くらいだが、年収六〇〇万円の正社員の時給は三〇〇〇円くらいになる。(32)

正社員にはボーナスもあるし、有給休暇もある。同じ仕事をやりながら、パートやアルバイトから正社員になることはできない。いまやパートやアルバイトは身分となって、非正規社員として固定され始めている。それは派遣労働者や女性の働く環境を見ればよくわかる。正社員は現場から離れた本社の事務職ばかりだ。正社員はたまに現場に出て、偉そうに怒鳴り散らすだけだ。

同じ仕事をしても、同じ給料が支払われず、昇進や福利などの待遇がまったく違う。仕事に慣れてくると雇い止めとなってしまう。仕事はきつくなる。かつて下駄屋や桶屋や染め物屋が消滅したように、工業社会の物つくりには将来性がない。

工場で物つくりに従事させられる非正規労働者は、やがて機械に代替されて不要になる運命にある。会社に貢献しただろう優れた技術者たちも、時流から外れると窓際へと追いやられ、やんわりと退職を強要される。我が国を追われた中年技術者が、韓国企業や中国企業に転職した話も聞いた。

会社は儲かっているようだ(33)。空前の内部留保をかかえている。しかし、そこで働く若者たちには頑張った見返りが少ない。同じように働いても、越えられない身分の違いがある。派遣切りが横行し、パートでは雇用の保障もない。我が国では労働における法の下の平等はない。

社長と平社員が同じ作業着を着て、同じ社員食堂で昼飯を食べる。それが日本株式会社の宣伝文句だったのではないか。にもかかわらず、給料の格差は拡大している。そして、劣悪な労働環境にいる非正規社員を大量に生みだし続けている。物つくりは限界に来ているのに、政府はいまだに物つくりにこだわっている。我が国では、封建制度まがいの身分制が復活しているようだ。

働く者は平等だったはずだが、正社員という身分がないと平等はめぐってこない。たとえ、正社員になれても、簡単にクビになる。クビになれば、またパートやアルバイトの生活に逆戻りである。時給一〇〇〇円が一生続くのかと思うと、頑張る気力も失せてくる。

　今日を生きる稼ぎは、とりあえずあるから、何とか生きていける。でも、他人の世話など、したくてもできない。結婚して妻子を養うことは夢のような話だ。だいたい女性だって稼げるのに、なぜ女性を養わなければならないのか理解できない。万が一、離婚にでもなったら、稼いだ財産はほぼすべて女性に持っていかれ、わずかでも稼ぎの多かった男性は丸裸にされてしまう。

　将来に希望がもてないのだから、自己責任を伴う子供なんて考えることもできない。農家も商店もきわめて少数しか生き残れずに、どんどんと閉店している。独立や起業も難しい。いまや働く者の九〇パーセントがサラリーマン（ウーマン）、つまり給料生活者となっている。大多数の勤労者は雇用されている。

　物つくりに適した〈核家族〉という制度が、子供をもつことを否定している。今後の自分の人生が、経済的に豊かになるという確信がないかぎり、結婚すべきではないし子供をもってはいけない。個人化する情報社会に対応しない社会制度には、非婚と子供を産まないことで抵抗すべきだ。

第13節　再復帰できる職場を

一九八〇年（昭和五五）から九〇年（平成二）代にかけて、筆者はアジアの各地にしばしば貧乏旅行をしていた。もちろんフルタイムで仕事もしていたので、せいぜい一週間の休みを取るのが、精一杯の長期休暇だった。それでも、当時の日本人としては、優雅な長期休暇だった。

　アジアへの旅で出会った白人バックパッカーたちは、六ヶ月とか一年といった長期の休暇を取って旅をしていた。そして、帰国したら外務省に入るつもりだとか、誰でも知っている有名な会社の名前を挙げて、その会社に入るつもりだといっていた。

我が国では大学を卒業したら、すぐに企業に就職しなければならない。大学卒業後の無職という空白の時間は許されない。そのうえ就職しても、一ヶ月以上の長期休暇を申請したら、以後出社に及ばずとなってしまうだろう。病気以外の理由で、役所や大企業を一度辞めたら、二度とそこへ復職できない。

我が国では、たとえ病気や怪我であっても長期休暇を取ること自体が好まれず、長く休むことは勤務評価のうえで大きなマイナスになる。職能によって採用されるのではなく、人間の人格を丸ごと会社に採用される。そのため、一度入社したら自分の全時間と全身全霊を、滅私奉公的に会社のために捧げなければならない。

定年まで勤め上げずに、途中で退職したり転職したりする者は、会社に対する裏切り者のように見られる。辞めた者は二度と同じ会社に復職できない。退職すると、以前勤めていた会社より、より格下の小さな会社へと転職していくのが当たり前だった。だから白人バックパッカーたちの話が信じられなかった。

我が国の入社試験は、ほとんどが新卒対象だった。最近は第二新卒などといって、既卒者も採用するようになってはきたが、それでも年齢による制限はきびしい。せいぜいが卒業後一～二年までを新卒と扱うだけだ。男女の性別によって、採用が差別されてきたことは周知だろう。

最近でこそ中途採用も広がってきた。中小企業や外資は中途採用が多いけど、我が国の大企業はなかなか中途採用をしない。万が一、中途採用されても決して会社内の主流にはなれない。入社時の身分が一生ついて回る。

差別の撤廃をいう役所は、役所自身の求人にあたって、いまでも平気で年齢制限をしている。正規の職員採用は新卒者ばかりである。にもかかわらず、単純作業である役所の窓口担当者は、派遣社員か非正規雇用者を大勢並べている。そのうえ、特殊な分野になると役所は欲しい人材だけを、就労期限付きで年齢に関係なく一本釣りする。

先進国では大学を卒業しても、すぐに就職するとは限らない。だいたい新卒の一斉採用という習慣がない。職種ごとの中途採用が主流である。新卒に限る採用は法律違反になりさえする。だから、バックパッカーという海外旅行や、様々な社会的体験を経てから、職業人となっていく時間的な余裕がある。

一年くらい休職して職歴に空白があっても、仕事を知った人間を再び雇ったほうが、職場にとってより有利だと企業も知っている。社員を育てるのは、手間と時間がかかる。視野の広がった人間が、組織に戻ってくるのは、組織自体にとっても有り難い。年齢や性別による制限が少なく、労働市場が開かれている。

能力での採用が有利だと知った先進国では、労働を標準化し職能給を整え、同一労働・同一賃金を導入した。同一労働・同一賃金だから、高齢者を採用しても過大な給料負担の問題はない。年功序列による昇給がない。その結果、復職が可能になったのだし、年齢がいっても再就職に不利とはならなくなった。失業しても、何歳になっても復職ができる。失業による恐怖が減った。

アメリカでは履歴書に、人種はもちろん、性別や年齢も書いてはいけないという。労働が標準化されて、どの会社にも転職が可能になってきた。物つくりが名人芸といった属人的な技術に支えられた時代は終わった。

すでに情報社会に入っていた先進国では、工業社会とは雇用のあり方が変わった。しかし、物の大量生産が主流だった我が国では、均質な若い新卒の労働者を大量に採用した。大家族からはじき出された若者がたくさんいたから、それが可能だったし、没落する大家族と増える〈核家族〉の要求でもあった。

工業社会が全盛だった我が国では、肉体労働と頭脳労働が未分化だった。大卒はホワイト・カラーといいながら、採用基準は肉体労働者とほとんど同じだった。性別や年齢といった、本人の努力ではどうにもならない属性によって、働くスタート地点を制限したほうが、企業は円滑に動いた。なにしろ、若者がたくさんいたのだから、個人の能力をみるより性別や年齢で判定したほうが効率的だった。外から見えない個人的な能力を基準にして、採用試験を実施するには、採用するほうに基準が必要である。どういう理由で合否を決めたのか、会社内でも上席者に対して説明が必要になる。そのうえ、同一労働・同一賃金の基準を作るには、業務の標準化が不可欠である。業務の標準化とは技術の属人化をやめることだから、我が国の企業にとって同一労働・同一賃金とすることはきわめて不得手なことであった。

ホワイト・カラーとして採用しても、社名入りの作業服を着せるのが、我が国の大企業である。我が国では名人芸的な技術が重んじられる。大卒であっても現場労働を経てから、管理職や役員・経営者へと育てていく。そのため入社した会社のカラーに染まり、他の会社へ転職するのが困難になる。

ペーパー試験と面接で採用しながら、頭脳労働への評価が低い。そして、職場でも知的思考を大切にするよりも、技術を身につけるという発想が強い。いまだに零戦の思い出が生き残っているのだろうか。肉体労働と頭脳労働が未分化の我が国では、業務の標準化は難しかった。

不確かな個人的な能力より、確実な性別や年齢を基準にしたほうが恣意が入りにくい。個人の能力をみるより、まず年齢や性別・出身学校といった属性で制限したほうが公平にも見えた。その結果、組織的な入社試験を行う大企業や公務員では、個性ある人間より平均的な能力の人間が採用された。

これが我が国の工業社会だった。

第14節　雇用の流動化を望む

先進国では工業社会が終焉を迎え、若者の失業が増え、一時は一〇パーセントを超えるようになった。また中高年労働者の失業も生まれた。失業者の発生は社会をすさませた。しかし、バックパッカーという若者の貧乏旅行がはやり始めたのは、工業社会の終わりと情報社会の始まりを告げていたことの証しだったのだろうか。

工業社会から情報社会への変身には、中進国の追い上げもあって失うものも多く、先進国にとって厳しい時代でもあった。西洋諸国では一九八〇年代には不景気が襲い、銀行の倒産が多発したりして、新しい時代への長い模索が必要だった。しかし、同一労働・同一賃金の導入やペイ・エクイティ(34)に由来する職務賃金が確立し、性別や年齢制限による固定的な雇用制度から脱却できた。

情報産業が本格化したその後は、個人の能力にしたがって採用できるようになった。性別や年齢による採用より、能力にしたがった採用のほうが、成果も上がることがわかった。西欧では年齢秩序はすでに崩壊していたし、高齢者が高給取りとは限らなかったから、中高年者を中途採用しても会社は困らない。

社会体験をもった者を中途採用するほうが、企業戦略に柔軟性をもたせることができる。ちなみにアメリカは、雇用における年齢にもとづく差別を、一九六七年（昭和四二）から法律で禁止しており、カナダは一九七八年（昭和四三）、ニュージーランドは一九九二年（平成四）から禁止している。EUは二〇〇〇年（平成一二）に年齢差別を規制する指令を出した。

個人的な能力を見るようになって、先進国では雇用が流動化した。経営者や社長でも中途採用できる。復職が可能になったから失業の恐怖が減った。しかし、我が国では終身雇用はくずれながら、いまだに新卒の定期採用が主流である。そのうえ、職歴に空白期間を作ってしまったら、採用試験を受けることすら難しい。一度失業すると復職するのがきわめて困難となる。

復職が難しいことを知っていれば、失業は恐怖になる。そのため、現在の会社にしがみつかざるを得ない。ますます労働市場は固定化してしまう。早くからの就職活動が不可欠になり、就職した会社の地位が身分化し固定した。にもかかわらず、就職した新人の三〇パーセントが、入社後三年もたたずに退職してしまう。

我が国では小学校や中学校などに飛び級がないのと同様に、上司を飛びこえて出世させることはまれである。また、高齢者は若者を呼び捨てにしても許されるが、反対は御法度である。上司は部下を君付けで呼ぶが、上司を君付けで呼ぶことはできない。高齢者が優れているとは限らないにもかかわらず、人間が横並びではなく高齢者優位の年齢秩序がはびこっている。

企業別組合が物語るように、我が国では個別企業に家風ならぬ社風ともいう独自の掟があった。有能で個性的な人間より、真っさらで平均的な人間のほうが、企業の社風に染めやすい。だから、新卒で平均的な人間を採用した。そして、新人を採用した後に、企業内で大規模な社員教育をした。

経験を重視する物つくりでは、技術の取得が個人的な研鑽に負っているから、技術や職能が属人化していた。しかも、属人化した技術は企業ごとに特殊化されて、産業全体に標準化されないから、後の世代に引き継がれていかない。標準的な仕様を生み出す力が弱く、企業の技術が社会の財産とならない。そのため、職能の標準化ができないし、同一労働・同一賃金を導入できない。

工業社会の労働者は、必ずしも高等教育を受けている必要はなかった。金の卵と呼ばれた集団就職組は中卒だった。工業社会では義務教育を受けて、読み書きと演算ができれば良かった。高度経済成長を支えた団塊の世代の大学進学率は、たかだか一五パーセント程度だったように、必ずしも高等教育は必要なかった。それに対して、情報社会の職業は、高等教育を受けないと適応できない。そこで生涯教育がうたわれ、社会人が大学や大学院で学ぶようになりつつある。

しかし、年齢秩序がはびこる我が国では、大学は高校を卒業していくものであり、社会人になってまで行くものではないと見なされている。社会学者の鈴木寛によると、二五歳以上の大学進学率は二パーセントしかないという。我が国の大学はもちろん大学院ですら、見渡すかぎり二〇歳代半ばまでの若者ばかりである。

我が国の企業では、入社後に大学や大学院を出ても学歴の再評価がなされない。入社時に高卒であれば、入社後に大学を卒業しても高卒のままであるし、大卒は大学院卒へと再評価されない。しかも、大学や大学院に通っている間、いくらかは職場を離れざるを得ない。その間は仕事をしないので、同僚からは白い目でみられてしまう。

新たに学ぶことが新しいキャリアにつながらないことが多い。そのため、我が国の大学には社会人がきわめて少ない。ちなみに、二五歳以上の進学率は、韓国が一九パーセント、アメリカが二四パーセント、アイスランドは四〇パーセントに達している。我が国の二パーセントという進学率は、OECD諸国平均の二〇パーセントと比べても極端に低く、新たな時代に適合しようとしているとはとても言えない。(35)

ポリバスが桶屋を消滅させ、サンダルが下駄屋を廃業させたように、産業の構造転換によって技術そのものが不要になる。属人化した技術は転用がきかない。企業内化して属人化した技術は、やがて機械に代替されていく。すると技術を体得した人間が、他に転じることなく、あたかも物と同じように廃棄されていく。

技術を身につけても、あっという間に陳腐化してしまい、一生の仕事にならない。新しい機械が導入されると、技術者たちは黙って道具をしまい込まざるを得ない。技術革新が早くなった現在では、一生にわたって同じ企業に勤務する可能性は、きわめて低くなっている。

にもかかわらず、職業に対する考えは工業社会からまったく変わっていない。就職活動の期間が限定されており、就職選考解禁日なるものが決められている。企業はここでも自由競争を嫌っている。転職に関しても古い習慣が残っている。転職すると退職金や年金で不利を被るし、転職者は会社の主流＝出世街道にのることは難しい。新卒で入社した者に比べると、転職して入社した者は何かと不利なことが多い。

正社員の地位が身分と化しながら、一度失業すると復職には絶望的な壁が立ちはだかる。いくら元気な若者でも、働くことをあきらめて稼ぎさえできれば良いと、内向きな生き方になるのは必然である。労働市場を流動化させて、出入り自由な職場が求められている。

第15節　失われた二〇年

近年、男女共同参画のかけ声のもと、政府からも女性の労働力を期待する声が上がってきた。専業主婦として家庭で保護されていた女性たちを、労働市場にかり出そうというのである。内閣府男女共同参画局では、「特集編　女性の活躍と経済・社会の活性化」のなかで次のようにいう。

我が国では他の先進国に比較して女性の参画が進んでいない。しかしながら、それは、裏を返すと、女性の参画が進み、女性の活躍する場面が多くなればなるほど、その潜在的な力が発揮される可能性が大きいことを意味する。

本特集編では、特に「女性の活躍」を進めることが経済成長のために有効であることを示し、その実現に向けた課題等について論じる。(36)

特集編では、二〇〇二年（平成一四）から二〇〇九年（平成二一）のあいだに、男性雇用者は二一万人減少しているが、女性雇用者は一五〇万人増加したといっている。しかし、増加した内訳は大部分が、パートなど賃金の安い非正規労働者である。

非正規労働者の賃金についてみれば、一時間当たりの平均所定内給与は、男性一般労働者の給与水準を一〇〇とすると、男性短時間労働者は五四・八であり、女性短時間労働者は四九・一だという。

二〇〇八年（平成二〇）における女性の就業率は七〇パーセントをきっており、ＯＥＣＤ諸国の中でも低い水準だ、と特集編も認めている。先進国では女性が出産・育児のため就労を中断することはなくなった。生涯にわたって働き続けることが多い。そのため、女性のM型就労曲線は消滅したと前述した。

しかし、我が国では、いまだに出産を機に退職するケースが多い。エン・ジャパンの調査によると、子供をもつ女性の就業率は五二パーセントで、しかも、正規労働者率は八パーセントにとどまるという[37]。我が国ではいまだにM型就労曲線が残っている。出産で退職できるにもかかわらず、急激な少子化が進行している。

一九六〇年（昭和三五）頃は、西洋諸国も我が国も女性の雇用状況は、何ら変わるところがなかった。ともに女性は家庭で家事にいそしんでおり、社会で働くことはなかった。その後、ベティ・フリーダンの『新しい女性の創造』や映画「クレイマー、クレイマー」に刺激され、西洋諸国の主婦たちはどしどしと職場へ進出していった。

西洋諸国が女性の職業人化をはかったのとは違って、我が国では官民挙げて専業主婦を保護する政策をとり続けた。その結果、女性はパート労働という家計の補助的な仕事にしかつかず、男女という性別に従った役割分担が強固に残ってしまった。

我が国の女性就業率は低いと言うが、二〇一二年（平成二四）のOECDのデータを見ると、女性就

女性の就業率

1	アイスランド	80.24
2	スイス	79.45
3	ノルウェー	75.79
4	オランダ	75.09
5	スウェーデン	73.77
6	ドイツ	72.84
7	デンマーク	72.59
8	オーストリア	72.52
9	オーストラリア	72.35
10	カナダ	72.21
11	ニュージーランド	72.15
12	イギリス	70.87
13	日本	70.56
14	フィンランド	69.54
15	ロシア	68.97

単位＝％

管理職女性比率の国際比較（2012年）

	管理職の割合	女性の比率
フィリピン	14.9	47.6
アメリカ	15.9	43.7
フランス	7.4	39.4
ロシア	8.3	39.1
カナダ	8.8	36.2
スウェーデン	5.7	35.5
イギリス	10.4	34.2
フィンランド	3.7	29.7
ドイツ	4.4	28.6
デンマーク	1.9	28.4
タイ	3.0	28.2
イタリア	3.7	25.9
日本	2.4	11.1
韓国	1.9	11.0

単位＝％

業率は七〇・五六パーセントとなっており、世界ランキングでは一三位である。上位に属するわけではないが、アメリカは六七・一四パーセント、イギリスは七〇・八パーセント、フィンランドは六九・五四パーセントである。我が国と同程度の国はたくさんあり、世界で見るとむしろ高いくらいである。ではなぜ、女性の社会参画が遅れていると言われるのだろうか。その主な原因は、多くの女性がパートなどの補助的な仕事に従事しており、フルタイムで働く例が少ないからである。

　女性の社会的地位が低いことは、国会議員や管理職といった社会を動かす中心にいる女性が少ないことからも明らかである。国の女性管理職は、二〇一二年（平成二四）現在で一一・一パーセントである。それに対して、フィリピンは四七・六パーセント、アメリカは四三・七パーセント、フランスは三九・四パーセント等々である。

　フィリピンでは管理職は従業員の一四・九パーセントいるが、そのうち約半数が女性である。アメリカでは管理職は従業員の一五・九パーセントおり、管理職が一〇人いれば四人以上が女性である。詳しくは表を参照して欲しいが、我が国では管理職の割合も少ないが、管理職に占める女性の割合は韓国と並んでダントツに低い。

安倍政権は二〇一四年（平成二六）の日本の女性管理職の割合一一・三パーセントを、二〇二〇年までに三〇パーセントにする、という目標を掲げている。目標を達成するために、女性が能力を充分に発揮できる環境整備が必要だという。

しかし、女性が能力を充分に発揮できる環境が未整備だから、女性管理職が少ないのだろうか。必ずしもそれだけが理由ではないように思う。二〇一三年（平成二五）の厚生労働省の雇用機会均等法調査によると、大企業で管理職の女性が少ない原因は、個々の女性を差別しているわけではなく、もともと管理職の年齢層に女性が少なく、ふさわしい人材に乏しいためだという報告をしている。

第16節　管理職は頭脳労働者

管理職になる人材は自然に育つものではなく、きちんとした評価のもとで育てていくものである。それは男性であろうと、女性であろうと同じである。男性だって管理職への教育を受け上司に可愛がられて、様々な体験を積んで労働の成果を出し、その結果が評価されて管理職に育つ。

正規労働者の長時間勤務が当たり前の我が国では、人材の評価にどんな基準を持っているのだろうか。肉体労働では、労働の成果は技術×労働時間で決まる。技術水準が同じであれば、長い時間働くほうが労働の成果は多くなる。たとえば、柱を削る大工仕事を考えてみると、働いた時間と削り上がる柱の本数はほぼ正比例する。より長く働けば、より多くの柱が削れることは自明だろう。田を耕す労働でも、労働時間に比例して多くの成果が上がる。

肉体労働では長時間にわたって真面目に身体を動かすことが、働くということの意味であり成果を出す道であった。肉体労働の典型である建築業では、元請け↓下請け↓孫請けという仕事の流れが、労働者の働く立ち位置を決めた。そして、鉄筋工や型枠大工といった具合に、専門化された労働者が共同して仕事を処理した。

より長く働けば、成果はたくさん上がる。締め切り間際になると、電灯をつけて追い込みにかかった。ここでは時間を費やすことが仕事をすることだった。だから残業をしたりなどの長時間労働は、勤勉な姿として高く評価され賛美されてきた。

頭脳労働では、労働の成果は技術×労働時間で決まるとは限らない。頭脳労働の成果は、集中した思考と冷静な判断の結果として生まれ、労働時間の長短には関係ない。たとえば、プログラマーは典型的な頭脳労働であろう。しかし、会社に泊まり込んで徹夜もざらといったプログラマーの働く姿が話題に上るように、頭脳労働にも長時間勤務がまかり通っているようだ。

大工仕事といった肉体労働では、あまりの長時間労働は身体を疲労させてしまうので不可能である。だから自殺へと追い込むほどの長時間労働となることはない。しかし、机に向かってする頭脳労働では、肉体労働ほどの目に見える疲労を感じさせない。そのため、徹夜など肉体労働以上に長時間労働が行われてしまいやすい。

肉体労働では一般的な元請けから下請けへの重層構造が、ＩＴ業界やソフトハウスにも導入された結果、労働の成果が技術×労働時間で決まるようになってしまった。当人の技術は一日や二日では変わらないから、仕事を消化するためには労働時間を長くするしかない。いまだに〈汗をかく〉という言葉が働くことを意味するように、頭脳労働にあっても、仕事をするとは身体的な行為であると理解されることが多い。

しかし、管理職が行うのは、肉体労働ではなく頭脳労働である。頭脳労働者であるはずの管理職が、長時間にわたって身体を机に拘束されるという肉体労働に従事している。これが我が国の職場の働き方である。

以上のように考えてくると、女性労働者は増えながら、我が国の女性管理職がダントツに少ない理由が見えてきただろう。女性が能力を充分に発揮できる環境が未整備だから、女性管理職が少ないのではない。

職場が意図的に個々の女性を差別しているわけではない。情報社会化の何たるかを理解できず、長時間労働といった工業社会的な働き方をいまだに良しとしている。非肉体労働つまり頭脳労働を生産労働としてキチンと評価できずに、頭脳労働に対しても肉体労働的な評価基準でしか対応できないところに問題はある。

我が国では頭脳労働の評価基準をもっておらず、肉体労働の評価基準である技術×労働時間を頭脳労働の評価に流用している。肉体労働では働いた時間分の成果は必ず出る。しかし頭脳労働では働いても成果の出ないこともあるし、わずかな労力で大きな成果の上がることもある。頭脳労働の評価は難しいから、肉体労働の評価を流用している。たとえば、青色発光ダイオードを実用化した中村修二に対する報奨金が二万円だったと言うことを見てもわかるように、我が国は頭脳労働の評価基準をいまだ持てない。

二〇一七年（平成二九）中国の通信機器大手ファーウェイ（華為技術）が、日本で大卒エンジニアを初任給四〇万円で募集して、日本企業は腰を抜かすばかりに驚いた。ちなみにその年の我が国の大卒初任給は、理科・文科の別なく一律に二〇万円であった。また、米国の企業はインド工科大学を卒業したエンジニアに対して、約一五〇〇万円の年収を提示しているという(38)のに、我が国の企業はプログラマーといった頭脳労働者を使い捨てにしている。

我が国の労働時間は減ってきているというが、パートタイム労働者比率が高まったことが要因となって、総実労働時間が減っただけである。失われた二〇年と言われながら、管理職の労働時間は減っていない。机にへばりついて長時間労働をする管理職を、時間×技術で有能と評価する結果にすらなっている。

肉体労働は同じ作業を繰り返しながら、体験によって技術を身につけていく。長い体験が名人を作る。だから、働く者は長時間かかって成果を出すことになった。こうした作業環境だから、工業社会になっても年齢秩序が残ってしまった。

頭脳労働は労働時間の長短ではなく、新たな付加価値を生み出すことによって評価される。しかも、頭脳労働の世界では、技術は日進月歩だから長い経験は必ずしも有効ではない。年齢秩序は有為に働くとはかぎらない。しかし、付加価値を生み出す労働を、我が国の職場は技術×労働時間でしか評価できない。そのため、長時間労働に耐えうる男性しか管理職へと登用できない。

ＩＴ産業も建築業界と同じ下請け・孫請けの重層構造を取っているため、孫請けのソフト・ハウスやプログラマーは、ブラックな職場で働いていると聞く。プログラミングという先端的な頭脳労働においても、職人扱いされ技術×労働時間で成果が計られているのだろうか。ＩＴ業界も男性が多く、長時間労働で悪名が高いようだ。

我が国は頭脳労働の評価基準を持てずに、肉体労働の評価基準である労働時間の長短でしか頭脳労働を評価できない社会である。たとえば、ＭＢＡを取った者と学部の大卒者とのあいだに大きな給与の違いがない。また、文化系の大学院卒は使いづらいと敬遠している職場がある。

上からの命令に忠実で、長時間労働に耐えうる者が出世していく。頭脳が優秀な者よりも、上司に従順な体育会的な者が可愛がられる。体育会的な空気が企業にはびこっていることでも、頭脳労働の評価が低いこととわかるだろう。だから、長時間労働を嫌う女性が、管理職になることが少ないのも当然である。

肉体労働では長い経験が技術を向上させる。しかし、頭脳労働で成果を上げるには、地頭の良さに負うところが多く、経験の長さとは関係のうすいことが多い。皮肉なことに過去の成功体験が、かえって足枷になりさえする。年功序列と頭脳労働は必ずしも馴染みが良くない。

肉体労働での優秀さは比較的わかりやすい。優秀な労働者は働く姿が安定しており美しい。だから、誰が見ても高く評価できる。しかし、頭脳労働の優秀さは、評価の仕方に依存しており、誰にでも評価できるわけではない。きわめて優秀な若者が、優秀であるがゆえに周囲から浮いてしまい、職場が持てあますことさえある。能ある鷹は爪を隠さなければ、企業社会でうまく生きていくことができない。

年齢秩序がはびこる我が国では、職人的な技術は評価できるが、頭脳労働を正当に評価する風土に欠ける。突出し屹立するほどの頭脳労働を示せば、職場も認めるかもしれない。しかし、それでさえ既存の試験制度の中での話である。既存の試験でいくら良い成績を取っても、創造的な労働成果とはあまり関係がない。頭脳労働の何であるかが理解されないから、出る杭は打たれ新たな才能は潰されてしまう。

技術×労働時間という評価基準では、非力な女性は男性にかなうわけがない。女性が社会的な労働に参加する社会とは、頭脳労働とは別の視角で評価する社会である。我が国では頭脳労働を頭脳労働として評価できないので、長時間労働を嫌う女性が管理職になることは少ない。

政府が言うような女性が能力を充分に発揮できる環境とは、男女を問わず頭脳労働を肉体労働とは異なったものとして評価する環境であり、ことさら子産み・子育てに従事しうる女性だけの環境を整備することではない。特集編が、「女性の活躍と経済・社会の活性化」と女性限定で問題設定しているところが、すでに足を踏み外してしまっている。

第17節　良い教育の整備を

先進国でも、実際のところ現実は厳しかった。工業社会から情報社会への劇的な転換は、一〇パーセント以上という若年労働者の大量失業をうみ、[39] 希望を失った若者は犯罪に走り、多くの若者が麻薬にむしばまれた。対処療法では、なかなか社会的な不安を解消できなかった。しかし、先進国は着実に教育の整備を進めていった。

画期的な法律を定め、柔軟な制度をいくら整備しても、それを担う人間がいなければ、なんの役にも立たない。一九七〇年（昭和四五）に、マーガレット・ヘニッグとアン・ジャーディムという二人の女性学者が次のように報告していたのを、覚えているだろうか。

女性と少数派（企業のあらゆる部外者）が直面している重要な問題とは、もはや、法律に基づく雇用の機会均等が存在しないということではなく、それを利用できる平等な能力が取得されて

いない点である。(40)

一九八六年(昭和六一)、我が国でも雇用の機会均等法が制定され、女性の総合職にも光が当たり始めた。しかし、社内の女性への教育が大切だという認識はなかった。

均等法の制定により、たしかに新卒女性にも総合職への道は開けた。しかし、現実に今企業にいる女性に総合職へ転じる社内試験は、なかなか実施されなかった。そして、女性が社内試験に受かって、一般職から総合職に転じても、総合職への適応には困難をきわめた。

我が国の大企業は、自社向けの一人前の総合職を育てようとして、男性新入社員の教育をじつに入念に行う。新卒で入社した者を、半年近くかけて有給で社員教育をする企業さえある。それに対して、一般職の女性は会社にいた時間こそ長いが、総合職の仕事は何も知らない。にもかかわらず、一般職から総合職に転じた女性は、男性が入社時に受けたような総合職への教育を受けることはなかった。

これでは女性に水泳を禁じておいて、総合職にするから男性と一緒に泳いでみろ、というようなものだ。しかも、まわりにいる競争相手は、泳力に自信のある男性ばかり。泳げない者が、いきなり深い水に飛びこんで、それでも生きていたら奇跡に近い。自信を喪失させるためのコース転換かと思いたくなる。

総合職に転じた以上、女性であっても男性と同じ成果を期待される。男性は全員が総合職だから、男性総合職は特別な存在ではない。だから彼等は普通に働けば良い。しかし、女性総合職は社内では特別な存在だから、特別の成果を期待される。先達がいないなかで、まっとうに仕事をしようと思えば思うほど、総合職に転じた女性を強烈なストレスが襲う。コース転換した女性の苦悩は理解されない。しかも、女性総合職には自分を支えてくれる専業主婦はいないが、男性たちの〈核家族〉には、男性を支える専業主婦という女性がいる。

事情は新卒の女性総合職も同じだった。我が国の公教育では、男の子と女の子は違うものだ、と育てられる。男の子にはズボンの制服、女の子にスカートの制服が与えられ、男の子は男らしく、女の子は女らしくあれと教えられる。

学業成績こそ男女は同じに扱われる。しかし、それ以外の分野では、ことごとく違った扱いを受ける。短い髪よりも長い髪の女性のほうが好まれる。自由を求める男の子は頼もしがられ、自由を求める女の子はお転婆だとたしなめられる。

男の子には競争的なスポーツがすすめられ、女の子にはおとなしい作法がすすめられる。男の子が闘争的であることは許容されても、女の子は従順であれ、優しくあれと教えられる。幼稚園や小学校から、男性が強くたくましいのは奨励されるが、女性が強くたくましいことは好まれない。むしろ女性は可愛く優しいことが美点だとされる。

小学校でこそ男女混合でスポーツを楽しんでいるが、中学・高校とすすむにつれて男女別がすすめられる。男性が汗まみれになって、スポーツに興じる姿は賞賛されるが、女性が泥まみれになって、ボールを追う姿を好ましいとはいわれない。そのため、女性は女性だけで戦うことになる。

女性の間でもテニスやラクロスなど、動きの激しいスポーツも流行ってはきた。また、柔道・空手やボクシングに参加する女性も増えた。しかし、怪我を恐れてか女性は女性だけで競いあう。女性ボクサーが、男性ボクサーと戦う「ガール・ファイト」(41)のような映画は、我が国の教育現場では無縁の話だ。

最近でこそ、女子サッカーも見かけるようになった。それでも女性が男性に混じって、サッカーやラグビー、そして野球などに興じるのは、せいぜいが小学校までだ。二〇〇六年（平成一八）になって、中京女子大学（現：至学館大学）が初めて女子野球部を公式リーグ戦に出場させて小さな話題になった。

第18節　誰にも等しい教育を

職場での働きは、サッカーのような闘争的なマス・スポーツに似ている。サッカーでは、各自が自分の役割を果たしながら、ゴールに向かって一丸となって進む。監督やメンバーへの好き嫌いより、チームが勝つことが大切である。

子供の頃から男の子はリーダーの役割や自分の役割を知るように、社会での振る舞いを知らずうちに教育される。旺盛な闘争精神、状況を読む力、一瞬の判断力、チーム・メイトへのいたわり、統率力などが、男の子には小さな頃から教え込まれていく。しかし、女性には思いやりとか、心遣いとか、優しさが賛美される。

学業成績の等しい男性と女性とが、男女別の精神教育を受けて、同じ総合職のスタートラインに並んだら、初めから勝負はわかっている。個人的な能力だけで闘える平社員の時代は、男女ともに互角かもしれない。しかし、小さな頃から女性は、組織を動かすリーダーの教育を受けてこなかった。だから、組織を動かす管理職の段階になったら、優劣ははっきりしてくる。

平社員も必要だが、組織には管理職も必要である。平社員が無能でも倒産しないが、社長に能力がなければ会社は倒産しかねない。新入社員の就職活動が話題になるが、会社は有能な管理職をこそ探している。そして、管理職として階段を上がるにしたがって給料も高くなる。

男女別の教育では、高級な労働力として女性つまり人類の半分を失うから、企業の利益に適合しない。情報社会という産業は、男女に同じ精神教育をするように要求していた。それを知った先進国は、二〇世紀の終盤から男女に同じ社会人となるための教育を始めた。そして、男女に同じ待遇を用意しはじめた。今やヤフーのトップはマリッサ・メイヤーという女性だし、ヒューレッド・パッカードのトップもメグ・ホイットマンという女性である。ゼネラル・モーターズ（GM）もメアリー・バーラをトップに迎えた。

我が国の教育は、男女が等質になる時代の流れに反している。一時期、小学校ではせっかく男女混合名簿にしながら、それを男女別に戻そうとしている。[42] 小学校の更衣室が男女同室であるのは、女性の羞恥心に配慮していないと、大人たちは親切心で別部屋にしようとする。

中学・高校と進むにしたがって、男性はズボン、女性はスカートといった男女別の制服が強制されて、女性を守るために男女別の扱いは強化されていく。大人たちは子供のことを心配し、子供のために良かれと男女別をすすめる。[43] 女性の社会進出を進めるためには、男女別をすすめるのではない。男女に同じ教育を用意して、男女の性差は縮小される方向に進むべきである。

公教育の場ではユニセックスこそ指向されなければならない。ところが、男女の別が強調される結果、性同一性障害児が違和感を感じてはいけないと、特別の配慮を行うようになった。特別の配慮とは男性指向の女児には男らしく、女性指向の男児には女らしく扱うと言うことだ。これは、男は男らしく女は女らしくという、古くからの男性性や女性性の強調にほかならない。

学業では男女に同じ扱いとしながら、それ以外の分野では、女の子を女子だけで競わせようとする。

そのうえ、痴漢対策と称して、女性を守るために女性専用車を導入する。こうした配慮は、女性を弱者として守る親切心から発している。先進国ではトイレすら男女兼用のユニセックス化が進んでいるというのに、我が国では未だに男女別を押しつけようとしている。

世界のフェミニズムは女性は弱者ではないと自立を宣言したのに、我が国の良識は女性を弱者と扱って保護しようとする。これらは専業主婦を守る発想とまったく同じであり、女性を弱者と扱うことは女性の自立を阻むもの以外の何ものでもない。専業主婦の存在を許す社会制度がある限り、その社会は衰退に向かう。

先進国の女性たちは、すでにブラジャーを捨てた。Tシャツの上から乳首が透けて見えても、女性たちは気にしない。特別に大きな乳房をもつ女性が、乳房の下がりを防ぐためにつける以外に、ブラジャーは出番が少なくなった。アカデミー賞の授賞式に出席する女優たちは、乳首や乳輪を露出することなく、ブラジャーをせずに乳房を大胆に演出して見せる。

我が国では女性しか受験できない国立大学が三校もある。私立の大学なら良妻賢母を育てる建学の精神を尊重するのも良いかもしれない。しかし、税金で運営される国立大学が、性別で異なった扱いをすることは許されない。男女別の教育をしながら、女性にも男性同様の社会的な働きを要求することが、どんなに過酷な要求であるか考えたことがあるのだろうか。

政府は仕事と育児の両立だという。しかし、男女に同じ社会人となるための教育をしないで、女性も男性並に仕事をせよというのか。小中学校などでは男女で競う訓練をせずに、就職したら女性は男性と同じ土俵で競えというのだろうか。しかも、〈核家族〉を守ることによって、専業主婦という男性への支援者を生み出しながら、専業主婦という支援者のいない女性に男性並みの働きを期待している。

やさしく育てた女性に、屈強な男性以上の負担を強いている。悪い冗談はやめてくれ、と女性たちは言いたいだろう。自治体での管理職への登用試験が、女性に不人気なのは当然である。[44] 女性の管理職が少ないのは、長時間労働により子育てと仕事の両立が難しいからだけではなく、男女別教育の結果でもある。そして、頭脳労働への評価基準を持てないからだ。

読み書き演算の能力を、男女に等しく与えるのは言うまでもない。それに加えて、誰にも等しく学ぶ機会を解放し、新たな世界に挑戦できる能力を、男女に等しく与えることこそ良い教育である。女性を弱者と扱う男女別の教育は悪い教育である。武道を正課[45]として復活するというが、男女別に履修させるのだろうか。

税金によって行われる義務教育や公教育とは、個人的な好みを育てる場所ではなく、社会性を植えつける場所である。国家の将来を担う人間を育てるものだ。だから、明治の初めには、警官を使ってまで大家族から学校へと子供を引き出した。

小・中学校といった公教育において、男女の違いをいい、女性の産む能力を強調して教えることは、いまや男女平等に反するといっても過言ではない。男女の肉体的な違いは、個人的なこととして親が教えればいいことだ。社会性の上に成り立つ公教育、税金で行われる義務教育は、男女が社会的に等質・等価な生き物だとして、男女に等しく行われなければならない。

第Ⅶ章　豊かな人間関係を

第1節　昭和天皇と正田美智子

江戸という大家族の時代には、庶民たちはしばしば離婚もしたし、女性も今以上に不倫をしたと前述した。婚外子もたくさん生まれていた。武士や貴族などの支配階級にあっては、女性は跡継ぎの子供を産むのが役割だったから、正妻が産めない場合に備えて側室をおくのが当然の一夫多妻制をとっていた。

明治になると、武士や貴族制度がなくなって、彼等の側室制度も廃止された。しかし、明治天皇には大勢の側室がいた。そして、男性には婚外の性交を認めるという性の二重規範があったので、庶民にも妾をもつ者がたくさんいた。そのあたりの事情を、一八九八年（明治三一）にでた黒岩涙香の『弊風一斑　畜妾の実例』が詳しく教えてくれる。

彼の主宰する「萬朝報」は、犬養毅、森鴎外、原敬、北里柴三郎、益田孝、山縣有朋、井上馨、伊藤博文、渋沢栄一、黒田清輝などなど、そうそうたる人物が妾をもっていると記している。(1) しかし、終生の一夫一婦制が不可欠だと考えて、自ら行動した人間もいた。それは後に昭和天皇となる裕仁である。

一九二四年（大正一三）に結婚した裕仁は、周囲の反対を押し切って、天皇のセックス相手であった典侍局・内侍局などの女官を住みこみから通勤制にした。そのうえ彼は、これまでは女官は未婚であることが条件とされていたが、既婚の女性を採用するように改めた。そして、高等女官の職階の区別を廃止した。つまり、長い長い歴史があり、世継ぎの確保には不可欠な側室制度を廃止したのであ

る。(2)

大正天皇は側室をもたなかったが、大正時代には側室制度は制度としてまだ残存していた。裕仁自身は大正天皇の正妻だった九条節子(貞明皇后)から産まれている。しかし、父親の大正天皇は明治天皇の側室だった柳原愛子から産まれているし、祖父の明治天皇も孝明天皇の側室だった中山慶子から産まれている。天皇には戸籍はないが、明治天皇や大正天皇は妾の子つまり婚外子=私生児だったのである。

歴代の天皇には子供はたくさん産まれている。しかし、生まれても早死した者も多かった。だから正妻の産む子供だけでは、天皇制は維持できなかったので、子供を産んでくれる側室制度が必要不可欠だった。にもかかわらず、側室制度を廃止した裕仁は、妻以外の女官たちとはセックスをしなくなった。つまり、セックスの相手を妻の良子一人にかぎり、長い伝統のあった一夫多妻制度を否定したのである。

天皇が一夫多妻制から、終生の一夫一婦制へと転じることは、自分たちの長い伝統を大きく変えることだった。裕仁自身は明仁=平成天皇をはじめ七人の子供を残した(一人は夭逝)が、側室制度の廃止は後継者の断絶を招きかねない。

側室制度を廃止することは、万世一系を誇る天皇家としては大きなリスクを犯すことだった。側室を廃止した結果、昭和天皇が亡くなって平成天皇が高齢となった現在、男系の皇位継承者の存続が危ぶまれているのは周知の通りである。

天皇に限らず武士たちは、子供を産ませるために何人かの側室をもち、家を維持するために大勢の子供をかかえていた。そして、家は生産組織であり継続するものであるという、農業が要求する大家族理念のもとで武士たちは暮らした。支配者といえども、時の産業には逆らえない。いや支配者であろうとするから、農業という時の産業が要求する家族理念にしたがって、側室をおいて一夫多妻制を実践した。

身分制を否定した工業社会では、男性は勤め人として等質の扱いである。しかも、工業社会の多数派である勤め人は、生産に資する財産をもっていない。平均的に言って何人もの女性を養うほどの経済力はない。ここで一夫多妻制を採用すると、女性の配分に偏りができてしまう。そこで工業社会の〈核家族〉は、一人の女性を一人の男性が養う一夫一婦制を原則とした。

男性の平等を指向する工業社会では、一人の男性には一人の女性が配分される建前である。工業社会化が〈核家族〉化を要求するなかで、天皇だけが側室をもつという一夫多妻の大家族を体現しては、工業社会の支配が円滑に機能しない。支配という擬制は、被支配者だけではなく支配者をも拘束するからである。

明治以降、政府は工業を主たる産業にしようとした。昭和天皇は確固たる信念を持って、性別役割分担による終生の一夫一婦という、工業社会の〈核家族〉を自ら率先して実践した。裕仁自身は里親の元で育ったが、自分の子供は里子に出さずに東宮仮御所で養育させた。そして、孫は親元で育てさせたことを見ても、彼の決意が良くわかる。

裕仁にとっても万世一系の天皇制は、今後も継続することが前提となっていたはずである。裕仁には男の子がいたから良かったが、天皇制にとって血縁が絶えることは許されない重罪であろう。国民も当時は今以上に、万世一系の天皇制を支持していた。裕仁が〈核家族〉制度を選ばざるを得なかったことは、苦渋の選択だったに違いない。

しかし、〈核家族〉制度は土地と切り離されてしまったので、原理的に家としての継続性をもっていない。継続性をもたない〈核家族〉制度に、永続させる天皇制をのせることは完全に矛盾している。この矛盾に裕仁は気がついていたはずであるが、あえて〈核家族〉制度を選んだ。おそらくそれは支配者ゆえに、時の支配的な産業から逃れられない宿命だったのだろう。

戦後になっての話である。恋愛から結婚へいたる手順で誕生するのが、工業社会の〈核家族〉であり、それが今後の日本の産業を支えると昭和天皇は時代を読んだ。すると彼は、息子の結婚に際して驚くべき行動にでた。一九五八年（昭和三三）、周囲の反対を押し切って、民間から正田美智子を将来の皇后として、息子の明仁皇太子の妻に迎えた。しかも、恋愛結婚を装った。

当時は家の格を考慮した見合い結婚が主流であり、恋愛結婚はいやしい野合とさえいわれ、上流階級の家では恋愛結婚は少なかった。親の決めた相手と結婚するのが常識だった時代である。(3)正田美智子との結婚は、夫になる明仁の希望よりも、父親である裕仁の意向が強く働いたと見るのが妥当だろう。

東宮参与の小泉信三が、明仁皇太子と民間人正田美智子との結婚のお膳立てをしたという噂があるが、戦後になっても大臣らの内奏を要求し続けた裕仁である。息子の結婚という家族の私的なことであればなおのこと、裕仁がこの結婚にも深く関わり、自ら決断したことは想像に難くない。

明仁皇太子と正田美智子の結婚は、妻の皇后良子をはじめ古くからの体制になじんだ人々には、きわめて評判が悪かった。宮中では当然に猛反発が起きる。敗戦時に人間宣言をしてから一二年がたっていたとはいえ、裕仁は皇室内では依然として絶対的な権限を持っていたはずである。その彼が皇室内での反対を押し切った結果、正田美智子との結婚を表だって批難する者はいなかった。しかし、明仁皇太子の妻となった女性への、陰湿なイジメの続いたことが、様々に漏れ聞こえてきたことは周知であろう。

実際の話は、菊のカーテンに隠れて、天皇や皇太子たちは不倫をしていたかもしれない。皇族たちの無礼講の噂話は、時おり漏れ聞こえてはくる。しかし、裕仁はもちろん他の家族たちも、時代が要求する家族の形にあわせようと、表面上はきちんと一夫一婦を演技した。

普及しはじめていたテレビを通じて、皇太子たちは軽井沢でのテニスから始まり、相思相愛の恋愛結婚をうまく演じた。そして、産まれた自分たちの子供は里子に出さずに、庶民たちと同じように家族として同居させた。お堀の外から見るかぎりは、他の皇族たちも終生の一夫一婦制を守っているように見える。

皇室が恋愛結婚を演出した影響力は大きかった。それまでの庶民は、親や周囲の決めた見合い結婚が多く、恋愛結婚にそれほど馴染みがなかった。にもかかわらず、終生の一夫一婦制と恋愛結婚は一体となって、工業化の波に乗って日本全国へと普及していった。いまでは見合い結婚はすたれ、恋愛結婚しかないといっても過言ではない。

第2節　プロポーズできない女性

恋愛結婚が普及して男女平等になったといわれながら、男女の立場は異なっていた。稼ぎのない女性は自分から男性に結婚を申し込むことはできず、男性のプロポーズを待つ立場だった。たとえ自分の好みの男性が現れても、女性は結婚にあたって、男性がするのと同じように自分から相手を選ぶことはできなかった。女性は処女という売れ筋の商品を並べて、買い手の男性からのプロポーズを待つしかなかった。

大家族を捨てて〈核家族〉を選んでしまった女性は、もはや働き者の妻でも田や畑での労働者でもない。あたかも張り店に並ぶ女郎さんよろしく、すべての女性は待つ存在となり、見られて専業主婦として買ってもらう存在となった。女性は男性から専業主婦となる顔と身体を値踏みされる存在となってしまった。

女性は男性からのプロポーズを、イエスかノーでうまく選択することが、自分の生きる手段となった。稼ぎの良さそうな男性に、自分の処女と引き替えに生涯を託すことが、結婚まで処女を守って商品価値を高めた女性の最大の関心事となった。

大家族の主婦たちは、男性にまじって田や畑で働いていた。厳しい労働は性別を問わず人間を鍛える。労働の場では誰でも本音を晒す。労働は自己認識と自己実現の方法を教える。そのために、アリス・ベーコンやエンブリー夫妻が述べているように、大家族の時代には女性も男性と同様の認識力をもっていたし、女性の発言権も強かったし性的な自由度も高かった。

ご飯を盛るしゃもじは女権の象徴であり、女性だけが使うことができた。当時の女性が持っていた「しゃもじ権」は強かった。女性は男性に拮抗する発言権があった。当時の団欒の場でもあった囲炉裏端のカカザには、余人が座ることが許されていなかった。

工業社会の〈核家族〉になって、夫たる男性の稼ぎによって豊かな生活を手に入れた専業主婦は、生産労働が強いてくる訓練から遠ざかった。結婚前には花嫁修業しかすることがなかった結婚後の専業主婦は、生産労働によって鍛えられることはなくなった。言いかえると、職業を通じて得られる自己認識の手段を失った。自己認識できなければ、当然に自己実現もできない。主人として夫を立て自分は家内となることが、妻たる女性の生きる術となった。

専業主婦は生産労働から離れたので、いつの間にか欲望だけを残して、自己実現の方法がわからなくなった。何かしたい欲望だけは確実にありながら、自分の欲望が何であり、その実現がどんな形をしているか、自分でもわからない状態になった。香山リカが言うように、欲望の内容が自分でも把握できないのに、欲望だけはしっかりある、という状態は本人にもどかしさを残す。[4] これは過酷な心的状況だ。

専業主婦の欲望を満たしてあげようと、他の人が何か提案しても、自分のイメージとは違うと感じてしまう。かといって、自分からは提案できない。彼女たちは生産労働から離れたので、現状への建設的な視点が弱くなり、否定的な発言が多くなる。その結果、他の人からの提案には拒絶を示すことになる。「くれない族[5]」という言葉が流行ったように、夫がしてくれない、わかってくれないと否定的な心理に陥った。

しかし、生きている以上欲望はある。専業主婦たちは自らの欲望を言葉として表現できないもどかしさのあまり、自分のイメージを表現せよという要求すら出すようになった。自分の欲望の具体化や自分のイメージを、他人が与えることは不可能である。専業主婦の自己実現は隘路に入ってしまった。生産労働から離れた専業主婦であるかぎり、この隘路から脱出することはできない。

経済的に満たされて、かつ、学生時代に優秀だった専業主婦ほど、フラストレーションがたまる。養われる存在に満足できれば良いだろうが、男性と同様に大学に通って、青春時代を送った優秀な女性には、自己実現の手応えが必要である。

私は誰か。私はどうしようとしているのか。彼女たちは自分を認識できなくなった。結婚でイエスというカードを切ってしまった専業主婦は、自分から提案する能力を失って、ノーという拒否しかできなくなった。

第3節　もっとセクシーに

〈核家族〉の時代、男性は高額の給与明細書を見せれば、醜男でも美しい女性がイエスといって選んでくれた。男性は何よりも稼ぎの多寡が売り物であり、美醜は問題にならなかった。醜男でも高収入であれば、男性は自分の遺伝子を残すことができた。容姿に自信のない男性は、男は黙って内容で勝負などと強がりもいえた。

男性だけに稼ぎがあったのだから、女性は生きるためには結婚を拒否することはできない。稼ぎの多さを見せられれば、結婚を望む女性たちは男性に従っていった。高級住宅地には美人妻が多いことは周知であろう。男性は稼げば良く、身を飾る必要がなかった。お洒落に気をつかう男性は軽薄とすら思われた。しかし、女性にも男性と同じ稼ぎが生じると、事情は変わってくる。

稼ぎの多い女性が男性を選択する時には、男性の稼ぎの多寡は重要な基準にならない。稼ぐ女性にとっての男性観は、男性の女性観と変わらない。暗くて灰汁抜けない男性は人気がない。男性が美人を好きなように、女性もイケメンが好きなのだ。しかも優しければなお良い。

大家族の時代の伊達男たちが派手に身を飾ったように、情報社会の男性は稼ぐことと同時に着飾って身繕いを始める。ドブネズミ・ルックから脱して、エステにかよい、男性もファッションに敏感になる。絢爛に装った安土桃山の男性を思いだせ。江戸は元禄の男性をみよ。男性からの評価を超越したガングロ少女が登場したように、稼ぐ女性は男性の意向に迎合して身繕いする必要はない。女性は自分独自の好みをもって生きることができる。男性からの誘いに迎合する必要はなく、「嫌よ嫌よも好きのうち」といった演技をする必要もない。本当に自分の好みとあったときだけ、女性たちはイエスというだろう。そして、観賞用の男性を楽しむこともできる。いまや女性たちに美少年やイケメンがもてはやされている。

英雄、色を好むという。男性において、営利と政治と科学と好色さが同居しうるように、女性にも営利と政治と科学と好色さは同居しうる。胸の大きな女性は知能が低いという俗説があるが、女性が胸の大きさを強調しても、またお尻から太股の線を強調するレギンスをはいても、もはや誰からも知能が低いとは思われない。セクシーな下着を身につけ、女性が金儲けに知恵を絞り、老獪に政治を語ることは、まったく矛盾せずに両立する時代になった。

人類の歴史が始まって以来、男性は女性が好きで、女性は男性が好きだった。〈核家族〉において性別による役割分担を強いられたから、男女の関係がギクシャクしたが、本来男女は決して敵対関係にはなかった。『ゲイの誕生』(彩流社刊)でも述べたように、筆者はゲイの台頭にもエールを送る。しかし、男女の営みによって子供が誕生する以上、男女の愛しあう異性愛が、性愛の主流であることは今後も変わらないだろう。

義務教育や公教育において、男女にまったく等質な社会人になるためのカリキュラムを与えたからといって、生理的に男女が同じになるわけではない。性差は社会的な産物で時代とともに変わりうるが、性別は生物的な事実であり不変のものである。

男女は絶対的に異なった生理的な機構をもっている。性同一性障害者の希望には対応されるべきだろうが、外科的な性転換手術を施しても、男性が子供を産むことは永遠にあり得ない。また女性が男性を妊娠させることも永遠にあり得ない。社会的な性差は消滅していくだろうが、生理的な性別は永遠に残る。

男女が肉体的な違いを楽しむことは、おおいに歓迎すべきことだ。肉体的な特徴を強調することは、むしろ楽しみが増えることとして、今後は奨励されさえする。社会と個人の位相は次元が違うのだから、社会的には等価な男女が、個人的な好みは個人的な好みとして、おおいに自由を楽しんで良い。工業社会では男性にはドブネズミ・ルックの制服が強制されたが、今後はどんなに派手なものを纏っても良い。

女性が個人的な好みとして、妖艶なメーキャップをしてもいいし、セクシーな下着で男性を悩殺しても、いっこうにかまわない。肉食女性が市民権を得てきた。女性がセックスの主導権をとってもかまわない。今後は女性も男性を誘惑するだろう。

壊すべき〈核家族〉がないのだから、パワフルかつ妖艶な肉食女子であっても、もはや悪女とは呼ばれない。また男性がたくましい肉体で女性に迫ることを、大歓迎する女性もいるだろう。もちろん、マッチョを演じる女性がいても、女装する男性がいても、いっこうにかまわない。これらは個人的で私的な世界の話だ。

性別と性差が切断された単家族は、個人的存在であると同時に、そのままで社会的存在である。そのため、単家族が標準的な家族の形となった社会では、男女の生理的・個人的な違いを認めたままで、男女は社会的に等価・等質になる。男性がマッチョな男性性を強制されることもないし、女性がフェミニンな女性性を強制されることもない。より自由な男女関係を、互いに楽しむことができる。

第4節　歪みは弱者に集中する

現在の少子化対策は、男女を結婚させて、〈核家族〉をつくったうえで、子供つまり将来の労働力をもたせようとしている。これは工業社会の物つくりのための労働力確保が基本になっている。〈核家族〉には子供という労働力は不要なのだから、育児手当を増しても、〈核家族〉が正当とされるかぎり、新たに子供を産もうとは決断しない。〈核家族〉理念を守ったまま、出産費用や初等教育の費用を国が負担しても、これ以上子供が増えることはない。〈核家族〉制度を維持したままで、仕事と育児の両立へ向けて法律を定めても出生率は向上しないだろう。

物つくりが得意な我が国の企業は、男女の性別による役割分担の〈核家族〉と親しみやすい。だから、物つくり企業は、政府の工業社会的な少子化政策に異を唱えない。しかし今後の社会で、物つくりにコンピュータが不要だ、と思う者はいないだろう。経営者たちこそ、コンピュータの大々的な活用を考えているはずである。

工業社会の物つくりが限界に近づいており、単なる物つくりは日常品化した物つくりにすぎなくなっている。我が国は価格競争だけでは、すでに負け組である。単なる物つくりでは、アジア諸国との競争に勝てない。アイフォンを見ればわかるように、単なる物つくりに止まると、情報社会を進む先進国の下請けになる。

戦前までの米作りは人力に頼ったが、戦後になると、農薬・肥料や農耕機械といった工業社会の成果が大々的に取り入れられた。農業といえども工業社会化したので、生産力が大きく増大した。農業であっても、工業社会化させられてしまう。その結果、米は取れすぎて国内で消費しきれなくなった。

情報社会の物つくりも、肉体労働から離れて頭脳労働の支配下に入ってこそ生産性を上げ得る。肉体労働の典型である大工職人も、顧客に対する説明が必要になった。かつては能書きの多いやつとは無能の代名詞だったが、今では仕事の説明ができないと、顧客満足度が下がってお呼びがかからなくなってしまう。

今後はコンピュータの利用、言いかえると頭脳労働の優位は決定的になる。また説明能力、つまりコミュニケーション能力も不可欠になる。だから物つくりといえども、生産性の向上には性別役割分業を原則とする〈核家族〉制度は足かせになる。

モノから〈コト〉へと産業の重点が移っていることは、経営者たちのほうがよくわかっているはずである。モノにもコンピュータが入り、インターネットにつながる時代である。やがて家も車もインターネットにつながるだろう。インターネットが人間関係にも影響を与える。しかし、政府は〈核家族〉という家族制度を見直そうとはしていない。

ある女性は雇用の機会均等法が、非婚化と少子化を生み出したと言っているが、当たっていると思う。〈核家族〉を温存しながら、男女の雇用機会を均等化していけば、男女ともに職業と子育て生活を両立させるのはきわめて難しくなる。

〈核家族〉制度のもとでの職業と子育て生活の両立とは、女性に子育ての主役にとどまれと言うことだ。〈核家族〉では男性は家事を免除されたところから出発した。そのため男性は家事を手伝う者でしかなく、女性を子育てから解放していない。この環境では、親からの支援のある女性か、体力に秀でたスーパー女性にしか子育てはできない。

工業社会の家族システム＝〈核家族〉は、男女の性別による役割分業で成り立つ。男性が稼ぎに精を出せば、言いかえると〈核家族〉の原則に従うほどに、長時間労働になり家庭から離れる方向へ向かう。〈核家族〉を温存しながら、男女の雇用機会を均等化していくのは無理である。そんなことをすれば、男女ともに長時間労働を強いることになり、子育てを押しつけられた弱い立場の人間にしわ寄せがくる。

二人親の世帯の平均年収は七〇〇万円を超えるが、母子世帯は約二〇〇万円である。そのため、母子世帯では食べるのが精一杯で、子供の教育費が捻出できない、と東京新聞の記事はいう[6]。子育てを押しつけられたシングル・マザーは、労働条件の有利な職場を選ぶことはできない。彼女たちは時給の安い職場しか選ぶことができずに、働いても働いても稼ぎは増えない。シングル・マザーの貧困は目を覆うばかりだ。

子供という労働力をたくさん産んだほうが豊かになるので、子供をたくさんもつことを子宝に恵まれるといった時代があった。現代の子供は労働力ではなく、消費財でしかないと経済学者は言う。つまり、子供には多大なお金がかかり、決して親の生活を豊かにするものではない。教育費の負担は高額で、親の生活を厳しいものにしがちである。子育てが楽しそうには見えない。これでは子供をもとうとしないのは当然である。

子供が必要不可欠であるのは、家族にとってではなく生産組織にとってである。現代の生産組織は企業や会社である。生産組織ではない〈核家族〉には、子供が不要である。〈核家族〉という古い制度に、雇用の機会均等という新しい価値観を盛りこもうとすると、産まない女性と産む女性では極端な差が出る。
一人親世帯の貧困率は、ＯＥＣＤ加盟国のうち下から二番目であるらしい。家族が多様化しているというが、〈核家族〉を守ろうとしている以上、一人親世帯は欠損家庭になるから、この結果は当然である。子供の育児を家族の役割から解放し、社会の仕事にしなければならない。そのためには〈核家族〉から単家族へと、家族制度の基本を変えなければならない。
もう一度、『家族難民』から山田昌弘の言うことを聞こう。

一九九〇年代までは、家族の格差を是正するための税制や社会福祉・社会保障制度がうまく機能していて、家族の経済格差は大きなものにはなりませんでした。しかしいまは、みんなが家族をつくって、それを単位にして再配分を行うという仕組みが機能しなくなって、経済格差が開いているだけではなく、家族格差も開き始めています。家族が社会福祉や社会保障の単位であるかぎり、富める家族はますます富んで、富めない家族はますます貧しくなり、サポートも少なく、孤立していくのです。(7)

山田昌弘のいう家族とは、〈核家族〉にほかならない。〈核家族〉を維持する限り、貧富の差が拡大する。〈核家族〉を守ろうとする今の少子化対策は、独身の女性や子供のいない女性から反発を受けて当然だろう。男女平等の実現、新生児の誕生、そして生産性の向上には、単家族という新しい家族制度と家族理念が必要である。

第5節　一人親家庭の貧困　その一

一人親生活は貧困に陥る率が高い。だから、貧困に陥りたくなければ、結婚生活を続けることをすすめると、経済学者の橘木俊詔は『夫婦格差社会』(8)でいう。現実を見れば、一人親世帯の貧困率はOECD加盟国のうち下から二番目だから、橘木俊詔の言うのが正しいように感じるかも知れない。しかし、橘木俊詔の発言は、貧困と家族の小型化の現代的な関連に無自覚なままである。

貧しい家の子供でも、携帯やスマホを持っているから貧しさが見えにくい。厚生労働省の発表によると「子供の（相対的）貧困率」は過去最悪の一六・三パーセントで、六人に一人の約三二五万人が「貧困」に該当するという。日本では一人親の相対的貧困率が高く、二〇〇五年（平成一七）の有業の一人親の相対的貧困率は、五八パーセントで諸外国中ワースト一位だった。我が国の一人親世帯は、先進国の中でも突出して貧しい。

他の先進国と同じように工業化しながら、いや一時は世界第二位の経済大国になりながら、なぜ我が国の一人親世帯はこんなにも貧しくなってしまうのだろうか。一人親たちは怠け者で、働かないのだろうか。そんなことはない。我が国の一人親たちは懸命に働いている。にもかかわらず、貧困に陥ってしまう。ひとり親支援のNPOで活躍する赤石千衣子は『ひとり親家庭』で次のように言う。

日本のシングル・マザーの就労率は世界的に見ても驚異的に高い。二〇一一年全国母子世帯等調査では八〇・六パーセント、二〇〇六年調査では八四・六パーセントが働いていた。アメリカ、イギリス、フランス、イタリア、オランダなど女性の社会進出が進んだ欧米の国と比較しても、際立って高い。

シングル・ファーザーとなると約九〇パーセントが働いている。(9)

我が国は共同親権を認めておらず、離婚に際して親権者を男女のどちらかに決めてしまう。しかも、親の経済力の多寡よりも母親とのつながりを優先して、女性のほうに親権がいく確率は八〇パーセントに近い。そのうえ、父親が養育費を支払う取り決めをすることが少なく、父親が養育費を支払わなくても罰則がない。〈核家族〉から脱走した女性には、子供を養育しても父親からの支援は与えないと言っているかのようだ。

大家族の時代には、子供は成人たちと同様に家に属した。親が離縁(=離婚)しても、家の外から来た婿もしくは嫁が家から去るのみで、子供は生家で生活を続けた。家が生産組織だったから、生産組織が子供の養育にあたった。そのため、家に残った子供の経済生活は確保された。

離婚して家を出た女性は実家へ戻るか、子なしの一人生活を送った。そのためシングル・マザーとはならなかった。当時は母性愛で女性を縛っていなかったから、母親が子供を手放しても、社会は母親を非難しなかった。再婚も多かった。もちろん離婚して一人で婚家を出た婿も、シングル・ファザーとはならなかった。

今日では離婚した女性が、子供から離れて単身生活をつづけ、新たな男性を探すことは否定的に見られがちである。離婚した女性の恋愛は色眼鏡で見られやすい。また、〈核家族〉の時代をへた我が国では、子供が母親の存在証明になっている。そして、〇～三歳児の赤ちゃんはママが好きだという国会議員[10]がいるように、母子の密着を賛美する傾向が強い。そのせいか子供の存在が稼ぐことの障害になろうとも、母親は子供を手放したがらない。

〈核家族〉の時代になって、子供はお腹を痛めた母親が育てるものだという、母性愛を強調する風潮が広まり、離婚後も母親が子供を引き取ることが多かった。女性には子供が生きがいになっているのだろうか、経済力のない女性がシングル・マザーとなる例が圧倒的に多くなった。子供のためという美名のもと、男性にとって都合の良い母性神話が温存されている。

二〇一七年（平成二九）、最高裁判所は長女の親権をめぐり、同居の妻と別居の夫のどちらを親権者にするかが争われた離婚訴訟で、年間一〇〇日程度の面会を提案した夫に親権を認めず、四裁判官が全員一致で上告を棄却した。一審の千葉家裁松戸支部は、夫が多数回の面会を約束していることなどを評価し夫を親権者とすべきだと判断したが、二審の東京高裁は現在の成育環境を維持するため、同居中の親を優先すると判示していた[11]。

産経新聞の報道に従えば、確定判決によると、二〇一〇年（平成二二）に妻が夫に無断で、当時二歳四ヶ月の長女を連れて家を出た。その後、妻が夫を相手取り、離婚や親権者を自分とすることなどを求めていたという。それに対して最高裁判所は、相手＝妻に寛容な親＝夫を優先せずに、月一回の二時間程度しか面会を認めない妻に、子供の親権を認めた。この裏には子供は母親が育てるべきだという、工業社会の先入観があるように感じるのは筆者だけだろうか。

大家族の時代には、縦の関係として親子のつながりが強かったので、跡継ぎとしての子供教育は父親の役割だった。しかし、工業社会の我が国では男性は子育てを免除され、子育ては専業主婦たる母親の役割になった。そして、母子密着を当然視する〈核家族〉が、支配的な家族理念となった。夫婦という横のつながりが弱いままで〈核家族〉が広範に普及したので、母子密着を決定づけたと言っても過言ではない。

世界におけるフェミニズムの普及は、母子間を特別視せずに、父子間と同じような関係であると見なした。子供の父母との関係は、等質であると確認されていった。一九七九年（昭和五四）に公開された映画「クレイマー、クレイマー」は女性は子供を男性に押しつけて、自分の経済的な自立のため働きに出ても良いというメッセージを送ったが、我が国ではこのメッセージは今でも理解されていないとしか言いようがない。

一九五六年（昭和三一）に発表された厚生白書は、母子家庭の困窮を社会問題として認知していた。(12) 高度経済成長を経た一九七八年（昭和五三）当時でも、母子家庭の平均年収は一五六万円で、一般世帯の三三六万円の約半分しかなかった。

しかし、その当時は〈核家族〉が全盛になった時期だった。そのため、一人世帯は欠損家庭と呼ばれて、一人親から〈核家族〉へと修正させることが正しい政策だと考えられていた。結果として、一人親を正当な家族と見る視点も未熟で、社会的な関心が寄せられることは少なかった。

第6節　一人親家庭の貧困　その二

シングル・マザーやシングル・ファザーの貧困は、大家族から〈核家族〉への転換期に生じた問題でもあるが、情報社会という時代そのものが生んだ問題でもある。というのは、シングル・マザーやシングル・ファザーは二人親世帯の親たちに比べると、中学卒業といった低い学歴が多いと指摘されているからである。

中学卒業者の場合には、結婚相手も中卒の場合が多い。中卒男性の三三パーセントが中卒の女性と結ばれ、五〇パーセントが高卒の女性と結ばれている。中卒女性の四三パーセントが中卒の男性と結ばれ、二九パーセントが高卒男性と結ばれている。(13) 総じて低い学歴同士の同類婚が多い。

情報社会では最終学歴が経済生活に大きな影響がある。中学卒業では大企業の正社員になることも難しいし、医者など年収の高い専門職に就くことも難しい。そのため、夫婦の両方が中学卒業の場合には、結婚しても世帯の総収入が低いことは珍しくない。また、学歴の低い者のほうが、性別役割分業を肯定しやすい傾向があるので、結婚後の女性が専業主婦になる確率も高い。ますます世帯収入は低くなる。

シングル・マザーは貧困に陥ることが多いと言う。しかし、シングル・マザーが医者や企業経営者だったと仮定してみよう。すると、彼女は貧困に陥るだろうか。たぶん違うであろう。多くの人が医者や企業経営者は頭脳労働だと認めると思う。そして、たとえば大工職人は頭脳労働的な仕事ではなく、肉体労働だと見なしているに違いない。

肉体労働では収入の差は小さい。大工職人がいくら腕が良くても、平均的な大工職人の二倍の日当をとることはあり得ない。情報社会とは知的な能力を要求する社会でもある。医者に限らず知的な職業は、肉体労働よりも高収入を得ることができる。そして、知的な仕事に就くには、長い学習期間が必要であることは言うまでもない。

大家族の時代には、農業が主な産業だったから、文字の読めない人も多かった。我が国の識字率は江戸時代から高かったと言う。しかし、ほぼ全員が字の読める現代とは事情が違った。一八八九年

（明治二三年）の徴兵検査では、約半数の青年が自分の名前が書けずに、彼等の識字能力に疑問府がついた。明治になると識字力のない者は、裕福になる確率が低くなった。

農家では子供が学校に通うと労働力が失われるし、親たちは農家を継ぐには学問は不要だと考えて、子供を通学させることには不熱心だった。しかし、工業社会化を実現したかった明治政府は、国民の識字力を上げないと工業化が実現できないことを知っていた。子供を学校へ通わせるために、各家庭に警官を差し向けたほどだった。その後、義務教育の普及に伴って識字率は急速に向上し、今では国民のすべてが読み書きできるほどになった。

大家族から〈核家族〉への転換期にも、現代と同じ問題があった。つまり、高等教育を受ける者はより良い収入が期待でき、高等教育を受けなかった者は貧しい生活を甘受させられた。残酷な言い方だが、シングル・マザーやシングル・ファザーの貧困は、ある部分では教育の問題だと言いかえることができる。しかし、親の経済状態によって、子供の教育水準が左右されてはならない。

先進国の一人親たちは、我が国の一人親たちほどには貧困に沈んではいない。日本国家公務員労働組合連合会の本部書記の井上伸によると、一六歳未満の子供をもつ二五〜四四歳の平均賃金で、男性賃金を一〇〇とした場合、我が国の女性賃金は三九しかないという。ＯＥＣＤ平均の女性賃金は七八だから、先進国の半分しかないことになる。しかも、働いている一人親世帯の貧困率は、五〇・九パーセントである。ＯＥＣＤ平均は二〇・九パーセントだから、二・四倍も高い貧困率となっている。

高給を稼げるか否かは別として、働けば貧困から脱することができると思うが、我が国では違うのである。井上伸は驚くべき数字を明らかにする。

日本は、ひとり親が働いていない世帯の貧困率は五〇・四パーセントですが、ひとり親が働いている世帯では五〇・九パーセントとなり、逆に貧困率が上昇しているのです。ひとり親が働いているのに貧困率が上がっている国は日本だけです。OECD三三カ国平均の貧困率は、働いていない場合の五八パーセントに対し、働いている場合は二〇・九パーセントと低くなっています。(14)

税金による再配分率が、老人に大きく偏り子供には少ないから、働くシングル・マザーたちが貧しくなる。こうした事情を知れば、教育の問題を差し置いても、やはり我が国の社会や家族制度に、一人親家族の貧困を招く原因があると言わざるを得ない。なぜなら情報社会化は先進国に共通の現象でありながら、我が国の一人親だけがひときわ貧しい状態に置かれているからである。

我が国は〈核家族〉モデルを守るがゆえに、男性の働きを主なものとし女性を専業主婦とみなしている。女性の働きは家計の補助という位置づけなので、女性の収入を従とせざるを得ない。女性を一人前の労働者として扱わなくても、〈核家族〉が女性を養っていくと前提している。

男性労働者の給料が充分ではない場合、〈核家族〉はパートなど女性の低賃金で補って生活をしている。男性の収入を主とし女性の収入を従として、二人分で生活が支えられている。男性が主、女性が従というのは、〈核家族〉理念そのものである。女性が従だから、働くシングル・マザーも従と扱われる。つまり〈核家族〉モデルが貧富の差を拡大させている。言いかえると、単家族化に抵抗しているがゆえに、男女格差が生じて大きな賃金格差を許し、一人親とりわけシングル・マザーが貧困に沈む。

女性の貧困率は常に男性よりも高い。若い時だけではなく三五〜三九歳からは、常に女性の方が男性よりも、高い貧困率となる数字が示されていると前述したように、女性が貧困に沈むのはシングル・マザーだけではない。年齢を問わず、女性は男性よりも貧しい生活を強いられている。〈核家族〉に住む女性は、当該〈核家族〉以外との人間関係を作る契機がない。〈核家族〉は社会的な人間関係を切断していく。そして、〈核家族〉を作らない女性を疎外し、経済的な劣者へと追い込んでいく。〈核家族〉モデルが支配的である以上、一人親の女性が貧しさに追い込まれるのは必然である。

蛇足ながら、最近では生涯教育の重要性が叫ばれている。赤石千衣子も中卒のシングル・マザーに、学び直しのチャンスを与えよという。この意見には賛成するが、二つの点に疑問が残る。第一番目に、現在でも忙しく働いているシングル・マザーに、学び直す時間が捻出できるであろうか。ダブル・ジョブをしなければならないほど、稼ぎに追われている多忙なシングル・マザーの現状では難しいのではないだろうか。

第二番目には、我が国は学歴社会だと言いながら、職業人生の途中で大学や大学院へ行っても、入社時の最終学歴である高卒や大卒のままの扱いが多い。終身雇用と年功序列が主流であるせいか、入社時の最終学歴が最後までついて回る。たとえ、途中で大学に通って最終学歴が向上しても、それが地位や給与に反映されることは少ないのが我が国の企業社会である。そのために、学び直しが収入増につながるか疑問である。

終身雇用や年功序列が、いかに〈核家族〉と馴染みが良かったかはすでに論じてきた。中学卒業の者に高校卒業の資格を取れるように、援助することも大切かも知れない。しかし、社会に出てから高卒の資格を得ただけでは、収入の向上にはつながらないだろう。学習といった個人の努力だけで生活が変わるほど、〈核家族〉制度という障害は簡単に乗り越えることはできない。

シングル・マザーに生活保護を与え、経済的な自立の道を絶ってしまうと、その子供も自立できなくなってしまいやすい。生活保護を受けていた母子家庭の子供は、四一パーセントが生活保護を受けるという。人間のプライドを奪うような生活保護は、貧困の負のサイクルを拡大してしまいやすい。貧困救済として「セーフティネット」という形で、生活保護を設定することは、制度として上手く機能しないのではないだろうか。イギリスの社会政策学者であるポール・スピッカーは『貧乏の概念』で次のように言う。

社会保護は貧困を標的にするものではなく、貧困への焦点化が主要な検討課題であるかどうかも論争的である。それゆえ、北欧のように、貧困を最も効果的に扱ってきた国民的福祉システムが、貧困救済ではなく社会保護の原理に基づいてきたという事実は驚きであるかもしれない。スウエーデンの高齢者施策のように、最もうまくいっている制度は、必要とは無関係に提供されているのである。「セーフティネット」を提供する制度は、最小限の所得を保障するうえで、あまりうまくいくわけではないのである。システムが万人に対する支援に基づくものであれば、貧しい人々も援助することになる。システムが貧困者だけを支援するのであれば、誰かが排除されやすくなるのである。(15)

すでに働いている一人親たちの貧困の問題を解決するには、たとえばすべての人に一定の所得を給付するベーシック・インカム(16)のような、まったく別の視点を導入しないと難しいように感じる。いずれにしても、〈核家族〉制度は貧富の格差を拡大するだけではなく、我が国全体の経済発展を阻害し、社会を衰退に向かわせる。そのため、〈核家族〉制度を消滅させて、単家族という個人を単位とする家族制度に転じる必要がある。

第7節　若者は結婚を忌避する

雇用の機会均等法は、子供を産まない女性にはきわめて有利だが、産む女性には職業の継続か育児かという困難な選択を強いている。離婚が増加して、終生の一夫一婦制はあやしくなった。しかも、男性もリストラの対象になっている。とすれば結婚しようとする女性は、配偶者がいなくなるか、配偶者となる男性の収入がなくなることを覚悟しなければならない。

男性の生涯賃金は約三億円と言われている。女性でも子供を産まずに一生働けば、現在の女性の賃金水準でも二億円くらいの稼ぎになる。しかし、子供を産んで職業生活を何年か中断すれば、正規職への再就職が困難な我が国では、パートとしてしか復職できない。そのため出産で職業を中断すると、一生で五千万円程度しか稼げない。まさに作家の橘玲が言うように、一億円を超える人的資本をドブに捨てざるをえない。

結婚して男性に養ってもらうことは、社会的に自立した女性の尊厳を傷つける。それに終身雇用は廃止される方向にある。男性がリストラされる社会は、女性もリストラの対象になる社会である。決して女性だけを優遇する社会ではない。結婚しても、子育てに専従できる専業主婦といった優雅な地位はもはやない。

配偶者となった男性が、どんなに家事や子育てを手伝っても、稼がない女性の虚しさは解決しない。性別による役割分担を原則とする〈核家族〉制度が諸悪の根幹であり、問題は男性が家事を手伝うか否かにはない。社会が産む存在である女性に、子育て役割を押しつけている。未婚で子供を産んだりすれば、非難がましい目が女性に注がれ、子育ては自己責任という空気が女性を襲い、楽しいはずの子育てを暗いものにする。

子育ては偉大な趣味だとはいえ、途中で投げ出すことはできない。未成年養子を否定的にみる現代社会では一度子育てを選ぶと、どんな理由があろうとも、子供が成人になるまで降りることはできない。子供の成人まで二〇年かかる。二〇年は長い。その間には山もあれば谷もある。もし、稼ぎのない女性が子持ちで離婚などしたら、たちまち生活に困窮する。

正社員でも一度失職すれば、正社員に復帰する途は厳しい。失業しても子育ては続けなければならない。子供の養育費や教育費は、子供の成長とともに加速度的に増加する。一九八〇年（昭和五五）頃の国立大文系の授業料は約一八万円だった。それが二〇一八年（平成三〇）には、五三万五八〇〇円とほぼ三倍増になり、なお値上げされそうである。

私立文系でも約三〇万円が約七三万円と二・四倍になった。[17] 子供は労働力として豊かな生活をもたらす子宝ではなく、いまや偉大な金食い虫である。そのうえ、子育て中の女性から大きな悲鳴が聞こえてくるのをみると、子育ては楽しそうには見えない。子育てという高貴な趣味に手を出すのは、自分には無理だ。そう考える若者のほうが自然である。性別役割分業が原則であるかぎり、女性が子育てを選ばなくなるのは当然である。

出産補助金や育児手当だけを充実させて、終生にわたる職業を保証しないのは、産ませるだけで育てることに目を向けていないことだ。これは実に無責任な政策である。二〇〇四年（平成一六）に行われた厚生労働省の調査によれば、三〇歳を過ぎた未婚女性の四人に一人が、「将来を含めて結婚するつもりはない」と答えている。

結婚適齢期にある未婚女性は、全員が結婚したいが結婚できないのだと、多くの人は考えがちである。日本人は結婚願望が強いという。しかし、二五パーセントの女性は、すでに一生結婚するつもりがないと答えている。二〇一五年（平成一七）の新成人に限ると、結婚しなくても暮らしていけると考える者が六割を超えた。(18)

年金が破綻するから子供をもっととか、社会の活力がなくなって困るから子供をもっと、といった義務としての子供観では出生率は向上しない。子供は可愛さという愛玩の対象として、自分のために産むのである。愛情の対象を入手する、言いかえると高貴な趣味に浸るには、自分の経済生活が成り立ってこそ可能になる。

年金制度が破綻するとか、国の活力がそがれるといった理由で、少子化を憂えるのは全体主義的で過去を向いた発想である。社会貢献のために女性が子供を産むことはあり得ない。子供を労働力として産めという考えは、中高年者の身勝手な自己保身の典型である。このままいくと、中高年者たちは親孝行ならぬ社会孝行を求めるに違いない。ここには生まれてくる子供の幸福を、視野に入れた発想はまったくない。

現在の少子化対策は、既得権をもった大人たちの快適な人生のために、子供を活用しようとする考えにほかならない。大家族では老後の保障として子供をもったが、現代では社会が老後の保障として、子供という労働力が欲しいだけだ。物つくりという工業生産を続けるための労働力としてしか、子供を見ていない。働かせるために子供を欲している。これではまるで働かせるための奴隷を求めているかのようだ。

子供は働かせるために生まれてくるのではない。ただ可愛い、偉大な趣味に対象として、大人の宝物として生まれてくる。若者たちだって労働力として産むのではないし、宝物が欲しいから子供を産む。政府が働き手を求めて子供を産ませようとしても、今の若者たちは奴隷としての子供には興味を示さないだろう。奴隷を産む当事者になることなど、今の若者たちに限らず誰でも御免被りたいだろう。

工業社会になって、明治政府は子供を学校へと連れだした。成人後には優良な労働力になるようにと、教育令や学校令などを制定した。しかし親たちに対しては、子供を労働力として見てはいけないといった。戦後になると教育基本法や児童福祉法を制定し、一五歳未満の子供の労働を禁止した。そして、工業社会を推進するためには、子供観を刷新して汚れなき純白の子供という観念を普及させた。

二〇年先の職業を確保する努力をしないで、いま子供を産めというのは、二〇年先には生命を保証しないと言っているに等しい。〈核家族〉制度を維持したままで、子供を増やすという目的のために、出産費用を補助したり、初等教育の費用を援助することは犯罪であると言っても過言ではない。

第8節　子供へのまなざし

工業社会を引きずる我が国では、多くの人が〈核家族〉以外の家族の形をイメージできない。まだまだ〈核家族〉をつくるための結婚観が支配的である。だから、〈核家族〉以外の生き方というと、非婚のすすめとか、シングル単位といった、個人的な選択の話になってしまいやすい。

恋をしても結婚はしなくても良い。恋愛の終着駅が結婚とは限らない。恋は恋だけで楽しんでも良い。そして、結婚しないで子供をもっても良い、と先進国の人々はいっている。すでに二〇年以上も前の話だが、フランスのニュース・キャスターは、お腹の子供の父親を明かさないまま、出産直前までテレビ・カメラの前で、大きなお腹を抱えて仕事を続けていた。

我が国ではいまだに恋愛が結婚や子作りと結びついている。恋愛やセックスだけを楽しむことは罪悪視されている。フィギュア・スケーターだった安藤美姫の父親探しに、マスコミが狂奔したのは記憶に新しい。また、芸能人の結婚では結婚式に引き続いて入籍したことが、ことさらに強調して報道される。

パリでは非婚の男女間に生まれる子供が、六〇パーセントを超えている。[19] しかし、我が国の政府やマスコミは同棲と結婚を峻別して、同棲のままで子供をもつことを否定的にみる。同棲の男女間に生まれた子供は、非嫡出児として悪者のように扱う。法的な婚姻をあおり、結婚させて〈核家族〉をつくらせようとしている。若者は現在のような結婚を望まないから、法的な結婚が減っていることに世の大人たちは思い至らない。

現在、政府が考えている少子化対策は、企業の労働力対策にすぎない。これは生まれてくる子供のためではないし、女性の地位を向上させるものでもない。抜本的な少子化対策とは、生活に不足なく稼ぐことができ安心して暮らせる、男女を問わずにそう信じることができる環境をつくることだ。安心して暮らせる環境こそ、子育てという趣味を堪能できるのだし、子供という宝を持とうという気にさせる。

国民に等しく教育を与えることは、優秀な労働力を育てることでもある。そのため、多くの先進国では、教育費は国家が負担すると考える。明治以来また戦後は我が国でも、国家予算の多くが教育に投入された。かつて我が国が教育立国だったことは、世界的にも有名だった。しかし、高度経済成長期をすぎると、国家予算に占める教育費の割合は低下しつづけた。

二〇〇五年（平成一七）には公財政教育費の割合が、先進国で最低の国になってしまった。今ではOECDに加盟する国のなかでも、最下位を争っているありさまである。[20] しかも、公財政教育支出の対GDP比は、高等教育段階では〇・五パーセントと、データが存在するOECD加盟国で最も低い。小・中学校や高校まではともかく、大学へ進むには個人の負担が大きくなる国の筆頭である。

衣食住といった生活の基本的費用は、人数が増えても、その増加は簡単に想像がつく。一人暮らしが二人暮らしになっても二倍にはならないし、三人暮らしになっても三倍にはならない。全員で少しの負担増を我慢すればすむ。

教育費は違う。一人には一人分かかる。二人になれば二倍になる。しかも、初等教育から高等教育になればなるほど、教育費はきわめて高額になる。大学卒業までにかかる費用は、小学校から大学まで国・公立で約一〇〇〇万円、すべて私立だと二〇〇〇万以上である。高校は私立であっても三〇〇万くらいだから、大学の費用がいかに大きいかわかるだろう。

二〇〇九年（平成二一）現在で公立高校で授業料をとる国は、イタリア、ポルトガル、韓国と日本くらいだった。ただし、二〇一〇年（平成二二）から高校授業料無償化制度により、公立高校の年間授業料は無料になったが、二〇一四年（平成二六）から所得制限が設けられ、対象世帯が一定年収以下に絞られた。高校を卒業して大学に進み、家から離れてアパート暮らしをすれば、その金額がいくらになるか想像がつくだろう。

第9節　子供への投資を拡大すべき

北欧諸国では教育費はすべて無料である。義務教育はもちろん大学といった高等教育も無料である。[21]しかも大学生に対して居住費の補助も出る。こうした国では、子供の成長とともに増加する教育費を心配する必要がない。

住環境も充実している。我が国のように、賃貸住宅の八五パーセントが民間の個人所有ということはないし、賃貸住宅の六〇パーセント以上を老人が所有しているということもない。北欧諸国では安くて快適な公共住宅が用意されている。そのため、彼（女）等は衣食といった基本的な生活費だけを計算すれば、子供をもっても経済的に平穏な生活が可能だと予測できる。

他の先進国でも、教育には奨学金などの補助が多く用意されている。ＯＥＣＤ諸国のうち返還が不要な給付型奨学金が整備されていないのは、我が国とアイスランドの二ヶ国だけである。[22]我が国の政府は、海外援助では大盤振る舞いをしながら、財源不足を理由にして、教育への投資を拡大しようとしない。

学費の高いアメリカですら、多くの奨学金などが整備されて、親の教育費の負担は低い。アメリカの大学は猛烈に勉強させることで有名だが、大学生活をふつうに続けても、学生たちは仕送りに頼らずとも生活しやすい。ただし最近は卒業してから、ローンで借りた奨学金の返済に追われる場合が増えているというが……。

いまの我が国では、高等教育への学費は、親の負担だと考えている。そのため、親の仕送りは高額になる。しかし、親たちの生涯年収が低下して、経済的な格差が拡大している。親からの仕送り金額は低下の一途をたどっている。裕福な〈核家族〉と貧しい〈核家族〉の格差が拡大しているので、貧しい〈核家族〉に生まれた子供は高等教育を受けることが難しくなる。そのため、今後の格差の拡大につれて、親たちが教育費の高額負担に耐えられるか否かは保証のかぎりではない。

塾に通うことは半ば義務教育化しているが、塾に通ったり多くの習い事をしなければ、義務教育ではそれほど高額の教育費はかからない。しかし、高等教育となると、教育費は膨大な額になる。

大家族の時代、武士の子供が通う藩校があったと前述した。武士たち為政者は、自分たちの子供こそ幕藩体制の後継者だと考えていた。そのため、藩校は藩の費用負担により設立されたし、藩士の子供は強制的に入学させられた。親である藩士に月謝の支払い義務はなかった。また成績優秀者には藩から奨学金すら支給された[23]。

武士たちが後継者の教育は為政者の義務だと考えていたのに対して、現在の我が国の為政者たちは、後継者の教育は親や本人の自己負担だと考えている。高校の授業料が無償化されたが、たちまち所得制限が設けられた。所得制限という考え方は、後継者を育てる義務を国が回避していることだ。すべての子供が社会の後継者なのだから、所得制限などすべきではない。

我が国では教育ローンを借りることができるのは、学費が必要な学生本人ではなく、すでに将来性のないはずの親である。教育ローンを親が支払うのは奇妙な話であるが、親の年収によって、子供への対応が変わってしまうのが我が国である。教育への投資はきわめて有利だというのに、我が国では冷遇されている。

情報社会は高度な知を要求している。学生に対して個別的にきめ細かく教える必要がある。そのため、階段教室での一方的な一斉授業から、個別化した専門教育へと転換しなければならない。今後は少人数での授業が中心となるから、高等教育の費用はますます高額となる。高度な教育を受けた労働者を必要とするのは、企業であり国である。だから多くの先進国では、高等教育の教育費を親に負担させるとは考えない。

我が国は、高等教育段階における教育支出に占める家計負担の割合が五三・四パーセントであり、データの存在するOECD加盟国の中で一番高い[24]。そのせいか我が国の大学進学率は五〇パーセントをわずかに出るだけで、韓国の七二パーセントはおろか、OECD諸国平均の六二パーセントにも達していない。こんな状態で技術の先進国が維持できるだろうか。

最終学歴が高いほど、収入の多い職業に就ける確率が高くなる。高給を稼げる専門職に就くには、より長期間の高等教育が必要である。しかし、高額な教育費を親に負担させれば、裕福な家庭しか高等教育を受けることができないのは明白である。裕福な男女から生まれる子供も、貧しい男女から生まれる子供も、その能力において違いはない。貧乏人の子供でも優秀な子供は多い。

貧乏人の子供は、子供本人に貧乏の理由があるのではない。貧しいという家庭の事情で、高度な高等教育が受けられない。貧乏な環境に育つと、世の中には先端的な職業があることを、知らないまま成人してしまうので人生の選択肢が狭くなってしまう。情報社会ではますます多くの人に高等教育が必要になっている。にもかかわらず、裕福な家庭の子供だけに高等教育を与えるのでは、子供たちの能力開発が最小化してしまう。

子供こそ国の将来を担う財産だと考えたから、貧しかった明治政府も教育費に膨大な財源を投入して、小学校や中学校などを整備した。子供への投資は、もっとも見返りが大きい。それがわかっているから、どんな国も子供の教育には大金をつぎ込む。先端的な研究こそが、社会の財産を大きく増やし、税収の増加をもたらす。

驚くべきことに、我が国では「国際人権規約」のA規約とB規約をともに批准しながら、〈高等教育の漸進的無償化と教育を受ける機会の均等〉などをうたったA規約一三条の適用は、一九七九年（昭和五四）以来三〇年にわたり留保し続けている。留保しているのは、日本以外にはマダガスカルだけだ。(25)

国内総生産に対する家族関係の支出は、二〇〇五年（平成一七）現在イギリス、フランス、スウェーデンが三パーセント以上なのに対して、我が国は、〇・八一パーセントしかない。(26) 社会保障給付に占める高齢者向け支出は、四六・七パーセントと半分近くを占めるのに対して、家族関係の支出は四パーセントしかない。老人施設の予算は簡単にしかも高額が付くが、子供や障害者施設への予算は削られやすい。

高度経済成長期以降の我が国は、それまで高かった教育費予算を削り続けてきた。そして、高騰する教育費を、後継者が不要であるはずの〈核家族〉の親たちに押しつけてきた。教育を放棄した国は、子供を見捨てる国であり、将来を放棄した国である。こうした国に、どうして子供がたくさん生まれるだろうか。教育費を個人に押しつける我が国の少子化は止まるわけがない。

出産費用や育児費用がないので、若者は子供をもたないのではない。いくら若者でも、出産費用くらいのお金はある。いまの生活に必要なお金に困ってはいない。若者が子供を産まない理由はハッキリしている。我が国の将来が信頼できないから、子供をもとうとしない。子供が成人するまでの道筋を明示しないで、少子化対策と称して出産補助や育児補助などを整備しても、誰も子供をもとうとはしないのは当然ではないか。

斎藤学もいうように、「健全家族」（婚姻した両親と子ども）を前提にしていてはダメだ。[27]〈核家族〉を前提にしたままで、結婚出産を強制しても、もはや人間が幸せになれない。男女の対を前提にした〈核家族〉は、人間に息苦しさをもたらしている。単親が標準世帯の単家族制度こそ、誰もが自由になれる家族制度である。個人の生き方を制限しない単家族はオープン・ファミリーである。

フランスの出生率が回復したのも、法律上の結婚を事実上無意味にし、結婚しなくても子供がもてるようにしたからである。そして、嫡出・非嫡出という概念をなくし、すべての子供が社会の財産だと考え、税金を支出する対象としたからである。つまり単家族化が前提になっている。〈核家族〉制度を維持したまま、出産費用や低学年の教育費といった、短期的な補助を増やすことは、むしろ無責任な出産をうながす犯罪である。

第10節　専業主婦税の導入を

今後、単家族が増えていき、単家族が社会の過半数を占めるようになっても、〈核家族〉を営む人たちも残るだろう。前述したように大家族の時代でさえ、一人生活が禁止されていたわけではない。人がどんな家族の形をとって生きるかは、いつの時代でも個人の選択に任されていた。

しかし、家族政策を情報社会化に対応させなければ、我が国の産業は生き残れない。だから、女性にも生涯にわたって働ける職場を確保するのが、まず第一であることは間違いない。女性の収入は女性の自己肯定を、そして自己の存在意義を基礎づける。

女性が妊娠・出産しても、女性自身に男性と同等の収入があること、それが単家族の原点である。自分が稼いだ収入から税金を払うことによって、女性も名実ともに社会に参画できる。アメリカ社会学での調査だが、おもしろい結果が出た。

子どもと過ごす時間に幸せを感じると回答した母親は父親より少なく、ストレスや疲労を感じると回答した母親は父親より多かったことが分かっている。(28)

母性愛が子育てを正当化するとは限らない。子育ての心配から切り離されて、女性も一生働けるように職場を整備すべきだ。稼ぎがない人生は、誰にとってもあり得ない。男性と共に社会を支えてこそ、女性の尊厳は確保される。ところで、女性の職場を整備したうえでの話だが、専業主婦を妻とする男性には〈専業主婦税〉をかけるべきである。

〈核家族〉の時代には、配偶者控除とか配偶者特別控除という専業主婦を対象とする税制があった。これは専業主婦をもつ男性を優遇するもので、働く女性を差別し不平等だという声が高かった。また、女性の働きを制限し、家庭に閉じ込めるものだという批判もあった。しかし、稼ぎの多い男性にとっては、女性を扶養する意欲を引き出す制度にもなっていた。専業主婦をもてることは稼ぎの多いことの証であり、一部の男性のプライドを刺激したことは間違いない。

女性も労働力であることは男性と違いはない。人的資本という点から見れば、女性であっても生涯賃金は二億円を超える。無収入の専業主婦にならなければ、収入の五パーセントとしても五〇〇万円以上の公租公課を支払っているはずである。男性並みに稼げば生涯賃金は約三億円になるから、女性が負担する税金は二〇〇〇万円を超えるだろう。

女性を家事労働のために抱えることは、男性による女性労働の個人的な消費である。言いかえると加藤百合子の言うように、夫は専業主婦のアンペイドワークの成果を受け取っている。専業主婦の家事労働を家政婦に任せるとすれば、家政婦は彼女の給料の中から所得税を払う。つまり、専業主婦を抱える男性は、専業主婦の労働によって利益を得ている。とすれば、受益者負担の原則をつらぬき、夫たる男性には専業主婦税を課しても良い。

所得税法は事業主と生計を一にする配偶者の働き分を経費とは認めていない。しかし、青色申告をすれば、生計を一にしていても専従者給与として経費になる。そして、専従者給与も月額八万八〇〇〇円以上になると所得税が発生する。つまり、事実上の専業主婦であっても、月額八万八〇〇〇円以上を稼ぐ専従者と見なされれば、アンペイドワークとは見なされず所得税の対象になる。

事業者の専従者は、所得税法上では収入があるように見えるだけであり、実際に専従者に収入が発生しているとは限らない。節税対策として配偶者を有給に見せているだけで、専従者といえども専業主婦が無収入であることは変わりない。事業者に限らず、給与所得者つまりサラリーマンであっても、専業主婦の家事労働を専従者とみなせば、アンペイド従事者の働きにも課税できる。

しかし、専業主婦には収入がないので、専業主婦自身に課税することはできない。また、専業主婦がいることによって、利益を得ているのは夫たる男性である。そこで、配偶者控除が夫の給与を対象にしたように、高給を稼ぐ夫の給与に専業主婦税をかけることによって、課税の公平さを保つべきだと考える。

収入のない専業主婦といえども、道路や上下水道などの社会の公共財を使っている。公園や図書館にも行くだろうし、病院や警察、救急車の世話にもなるだろう。これらはすべて税金でまかなわれている。税金を支払わずして、社会の公共財を使うことが許されるのは、子供と心身の事情で働けない人だけである。

現在では掛け金を支払っていない主婦であっても、第三号被保険者として年金を受け取ることができる。第三号被保険者分は、夫が負担しているわけではなく、第一号と第二号被保険者が支払う保険料により保障されている。これでは不公平だから、専業主婦の年金も夫に負担させるべきである。そうすることによって、専業主婦の女性も堂々と年金を受け取ることができるだろう。

本書は専業主婦になることを否定してはいない。経済的に豊かな〈核家族〉は、あえて歴史の流れに反して、専業主婦の子育てを行っても良いと考える。お金があれば家政婦を雇うなどして、密室での子育ても緩和できるだろうから、性別役割分業の道を進むのは当人たちの自由である。

しかし、専業主婦は夫という男性のセックス付きの専属家政婦である。家庭内の一人の男性にのみ労力を提供する〈核家族〉的な男女別の生き方は、情報社会化する時代に逆行した生き方である。女性労働力が社会化されなければならない。だから、性別役割分業を選ぶと、経済的に不利になるような制度に社会を設計するべきである。

重化学工業が中心だった高度経済成長の時代には、厚い中間階層を形成し税収を潤沢に確保するためにも、専業主婦をもつ男性は優遇されてきた。その分、単身者たちは割を食ってきた。かつて単身生活者が不利に置かれた程度には、専業主婦のいる〈核家族〉が不利な状況に置かれても良い。

専業主婦の労働力を独占できるほど稼ぎの多い男性は、専業主婦税を負担したうえで、専業主婦を養っていくのが良い。専業主婦がいる〈核家族〉とは、いまや裕福の代名詞なのだから、高い税金を負担するべきである。高給を稼ぐ専業主婦の夫から専業主婦税を徴収するのは、きわめて公平な対応である。

第11節　裕福な老人は喜捨しよう

高度経済成長期をへて豊かになった我が国だが、その資産の多くが老人たちに所有されている。総務省統計局の資料によれば、二人以上の世帯の一世帯当たり家計資産を、世帯主の年齢階層別にみると、三〇歳未満が八五四万円であるのに対して、七〇歳以上が五〇二四万円となっており、両者のあいだには約六倍の開きがある。また、単身世帯の家計資産も七〇歳年以上が最も多く、年齢階層が高い世帯ほど家計資産が多い。

三〇歳未満と七〇歳以上で約六倍の開きがあることは、資産が老人たちに集中していることを意味している。六〇歳以上（の世帯主の世帯当たり）の個人資産額割合は七〇パーセントを超え、金融資産に限定すると八〇パーセントを超える、と御蔵真之はいう。そして、前述のとおり民間の賃貸住宅の六〇パーセントは、六〇歳以上の老人たちが所有している。

富が老人たちに集中していても、老人たちは自らの稼ぎの結果であると、当然のように胸を張るだろう。老人たちも一生懸命に稼いだだろうが、しかし、時代がもたらしてくれたものも大きかった。成長する国家経済の中で働けたから、給料も増え蓄財できたのであり、決して個人的な頑張りだけの結果ではない。現在のような低成長時代では、真面目に働いても今日の老人たちのような蓄財は不可能だっただろう。

大家族の時代には社会全体が貧しかった。敗戦後は、極度の食糧不足となったことは周知のことであろう。行き倒れといって、路傍で死んでいく人もあった。もちろん物乞いも多かったし、乞食を生業とせざるを得ない人も多かった。現在、物乞いをすることは軽犯罪法で禁止されている。(29) 我が国にはホームレスはいても乞食はいない。

一九五〇年（昭和二五）に始まった朝鮮戦争は、我が国の産業に大きな需要をもたらし、貧しかった戦後経済を復興させた。他国での殺し合いで生じた戦争特需により我が国は潤った。高度経済成長と何度かの好景気をへるなかで、一時は世界第二位の経済大国へと成長していった。一九六〇年（昭和三五）以前は国道といえども砂利道だらけだったが、やがて全国に高速道路ができ、新幹線が走り、灌漑・治水も整備された。

我が国が豊かになったことは、税収が上がったことであり、とりもなおさず国民の一人一人が豊かになったことでもあった。一九五〇年（昭和二五）頃にはタンパク質の摂取量も一人一日三・九グラムにしかすぎなかったが、二〇〇〇年（平成一二）頃には約四五グラムになっている。貧しかった食生活は改善され、肉も食卓にのるようになった。そして、豊かになった今では、肥満が成人病として問題になっている。

住宅も一九五〇頃（昭和二五）には、一人当たり約一〇平方メートル程の床面積しかなかったが、一九九〇年（平成二）を過ぎる頃には三五平方メートルにまで増えた。着る物も豊富になり穴あきを繕って着ることもなくなった。上下水道も普及し衛生状態も改善されて、男女ともに平均寿命は大幅に延びた。

一九五一年（昭和二六）の一人当たりの国民所得はわずか五万二五〇〇円だった。それが一九九六年（平成八）と一九九七年（平成九）には三〇〇万円を超えた。四五年間で約六〇倍に増えた。ただし、情報社会化への対応の遅れのために、それ以降は四〇〇万円をいくらか上回る数字で推移している。そして、一九九五年（平成七）には一人当たりのGDPは世界第三位だったが、二〇一七年（平成二九）には二五位におちてしまった。

老人たちは、実るほど頭を垂れる稲穂かな、という格言が好きだろう。老人たちは戦後の平和な時代に、長く生きてくることができたことを感謝すべきではないだろうか。そして、感謝の気持ちを、次世代の労働力でもある子供や若者たちに、少しでも分けようではないか。

いくらお金をたくさん持っていても、お金を食べて生活することはできない。若者がいるからこそ、そして、若者たちが働いてくれるからこそ、大人たちも生活できる。若者の働きなくしては、老人たちも豊かな生活を享受できない。

一人親の子供たちが貧困に沈んでいると前述したが、二〇〇九年（平成二一）には所得再分配後の子供の相対的貧困率は一五・七パーセントとなっている。税収を政策によって公的に配分することを所得の再分配というが、我が国は所得を再分配した後のほうが貧困率が高くなる唯一の国である。この理由は年金や医療費などで高齢者に手当が厚いので、子供への支出が少なくなってしまうためである。

現在でこそ老人たちは裕福で、優雅な老後を送っている。しかし、一九五〇年（昭和二五）以前は、我が国に限らず世界中の老人が慢性的に貧しかった。当時は肉体労働中心の社会だったから、肉体の衰えた老人は肉体を酷使する生産労働に従事できず、加齢とともに収入が低下した。

戦後になると、我が国では大家族がすでに崩壊過程に入っていたし、当時は貧しい老人への処遇は大問題だった。現在のような年金制度はまだ始まっていなかった。それが、高度経済成長という時代の幸運によって、老人たちは裕福な社会の恩恵を受けることができるようになった。

社会から受けた恩恵は社会に返すべきである。専業主婦税を新設するのと同様に、老人たちの膨大な預貯金といった金融資産に税金をかけて、社会へと還元させるべきである。老人たちは長生きができて、しかも豊かな老後を送っていることに感謝して、資産の一部を税金として社会に喜捨すべきだと考える。

老人の医療費の自己負担は一〜三割負担である。しかも、七五歳以上になると医療費の自己負担は一割となる。若者はほとんど医者にはかからない。老人たちが医療費負担を上げている。医療費が安価だからと、病院の待合室が老人ホームのようになるのは不合理だろう。裕福な老人の自己負担率はもっと上げても良い。

多くの資産を持つ老人にまで、現在の収入がないという理由で、臨時福祉給付金が支給される政策は間違っている。老人たちよ、子供たちへと喜んでお金を捨てようではないか。二〇一五年（平成二七）からは介護保険負担限度が、所持する金融資産の多寡によって変わるようになった。こうした制度を金融資産や他の資産全体にかければ良い。

老後破産と言った言葉がマスコミを賑わしているが、ケチりたい老人たちからの逆襲であろうか。確かに下流老人と呼ばれる貧乏な高齢者もいるだろう。老人世代は貧富の格差が大きいと言われている。生活が苦しい老人には、老人としてではなしに一般の人と同じように生活保護などの手当をすべきである。

しかし、今の老人は総じて金持ちである。七〇歳を超えても七〇〇〇万円以上の資産を持つ老人が、この世代だけでも二五パーセント以上いる。死ぬまで使い切れないほどの資産を持つより、今後の社会を支える子供たちを育てる基金とするほうが、はるかに美しく気持ちの良い老後を過ごせる。

二〇一五年（平成二七）には相続税の課税基準が下がった。これも世代間の格差調整には役に立つ。しかし、相続税は死ななければ発生しない。死んでから役に立つよりも、生きているうちに自分の資産を社会の役に立てたほうが、若者たちからも感謝されるだろう。だから、裕福な老人への喜捨的資産税を新設すべきである。

第12節　自由な子育てを

一九七二年（昭和四七）には、女優の加賀まりこが未婚のまま女児を出産したが、不幸なことに七時間後に死亡してしまった。彼女の出産は確信犯的な未婚の母の誕生かと、当時は大きな話題になった。

一九六八年（昭和四三）にパリ五月革命があって、結婚制度からのセックスの解放がうたわれたが、当時はまだ未婚のままで出産する例はほとんどなかった。当時は〈核家族〉制度が盤石だったから、結婚してから子供をもつのが正当な行動だった。ヨーロッパ諸国といえども、未婚で出産する例はあまりなかった。

間違って子供を産んでしまった未婚の母は日陰の存在で、社会の片隅でひっそりと生きる者とされていた。〈核家族〉の時代は、未婚の母とはその存在自体が、否定され蔑視される存在だった。そして、未婚の母から産まれた子供は、父親がわからないから私生児と蔑称された。私生児は高等教育を受けることもできず、一生貧しい生活を送ることが運命づけられていた。

経済界をみても政治の世界をみても、当時の社会の主流は、すべて男性によって独占されていた。稼ぎは男性のものであり、女性には稼ぐ手段が限られていた。そんな時代に、女優として成功し大きな収入のあった加賀まりこは、堂々と未婚のまま出産した。

未婚のままで子供を出産することは、私生児を生むことであり子供を自分一人で自力で育てる意思の表れで、男性からの扶養を期待していない決意の表明であった。男性不要という宣言であり、弱者とされた女性の反乱であり、男性支配の社会への挑戦になった。だから、出産という個人的な事柄でありながら衆目を集めた。

それから約半世紀、ヨーロッパ諸国には嫡出児・非嫡出児を区別する制度がなくなり、私生児という概念が消失した。そのため未婚で出産しても、何の不利益もなくなった。いまやヨーロッパの人々は、未婚のままで堂々と出産する。スウェーデン人の六〇パーセント、フランス人の五〇パーセントが、未婚のまま私生児を出産する。

彼（女）等は、未婚で生んでも不利にならないよう、この半世紀で家族制度を変えてきた。まさに単家族が普及しているのである。皮肉なことに、私生児・非私生児の区別をやめた社会のほうが、セックスも盛んだし男女関係は熱く見える。そして、出産数も多い。

二〇〇九年（平成二一）七月、漫画家の倉田真由美が未入籍で妊娠したと新聞に書いたら、様々な反響があったという。未婚で妊娠した彼女の行動に批判的な意見には、〈結婚せずに赤ちゃんを産むなんて、赤ちゃんがかわいそう〉というものがあったという。(30) 子供に違いがあるわけではないのに、何という差別的な意見であろうか。

〈核家族〉モデルが支配し、女性の社会的台頭が遅れている我が国では、結婚してから子供を産むのが正しくて、婚外子つまり私生児は正しくないと思われる。だから、正しくなく誕生した子供は、かわいそうな存在となる。私生児は正しくない社会が、かわいそうな社会だと思うが、我が国は他の先進国とはずいぶんとは違う状況になってしまった。

倉田真由美は充分な収入があるから、未婚のまま出産もできるだろうし、一人で子育ても可能だろう。しかし、一人での子育てが可能であっても、彼女は妊娠中に入籍し、結局できちゃった婚を選んだ。それは、民法や家族関連の法律をはじめ社会の制度が、〈核家族〉を正当なものと認め、〈核家族〉外で子供をもつことを差別しているからである。誰でも自分の子供が差別されることを望むはずがない。

未婚の母から生まれた子供がかわいそうなのではなく、かわいそうな子供を作ってしまう〈核家族〉制度が間違っている。どんな子供も同じである。にもかかわらず、その出自によって扱いが違う。出自による扱いの違う制度が時代錯誤である。出自による対応の違いがあるとは、身分制の支配した封建社会のようだ。〈核家族〉を家族理念とすることが間違いである。

かつては西欧先進国でも私生児は正しくなかった。正しくない子供は中絶されてしまい、生まれてこないことが多かった。しかし、西洋諸国では私生児も正しい存在であるように、法や社会の制度を変えた。おそらく倉田真由美も西ヨーロッパ人だったら、フランスのニュース・キャスターのように未婚のまま子供を産んでいただろう。

政府は少子化を克服しようという。しかし、我が国ではいまだ、無条件に子供を歓迎しようとはしない。いまだに結婚して〈核家族〉を作って、それから子供を作るのが正しいとされる。マスコミが安藤美姫の父親探しに狂奔したように、条件付きの子供しか受け入れようとはしない。

ヒューマニズムは男性が自由を求めた運動だった。フェミニズムは女性も男性と同じ人権があるといった。女性による自由への羽ばたきだった。どんな子供でも人間に違いはない。すべての子供に自由を与えるべきである。子供の出自で差別することは、大人たち自身を差別することである。

規格品的子供の大量生産には、〈核家族〉が適していただろう。しかし、情報社会では自由な発想が不可欠である。自由な発想は自由な家族で生まれる。自由な家族とは単家族である。単家族での子育てを、普通のことだと認めることが、人々に自由をもたらす。

第13節　中高年こそ子育てを

大家族の時代には、親である立場が仕事をさせた。そして、子供は親の仕事を継ぐことが多かった。そのため、父親や女親としての立場を処していくことが、すなわち愛情表現であり愛情を伝える代わりになった。

当時の仕事は家の周りにあったから、子供たちは親たちの働く姿を嫌でも目にした。大人の背中が教育した。だから、子供たちは成長するにしたがって、生きるための職業を自然のうちに身につけた。農業に限らず家業という仕事に日々励むことが、親の愛情の表現でもあった。

サラリーマンが主流の工業社会では、稼ぐ場が家庭内にはない。しかも、子供が親の仕事を継ぐことはなくなった。仕事場＝職場が家庭から分離したので、仕事が身の回りには見えない。そのため、子供と共に働くという愛情表現はあり得なくなった。職業に励む親という立場を見せるだけでは、仕事を教えることはできなくなった。

働く場では本音がでる。しかし、親子で一緒に働かなくなったから、子供と本音で接することが少なくなった。しかも、今では子供を労働力と見てはいけない。親による仕事を通しての教育が成り立たなくなった。

愛されることを知らずに育つと、真っ当な人間に成長できないのは、昔も今も変わらない。情報社会とは、立場での行動を否定する社会であり、家族として立場にいることだけでは意味を持たない。立場だけではなく本音のふれあいが必要な社会である。だから愛情は、言葉や行動で示さなければ伝わらなくなった。

愛情の表現が、難しくなってきたのかもしれない。農業が主な産業だった時代は、父であること母であること、つまり働く姿を見せ子供を養っている立場にいれば、それがすなわち愛情の表現だった。生きることが厳しい社会[31]では、飯を食わせて同じ家の中に住まわせることだけで、充分な愛情の表現だったのかもしれない。

しかし、今では経済的に養うだけでは父親失格である。誰に食わしてもらっているのだという台詞は、絶対的な禁句である。もちろん食事を与えるだけでは母親失格である。子供の精神面に、思いやりを込めた温かい感情を注ぎ続けなければ、親子の関係は正常に持続できない。そして、愛情は言葉で表現されないと、今の子供には伝わらない。体罰はもちろん禁止だが、小さな子供を一人で家においてはいけない[32]。それは放置という虐待である。

現代の我が国の中高年は、若かった時代の自分を忘れ、社会的な意味において自分勝手である。そして、自分たちだけが楽をしたがり、そのうえ自己保身的である。時代からの恩恵を忘れ、時代の変化をまったく考えていない。

子供がいなくなると社会が行き詰まるというなら、大人が率先して行動すべきである。将来の不確実な若者に子育てを期待するのではない。すでに財をなした大人こそ、未成年の養子をとって子育てをすれば良いではないか。日本人の子供に限らない。アジアには養親を待ち焦がれる子供たちがたくさんいる。小さなうちに養子に迎えれば、日本の社会にもうまく適応することだろう。

赤ちゃんポストを待つまでもなく、望まれずに生まれた子供を、育児希望の大人が引き取る制度を整備するべきである。我が国では施設で暮らす子供が大勢いるから、受け入れる養子に困ることはない。大家族の時代のように未成年養子が普及すれば、中絶されることも減るだろう。財力や影響力のある政治家や、大企業の経営者たちこそ、率先して養子をとって子育てをするべきだ。

高齢化しても健康に暮らす期間が長くなった。長寿化している現在では、中高年齢者でも充分に子育てができる。中高年者たちは財力に加えて、まだまだ体力がある。裕福な中高年者は、広い家に住んでいることが多い。未成年養子という若い同居人が増えても困りはしない。

蓄財の終わった我が国の高齢者たちは、財産を自分のためにしか使おうとはしない。高齢者たちは豪華クルーズにのったり、自分のために老後の高級マンションを買うだけではなく、奨学金として寄付したりして社会的な子育てにも貢献すべきだ。里親になっても良いし、中絶されてしまう子供を引き受けても良いだろう。

農業が主な産業だった時代には、農協も銀行もなかったし、テレビやラジオによる天気予報もなかった。人々は村人たちと協同のもと自分の力だけを頼りに生きた。しかし、工業社会になって、インフラも整備され社会が個人の収入を支えた。だから、いまの中高年は裕福になれた。社会からの恩恵を一番たくさん受けたのは、高度経済成長を通過して金持ちになった中高年たちだ。

伝統的な社会では全員が役割に生きており、里親となったり孫の面倒を見るなどして、中高年者も子育てを引き受けた。当時の子育ては個人的な作業だったが、いまでは家族が社会化されたから子育ても社会的になる。だから、中高年者が足長が叔父さんとして、他人の子供を育てるのも大歓迎であろう。経済的に豊かな大人こそ、未成年養子をとって家族を拡大すべきである。

第14節　単家族という標準世帯を

我が国の戸籍制度は本籍地という仮想の住所地に、戸籍筆頭者という戸主を中心にして国民を登録していく制度である。本籍地とは住所地とも出生地とも違い、任意に我が国のどこかの住所に定めたものである。

戸籍上では、本人が望む場所を本籍地にすることが可能で、たとえば皇居の住居表示である千代田区千代田一－一を本籍地とすることもできる。また一度決めた後でも移動することができる。そして、筆頭者を戸主として、氏（＝姓）を同じにする人々を戸主の下に登録するものである。個人として登録されるのではなく、戸主を筆頭者として戸単位で続柄を含めて戸籍簿に記載されている。

韓国では二〇〇五年（平成一七）に、戸主制度は男女平等に反して憲法違反だという最高裁判所の判決がでた。そして、二〇〇八年（平成二〇）一月一日に、戸主を筆頭にして家単位で戸籍を編製していた我が国と同じ方式を改め、「登録基準地」に国民一人一人を個人として家族関係登録簿を用意する家族関係登録制度に変えた。

この制度変更によって韓国には本籍地という概念がなくなった。それに代わるものとして、裁判基準地決定等のための機能をもつものとして、個人別に決定され登録基準地が採用された。その結果、出生証明書や結婚証明書はあるが、一家の続柄をまとめて登録することはなくなった。

現代の韓国では、戸籍謄本や抄本に替わって登記事項別証明書が発行される。本人であることを示す基本証明書、親子関係を明らかにする家族関係証明書、婚姻関係証明書、入養（養子縁組）証明書、親養子入養（特別養子縁組）関係証明書の五種類である。[33]

家族であっても同じ登録基準地である必要はなく、各個人が別々の登録基準地でよくなった。韓国は行政コストが安価な〈核家族〉単位から、あえて行政コストがかかる個人単位の登録制度を導入した。この変更は情報社会への対応として、きわめて重要である。にもかかわらず、我が国のマスコミは、韓国が戸籍制度を廃止したことをほとんど報道していない。

戸籍制度を廃止することが意味するのは、第一番目に本籍地という架空の住所地を廃止し、出生地や住所地で個人登録することである。本籍地を固定する発想は農耕社会のものであり、人々の社会的流動化に対応していない。出生地や住所地で登録することは、事実の登録に過ぎず個人に対応したものだ。

第二番目に、氏を同じにする戸という単位を止めることである。戸とは筆頭者が長であり、それ以外の者を長に従う者という扱いだから、上下関係をもった概念である。多くは成人男性が筆頭者になり、配偶者や子供たちが続柄順に記載されている。戸籍の廃止とは人間と土地とのつながりを切断し、家族間に上下関係をなくすことを意味する。

韓国では結婚しても、相変わらず夫婦は別姓を名のりつづけ、女性が男性の姓に変えることはなかった。今までも夫婦別姓だった。にもかかわらず、個人単位の単家族という登録制度を新たに導入した。この変更は情報社会の特性を見据えた、シャープな対応だと言わざるを得ない。韓国が〈核家族〉単位の戸籍制度を廃止したので、〈核家族〉単位の戸籍制度をもつのは、世界中でとうとう我が国だけになった。

情報社会では、特別養子のように生みの親との関係を切断しないし、子供の出自を抹消しない。先進国では、養子本人が生物的な親を追跡できるように制度を変えてきた。産みの親を知られて困るのは、養親のほうかも知れない。しかし、産みの親か育ての親かを知る必要があるのは、親にとってではなく子供にとってである。すべての子供に血縁の親はいる。だから、血縁の親も探せるように、子供の人権を大切にする必要がある。

擬制の血縁が支配する〈核家族〉制度下にあるから、出自が問題になってしまう。〈核家族〉制度が出自差別を生んでいる。〈核家族〉制度を止めれば、出自は隠す必要がなくなる。出自の隠蔽は、〈核家族〉という制度を守ろうとするものである。特別養子縁組みのように、養子の出自を隠すのは時代錯誤である。

〈核家族〉の結婚は擬制の血縁を重視する。そして、嫡出児と非嫡出児を別様の取り扱いをして区別する。離婚したあとは、両親のうち一方にしか親権を認めない。残りの他方には監護権を与えるだけだ。しかも、我が国では親権は子供の権利ではなく、親のために権利であると考える傾向が強い。だから、生物的な親子関係の一方を切断してしまう。そして、親は親権を盾にして、子供を支配したがりやすい。

〈核家族〉制度が主流の我が国では、両親が離婚すると、子供は親権をもった親とは関係が持続する。しかし、親権を得ることができなかった親とは、面会も継続されずに子供の関係が切れてしまいやすい。二〇一七年（平成二九）最高裁判所は、父子の面会は月一回、二時間程度で良いと言った。母親が親権を行使する場合、父親は養育費の支払いだけを求められ、父子関係の持続には意を払われないことが多い。

子供には男女二人の親がいるというのに、我が国では共同親権は認められない。親が離婚したら、子供には親権者が一人しかいなくなってしまう。これも、〈核家族〉が離婚することを想定せずに、終生の対の男女を前提にしているからだ。そして、生きている人間ではなく、〈核家族〉制度を守るほうが大切だと考えているから、共同親権が認められない。

大家族の時代にはよく見られた異母兄弟姉妹や異父兄弟姉妹などの存在は、〈核家族〉制度のもとでは家族の一員とは想定されていない。〈核家族〉の夫婦は、終生にわたって結婚を続ける前提であり、親たちに新たな男女関係が始まることを想定していない。だから、親が離婚した場合の子供と血縁の親との関係を、家族制度に組みこんでいない。女性には再婚禁止期間があるが、子供への配慮は少ない。

両親が離婚しても、親子の関係はどちらかが死ぬまで続く。そして、母親や父親が違っても、子供たちは兄弟姉妹であることには間違いない。しかし、我が国の〈核家族〉は、対なる男女である親から家族関係を見ているだけだ。子供から見る関係は無視されている。そのため、父親や母親の違う子供たち同士の関係には、充分な考慮がなされてはいない。異母兄弟姉妹や異父兄弟姉妹同士で仲良くさせようという動きは少ない。

大家族より〈核家族〉のほうが、家族維持のための社会的なコストがかかった。しかし、工業化という産業構造の要求にしたがって、政府は〈核家族〉化を進めてきた。これから単家族が中心的な家族理念になると、家族への福祉は社会が担う。〈核家族〉を維持していくより、単家族は社会的なコストがかかる。

明治政府は工業社会に適応するために、多くの困難がありながらも、大家族をやめて〈核家族〉化してきた。だから、工業社会が花開き、高度経済成長期をへて社会は豊かになった。家族制度の変革という大仕事を、我々は一度すでに成し遂げている。家族制度を変えた歴史をもっている。だから家族制度を変えることは不可能ではない。〈核家族〉から単家族への変革も必ずできるはずである。

第15節　自由な愛とセックス

現代の結婚は、見合い結婚はごく少数で、ほぼすべてが恋愛結婚だという。しかし、その中身をよく見ると、官民主催の合コンやインターネットでの出会いだったり、結婚斡旋機関によって引き合わされていたりしている。

結婚紹介サイトでの出会いは、コンピュータの人工知能によって恋人が推薦され、新たなカップルが誕生する仕組みである。これでは釣書がものを言うかつての見合いと変わらない。今では恋愛結婚が美しく宣伝されているので、結婚を斡旋された当事者たちも見合いで付き合いが始まっているにもかかわらず、結婚直前には恋愛気分になっている場合が多いのではないだろうか。

恋愛・結婚・セックスの関係で、いまだ変わらない〈核家族〉の価値観がある。それは、セックスには恋愛、つまり愛が必要であるという考え方である。(34) 家の格がものをいった貴族や武士の結婚を見ればわかるように、本来セックスに不可欠なのは健康な肉体であって愛ではない。いくら愛があっても、男女ともに身体が健康でなければ、セックスどころではない。

大家族を作った理由は前述してきたように、男女とも各自が生き延びるためだった。大家族の結婚には、愛ではなく家柄や身分といったものが優先された。そのため、大家族の結婚では愛ではなく、第一に健康な肉体が要求されたのだし、お尻の大きな安産型の女性が歓迎された。愛とはラヴの翻訳語であり、男女間のラヴとは工業社会になって誕生したものである。

見合い結婚が主流だった大家族の時代、愛＝ラヴと言った概念は存在しなかった。もちろん互いの思いやりや相性の良さといったものはあったが、今日言うような愛はなしにセックスは行われていた。結婚初夜に初めて相手を知っても、セックスはでき子供は産まれた。江戸の大家族だった時代には、大奥の女性たちも役者を買ったように、女性にも愛とセックスは分離可能である。

先進国では離婚も増えた。婚外子の誕生も普通のことになり、単家族化がすすんでいる。そこでは、恋愛と結婚は分離していると言って良い。しかし、我が国以上にセックスには愛が必要なようだ。アメリカやヨーロッパの映画を見てもわかるが、先進国の男女は、愛情とセックスの完璧な一致を求めている。先進国では愛のないセックスはタブーにすらなっている。

先進国の後を追う我が国でも、いま以上にセックスと愛情の結びつきを深め、愛情とセックスの完璧な一致を求めるようになるかも知れない。現代では愛のないセックスは肯定されないだろうか。愛情とセックスの一致は、建前としては美しく聞こえる。しかし、民俗学者の赤松啓介は、『夜這いの民俗学』で次のように書く。

男と女との間にも、性交技能にもアジワイがあると教えてくれる。
夜這いによっていろいろの女と交渉が生まれるけれども、お互いに好きになるのにはアジワイが合わねばならぬ。(35)

セックスは肉体がするものだから、精神活動である愛情とは別に、肉体的な相性の良さがあり得る。肉体的な相性の良さは精神にも良い影響を与える。それを赤松はアジワイといい、また昔の人はナジミといった。昔の人たちは、アジワイがあうか、またセックスがナジムか、夜這いなどで確認してから結婚した。しかし、〈核家族〉制度下では、女性は処女のまま結婚したから、アジワイやナジミは考慮されなかった。

振り返ってみれば、工業社会とは規格化された部品からなる製品をつくることだった。完成品も同じ性能のものが要求された。生産される製品はどれをとっても、均質で同じ性能を保証されたのが工業社会のあるべき姿だった。高度経済成長期には、人間の身体も同じように見なされていたのではないだろうか。戦後の義務教育では落第もなくなっていたし、海外ではよく見られる飛び級も見ることはない。

同じ規格の製品は、同じ性能でなければならない。人間についても同じように考えていたように感じる。だから〈核家族〉をつくる結婚にあたって、性的な個性であるセックスのアジワイやナジミを顧みることなく、つまり充分に婚前交渉することなく結婚していったように思う。しかし、人間の身体は必ずしも全員が同じではない。性器だって形は似てはいても、男女とも大きさや位置など各自で微妙に違いがある。とすれば、男女の組み合わせにも、肉体的な相性の違いがあっても不思議ではない。

離婚理由で最も多いのは、性格の不一致だというのは良く知られている。しかも、その真実は性格ではなく、格抜きつまり性の不一致だというのも周知であろう。性の不一致とは、ベッドで思いやりがないとか、性的な技巧が下手だといったこともあろう。そのために性的な快感が味わえないと言うことかも知れない。しかし、昔の人の言葉に従えば、互いのアジワイやナジミが合わないということに違いない。

〈核家族〉という制度下では、セックスは夫の子供をつくることが目的で、性の快楽を追求することは原則的には否定されている。セックスの快楽は重要視しないのが、〈核家族〉という家族制度である。そのため、セックスのアジワイやナジミが合わないという理由で離婚するとはいえない。そこで、性格の不一致ということにしたのだろう。

単家族化が進行している先進国では、セックスに愛が必要なだけではない。恋愛しても結婚はしないように、恋愛と結婚は分離しながら、我が国以上にセックスと愛情の結びつきを求めている。若者とくに女性が、愛情とセックスの完璧な一致を求める。そのため、セックスが不満足になれば、愛がなくなったと言ってカップルは解消してしまう、とエリック・ゼムールは『女になりたがる男たち』のなかで言っている(36)。

愛情が冷めれば男女関係は終焉を迎えるごとく、セックスの相性が悪くなっても関係は終わりである。カップルのどちらからでも、セックスの不満を理由に関係を解消できる。男女が平等な社会は女性にも厳しい。愛にもとづいたセックスは、女性が要求したことでもある。だから、男性からセッククスの不一致を理由にして別離をいいだされても、女性は離別に抵抗できない、とエリック・ゼムールはいう。

ここからは近い将来の話である。ピルやリングで完全な避妊が出来るようになったので、男女が社会的に完全に平等になれば、セックスのために愛を担保にする必要はなくなるだろう。アシュレイ・マディソンといった出会い系サイトの普及や、セフレという言葉の登場は、愛情とセックスの分離を予測させる。

すでに現在でも女性向けと銘打った、シルクラボのようなアダルトサイトも数多く存在する。また、エロメンと呼ばれるイケメンのAV男優とのイベントも活況を呈している。女性が完全に自立すれば、愛し合う男女がセックスをするのも自由なら、セックスを目的にセックスをする男女関係も、市民権を得ていくだろうという予感がする。

我が国では男女のつきあいには、セックスが特別の意味を持っている。手軽で確実な避妊が普及したというのに、いまだに女性たちはボーイフレンドとのセックスに慎重である。セックスをすると特別な関係になったと思いがちで、お試しセックスすることをためらう。そのため、セックスをするのは恋人と決めた相手か、結婚を視野に入れた男性とだけであることが多い。

ナジミを知るにはセックスをしてみなければわからない。だから二股や三股かけることは悪いことではない。にもかかわらず、何人かの男性と同時並行で肉体関係を持つことに、我が国の女性たちは躊躇いがちである。セックスすることは身体を与えることだと考えているからか、女性たちはセックスを愛情確保の手段だと勘違いしている。

セックスは男女関係の親密さを確認する一部でしかない。愛の予感によってセックスをしても良い。

なぜなら、セックスによって女性の全人格を男性に与えるわけではないから。にもかかわらず関係が破綻すると、女性も楽しい期間を過ごしたはずなのに、女性は遊ばれたとかヤリ捨てられたという。

一九六八年（昭和四三）のパリ五月革命は、先進国の若者にセックスの解放をもたらした。そして、毎度オリンピックの選手村では、大量のコンドームが消費されると噂されるのに、我が国ではいまだに犯されるセックスしかないのだろうか。

セックスはアジワイを確認し、ナジミのあう相手を探す手段でもある。他の先進国の女性たちは、固定した相手を決める前に、何人かのボーイフレンドとセックスを含めた関係を継続させる。つまり二股や三股をかけている。そして、徐々に恋人へと絞り込んでいく。セックスは人間関係をつくるうえでの一つの要素でしかない。しかし、大切な一部であるため、何人かのボーイフレンドとセックスをして、ナジミのいい恋人を選んでいくのである。

女性にとってセックスは、望まぬ妊娠という恐れがあるので、気軽にセックスへと踏み出すのは躊躇われるかも知れない。特に我が国の女性たちは、確実な避妊効果のあるピルやＩＵＤ・ＩＵＳを嫌い、不確実な避妊方法であるコンドームを使うことが多い。コンドームは男性主導になりがちな避妊方法であるから、ナジミのいい恋人を探すためだとしても、自らセックスへと踏み出せないのかもしれない。

精神的な活動が、肉体労働から離れて価値を持つのが情報社会である。精神的な活動が自立するということは、肉体もまた肉体だけで関係が成立することでもある。つまり、精神と肉体は別々になっても、それぞれに有効な関係となり得る。

セックスという肉体関係が、愛という精神活動に支えられなければならないと感じるのは、セックスを結婚と結びつけた工業社会の行動規範から、我が国の女性たちが、そして男性たちが自由になれていないからだろう。マサイ人男性の第二夫人となった永松真紀は次のように語る。

西洋人のように濃厚なセックスを楽しみたいわけではないのですが、少なくともお互いが満足できる時間にしたい。セックスは愛情を確認し合う行為のはずなのに、マサイにとってのセックスには、その要素がありません。（中略）

ある時、ぎこちないながらも彼の手が私の下半身にまで伸びた時、思い切って私も彼の股間に手を伸ばしてみたことがありました。するとびくっと腰が引けてしまったのです。それればかりか完全に萎えてしまったのです。（中略）マサイの中では女性に股間を触らせること、見せることはありえないらしいのです。[37]

セックスによって子供が誕生する人体のメカニズムは、世界中の全人類で共通である。しかし、セックスのあり方は文化の支配下にある。そのため生理的な行為に見えながら、セックスのあり方は様々に異なっている。セックスが人間関係を規定するのは、松永真紀と同じようにマサイ人の男性と結婚したコリンヌ・ホフマンの結婚が、破綻していく過程を読むとよくわかる。

コリンヌ・ホフマンはマサイの戦士ルケティンガを見ると、全身がしびれたようになり動けなくなった。彼女は魅入られ一目で恋に落ちた。夕陽を浴びたルケティンガの姿は、さながらアポロンのようだったと賛美して、コリンヌ・ホフマンはマサイ人男性ルケティンガを探し出す。そして、彼の押しかけ女房になる。

彼女は淡泊なマサイのセックスにも耐えた。彼女は子供を産み、やがてルケティンガとのあいだで性の快感も入手する。しかし、知り合って三年がたった頃、ルケティンガは彼女の異性関係に嫉妬し始める。彼は異性関係とセックスとを切り離せなくなった。

戦士ルケティンガを夫にしたコリンヌ・ホフマンというスイス人は、夫のルケティンガに、西欧的な愛情表現（と濃厚なセックス?）を要求しそれを獲得した。それはそれは気の遠くなるような努力だった。しかし、ルケティンガは彼女の異性関係に嫉妬するようになった。彼女が異性と親しくすると、ルケティンガは二人のあいだにはセックスがあったと見なした。

コリンヌ・ホフマンは濃厚なセックスを通じて、夫のルケティンガに嫉妬心を教えてしまった。その結果、彼女の生活が二四時間監視されるようになった。嫉妬という愛情で、四六時中付きまとわれ監視された。永松真紀が言うように、男女関係の西洋化はジェラシーの西洋化につながってしまった。コリンヌ・ホフマンの結婚生活は四年で破綻し、子供のナピライとともにスイスに逃げるように帰らざるを得なくなった。

マサイ人男性にとってセックスは愛情を確認し合う行為ではなかった。ルケティンガはマサイの文化で育ちながら、妻である西洋人女性とのセックスによって、西洋文化に洗脳されてしまった。彼は男女が親しく会話することに免疫がなかったにもかかわらず、西洋人の妻と結ばれてしまった。精神と肉体が一致しているマサイ人のルケティンガは、精神と肉体を別様に使い分ける西洋人妻の行動を許せなくなったのだ。

情報社会には情報社会の文化がうみだされる。情報社会が進行すると、愛情とセックスを別次元のものと見なすようになるであろう。そして、何人かとの間でセックスを含めた男女関係を継続させせながら、恋人選びをするようになっていくだろう。愛なきセックスも決して不毛ではなく、肉体的な快楽追求のセックスがあっても良い。

二〇〇一年（平成一三）に警視庁が行った調査によると、中高生の七割近くが「同年代の女子が見知らぬ人とセックスすること」を容認しているという。しかも、「愛し合っていれば、セックスをしてもいい」という回答は三八・〇パーセントだったが、「したければしてもいい」という回答は、三四・七パーセントに達している。(38)

第16節　純粋な愛情の時代

農業が主な産業だった時代、誰でもが税金を支払ったわけではない。土地をもっている本百姓だけが、年貢という税金を支払った。しかも、年貢は家単位だったから、戸主だけが担税者だった。多くの人には税金を支払う経験がなかった。

工業社会の〈核家族〉になり、誰でもが結婚するようになり家族の数が増えた。そして、〈核家族〉の男性が稼いだので、彼等はすべて担税者になった。ここで担税者は飛躍的に増えて、政府は豊かになった。しかし、稼ぎのない女性は、税金を払うこととは無縁で、男性から保護され政府から補助される存在だった。

大家族の時代には、家を維持するために子供が必要だった。しかし、経済的な必要性が愛情をしばり、自分だけの意思で勝手に結婚するわけにはいかなかった。そして、〈核家族〉の時代には、血縁が愛情をしばった。血縁による差別がまかり通ったから、愛情は自由に羽ばたくことはできなかった。

愛情は様々な制約をうけ、純粋になれなかった。セックスをするにも、愛情や結婚の約束という担保がないと不安だった。

性別と性差は相関関係にありながらも、今では別次元でとらえることができる。肉体的には非力なままで、女性は男性との平等を獲得した。性別は肉体的な事実だから変えることはできないが、性差は社会的な産物だからその現れ方は時代によって変化する。

肉体的に性転換しても個人的に男性から女性に、または女性から男性に変わるだけである。個人とは別次元にある社会的な男性性や女性性が変わるわけではない。性転換は他方の性差を確認する行為だから、男性性や女性性が保守的で強固に存在しないと不可能である。しかし、ここでも性別と性差は分離している。

性別と性差を別次元のものと認識するから、非力な女性の社会進出が可能になった。同様に、今後は愛情という精神活動とセックスという肉体活動とは、別次元でとらえられるようになるだろう。恋人とセックス・フレンドが同じ人の場合もあるだろうし、別人の場合もあるようになるに違いない。もちろん肉体関係が生じると、相手の女性が自分の女＝所有物になった、という男性の勘違いも消滅するに違いない。

単家族の時代とは、精神活動に大きな価値がおかれる時代である。言いかえると、愛情がいかなる支えもなしに、愛情だけで成立する時代でもある。同時に身体も精神から独立し、セックスもセックスだけで成立するようになるだろう。キャンベラの女性市長が売春を合法化したように、女性もセックスだけを考えることが可能である。

工業社会では物つくりが中心だった。しかし、情報社会では無形の〈コト〉が重要となり、〈コト〉

を考えることが豊かさを支える。情報社会という豊かな社会になり、個人が単位になった単家族が誕生した。すると、愛情という精神活動はすべての拘束をとかれて、自由に羽ばたくことができるようになった。愛情は愛情だけで存在し、本当に純粋になった。人々はいまや純粋な愛情に生きることができる。

物的な必要性や本能的な行動をこえて、純粋な愛情にしたがった行動は、人間だけがもつ高度な精神作用の結果である。人間が人間たるゆえの精神作用を維持するために、社会の制度が整備されなければならない。〈核家族〉という制度が、息苦しい差別を生みだしている。

性別や年齢にこだわらない職場、頑張っただけの報酬、柔軟な働く時間、失職しても復帰できる職場、仕事から得られる手応えのある充実感、いくつになっても学習できる環境、そして、もちろん男女を同じ社会人に育てる良い教育。こうした環境を整えることが、子供だけではなく、すべての人間を歓迎する社会をつくることにつながる。

男女関係を支える制度も、すべての人が公平に差別なく生きることができるように変わるべきである。そうしないと世界の情報社会化の競争に負け、我が国は貧しくなっていく。貧しい社会では日々を生きることが優先して、人権を云々する余裕がなくなっていく。豊かな情報社会を支えるのが単家族制度である。

社会の単位が個人化することは、誰にも同じように個人の能力を問われることでもあるので、うまく能力を発揮できない人には厳しい社会でもある。しかし、情報社会化は止まることはないし、情報社会に対応しなければ、社会全体が貧しくなっていく。情報社会化は不可避であり、頭脳労働の優位化も不可避である。とすれば、社会が個人化することも不可避である。

家族制度は中立的でなければならない。既婚、非婚、どんな生き方を選ぼうと、家族制度によって差別的な扱いがあってはならない。〈核家族〉を選ぶと得だが、非婚を選ぶと損をするような制度は、社会の活力をそいでいく。個人に対応しない〈核家族〉制度は、差別を生みだし社会の活性化を妨げる。家族制度はどんな生き方をしようとも、不利益を被るようではいけない。

単家族制度はどんな生き方を選ぶ人にも、中立的な利益を提供できる。すべての人間を歓迎する社会は、企業にとっても利益をもたらす。利益があるとわかれば、企業は率先して人間の能力を大切にする。すべての人間を大切にするために、単家族制度を整える必要がある。

子供と脱性化した個人を単位とした単家族にしないと、世界における情報社会化に置き去りにされる。このまま〈核家族〉モデルを守っていくと、失われた二〇年が三〇年、四〇年へと延長されていくだろう。つまり我が国は徐々に衰退していく。

工業社会の教育は、個人の個別性を認めずに、均質な人間を想定して行われた。規格化された人間を良しとした。しかし、もはや人間を鋳型にはめてはいけない。自由こそ頭脳の働きを全開にさせる。純粋な愛情は、脱性化した単家族でこそ実現できる。健康で働けるすべての人間に収入がある単家族こそ、自由で平等な人間関係を生みだす。

狩猟採集社会から農業を主な産業とする社会へ、そして工業社会へと、人類は進歩してきた。家族の形も、大家族から〈核家族〉へ、と進化させてきた。脱工業化して情報社会へと転じる今、家族の形も変わる。情報社会では、家族制度を単家族へと進化させてこそ、より多くの人間のより大きな幸福につながるのである。

註

はじめに

(1) 国立社会保障・人口問題研究所の二〇一四年人口統計資料による
(2) 東京新聞、二〇一五年一月一日
(3) 四方壽雄『家族の崩壊』ミネルヴァ書房、一九九九年
(4) 南和男『幕末江戸社会の研究』吉川弘文館、一九七八年、二六ページ
(5) 松原岩五郎『最暗黒の東京』岩波文庫、一九八八年

序章

(1) ジャック・ラーキン『アメリカがまだ貧しかったころ』二〇〇〇年、二四ページ
(2) 総務省の家計調査では、夫婦に子供二人という世帯で、有業者が世帯主一人だけの世帯を「標準世帯」と定義した。読売オンラインによれば、「標準世帯」は、高度成長期にはまさに標準だった。国勢調査によると、夫婦と子供だけの世帯は一九六四年に四五・四%、七五年でも四二・五%あった。しかし、二〇〇〇年には三一・九%まで減り、夫婦二人の世帯(一八・九%)や単独世帯(二七・六%)が増えている。さらに、共働きのため、配偶者控除を受けられない世帯が増えていることも考えれば、もはや夫婦・子供二人の世帯を標準とは言い難い。
(3) 国立社会保障・人口問題研究所　人口統計資料集(二〇〇九年版)
(4) 東京都の統計「平成二二年　東京都区市町村町丁別報告」二〇一三年三月一九日、二〇一〇年現在で、

単身世帯の全世帯数に占める割合を地域別にみると、千代田、中央、港の都心区では約五〇%、中野、杉並、豊島などの周辺の区では六〇%近い高い割合になっている。

（5）産経ニュース、二〇〇八年九月七日　新宿戸山団地では、住民が大半を占めるこの地区の住民基本台帳調査で高齢化率が五一・六%に達したことや独自調査から、区社協は住民の過半数が六五歳以上と推定。高齢化率は一九・八%の区平均を上回り、七五歳以上の約六割が独り暮らしとみている。

約三四〇世帯が暮らす二号棟のあるフロアには、独り暮らしの1DKばかり三五室が並ぶ。高齢者が増え続ける都市の公営団地は、各地にある。高齢化率二三・八%（三月末）と、政令指定都市で最高水準の北九州市。同市門司区にあり、九棟約二二〇戸の後楽町団地を昨年調査した北九州市立大の楢原真二教授によると、住民の高齢化率は八七%、平均年齢は約七四歳に達していた。

（6）伊田広行『シングル単位の社会論―ジェンダー・フリーな社会へ』一九九八年

（7）日本の近代以前、特に武家社会では、女性は跡取りを生み出すためだけの存在とされ、実際には夫が不妊であった場合でも常に女性の側に責任が押し付けられ「石女」（うまずめ）と非難された。フリー百科事典『ウィキペディア（Wikipedia）』

（8）福岡伸一『できそこないの男たち』光文社新書、二〇〇八年

（9）一九六四年に不妊の人工授精のために、最初の精子バンクが米国：アイオワ市と日本：東京で誕生した。これにより、子供の求める性質を精子の段階で選択できるようになった。以後、精子バンクの利用者は増え続け、一九八〇年にはミュラーの影響を受けたロバート・グラハムがノーベル賞受賞者専用の精子バンク『レポジトリー・フォー・ジャーミナル・チョイス』（ジャーミナル・チョイスはミュラーの言葉である）を開設し、大きな話題を呼んだ。現在ではアメリカだけで一〇〇万人以上の子どもが精子バ

ンクの人工授精によって誕生している。フリー百科事典『ウィキペディア（Wikipedia）』
（10）こみねあつこ「精子もネット通販で！」文春オンライン、二〇一七年一二月二二日
（11）東京新聞、二〇一八年五月二二日
（12）橋本秀雄『男でも女でもない性　インターセックス（半陰陽）を生きる』青弓社、一九九八年

第Ⅰ章

（1）柳田国男『婚姻の話』岩波文庫、二〇一七年
（2）コリンヌ・ホフマン『マサイの恋人』講談社、二〇〇二年
（3）一九九二年（平成四）国民生活白書経済企画庁「国民皆婚制」の歴史我が国では未婚率が低く、大部分の人が結婚しているという感覚を当然のように持っているために明治以前、江戸時代などでは現在よりももっと未婚率が低く、結婚年齢も低かったであろうと考えがちである。しかし、実際には経済的に自立できず一生奉公人のまま終わる人や、家長である長男の家に居候のような形で住んでいた人には自活するだけの生産手段を得ることは難しく、晩婚であったり結婚しないまま一生を終える人も多かったらしい。
（4）木下太志、浜野潔『人類史のなかの人口と家族』晃洋書房、二〇〇三年、三ページ
（5）木下太志、浜野潔『人類史のなかの人口と家族』晃洋書房、二〇〇三年、一三ページ
（6）イザベラ・バード『日本奥地紀行』平凡社、二〇〇〇年、二〇五ページ
（7）南和男『幕末江戸社会の研究』吉川弘文館、一九七八年、二八ページ
（8）河口慧海『チベット旅行記一～四』講談社学術文庫、一九七八年

(9)永松真紀『私の夫はマサイ戦士』新潮社、二〇〇六年、一一四ページ
(10)エマニュエル・トッド『新ヨーロッパ大全』藤原書店、一九九二~三年
(11)ジョージ・P・マードック『社会構造　核家族の社会人類学』新泉社、二〇〇一年
(12)遠藤正敬『戸籍と国籍の近現代史　民俗・血統・日本人』明石書店、二〇一三年、五三ページ
(13)トマ・ピケティ『二一世紀の資本』みすず書房、二〇一四年、一二五ページ
(14)友部謙一『前工業化期日本の農家経済　主体均衡と市場経済』有斐閣、二〇〇七年
(15)宮本常一『生きていく民俗　生業の推移』河出書房新社、二〇一二年、三八ページ
(16)酒井美意子『元華族たちの戦後史』講談社α文庫、二〇一六年、三三ページ
(17)不動産登記法　第二七条　表示に関する登記の登記事項　所有者の氏名、所有者が二人以上ある場合にはその持分
(18)不動産の処分とは、売買や贈与といった所有権の移転だけでなく、抵当権の設定といった制限物件の行使を含む。
(19)民法第八九七条〈祭具等の承継〉は一般の相続とは、別様に扱われる。
(20)小山静子『子どもたちの近代　学校教育と家庭教育』吉川弘文館、二〇〇二年、四九ページ
(21)渡辺尚志『百姓の力　江戸時代から見える日本』角川文庫、二〇一五年、五三ページ
(22)家父長制（かふちょうせい）は、年長の男性によって支配される政府、社会、特に家族をいう。フリー百科事典『ウィキペディア（Wikipedia）』
(23)宮本常一『生きていく民俗　生業の推移』河出書房新社、二〇一二年、一二三~四ページ
(24)民法　第三三条　法人の設立

(25) 民法　第五編相続
(26) ルイス・フロイス『ヨーロッパ文化と日本文化』岩波文庫、一九九一年、四九ページ
(27) ルイス・フロイス『ヨーロッパ文化と日本文化』岩波文庫、一九九一年、四九ページ
(28) 厚生省　人口問題研究会　人口統計資料　一九九一～九二資料によると、乳幼児死亡率は、二〇〇〇年現在では一〇〇〇人あたり四人程度であるが、一九二〇年（大正九）でも一六五・七人だったことを考えると、江戸時代には二〇〇を越えていたと思われる。
(29) 江戸時代には女性が相続人となる例もあったが、きわめて少数の例外であった。
(30) エマニュエル・トッド『家族システムの起源　I　ユーラシア　上』藤原書店、二〇一六年、上巻二三二ページ
(31) 明治民法　第七百三十二条以下によると、家督相続は、戸主たる身分的地位と戸主に属する財産の受継である。長男子単独相続が原則であった。なお、被相続人は家督相続人を指定できたし、戸主が死亡して家督相続が開始したのにその家族である直系卑属もなく、家督相続人の指定もない場合には、家督相続人の選任をしなければならなかった。家督相続人は新戸主となるものであるので一人でなければならない。
(32) アリス・ベーコン『明治日本の女たち』みすず書房、二〇〇三年、六四ページ
(33) R・J・スミス、エラ・R・ウイスウェル『須恵村の女たち　暮しの民俗誌』御茶の水書房、一九八七年、五二六ページ
(34) ルイス・フロイス『ヨーロッパ文化と日本文化』岩波文庫、一九九一年、五七ページ
(35) 井上章一『パンツが見える。』朝日新聞社、二〇〇二年

（36）野村雅一『身ぶりとしぐさの人類学　身体がしめす社会の記憶』中公新書、一九九六年
（37）宮本常一著作集十二『村の崩壊』未來社、一九七二年、一五八ページ
（38）暉峻康隆『日本人の愛と性』岩波新書、一九八九年、一ページ
（39）現在の住宅は、おおむね七〜一〇年に一度の割合で、増改築をしている。
（40）竹田旦『民俗慣行としての隠居の研究』未來社、一九六四年

第Ⅱ章

（1）総務省統計局：労働力状態（二区分）、年齢（各歳）、男女別一五歳以上人口（一九八五年、二〇〇五年）
（2）斎藤美奈子『モダンガール論』文春文庫、二〇〇三年、一二八ページ
（3）エマニュエル・トッド『新ヨーロッパ大全　Ⅰ・Ⅱ』藤原書店、一九九二〜三年
（4）湯沢雍彦『明治の結婚　明治の離婚　家庭内ジェンダーの原点』角川選書、二〇〇五年、九六ページ
（5）湯沢雍彦『明治の結婚　明治の離婚　家庭内ジェンダーの原点』角川選書、二〇〇五年、九三ページ
沢雍彦によると、一九〇〇年（明治三三）のアメリカの離婚率は〇・七〇、フランスは〇・二五、ドイツは〇・一五、イギリスは〇・〇二である。
（6）斎藤美奈子『モダンガール論』文春文庫、二〇〇三年
（7）湯沢雍彦『明治の結婚　明治の離婚　家庭内ジェンダーの原点』角川選書、二〇〇五年、一一〇ページ
（8）明治民法　第七百六十六条　配偶者アル者ハ重ネテ婚姻ヲ為スコトヲ得ス

（9）厚生省　人口問題研究会　人口統計資料、一九九一～九二年、一〇ページ
（10）一九五〇年代から一九八〇年代まで、東京都市圏・大阪都市圏の郊外を中心に、ニュータウンの建設が盛んに計画、実施されている。「多摩ニュータウン」「港北ニュータウン」「千葉ニュータウン」「千里ニュータウン」「泉北ニュータウン」「高蔵寺ニュータウン」フリー百科事典『ウィキペディア（Wikipedia）』
（11）厚生労働省　統計情報部「人口動態統計」、人口統計資料集（二〇一六年）　結婚・離婚・配偶関係別人口から
（12）不貞相手の財力、社会的地位、不貞行為の回数・期間、不貞行為を原因とした離婚の有無など、さまざまな事情によって慰謝料の額は増減するが、平成になっても慰謝料は支払われている。
（13）謝国権『性生活の知恵』池田書店、一九六〇年、六六ページ
（14）ＮＨＫ世論調査部編『現代日本人の意識構造　第三版』ＮＨＫ放送文化研究所、一九九一年、八四ページ
（15）井上章一『パンツが見える。』朝日新聞社、二〇〇二年、七八ページ
（16）バーナード・ルドフスキー『さあ横になって食べよう　忘れられた生活様式』鹿島出版会、一九八五年、一一七ページ
（17）バーナード・ルドフスキー『さあ横になって食べよう　忘れられた生活様式』鹿島出版会、一九八五年、一一九ページ
（18）リチャード・ゴードン・スミス『ニッポン仰天日記』小学館、一九九三年、二五六～二五七ページ
（19）中野明『裸はいつから恥ずかしくなったか：「裸体」の日本近代史』ちくま文庫、二〇一六年

（20）ハインリッヒ・シュリーマン『シュリーマン旅行記　清国・日本』講談社学術文庫、一九九八年、八八ページ
（21）黒沢隆『個室群住居　崩壊する近代家族と建築的課題』住まいの図書館出版局、一九九七年
（22）主寝室はマスター・ベッドルームの翻訳だろうが、通常もっとも大きな寝室である。
（23）現在、老人室などと言ったら、高齢者差別だといわれるであろう。
（24）『朝日新聞の記事にみる恋愛と結婚　〈明治〉〈大正〉』朝日文庫、一九九七年、二〇六ページ
（25）婚姻関係に基づく性交応諾義務の存在は明文化されてはいないが、当然のごとくに女性は性交に応じるものと考えられてきたので、夫婦間では強姦事件として起訴されなかった。しかし、今後は夫婦間であっても、暴行または脅迫をもちいて性交をすると、強姦罪になるであろう。
（26）岡田秀子『反結婚論』亜紀書房、一九七二年、一八三ページ
（27）湯沢雍彦『明治の結婚　明治の離婚　家庭内ジェンダーの原点』角川選書、二〇〇五年
（28）一九四七年生まれの米国の社会学者、社会批評家、フェミニスト。『セックス、アート、アメリカンカルチャー』河出書房新社、一九九五年
（29）一九五五年カナダ・マニトバ州生まれ。ヨーク大学政治科学博士号取得、ウィニペグ大学文学士号取得、インディアナ大学助教授：専攻‐古典政治理論、女性学理論、法理論、邦訳『セックスワーカーのカーニバル』第三書館、二〇〇〇年
（30）『チャタレイ夫人の恋人』には露骨な性的描写があったが、出版社社長はそれを知りつつ出版した。伊藤整と出版社社長は当該作品にはわいせつな描写があることを知りながら共謀して販売したとして、刑法第一七五条違反で起訴された。一九五七年（昭和三二）最高裁判所大法廷は、上告を棄却したので

有罪が確定した。

(31) 浮世絵などのモデルになっているのは、役者や遊女などであり、人口の九〇パーセントをしめた農民とは美人観が違った。

(32) エレノア・ハーマン『王たちのセックス　王に愛された女たちの歴史』ベストセラーズ、二〇〇五年

(33) 井上章一『美人論』朝日文芸文庫、一九九五年、二〇ページ

(34) 浮世絵美人画の対象になったのは、吉原などの花魁たちだった。

(35) ナンシー・エトコフ『なぜ美人ばかりが得をするのか』草思社、二〇〇〇年

(36) 石田あゆう『ミッチー・ブーム』文春新書、二〇〇六年

(37) 斎藤美奈子『モダンガール論』文春文庫、二〇〇三年、三〇〇ページ

(38) 石井光太『世界「比較貧困学」入門』ＰＨＰ研究所、二〇一四年、一五六ページ

(39) 大塚英志『「伝統」とは何か』ちくま新書、二〇〇四年

(40) 日本経済新聞「血縁なくても「父子」認定最高裁ＤＮＡで嫡出推定覆らず」二〇一四年七月一七日

(41) 森口千晶「児童福祉として養子制度を考える」

第Ⅲ章

(1) 瀬川清子『若者と娘をめぐる民俗』未来社、一九七二年、一一二〜三ページ

(2) 東京新聞、二〇〇九年七月二〇日

(3) 矢野智司『子どもという思想』玉川大学出版部、一九九五年

(4) 奥野修司『ねじれた絆― 赤ちゃん取り違え事件の十七年』文春文庫、二〇〇二年

(5) 加藤英明『遺伝上の父を知りたい　生殖医療で生まれた医師』朝日デジタル、二〇一五年五月二一日
(6) 東京新聞「体外受精で誕生　一八人に一人」二〇一八年九月一三日
(7) 向井夫妻は、向井亜紀を母とする出生届の受理を拒否された。出生届を受理せよという、訴訟を起こし高裁では勝訴したが、最高裁では逆転敗訴した。
(8) (財) こども未来財団『子育てに関する意識調査』(平成一二年)
(9) ベティ・フリーダン『新しい女性の創造』大和書房、一九六五年　女性が妻と母であることに生きがいを感じ、息子を通して生きようとする時は、このように極端な愛憎の気持が、母親と息子の間に、多くの場合、言わず語らずの中に存在する。男性の同性愛は女性の同性愛より昔も今もずっとありきたりのものである。母親と息子との関係とちがい、父親はめったに娘を通して生きようとしたり、娘を引きつけておこうとはしない。一九六ページ
(10)「女性が輝く日本」の実現に向けて　厚生労働大臣　田村憲久　平成二六年五月二八日
(11) 福岡女性学研究会『性別役割分業は暴力である』現代書館、二〇一一年
(12) 藤沢数希『損する結婚 儲かる離婚』新潮新書、二〇一七年、六ページ
(13) 婚姻費用算定表に基づいた計算機　http://www.asahi-net.or.jp/~zi3h-kwrz/law2wfspcal.html
(14) オリーブ・シュライナー『女性と労働』『フェミニズム事典』明石書店、一九九一年、四一五ページ
(15) 石川結貴『モンスターマザー　世界は「わたし」でまわっている』光文社、二〇〇七年
(16) 信田さよ子『母が重くてたまらない―墓守娘の嘆き』春秋社、二〇〇八年、八九ページ
(17) 渡辺えり『もう少し大人に扱って』毎日新聞、二〇一七年七月四日
(18) ウートピ世論調査　サンプル数：三、三五〇人 (二〇一五年二月二六日現在)

(19) エリザベート・バダンテール『母性という神話』筑摩書房、一九八〇年、三六二ページ

(20) マーサ・A・ファインマン『家族、積みすぎた方舟　ポスト平等主義のフェミニズム法理論』学陽書房、二〇〇三年に関連して、Michael Selmi の文章によると、アメリカにおけるフルタイムで働く女性の収入は、対男性比（男性を100として）で下記の通りだと言う。

二〇〜二四歳／八九・四%　二五〜三四歳／八三・〇%　三五〜四四歳／七三・五%　四五〜五四歳／七〇・五%　五五〜六四歳／六八・二

(21) 堀田佳男　日経ビジネス、二〇〇五年二月四日（水）

(22) ガーベジニュース：アメリカの専業主婦・専業主夫率動向をグラフ化してみる（二〇一五年）

(23) ウィンブルドンのテニス選手権では、二〇〇九年からミスとかミセスといった女性の敬称をボードに表示しなくなった。

(24) 井上輝子、江原由美子『女性のデータブック　2』有斐閣、一九九五年

(25) 刑法（住居侵入等）第一三〇条　正当な理由がないのに、人の住居若しくは人の看守する邸宅、建造物若しくは艦船に侵入し、又は要求を受けたにもかかわらずこれらの場所から退去しなかった者は、三年以下の懲役又は一〇万円以下の罰金に処する。

(26) スティーブン・ピンカー『暴力の人類史　上』青土社、二〇一五年、一三〇ページ

(27)「配偶者からの暴力事案の対応状況について」（警察庁）によれば、相談件数の統計があるのは、二〇〇二年（平成一四）からである。

(28) 米国では一九七〇年代後半から女性の権利闘争やいくつかの致死事件により、近親者からの暴力が耳目を集め、ドメスティックバイオレンスの概念が創られた。フリー百科事典『ウィキペディア（Wikipedia）』

(29)エリオット・レイトン『親を殺した子供たち』草思社、一九九七年、一一ページ
(30)東京新聞、二〇〇四年九月八日
(31)戦後、公娼制度は名目的には廃止されたが、赤線地帯は取り締まりの対象から除外されたため、事実上の公娼制度は以降も存続した。一九五八年(昭和三三)、売春防止法の制定に伴い赤線が廃止された。
(32)友部謙一『前工業化期日本の農家経済　主体均衡と市場経済』有斐閣、二〇〇七年、一八五ページ
(33)トマ・ピケティ『二一世紀の資本』みすず書房、二〇一四年、九ページ
(34)東京新聞「児童労働」二〇一五年六月二八日
(35)国立社会保障・人口問題研究所　一般人口統計　人口統計資料集(二〇〇五年版)避妊の実行割合から
(36)女優の志賀暁子が堕胎罪で逮捕され、投獄される事件があった。一九三七年(昭和一二)には産児制限が「国体維持に反する可能性がある」として警察が石本(加藤)シヅエを連行、その隙に産児制限相談所を家宅捜索しカルテ等を持ち出した。その結果産児制限相談所は閉鎖に追い込まれた。フリー百科事典『ウィキペディア(Wikipedia)』
(37)人口問題審議会は昭和二四年に一度内閣の下に直接設置されたが、すぐに廃止され、あらためて昭和二八年に厚生省の下に設置された。
(38)http://ikumen-project.jp/index.html
(39)〈雇用の分野における男女の均等な機会及び待遇の確保等に関する法律〉が制定されたのは、一九七二年(昭和四七)である。その後、改善されてきた。
(40)マーガレット・ヘニッグ、アン・ジャーディム『キャリア・ウーマン　男性社会への魅力あるチャレ

ンジ』サイマル出版会、一九七八年、二六七ページ

(41) 貧困統計ホームページ http://www.hinkonstat.net/

(42) 日本経済新聞「若い女性の収入、男性抜く 介護分野などで賃金上向き ○九年調査 製造業と明暗、産業構造の変化映す」二〇一〇年一〇月一四日付

(43) 青少年白書(二〇〇八年版)によれば、二〇〇八年度の児童虐待相談件数は四〇、六三九件で、二〇〇八年度児童相談所における児童虐待相談対応件数等によれば、統計開始の二〇〇二年と比較すると四〇倍の数字に増加している。

(44) 二〇〇四年度の厚生労働省と日本家族計画協会の共同調査によると、日本の夫婦の実に三二パーセント(およそ三組に一組弱)までもが、セクシャル・コンタクトが一ヶ月以上もないセックスレスに相当し、さらに一年以上性交渉のない夫婦は二割(三二パーセントのうちではなく全夫婦の二割)にのぼるとの事である。フリー百科事典『ウィキペディア(Wikipedia)』

(45) セックス離れ:若い男性、性の「絶食化」毎日新聞、三〇〇〇人調査、二〇一五年二月五日

(46) 梅棹忠夫『女と文明』中央公論社、一九八八年、二三ページ。初出『婦人公論』五月号 中央公論社、一九五七年、六六~七一ページ

(47) 乳幼児死亡率は、厚生労働省の二〇〇二年統計によれば一〇〇〇人に四人、WHOの二〇〇三年統計でも日本は四人である。

(48) 山田昌弘『家族難民 中流と下流――二極化する日本人の老後』朝日文庫、二〇一六年、一五ページ

第Ⅳ章

（1）一九五〇年 UNIVAC-1 真空管式計算機プログラム内蔵方式の最初の商用計算機が誕生した。一九六〇年代中頃から、ＩＢＭのパソコンが普及し始めた。

（2）ベティ・フリーダン『新しい女性の創造』大和書房、一九六五年、二四ページ　原題は「The Feminine Mystique」

（3）「クレイマー、クレイマー」（Kramer vs. Kramer）は、一九七九年公開のアメリカ映画。製作・配給会社はコロムビア映画。アヴェリー・コーマンの小説を原作としてロバート・ベントンが監督と脚本を担当した。主演はダスティン・ホフマン。第五二回アカデミー賞作品賞ならびに第三七ゴールデン・グローブ賞ドラマ部門作品賞受賞作品。フリー百科事典『ウィキペディア（Wikipedia）』

（4）日経ウェブ「スウェーデン、専業主婦率二％でも出生率高い理由」二〇一四年六月二一日

（5）核家族の結婚は、キリスト教徒なら教会で神様に永久の愛を誓い、我が国では神社で一生にわたり夫婦であることを神様に報告する。

（6）個人の利益より集団の利益を優先する日本や韓国の労働倫理に学び、過度の個人主義や道徳・倫理の荒廃をもたらす西欧的な価値観を修正すべきである、とする一九八一年にマハティールの提言がなされた。フリー百科事典『ウィキペディア（Wikipedia）』

（7）平成一六年版『少子化社会白書（全体版）』最近の少子化白書には、海外の婚外児の統計は掲載されなくなった。

（8）同性結婚を認めた国（地域）　オランダ、ベルギー、スペイン、スウェーデン、カナダ、南アフリカ、アメリカ合衆国のうちマサチューセッツ州、カリフォルニア州、コネチカット州、アイオワ州、バーモ

ント州、メイン州、ニューハンプシャー州フリー百科事典『ウィキペディア（Wikipedia）』

（9）国立社会保障・人口問題研究所『人口統計資料集』（二〇〇九年）Ⅳ．出生・家族計画

（10）厚生省　人口問題研究会『人口統計資料』一九九一～九二、四八ページ

（11）筒井淳也『仕事と家族　日本はなぜ働きづらく、産みにくいのか』中公新書、二〇一五年、三五ページ

（12）斎藤学『家族の闇をさぐる』新潮文庫、一九九七年、二九八ページ

（13）日経新聞、一九九八年六月一六日　ひとり親家庭の子供たちというとなにかと評判が悪い、と考えられがちだが、それをくつがえす説をドイツの報道週刊誌『フォークス』（五月十八日号）は伝えている。

（14）羽根田里志「母子家庭に育って」シングルマザー・フォーラム発行「ニュース」二〇一五年六月二一日第九四号

（15）五月革命は政治的側面のみならず、「旧世代に反対する新世代の台頭」あるいは「フリーセックス」「自由恋愛」に代表されるような「古い価値観を打破する20世紀のルネッサンス運動」という意識を持って参加するものも多かった。フリー百科事典『ウィキペディア（Wikipedia）』

（16）民法　第九〇〇条四の嫡出でない子の相続分は、嫡出である子の二分の一とし、を根拠に、〈相続制度は立法府の合理的な裁量判断にゆだねられており、法定相続分の定めは補充的に機能する規定にすぎず、現行民法は法律婚主義を採用しているのであるから、非嫡出子の法定相続分を嫡出子の二分の一としたことは、合理的理由のない差別とはいえず、憲法一四条一項に反するものとはいえない〉と、最高裁判所はいった。一九九五年七月五日

（17）マイケル・ルイス『ネクスト』アスペクト、二〇〇二年

（18）『緋文字』（ひもんじ、The Scarlet Letter）は、一八五〇年にナサニエル・ホーソーンにより執筆さ

れたアメリカ合衆国のゴシックロマン小説であり、多くの場合ホーソーンの代表作であると考えられている。この小説は一七世紀ニューイングランド（主にボストン）のピューリタンの社会を舞台に、姦通の罪を犯した後に出産し、その父親の名を明かすことを拒み、悔恨と尊厳の内に新しい人生を打ち建てようと努力する女性へスター・プリンの物語を描いている。フリー百科事典『ウィキペディア（Wikipedia）』

（19）子どもの権利委員会の最終所見〈差別の禁止〉本委員会は、婚外子が法律によって差別されていること、ならびに、女の子、障害を持つ子ども、アメラジアンの子ども、韓国・朝鮮人の子ども、部落の子ども、アイヌの子ども、その他の少数者グループ、および移住労働者の子どもに対する社会的差別が根強く存在していることを懸念する。

本委員会は、締約国が、婚外子に対するあらゆる差別、特に、相続、国籍に関する権利（the citizenship right）および出生登録に関する差別を廃絶すること、ならびに、法律および規則から「非嫡出」（illegitimate）という差別的用語を廃止することを目的として、国内法を改正することを勧告する。条約四四条に基づいて締約国によって提出された報告審査二〇〇四年

（20）憲法第一四条第一項　すべて国民は、法の下に平等であつて、人種、信条、性別、社会的身分又は門地により、政治的、経済的又は社会的関係において、差別されない、と定める。基本的人権が権利の本来的保障を意味するのに対し、法の下の平等は、他者との比較においても十分な権利を保障するものである。

（21）厚生労働省　平成一八年版　少子化社会白書　スウェーデンでは、一九八〇年代前半に合計特殊出生率が一・六程度に低下した後、回復傾向に入り、一九九〇年頃には二・〇を超える水準に達した。しか

し、いったん一九九〇年代後半に一・五にまで低下したものの、その後は、回復傾向に入り、特に二〇〇〇年の一・五四から二〇〇四年には一・七五にまで回復している。

フランスは、もともと主要国の間で出生率が高い国であった。しかし、そのフランスでも、一九九〇年代後半に合計特殊出生率が一・七にまで低下した。その後は反転し、二〇〇〇年以降では、二〇〇〇年の一・八八から二〇〇四年の一・九〇へと高い水準で推移し、二〇〇五年には一・九四となっている。
(22)『なくそう婚外子・女性への差別』明石書店、二〇〇四年
(23)高倉正樹『赤ちゃんの値段』講談社、二〇〇六年、二九ページ
(24)ウィキペディア「特別養子縁組　海外養子縁組」https://ja.wikipedia.org/wiki/%E7%89%B9%E5%88%A5%E9%A4%8A%E5%AD%90%E7%B8%81%E7%B5%84
(25)厚生労働省：平成一七年度保健・衛生行政業務報告（衛生行政報告例）
(26)橘木俊詔、迫田さやか『夫婦格差社会　二極化する結婚のかたち』中公新書、二〇一三年、二二ページ
(27)橘玲『臆病者のための億万長者入門』文春新書、二〇一四年、二九ページ
(28)一九八〇年頃のホテルは、非婚の男女が同室での宿泊予約の電話をいれると、宿泊を拒否していた。
(29)一九七〇年以前は、採用試験の時に探偵社など使って身上調査を行い、応募者の男女関係を調査していた。
(30)「夫婦同姓、厳しい国際世論＝国連、法改正を勧告」時事ドットコム、二〇一五年九月二三日 http://www.jiji.com/jc/zc?k=201509/2015092300189
(31)柴田久仁夫『フランス人は1割しかお嫁に行かない』東邦出版、二〇一六年、三二ページ
(32)川崎賢子、中村陽一編『アンペイド・ワークとは何か』藤原書店、二〇〇〇年

(33)厚生省が、「育児をしない男を、父とは呼ばない」、「家庭や子育てに『夢』を持てる社会を」、と言う新聞一面広告を出した。一九九九年(平成一一)
(34)内閣府「三世代同居に係る税制上の軽減措置の創設」平成二八年度税制改正(租税特別措置)要望事項
(35)上野千鶴子『家父長制と資本制　マルクス主義フェミニズムの地平』岩波書店、一九九〇年
(36)加藤百合子『家事育児という仕事』東京新聞、二〇一六年六月六日
(37)日本人女性の年齢階級別の労働力率(一五歳以上の人口に占める求職中の人も含めた働く人の割合)をグラフで表したもの。女性の就労率は二〇歳代でピークに達し、三〇歳代の出産・育児期に落ち込み、子育てが一段落した四〇歳代で再上昇し、アルファベットのMのかたちに似た曲線を描く傾向を表している。
(38)宮本常一『生きていく民俗　生業の推移』河出書房新社、二〇一二年、九八〜九九ページ
(39)国立社会保障・人口問題研究所「少子化情報ホームページ」
(40)久保田賢次「『個の時代』、頼りはSNS…今どきの登山事情」読売新聞(YOMIURI ONLINE)二〇一六年七月二〇日
(41)半陰陽者は、ここでは問題にしない。
(42)二〇〇四一一月二〇日の東京新聞で、田口信教が次のように書いている。
「日本のスポーツ施設、とくに更衣室が、時代に取り残されているように感じるようになった。ドイツの公共施設などでは、床暖房が入り、グレードが高く、男女の区別がないなど、驚くほど更衣室に違いがある。変な想像をする人もいるかもしれないが、肝心なところの着替えは個室式で鍵のかかるブー

スの中でするので、逆にプライバシーが厳密に守られるように思う。男女の区別がないと、家族が一緒に利用でき、幼い子供にとってのメリットは大きい。また、障害者や高齢で水着などの着脱に手助けを必要とする人たちにも、夫婦で利用できる個室式は合っている。さらに、男女で微妙に利用の時間帯は異なるもので、共用は混雑の緩和やスペースの節約にも役立つことになる。（中略）鹿屋体育大学の実験プールは男女一緒のブース式更衣室を採用して20年になるが、トラブルもなく、管理が行いやすく、男女が交わることで、和やかな雰囲気が作られるなど利点が多い。是非、スポーツ施設の利用者の幅を広げるためにも、快適な更衣室を普及してほしいものである。」

（43）女性も徴兵のノルウェー軍、部屋も「男女混合」AFPBB News 二〇一六年九月六日

（44）JPプレス『戦場に出向く女性兵士たち』二〇一三年五月三〇日 http://jbpress.ismedia.jp/articles/-/37865

（45）CNN「米軍、すべての戦闘任務で女性の参加認める」二〇一五年一二月四日

（46）ジェシ・グリーン『男だけの育児』飛鳥新社、二〇〇一年、一四ページ

（47）天才子役として登場した女優のジョディ・フォスターは、とある女性と暮らしていたことをカミング・アウトしたが、その女性とは別れたようだ。

（48）国立社会保障・人口問題研究所『人口統計資料集』（二〇〇九年）

（49）菊池勇夫『飢饉　飢えと食の日本史』集英社新書、二〇〇〇年

（50）〈水子〉は本来「すいじ」と読み、戒名の下に付ける位号の一つで、死産や乳児の頃に夭折した者に対して付けられるものであった、という。フリー百科事典『ウィキペディア（Wikipedia）』

（51）スアド『生きながら火に焼かれて』（株）ソニーマガジンズ、二〇〇四年

（52）ジョエル・E・コーエン『新「人口論」生態学的アプローチ』農山漁村文化協会、一九九八年
（53）東京新聞、二〇〇三年一一月四日
（54）河合幹雄『日本の殺人』ちくま新書、二〇〇九年、一二三ページ　戦後すぐには年間被害者三〇〇人もあったのが、一九七七年には一八七人、そして、二〇〇四年には二四件被害者二四人に激減している。
（55）森永卓郎『〈非婚〉のすすめ』講談社現代新書、一九九七年、一六ページ
（56）大日向雅美『母性は女の勲章ですか?』サンケイ新聞社、一九九二年
（57）帝王切開ナビ　http://www.cs-navi.com/what/one-sixth.html
（58）我が国の人口妊娠中絶は貧困対策として始まったが、先進国では女性運動の最大の争点であった。荻野美穂『中絶論争とアメリカ社会　身体をめぐる戦争』岩波書店、二〇一二年も言うように、プロライフとプロチョイスやERA（男女平等憲法修正条項）への対応は、男女間の確執だけではなく、女性間の確執でもある。

第V章

（1）東京新聞、二〇〇九年一二月六日
（2）友部謙一『前工業化期日本の農家経済　主体均衡と市場経済』有斐閣、二〇〇七年、四七ページ
（3）信田さよ子『脱常識の家族づくり』中公新書ラクレ、二〇〇一年、七ページ
（4）厚生労働省の統計資料によれば、二〇〇八年（平成二〇）の第一次産業従事者は四・二パーセント、第二次産業従事者は二六・四パーセント、第三次産業従事者は六九・四パーセントである。
（5）下田治美『ぼくんち熱血母主家庭　痛快子育て記』講談社文庫、一九九三年、一二五ページ

(6) 静岡女子高生母親毒殺未遂事件
(7) 東京新聞、二〇〇四年二月五日
(8) 二〇〇五年（平成一七）版　犯罪白書
(9) 河合幹雄『日本の殺人』ちくま新書、二〇〇九年、一七ページ
(10)『DV妻に苦しめられて』週刊朝日WEB新書、二〇一五年四月二三日　http://astand.asahi.com/webshinsho/asahipub/weeklyasahi/product/2015042000004.html?iref=recd
(11) 二〇〇八年（平成二〇）『版犯罪白書』〈高齢犯罪者の増加の現況〉警察、検察、矯正及び更生保護という各手続・処遇段階（以下「各手続段階」という。）における人員中の高齢者数の推移を男女別に見ると、各手続段階における高齢者の人員は男女ともに増加している。特に、一般刑法犯検挙人員では、高齢の女子の検挙人員は男子の半数近くいる。しかも、これらの高齢犯罪者の増加の勢いは、高齢者人口の増加の勢いをはるかに上回っている。
(12) スポーツ報知、二〇〇八年六月一〇日
(13) 東京新聞、二〇一五年八月一〇日
(14) 読売新聞、二〇一五年七月三〇日
(15) 二〇〇九年（平成二一）版『犯罪白書』
(16) 元日商岩井副社長海部八郎は、ダグラス・グラマン事件の中心人物だったが、米国日商の駐在員時代には平均睡眠時間三時間の猛烈な仕事ぶりで、船舶輸出の実績を上げ、日本に戻っても、早朝出勤・深夜退社の仕事オタクだった。
(17)「増える〈専業主夫〉」日経新聞、二〇〇四年四月三日　専業主夫の家庭は全体の五パーセント。

（18）（財）青少年と共に歩む会編『静かなたたかい　広岡知彦と「憩いの家」の三〇年』朝日新聞社、一九九七年

（19）ロイス・R・メリーナ『子どもを迎える人の本　「養親」のための手引き』どうぶつ社、一九九二年、五二ページ

（20）中央日報米州版、二〇〇六年一月一九日　米国務省の統計によると、一九八〇年代までアメリカへの養子輸出で断然「先頭」を走っていた韓国が、中国とロシアに次ぐ三位に後退した。

海外へ引き取られる韓国人養子の問題はこれまでほとんど注目を集めなかったが、一九九一年にスウェーデンの韓国人養子を取り上げた映画『スーザン・ブリンクスーアリラン』（日本題：スーザンブリンクのアリラン）が公開されて韓国内でも大きな反響を呼び、一九九八年に金大中大統領が海外の成人養子二九人を青瓦台に招待して、韓国が育てられなかったことを公式に謝罪した。フリー百科事典『ウィキペディア（Wikipedia）』

（21）産経ニュース、二〇〇七年一一月二一日　難しくなる中国からの養子【北京＝USA TODAY（カルム・マクラウド）】米国家庭が中国から養子を迎えることが難しくなっている。米国は一九九二年以降、中国から七万五〇〇〇人の養子を受け入れてきた。ところが、今年五月、中国政府が海外に住む独身者や肥満、五〇歳以上の人との養子縁組は認めない方針を打ち出したことでブレーキがかかった。

（22）未成年養子および特別養子の家裁認容件数は司法統計各年度より野辺陽子氏が作成し、体外受精児数は（江原・長沖・市野川、二〇〇〇年三月）より野辺陽子氏が作成したものを、引用した。

（23）HODGES PARROT、二〇〇九年一月四日　イングランド、ウェールズ、スコットランドでは、二〇〇七年に反差別法が制定され、同性愛者に対する差別が全面的に禁止、違法となった。その中で、

差別禁止法（平等法、Equality Act）に対して例外的に二一ヶ月間の執行猶予を与えられたのが、ローマ・カトリック系の養子斡旋機関だった。そして今年の一月で二一ヶ月の猶予が過ぎることになり、一一の養子斡旋機関のうち、約半数の五の機関が法律に従いゲイ・カップルへの養子を認めることになった。

(24) 酒井シヅ『病が語る日本史』講談社学術文庫、二〇〇八年、二四三ページ

(25) 海外ではゲイとわかっただけで、入居拒否にあったり、職業を失ったが、我が国ではそのような差別は少ない。ゲイという理由で殺される例は、ほとんど聞かない。

(26) 二〇〇八年のアメリカ映画「ミルク」

(27) 男女の婚姻とは別枠の制度として、異性結婚の夫婦に認められる権利の全部もしくは一部を同性カップルにも認め、保証するという法律（パートナーシップ法などと呼ばれる）を作る方法である。デンマークやノルウェー、スウェーデンなど、パートナー法が成立している国は多い。

パートナーシップ法がある国（地域）

〈ヨーロッパ〉デンマーク、ノルウェー、スウェーデン、グリーンランド、アイスランド、フランス、ドイツ、フィンランド、イギリス（UK）、ルクセンブルグ、イタリア、アンドラ、スロベニア、スイス、チェコ共和国

〈アメリカ合衆国〉ハワイ州、バーモント州、カリフォルニア州、ニュージャージー州、メーン州、コネチカット州、

〈中・南アメリカ大陸〉アルゼンチン、ブラジル、メキシコ、メキシコシティ、コアウイラ州、ウルグアイ

〈太平洋〉ニュージーランド、オーストラリア、タスマニア州、オーストラリア首都特別地域（ACT）

同性カップルの権利を保障する国（地域）

〈中東〉イスラエル

〈ヨーロッパ〉ハンガリー、ポルトガル、オーストリア、クロアチア

フリー百科事典『ウィキペディア（Wikipedia）』

(28) 深海菊絵『ポリアモリー　複数の愛を生きる』平凡社新書、二〇一五年、一七ページ

(29) 低成長時代には、長期の銀行ローンはそれほど有利ではないし、不景気が予想される時代には、ボーナス返済は難しい。

(30) 匠雅音『シングルズの住宅　住宅及び居住環境における一人世帯の研究』一九九四年

(31) 黒沢隆『個室群住居　崩壊する近代家族と建築的課題』住まいの図書館出版局、一九九七年、二一一〜二一二ページ

(32) 平山洋介『住宅政策のどこが問題か　〈持家社会〉の次を展望する』光文社新書、二〇〇九年

(33) 既存住宅流通シェアの国際比較によると、日本の新築着工戸数は二〇一三年時点で九八万戸で既存住宅流通量は一七万戸弱で、全体に占める既存住宅取引の割合は一四・七%にとどまります。米国の新築着工戸数は年間五五万戸に対し、既存住宅取引戸数は五一六万戸と、その割合は全体の九〇・三%に達します。英国やフランスにおける既存取引の割合も六割から八割を占めます。　http://www.fudousan.or.jp/market/1504/04_01.html

(34) 今一生『ゲストハウスに住もう！　TOKYOの非定住生活』晶文社、二〇〇四年

(35) 南和男『幕末江戸社会の研究』吉川弘文館、一九七八年、一〇八ページ

(36) 個人金融資産残高（二〇〇一年）日本銀行調査統計局越智誠が広報誌『にちぎんクオータリー二〇〇三年春季号（三月二五日発刊）』から。

国民一人当たり残高

米国／一、四九四万円　日本／一、一四八万円　英国／九〇九万円　ドイツ／五二三万円

フランス／六二〇万円

(37) 井形慶子『なぜイギリスの老人は「貯金一四〇万円」で楽しく生きていけるのか』現代ビジネス　講談社　http://gendai.ismedia.jp/articles/-/49651

(38) 福井新聞、二〇〇九年七月二六日〈たばこ自動販売のための機成人識別カード「タスポ」情報、検察に提供日本たばこ協会〉たばこ自動販売機の成人識別カード「タスポ」を発行する日本たばこ協会（東京）が、特定の個人が自販機を利用した日時や場所などの履歴情報を検察当局に任意で提供していたことが二五日、関係者の話や内部資料で分かった。行方の分からなかった罰金未納者の所在地特定につながったケースもあった。

クレジットカードや携帯電話の使用履歴はこれまでも捜査当局に使われてきたが、タスポ情報の利用が明らかになるのは初めてとみられる。

刑事訴訟法に基づく照会に回答した形となっているが、タスポの利用者は通常、想定していない事態だけに、個人情報保護の観点から「どんな情報を第三者に提供するのか、本人に明らかにすべきではないか」と、疑問の声も出ている。

日本たばこ協会は、共同通信の取材に事実関係を認め、「法に基づく要請には必要に応じて渡さざるを得ない。情報提供については会員規約で同意を得ていると認識している」と説明している。

関係者の話などによると、協会は求められた個人の生年月日や住所、電話番号、カード発行日などのほか、たばこ購入の日時や利用した自販機の所在地を一覧表にして提供。免許証など顔写真付き身分証明書の写しが添付された申込書のコピーを渡した事例もあった。

(39)「人権法案を問う」辛淑玉さんインタビュー、東京新聞、二〇〇五年三月六日

(40) 国連の児童の権利に関する委員会では、一九九八年六月に、日本の第一回報告に対して、「法律が、条約により規定された全ての理由に基づく差別、特に出生、言語及び障害に関する差別から児童を保護していないことを懸念する。」「嫡出でない子の相続権が嫡出子の相続権の半分となることを規定している民法第九百条第四項のように、差別を明示的に許容している法律条項、及び、公的文書における嫡出でない出生の記載について特に懸念する。」と記し、勧告として、「特に、嫡出でない子に対して存在する差別を是正するために立法措置が導入されるべきである。」としている。

(41) 東京新聞、二〇〇九年一一月一四日「厚生労働省は一三日、二〇〇七年のひとり親世帯の「相対的貧困率」が、五四・三パーセントだったと発表した」

(42) 毎日新聞、二〇〇九年一一月一七日　所得税法上の「寡婦控除」が受けられないのは人権侵害だとして、非婚の母子家庭の母親三人が一七日、日本弁護士連合会に人権救済を申し立てた。寡婦控除を巡る申し立ては初めて。

寡婦控除は、夫と死別か離別し、子どもや扶養親族がいる場合などに適用され、年間所得から二七万～三五万円を控除できるが、結婚歴がなければ適用外。一九五一年に戦争で夫を亡くした人への救済策として創設された。

(43) 岩瀬彰『「月給100円サラリーマン」の時代』ちくま文庫、二〇一七年、一四八ページ

(44) 少年犯罪データベース「少年による殺人統計」 http://kangaeru.s59.xrea.com/G-Satujin.htm
(45) 警視庁『平成二四年の犯罪』四四三ページ
(46) 管賀江留郎『戦前の少年犯罪』築地書館、二〇〇七年
(47) 河合幹雄『日本の殺人』ちくま新書、二〇〇九年、二七ページ

第Ⅵ章

(1)『有賀喜左衛門著作集〔全一一巻〕』未來社、一九六七―一九七一年
(2) 岩瀬彰『「月給100円サラリーマン」の時代』ちくま文庫、二〇一七年、二三三〜四ページ
(3) 酒井美意子『元華族たちの戦後史』講談社α文庫、二〇一六年、五八ページ
(4) ダイアン・コイル『脱物質化社会』東洋経済新報社、二〇〇一年
(5) ブルームバーグ「米国で独身者の比率が五〇%突破」二〇一四年九月一〇日
(6) 預金保険機構 https://www.dic.go.jp/katsudo/chosa/yohokenkyu/200904-10/10-5-1.html
(7) 産経ニュース、二〇〇九年一月一日〈過去最大の自然減、本格的な人口減少社会突入〉厚生労働省は三一日、平成二〇年の人口動態統計の年間推計を発表した。日本在住の日本人の人口は、出生数がわずかに増えたものの、死亡数が昭和二二年の統計開始以来最多を記録して大幅に増えたため、自然減は過去最大の五万一〇〇〇人となる見通しだ。自然減が二年続くのも初めてで、日本は本格的な人口減少社会に突入した。
(8) 二一世紀職業財団〈育児・介護費用等補助コース〉労働者が、育児又は家族の介護に係るサービスを利用する際に、それに要した費用の全部又は一部を補助する制度を労働協約又は就業規則に規定し、実

際に費用補助を行った事業主及び育児又は介護に係るサービスをおこなうものと契約し、そのサービスを労働者に利用させた事業主に対して、事業主が負担した額の一定割合を助成します。

(9) 東京新聞「深刻な都市部の保育所不足」二〇一六年六月六日

(10) 東京新聞「給付五〇%公約」崩壊寸前　前提条件現実離れ　二〇〇九年六月一四日

(11) 毎日新聞「ガラスの天井：女性と自立／3　賃金格差が年金に反映」二〇一五年一一月二七日

(12) 国立社会保障・人口問題研究所：都道府県別家族類型別世帯数の推移［単独世帯］(二〇一四年四月推計)

(13) 東京新聞「四七都道府県婚活作戦」二〇一七年五月二一日

(14) NHKスペシャル「私たちのこれから」取材班編『超少子化・異次元の処方箋』ポプラ新書、二〇一六年、二五ページ

(15) 新エンゼルプランについて　平成一一年一二月一九日〈重点的に推進すべき少子化対策の具体的実施計画について(新エンゼルプラン)の要旨〉

(16)「老いる中国、『出産補助金』検討も焼け石に水」フォーブス、二〇一七年四月四日

(17) 意外に多いが確実に減っている……祖父母と共に住んでいる子供達の割合(二〇一六年)(最新)ガベージ・ニュース、二〇一六年五月八日　http://www.garbagenews.net/archives/2241263.html

(18) 舞田敏彦「三世代同居では日本の保育・介護問題は解決できない」ニューズウィーク、二〇一七年四月二七日

(19) 二〇代女性の約七割が「結婚願望あり」も……男性の半数が「願望なし」と冷ややか　キャリコネ編集部、二〇一五年七月三〇日　https://news.careerconnection.jp/?p=14687

(20) 藤森克彦『単身急増社会の希望』日本経済新聞社、二〇一七年、七ページ
(21) 東京新聞「教育公的支出　日本また最低」二〇一八年九月一二日
(22) 日本経済新聞「日本の子育て予算　欧州に見劣り」二〇一八年九月二二日
(23) 三戸祐子『定刻発車　日本の鉄道はなぜ世界で最も正確なのか?』新潮文庫、二〇〇五年によると、海外の定刻運行の基準は、一五分以上の遅れだという。それにたいして、我が国では一分以上の遅れが基準である。
(24) 少年犯罪統計データ、警察庁の統計による。http://kangaeru.s59.xrea.com/index.htm
(25) 警視庁では警察署以外に、トラ箱と呼ばれる「泥酔者保護所」を設置してきた。鳥居坂・日本堤、三鷹、早稲田の四ヶ所に設置され、最盛期には年間一万人以上の泥酔者を保護したが、利用数が減ったため、鳥居坂保護所を最後に二〇〇七年末に廃止された。
(26) 厚生労働省人口動態統計〈自殺死亡数の年次推移〉自殺死亡数の年次推移をみると、明治三二年の五、九三二人から昭和一一年の一五、四二三人までは増加傾向を示しているが、昭和一二年から戦時中まで減少傾向となっている。
　戦後は、再び増加傾向となるが、戦前と異なり、増減を繰り返し、過去二回の高い山があり最近も一つの山を形成している。一番目の山は毎年二万人を超えた昭和二九年〜三五年であり、二番目の山は毎年二万三千人を超えた昭和五八〜六二年である。最近の山は三万人前後で推移している。
(27)『国民生活白書』二〇〇四年版　一二年ぶりに世帯年収が六〇〇万円を切る。
　毎日新聞、二〇〇九年七月二七日〈経済財政白書：生涯賃金、格差二・五倍二〇〇九年度版〉非正規雇用者は、全雇用者の三分の一を占め、特に二〇代、三〇代の男性で非正規雇用が増加している、と白

書は説明する。非正規雇用者の年収は三〇〇万円未満がもっとも多く、生涯賃金で正社員と二・五倍の格差が発生。正社員の労働時間が短くなっているにもかかわらず、非正規雇用者の労働時間は延びているという。

(28) 平成一八年版『高齢社会白書』

(29) [東京発 二〇〇九年七月二三日、ロイター] 財務省が二三日午前八時五〇分に発表した六月貿易統計速報によると、貿易収支(原数値)は五〇八〇億円の黒字となった。黒字は五カ月連続。黒字額は前年比三八八・〇%の増加となった。

(30) 一九九九年の労働者派遣法の改悪により派遣労働を原則自由化したことなど、一九九〇年代後半から正規労働者を非正規に切り替えてきた。

(31) 年功序列の崩壊は、能率給の導入などと並行現象であり、非正規社員の増加に反比例している。

(32) 給料として年間六〇〇万円を支払うとすると、六〇〇万円を年間勤務日数二五〇日で割ると、二四、〇〇〇円であり、八時間労働とすれば時間あたり三〇〇〇円になる。

(33) 二〇〇八年度の企業収支は、史上最高の利益を記録した。

(34) ペイ・エクイティ運動とは、アメリカを発端として一九八〇年代から始まったもので、性別職務分離によって低く評価された女性職の再評価と男女賃金格差是正を目的とした。

(35) 鈴木寛「一億総活躍のトリガーは国民的な「学び直し」にあり」ダイヤモンドオンライン、二〇一五年一〇月二二日

(36) 内閣府男女共同参画局 特集編「女性の活躍と経済・社会の活性化」二〇一三年二月一四日

(37) エンジャパン「子どもを持つ女性の就業率は52%正社員率はたったの8%【なぜ?・】」二〇一五年〇

八月一三日　http://www.huffingtonpost.jp/enjapan/story_b_7923820.html

(38) 大前研一「日本人エンジニアの給料が上がらない理由」プレジデントオンライン、二〇一八年三月五日号

(39) 先進国の失業率は、のきなみ一〇%にせまり、とくに若者の失業率は一〇%を越えた。

(40) マーガレット・ヘニッグ、アン・ジャーディム『キャリア・ウーマン　男性社会への魅力あるチャレンジ』サイマル出版、一九七八年、二六七ページ

(41) カリン・クサマ監督：女性が男性と同じ土俵で戦おうとするボクシング映画。

(42) 男女混合名簿：東海地方では、男女混合名簿の実施率が高いが、一方ではいったん導入した男女混合名簿を廃止する学校も存在する。〈ウィキペディア〉

(43) ＯＥＣＤ加盟国の中では、男性の大学進学者数が女性を上回る国は日本、ドイツ、韓国及びトルコのみであり、その差は日本が最も大きい。日本における大学型高等教育機関への進学率は男性が五二%、女性が三八%であるのに対し、ＯＥＣＤ平均では男性五〇%、女性が六二%である。

(44) 女性幹部職員を育成・登用するための研究会報告書、二〇〇五年（平成一七）によると、「採用者に占める女性割合は各府省の取組により増加傾向にあるが、役職段階別の在職者に占める女性割合は、下位の役職はある程度改善がみられるものの、上位の役職はあまり改善がみられない」という。

(45) 文部科学省の学習指導要領の改訂により、二〇一一年（平成二三）四月から幼稚園、小学校、中学校で順次、新しい教育内容がスタートする。中学校の保健・体育では健やかな体を育て、日本の伝統や文化に関する教育を充実するために男女共に武道が必修となる。

第Ⅶ章

（1）黒岩涙香『弊風一斑　畜妾の実例』社会思想社、一九九二年

（2）竹田恒泰「皇室のきょうかしょ」　昭和天皇が摂政でいらっしゃった時代に、大規模な宮中改革が行われました。最も大きな改革は、側室が廃止されたことです。つまり、天皇が女官と夜を共にすることがなくなったのです。

そして、女官が宮中に部屋を与えられて、そこに住むという制度を廃止し、女官の通勤制を認め、さらに、これまでは女官は未婚であることが条件でしたが、既婚の女性を採用するように改め、典侍局・内侍局などの高等女官の職階の区別を廃止しました。

（3）一九五五～六〇年は見合い結婚五四％、恋愛結婚三六％だった。この数字が逆転するのは一九六五年以降である。

（4）香山リカ『結婚がこわい』講談社、二〇〇五年　「何かがほしい」という感情は強烈にあるが、「何がほしいかはわからない」。欲望の対象が自分でもわからないのに、欲望の存在だけは確実にある、というこの状態が、彼女たちの苛立ちをいっそう深刻なものにし、「夫がわかってくれないからだ」と夫や結婚生活への否定的感情に向かわせているのだ。六八ページ

（5）一九八四年の流行語大賞で流行語部門銀賞を獲得した。

（6）東京新聞、二〇〇九年七月二九日〈子どもの貧困〉

（7）山田昌弘『家族難民』朝日文庫、二〇一六年、一四三ページ

（8）橋木俊詔、迫田さやか『夫婦格差社会　二極化する結婚のかたち』中公新書、二〇一三年、一〇七ページ

(9) 一人親の就労率(二〇一一年)アメリカ七三・八%、イギリス五六・二%、フランス七〇・一%、イタリア七八・〇%、オランダ五六・九%、ドイツ六二・〇%、OECD平均七〇・六% 井上伸「シングルマザー襲う世界最悪の賃金差別」YAHOOニュース、二〇一五年三月六日
(10) 羽生田氏「赤ちゃんはママがいいに決まっている」朝日新聞デジタル、二〇一八年五月一七日
(11) 産経新聞「別居の父、逆転敗訴確定 親権は同居の母に、最高裁」二〇一七年七月一四日
(12) 東京新聞、二〇〇九年七月二九日〈母子家庭戦後続く生活苦〉
(13) 橘木俊詔、迫田さやか『夫婦格差社会 二極化する結婚のかたち』中公新書、二〇一三年、六七ページ
(14) 井上伸「シングルマザー襲う世界最悪の賃金差別」YAHOOニュース、二〇一五年三月六日
(15) ポール・スピッカー『貧乏の概念—理解と応答のために』生活書院、二〇〇八年、二五三ページ
(16) 原田泰『ベーシック・インカム 国家は貧困問題を解決できるか』中公新書、二〇一五年
(17) 中川雅之「今の公教育は異常。異常を拡大するな」日経ビジネス、二〇一五年三月三〇日
(18) 読売新聞、二〇一五年一月一三日
(19) 東京新聞、二〇〇九年五月一一日
(20) 『OECD報告』二〇〇八年版 OECD図表で見る教育二〇〇八年版 北欧諸国は、個人と社会の両者に配当をもたらす投資として、高等教育への多額の公的支出を認めてきました。これに対し、オーストラリア、カナダ、日本、韓国、ニュージーランド、英国、米国などの国々は、学生の負担割合を高めることで大学生数の増加に対応しています。
(21) 東京新聞、二〇〇九年八月一日

(22) 東京新聞「給付型が世界的標準」二〇一六年一月二〇日
(23) https://ja.wikipedia.org/wiki/ 藩校
(24) OECD報告、二〇〇八年版
(25) 東京新聞、二〇〇九年八月一日
(26) 内閣府：少子化対策サイトから
(27) 東京新聞、二〇〇九年八月五日
(28) Jancee Dunn 米国社会学会の学術誌『アメリカン・ソシオロジカル・レビュー』二〇一七年四月二〇日
(29) 軽犯罪法一条二二号は、こじきをし、又はこじきをさせることを禁止し、違反者には拘留又は科料の刑事罰が規定されている。
(30) 東京新聞、二〇〇九年七月二三日
(31) 菊池勇夫『飢饉　飢えと食の日本史』集英社新書、二〇〇〇年
(32) ジョンソン桜井もよ『ミリタリー・ワイフの生活』中公新書ラクレ、二〇〇九年、八九ページ
(33) 福岡女性学研究会『性別役割分業は暴力である』現代書館、二〇〇五年、一四六ページ
(34) 森永卓郎『非婚のすすめ』講談社現代新書、一九九七年
(35) 赤松啓介『夜這いの民俗学』明石書店、一九九四年、二〇ページ
(36) エリック・ゼムール『女になりたがる男たち』新潮新書、二〇〇八年
(37) 永松真紀『私の夫はマサイ戦士』新潮社、二〇〇六年、一五八ページ、二〇六ページ
(38) 警視庁　青少年問題調査研究会（委員長・矢島正見中央大学教授）性に関する意識調査、二〇〇一年

あとがき

大家族が主流だった戦前は、大地主、大商人、大企業経営者、そして高級官僚といった高等遊民、つまり肉体労働に従事しない人たちが豊かな生活を享受していた。たとえば明治末頃、高級官僚の給料は職人の二五〜三〇倍だった。二〇一八年（平成三〇）現在の総理大臣の年収は四〇〇〇万円くらいだから、戦前の高級官僚がいかに高給取りだったかわかるだろう。

しかし、肉体労働に従事する庶民は貧しかった。肉体労働とは自分の身体をたった一つの資本とするものだから、たとえ道具を使っても肉体を使うかぎり何倍もの高給は稼ぎようがない。大多数の庶民はもっぱら肉体労働者だったため、庶民の間では格差が生まれようがなかった。戦前の社会とは、少数のお金持ちと圧倒的多数の貧乏な庶民で構成されていたのである。

戦後になると工業社会が花開き、庶民にもその果実が分配されるようになった。現在、庶民の平均年収は四〜五〇〇万円くらいなので、総理大臣とは八〜一〇倍程度の開きしかない社会になった。そして、社会保障制度や年金制度も整備され、極端な貧困に陥ることも少なくなった。一時は国民総中流階級だとさえ言われた。

工業社会では肉体的な頑健さが庶民に収入をもたらしていたが、今後の情報社会では庶民にも知的な能力が不可欠になってくる。単純な仕事はコンピュータが行ってしまい、人間の判断の必要な頭脳労働がより重要になる。今後の社会では、創造力やユニークな着想力のある人は、普通の人の何百倍いや何千倍もの成果を生みだすだろう。しかし、多くの人は普通だから、頭脳労働が優位となる社会では成果の個人差がきわめて大きくなる。

現在の賃金制度や社会保障制度などはもちろん、労災・失業保険制度にしても生活保護制度にしても、所得格差の少ない肉体労働優位の工業社会を基準に作られたものである。頭脳は首の上にのって身体に支えられているのだから、肉体労働がなくなることはない。しかし、頭脳労働が優位な情報社会では、前述の諸制度はうまく機能しなくなるだろう。その影響が最初に現れているのが家族制度である。だから〈核家族〉をつくる結婚が減って少子化が進行している。

今後、情報社会化は進み、人間のあり方は個人化していく。だから、単家族制度へと転換しなければ、社会は貧しくなり格差が開くばかりである。それは本書で展開したとおりなのだが、人間は社会的な生き物だから、個人化しても人々がつながりうるような現実的な場が不可欠である。それは頭脳が肉体に支えられているがゆえに、逃れることはできない原点であろう。

人間は他者を鏡として自己認識する。だから、生の人間同士が接触する具体的な場がないと、人間は自己認識（＝他者）を獲得できない。情報社会に対応して、このまま単家族化をすすめると、個人へと切断されるのではないか。そんな懸念が晴れない。本書を執筆している段階では、人間が具体的につながりうるような場をどう作るかを、筆者は見通すことができないでいる。

しかし、〈核家族〉制度を維持し続けると、人々が幸せになれないのは明白で、個人＋子供を単位とした単家族の制度化が待たれている。一九九七年に『核家族から単家族』を上梓してから、本書をまとめるまで約二〇年かかった。その間、社会はおおむね前著で述べたとおりに進んできた。だから、単家族論が時代の道しるべとして役に立つだろうと信じて、具体的な場の設定ができないという不本意さを残しながら筆者の手をはなすことにした。

いくらビッグデータを積み上げ、人工知能が進化しても、新しい発想による新規な概念を生みだすのは人間にしかできない。だから、人間を信じる以外には、将来を切り開く道はない。とすれば、すべての分野において情報社会に対応した諸制度、たとえばベーシック・インカムのような制度を導入する必要があるだろう。それは対よりも個人を大切にする制度にしていくべきだ。

肉体的な非力さが劣位ではなくなったことは、人類の残された半分つまり女性たちと身体に障害をもつ者を解放した。肉体労働から頭脳労働への転換は、より多くの人を自由にしたのは間違いない。しかし、新たな情報社会には、情報社会に固有の問題が生まれてくる。

過去のことはよくわかるが、同時代を理解するのは難しい。個人にきちんと対応するにはどうしたら良いのか、今後も考え続けていきたい。本書の上梓に応じてくださった論創社の森下紀夫さんのご厚意に感謝します。

二〇一八年一一月

匠　雅音

匠 雅音（たくみ・まさね）
1948年神奈川県生まれ。中央大学法学部卒業、筑波大学大学院芸術研究科修士課程修了。建築学を独学し、建築設計事務所を設立。物書きとしては情報社会の「家族」および「子供」の存在意義について論及している。主な著書には『家考』（学文社）、『性差を越えて』（新泉社）、『核家族から単家族へ』（丸善ライブラリー）、『ゲイの誕生』（彩流社）等がある。
[http://coolboy.org]

核家族の解体と単家族の誕生

2019年2月15日　初版第1刷印刷
2019年2月20日　初版第1刷発行

著　者　匠　雅音
発行者　森下紀夫
発行所　論　創　社
東京都千代田区神田神保町2-23　北井ビル（〒101-0051）
tel. 03（3264）5254　fax. 03（3264）5232　web. http://www.ronso.co.jp/
振替口座　00160-1-155266
装幀／宗利淳一
印刷・製本／中央精版印刷　組版／フレックスアート
ISBN978-4-8460-1760-6　